全国各类高等院校食品加工工艺专业精品规划与创新系列教材

食品企业管理

主　编　卢生奇　杜铁军
副主编　高晶晶　刘丽娜
　　　　刘禾蔚　王书栋
　　　　冉　莉

中国商业出版社

图书在版编目(CIP)数据

食品企业管理/卢生奇,杜铁军主编.—北京:
中国商业出版社,2018.9(2022.9 修订重印)
ISBN 978-7-5208-0576-6

Ⅰ.①食… Ⅱ.①卢… ②杜… Ⅲ.①食品企业-企业管理-高等职业教育-教材 Ⅳ.①F407.826

中国版本图书馆 CIP 数据核字(2018)第 208998 号

责任编辑:蔡 凯

中国商业出版社出版发行
010-63180647 www.c-cbook.com
(100053 北京广安门内报国寺1号)
新华书店经销
北京军迪印刷有限责任公司印刷
* * * *
787 毫米×1092 毫米 16 开 22.5 印张 460 千字
2018 年 9 月第 1 版 2022 年 9 月第 2 次印刷

定价:65.00 元
* * * *
(如有印装质量问题可更换)

前　言

食品与人们的生活、幸福息息相关。食品产业关系国计民生，关联农业、工业、流通等领域，其企业数量、从业人口、经济产值在产业大类中占比均超过10%，堪称国民经济的支柱产业。然而，食品企业虽然数量众多、经营品种广泛，但从资本规模、固定资产、产值规模来比较，食品企业与其他行业企业存在着一定的差距。食品企业的经营利润率、劳动生产率和机械装备率等指标也与制造业平均水平存在着明显差距。小、微企业大量零散分布、小规模经营是食品产业的一个普遍特征。

当前，我国已进入社会主义新时代，在国家全面实施食品安全战略、人民收入水平大幅提高、生活方式多样化、个性化需求急速扩张和以大数据、云计算、互联网＋、移动支付为代表的信息技术革命的大背景下，如何落实供给侧结构性改革和产业转型升级的任务目标，保障食品安全，培育品牌，有效管理供应链，提升经营效率等，都成为食品企业的新课题，但从业人员的专业素质和经营管理水平却是制约食品产业快速健康发展的瓶颈。

多年来，普通高校的食品学科和高等职业院校的食品类专业虽然为我国食品产业培养和输送了大批专业技术人才，但在人才培养方面存在着重理论轻实践、重专业轻素养、重技术轻管理的问题，教学内容与生产实践相脱节，培养的人才动手能力不足，对企业的经营运转缺乏了解和认知，人才培养与企业需求不能完全对接，毕业生到企业工作不能即刻上岗上手，岗前培训再教育造成的企业人员成本问题十分突出。食品企业迫切需求一专多能的实战型人才。

近年来，以产教融合、校企合作的形式进行的人才培养模式的改革已在高校如火如荼地进行。在高校食品类专业中增设企业经营管理类课程，拓展学生食品企业经营管理知识，培养企业管理的基础工作能力，培养复合型食品专业人才是时代发展的必然要求。正是在此背景下，我们开发了《食品企业管理》这本教材。本教材面向普通高校和高等职业院校食品类专业学生，以企业工作任务为依据编排教学单元，以培养岗位基础工作能力为目标，理论知识与案例分析、练习、实训紧密结合，摒弃全面、详细、深入地进行理论阐释，而是紧紧抓住经营战略、营销战略、财务管理、人力资源管理、生产管理和食品安全管理这六块企业的工作重点及其关键核心内容，以简明扼要、通俗易懂的语言对知识点进行编写，教材的可读性强，便于学生知识的理解和能力的培养。本教材也可作为食品企业管理人员的工作参考书。

本教材主编由内蒙古商贸职业学院卢生奇、杜铁军担任，副主编由内蒙古商贸职业学院高晶晶、包头轻工职业技术学院刘丽娜、烟台工程职业技术学院刘禾蔚、威海职业学院王书栋、重庆三峡职业学院冉莉担任。编写内容为：卢生奇编写模块二中项目六、项目七、项目八，模块三；高晶晶编写模块一，模块二中项目一、项目二、项目三、项目四、项目五，模块七中项目三的任务一、任务二、任务四；刘丽娜编写模块七中项目一、项目二、项目七的任务三；刘禾蔚编写模块四；王书栋编写模块六；冉莉编写模块五；全书由杜铁军进行统稿，对全书进行了审阅并提出许多宝贵意见。

在本书编写过程中，承蒙中国商业出版社的大力支持，在此致以诚挚的谢意。需要特别说明的是本书在形成过程中，参考或引用了不同专业的教材、专著、论文等，从中得到许多启发。考虑到本书作为教材的篇幅有限，参考文献不能一一列举，谨向各位作者表示感谢。

由于编者水平所限，书中错误、疏漏和不妥之处在所难免，欢迎各位同仁和读者指正。

编者
2022 年 8 月

目 录

模块一　食品企业的经营结构 ··· (1)
　　项目一　食品企业的行业特征 ··· (1)
　　项目二　食品企业经营结构方面的特征 ····································· (3)

模块二　食品经营战略 ··· (5)
　　项目一　经营战略概述 ··· (8)
　　项目二　经营战略的重要性 ··· (9)
　　项目三　企业蓝图的策划与制定 ·· (12)
　　项目四　企业目标的设定 ·· (13)
　　项目五　企业的外部环境分析和内部环境分析 ······························ (15)
　　项目六　经营战略的制定 ·· (19)
　　项目七　经营战略的执行 ·· (35)
　　项目八　经营战略评价 ·· (39)

模块三　食品企业营销 ·· (42)
　　项目一　市场营销的目的与内容 ·· (44)
　　项目二　外部环境分析 ·· (51)
　　项目三　营销战略 – 在事业层面上的竞争导向 ····························· (60)
　　项目四　市场营销组合 – 产品和服务层面上的顾客导向 ···················· (66)

模块四　财务管理 ·· (85)
　　项目一　财务管理概述 ·· (89)
　　项目二　财务决策 ··· (102)

项目三　投资管理 …………………………………………………… (108)
　　项目四　成本费用管理 ………………………………………………… (120)
　　项目五　企业利润分配管理 …………………………………………… (135)
　　项目六　食品企业经济效益分析 ……………………………………… (142)

模块五　人力资源管理 ……………………………………………………… (164)
　　项目一　人力资源管理发展脉络 ……………………………………… (165)
　　项目二　员工招聘、甄选与培训 ……………………………………… (168)
　　项目三　员工绩效管理 ………………………………………………… (179)
　　项目四　员工薪酬和福利管理 ………………………………………… (188)
　　项目五　劳资关系与员工安全健康 …………………………………… (196)

模块六　生产管理 …………………………………………………………… (205)
　　项目一　确定生产类型及生产过程组织形式 ………………………… (206)
　　项目二　安排生产并进行生产控制 …………………………………… (225)
　　项目三　实施现场管理 ………………………………………………… (238)
　　项目四　认识生产管理方式的最新趋势 ……………………………… (253)

模块七　食品安全质量管理 ………………………………………………… (262)
　　项目一　企业食品生产许可(QS)认证 ………………………………… (262)
　　项目二　ISO9000 质量管理体系认证 ………………………………… (272)
　　项目三　食品安全管理体系认证 ……………………………………… (282)
　　项目四　有机食品、绿色食品、无公害农产品认证 ………………… (334)

参考文献 ……………………………………………………………………… (352)

模块一 食品企业的经营结构

项目一 食品企业的行业特征

◆ 基础理论和知识
1. 简单了解我国食品企业的中小企业特性。
2. 了解我国食品企业在经营结构方面的特征。

◆ 基本技能及要求
1. 掌握我国食品企业在资本规模和经营利润率等方面的中小企业特性。
2. 掌握我国食品企业在经营战略与营销、人力资源管理、生产管理等方面的特征。

◆ 学习重点

我国食品企业的特征。

◆ 学习难点

我国食品企业在经营结构方面的特征。

◆ 导入案例

管理是企业的生命——双汇,春都:两种管理两种结果

双汇集团是以肉类加工为主的大型食品集团,在全国18个省市建设了加工基地,集团旗下子公司有:肉制品加工、生物工程、化工包装、双汇物流、双汇养殖、双汇药业、双汇软件等,总资产约100多亿元,员工65000人,是中国最大的肉类加工基地。在2010年中国企业500强排序中列160位,在2010年中国最有价值品牌评价中,双汇品牌价值196.52亿元。

春都食品股份有限公司成立于1998年12月,其前身是成立于1958年的洛阳肉联厂,

1999年3月在深证证券交易所挂牌上市，市场占有率高达70%，资产高达29亿元。然而，仅仅经历几年的辉煌之后，这家国有企业便跌入低谷。一个兴旺发达的国有企业为什么会走向绝境呢？春都走向衰落的主要原因如下：

一、资源分散、丢掉主业，完全失去了市场竞争优势

与主业无关的新增经营项目、新兼并企业分散了春都有限的资源，在人才、技术、设备上有着明显优势、对企业至关重要的屠宰工序，春都居然转让给了原料供应商们，主营业务大幅萎缩。最不应该的是，它在价格竞争中竟然用降低产品质量的办法来降低生产成本，含肉量一度从85%降到15%，以至春都职工把自己生产的火腿肠戏称为"面棍"。春都为此付出了惨重代价，销量直线下滑，市场占有率从最高时的70%狂跌到不足10%，可谓咎由自取。

二、无关联多元化使春都的风险接二连三地出现

在许多领域，因为处于外行状况，无法做出明智决策，企业新上项目的资本需求量很大，多数项目投入不足，造成因缺乏资金而不能正常营运，加上在技术、人才、经营、管理方面都不具备成功条件。这不只是丢了主业，也使新上项目长时间不能形成市场优势，加重了企业的财务危机，使企业陷入"多元化陷阱"不能自拔。

三、盲目兼并使企业背上了沉重的包袱

春都的兼并无论从目标企业、兼并时机、自身管理能力等各方面来看都是不恰当的。这些兼并非但没有对企业集团的发展起到促进作用，反而使其背上了沉重的包袱，出现危机。

◆ 讨论

1. 为什么说食品企业与制造业平均水平相比较存在着明显差距？
2. 经营战略与营销、人力资源管理、生产管理对食品企业的重要性？

根据我国有关部门关于行业分类标准的规定，食品行业是指对农、林、牧、副、渔等部门生产的产品进行加工制造以取得食品的生产部门。食品工业是人类的生命工业，也是永恒不衰的工业。食品工业现代化和饮食水平是反映人民生活质量及国家文明程度的重要标识。食品工业是我国国民经济的重要支柱产业，也是关系国计民生及关联农业、工业、流通等领域的大产业。食品工业作为农产品面向市场的主要后续加工产业，在农产品加工业中占有最大比重，因而对推动农业产业化作用巨大。

一、食品企业在工业产业中的比重

据国家统计局2008年度公布的规模以上企业的统计数据，我国食品企业的数量占工业企业总数的8.7%，在39类工业产业中位列第一。从业人数占工业企业就业总人数的6.6%，仅次于纺织业的7.9%而位列第二。如果将未列入统计之列的众多的中小型食品企业的因素考虑进去，毋庸置疑，食品企业是我国工业中的最大产业。

另外，从食品企业的种类来看，从加工程度较低的米面制品到加工程度较高的各类加工

食品，可以说，食品企业的种类是多种多样的。从最近的趋势来看，竞争较为激烈的传统食品领域的企业数量已不再增加，如豆腐、醋、酱油、腌制食品、酒类等。而冷冻食品、肉制品、软饮料等食品制造企业的数量在不断扩张。食品企业与其他行业企业相比较，零散性和小规模性是其重要特征。

二、食品企业的中小企业特性

我国目前对中小企业进行划分的最新标准是2011年6月由工业和信息化部、国家统计局、国家发展和改革委员会、财政部研究制定的《中小企业划型标准规定》。就工业而言，中小型企业须符合以下条件：从业人员1000人以下或营业收入40000万元以下。其中，从业人员300人及以上，且营业收入2000万元及以上的为中型企业；从业人员20人及以上，且营业收入300万元及以上的为小型企业；从业人员20人以下或营业收入300万元以下的为微型企业。

据国家发展和改革委员会、国务院信息化工作办公室、信息产业部联合发布的《中国中小企业信息化发展报告(2007)》和《全国中小企业信息化调查报告(2007)》显示，我国中小企业和非公有制企业数量已超过4200万户，占全国企业总数的99.8%。其中在工商部门注册的中小企业430多万户、个体经营户3800多万户。按上述食品企业占工业企业总数的比例推算，我国食品企业的总数约为366万户，其中中小食品企业数量约有365.5万户(其中在工商部门登记注册的约有37.5万户，个体工商户约为328万户)。从企业数量上来看，中小企业是食品工业的主体。

事实上，不论是从资本规模，还是从固定资产规模，或是从产值规模来比较，食品企业与其他行业企业均存在着一定的差距；不论是从经营利润率，还是从劳动生产率，或是从劳动分配率和机械装备率等指标来衡量，食品企业与制造业平均水平相比较也都存在着明显差距，这是世界各个国家都存在着的一个普遍现象。一句话，经营品种广泛、大量零散分布、经营规模小是食品企业的一个普遍特征。

项目二　食品企业经营结构方面的特征

一、在经营战略与营销方面

食品企业具有原材料分布广泛、附加价值率低、产品雷同或者说产品难以实现差异化的特征。对于食品而言，评价其好吃与否会因消费者个人的喜好不同而出现较大的差异，产品的口感也会因地域、风土的不同而出现微妙的变化，因此食品与机械等其他工业产品不同，很难做到一个统一的标准而博得消费者的普遍青睐。因此，开展进一步细分化的市场营销活动和预测环境变化从而构筑具有前瞻性的经营战略对于食品企业就显得尤为必要，它会对企业的经营业绩产生巨大的影响。

食品与其他产品的一个巨大的不同点是，加工程度越低则耐保存程度越差，因此要求消费者对食品的消费要更迅速、对于食品的保存要采取更细致的一些处理办法和手段。同时，食品企业的产品必须要能做到抓住消费者的需求与期望，否则将难以应对生活方式的变化和消费者多样化的消费动向而被淘汰出局。详情参看模块二食品经营战略及模块三食品企业市场营销。

二、在人力资源管理方面

众所周知，企业所处的经营环境是在不断变化的，在这个经营环境不断变化着的过程中，企业经营业绩的维持与提高很大程度上决定于"人"的要素。其中，激发"人"的干劲从而使劳动生产率得以提高正是人力资源管理所追求的工作目标。因此要求今后的人力资源管理工作不仅仅是停留在做简单的日常办公事务和问题发生后的事后处理，而是要把人力资源管理工作放到为实现企业的经营目标和经营战略创造条件这样一个具有战略高度的位置上去考虑。特别是为了提高经营业绩而进行的人力资源管理工作以及围绕这项工作所进行的"环境的配备"工作这两项内容极其重要。详情参看模块五。

三、在生产管理方面

面粉、食用油、制糖等大型企业一般是按照国际规格将产品划分为相同的品种和等级，购入大量统一规格的原料进行加工生产的。但对于大多数中小型食品企业来说，一般则是以具有地方区域特征的农产品或以只在特定季节收获的生鲜产品为原料进行加工生产的，生产周期短、人员少。因此，充分调动有限的人力物力资源进行富有效率的生产加工作业是中小型食品企业面临的一项重要任务。为此，进一步细化的需求预测以及以此为基础，在销售计划、生产计划、采购计划、库存管理等方面的统一部署和管理便成为企业经营成败的关键。其中，生产进度管理是生产管理的中心内容，连带生产计划、生产的统一部署等内容将在模块六详尽论述。

模块二　食品经营战略

◆ **基础理论和知识**

1. 了解什么是经营战略。
2. 了解经营战略由哪几个部分组成。

◆ **基本技能及要求**

1. 掌握如何制定企业战略和财务的短期及长期目标。
2. 掌握如何根据企业实际情况对企业进行外部环境分析、内部实情分析和 SWOT 分析。

◆ **学习重点**

企业战略和财务目标的制定方法。

◆ **学习难点**

企业经营战略的制定。

◆ **导入案例**

百事公司(Pepsico., Inc.)是全球最大的食品和饮料公司之一,在全球200多个国家和地区拥有18.5万雇员,2007年销售收入394.74亿美元。为了更好地发挥产品的结构优势,百事的业务发展经历了从扩张到收缩,从多元化到专业化的路径。

1. 多元化战略阶段

百事可乐公司始建于1898年。到了20世纪40年代末,公司发展成为成功的专业软饮料企业。

1963年至1986年,唐纳德·肯道尔任百事首席执行官,自此百事的战略导向发生了巨大变化:百事在软饮料业一直居可口可乐之下,肯道尔要求公司对可口可乐从被动防守转向积极进攻;另外,肯道尔深信"快餐薯条与碳酸饮料密不可分,往往是顾客同时购买和消费的对象",兼并快餐业与餐馆一定程度上可以增加自己的饮料业务销售点,这种协同效应至今仍是百事集团关注的战略要点。

1986年至1996年，百事首席执行官韦尼·科勒威继续执行肯道尔的关联性多元化战略。多元化战略使百事的产品与服务五花八门，涉及饮料、食品、运动用品、货物运输和建筑工程等。软饮料、快餐和餐馆仍是百事的三大主营业务。餐馆业务在百事的领导下在美国和国际市场高速增长，尤其在国际市场上年销售额增长率持续多年超过12%。与此同时，百事通过发展快餐业务提高了公司饮料零售市场的控制力，并且使整个公司收入大幅提高，例如，1993年百事可乐汽水销售总收入高出可口可乐7.5%。

2. 从多元化向专业化转变

但是，随着时间的推移，庞大的业务导致百事经营举步维艰。1996年，百事公司饮品在美国市场占有率落后于可口可乐11个百分点，是20年来差距最大的一次。另外，多元化的弊端还体现在以下几个方面：(1)资金投入有限。快餐店在经营上需要大量固定资产投资和广告宣传，需要大量的资金投入。(2)管理能力有限。快餐业与饮料业的经营特点、管理方式全然不同，领导者的管理能力有一定局限性。(3)增加了竞争压力。百事进军快餐业是以此促进饮料的销售，从而提高核心产品的市场竞争力，却也使公司在多个领域增加竞争压力。(4)核心业务能力受损。百事原先拥有的饮料业务核心能力随着快餐业务的不断扩大和被重视，被不断削弱。

1996年4月，恩里科出任公司首席执行官，他认识到多元化经营中的弊端，为了更好地发挥产品结构优势，于1997年1月做出重大战略调整：放弃不景气的快餐店，集中力量开发饮料市场的主体业务，与可口可乐一争高下。在不到一年时间内，他把包括肯德基、必胜客在内的餐饮业从百事可乐公司分离出去，使之成为一家独立的上市公司——百胜全球公司，集中力量开发软饮料。收购了Tropicana果汁公司，还将百事可乐公司的瓶装公司成功上市，集中精力进行品牌建设和品牌营销。快餐业务组建新的公司后，经营管理权下放到新设公司，而百事集团对该公司享有收益权，保证了快餐公司在资金上自主而非总部进行资金调配，解决了饮料制造和快餐业争夺资源的矛盾，而且保留了快餐网络支持可乐销售的功能。

随着专业化优势的显现，百事在饮料行业又开始了新一轮并购行动。2001年8月，百事公司以134亿美元的价格收购了世界著名的桂格公司，这是百事公司历史上规模最大的一次收购行动。百事与桂格合并后，经营规模扩大，百事公司在需求强劲的方便食品和饮料两个领域谋求重点发展。在合并后的公司结构上，将食品和饮料业务进行重组，桂格公司的麦片和谷类食品与菲多利食品整合，专门从事方便食品的开发与营销；而桂格旗下的运动饮料品牌"佳得乐"与百事原有的百事可乐碳酸饮料和"纯品康纳鲜榨果汁"合并，形成全系列的饮料公司。通过此次收购，百事公司占有了美国运动饮料市场的绝对份额，如愿以偿地成为全球非碳酸饮料行业的龙头老大，占据了非碳酸饮料25%的市场份额，是同领域可口可乐的1.5倍。

◆ 讨论

1. 经营战略由哪些步骤所构成？
2. 企业的企业战略、事业战略和职能战略之间有什么关系？

要点：

所谓经营战略，就是根据企业的远景蓝图(理想)，制定企业的发展方向，不断地去主动适应环境的变化，最大限度地挖掘和利用企业拥有的经营资源，以达到企业中长期的成功与繁荣、满足与企业具有利害关系的个人及团体组织的需求为目的的一系列的业务流程。

经营战略由以下六个步骤所构成：

1. 企业蓝图的制定。
2. 石成金企业目标的设定。
3. 企业外部环境分析。企业内部实情分析·SWOT(Strength, Weakness, Opportunity, Threat)分析。
4. 经营战略的制定。
5. 经营战略的实施。
6. 经营战略的评价。

简介：

经营战略是组织行动的"罗盘针"，它既是确保竞争优势的关键，又是让员工发挥出干劲和创造力的源泉。

经营战略可以分为企业战略、事业战略和职能战略三个层次，如果这三个层次的战略能做到统一、一致，则会产生出巨大的效果。

经营战略的构筑是通过以下六个步骤来完成的：

第一步：企业蓝图的制定

制定企业蓝图主要有以下两个目的：①为了把员工的能力导向一个确定的方向；②为了确定企业的经营领域(事业)。

第二步：企业目标的设定

企业目标可分为战略目标和财务目标，设定企业目标就是要设定这两类目标各自的短期及长期目标。

企业目标 $\begin{cases} 战略目标(短期，长期)，如顾客满足等(定性的表现) \\ 财务目标(短期，长期)，如利润增长率等(定量的表现) \end{cases}$

第三步：企业外部环境分析、企业内部实情分析、SWOT分析

①企业外部环境分析：宏观环境与业界环境的把握。

②企业内部实情分析：从人力资源、组织资源、物力资源这三方面分析企业的优势和劣势。

③SWOT分析：分析企业发展的机会和受到的威胁及企业的长处和短处，找出确立企业战略性竞争优势的方法。

第四步：经营战略的制定

企业战略(多元化企业的最佳行动) $\begin{cases} 总体战略 \\ 投资组合策略 \end{cases}$

↓

事业战略(成本优势,差异化,集中化)

↓

职能战略(营销、财务、人力资源、生产等方面的经营管理职能)

第五步:经营战略的实施

经营战略的实施要求具有相应的组织结构和企业文化基础。

第六步:经营战略的评价

经营战略的评价是指分析实绩与目标的差距,进而缩小差距这样的一个工作过程。

项目一　经营战略概述

一、经营战略的定义

所谓经营战略,就是根据企业的远景蓝图(理想),制定企业的发展方向,不断地去主动适应环境的变化,最大限度地挖掘和利用企业拥有的经营资源,以达到企业中长期的成功与繁荣、满足与企业具有利害关系的个人及团体组织的需求为目的的一系列的业务流程。

一般来讲,与企业具有利害关系的个人及团体组织主要包括企业的所有者、董事会的成员、经理、一般员工、供应商、债权人、流通企业及其他利益群体。当然,如果从宏观角度来看,一般公众也在其列。

二、经营战略的含义

"战略"一词原本是一个军事术语,其目的是取得战争的胜利。现代企业的战略目的也是为了取得胜利,即打败竞争对手企业从而使企业得以生存并获得充分的经济利益。这里所讲的企业的胜利,实际上还包括以下三层含义:

① 胜利必须是恒定而持续的过程。

② 胜利必须要建立在能满足所有利害关系者需求的基础之上。

③ 胜利必须要以不违反社会利益为原则。

"战略"的关键是要把握敌我之兵力并把自己的兵力加以合理利用。对于企业战略而言,就是要充分了解竞争对手企业的经营状况和动向,把本企业的经营资源加以最充分的利用,并使之适应竞争环境。

企业没有利润是无法生存的,因此确保利润是企业经营战略的根本。与此同时,企业如果无法满足股东、员工、供应商、经销商等与企业具有利害关系的全部群体的需求,那么,企业也是无法生存的。确保企业利害关系者的利益，既是现代企业应该担负的一项社会责任，也是构成企业战略的一项重要内容。

企业经营的最终目标，就是要持续永恒地创造利润，换言之，就是要追求长久的成功与繁荣。企业的成功与繁荣，首先要从确定企业的发展方向开始。正如航海那样，如果没有指南针，则必然要触礁。确定企业的方向，就是要明确"企业应该做什么"和"企业想做什么"的问题。这也就是我们通常所说的企业的哲学或者说是企业的理念的问题。企业的方向一旦确定，就要把企业拥有的全部力量最大限度地、最有效率地加以整合和利用，

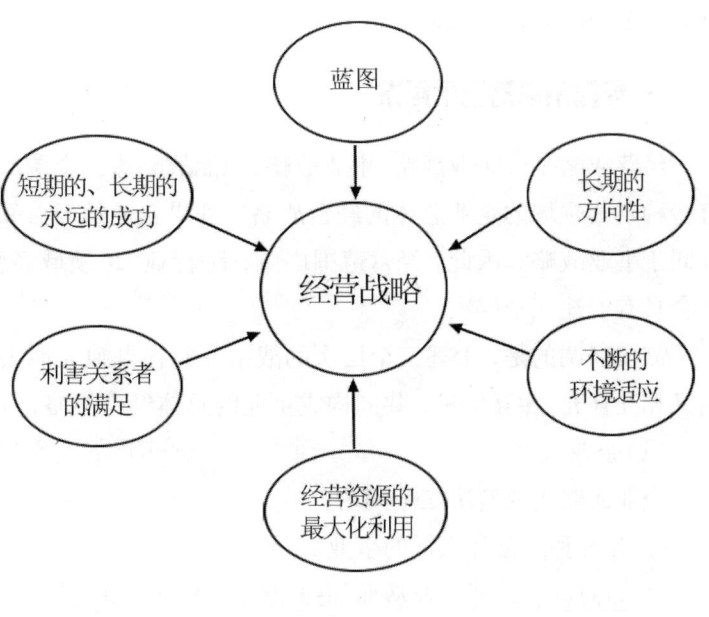

图 2.1　经营战略的模型

否则企业的成功是难以实现的。因为现代企业所处的经营环境纷繁复杂，就像航行中的小船，常常处在一种大风巨浪的风暴之中。由此，要求企业要能够适应不断变化的甚至是恶劣的经营环境。

经营战略首先要确定的是企业长期的发展方向，即追求企业的长远利益和成功。一般来说，企业的长远利益是在确保企业的短期利益的基础上不断积累而实现的。万一出现短期利益与长远利益相冲突而又必须加以选择的话，只要不会招致企业陷入致命的危机，则应该遵循长远利益优先的原则。但总体来说，不断确保短期利益，逐步实现长期利益，进而确保长远利益是企业经营战略的终极目标。

项目二　经营战略的重要性

经营战略的重要性可以总结为以下 3 点：

（1）通过经营战略制定的过程，可以使企业发现与竞争对手企业相比较自身存在的优势和长处，以便使企业更好地发展。

（2）经营战略能够给组织成员指明努力的目标和方向。在经营战略的指导下，企业员工的工作目标和方向会明确而一致，从而可以使企业迅速发展，在市场竞争中处于更加有利的

位置。

(3)经营战略能够使企业发现自身的不足从而促使企业不断进行经营革新,有利于培育具有创造力的企业内部环境和风气。

一、经营战略的三个层次

经营战略是由企业战略、事业战略、职能战略这三个层次所构成的。企业战略通常是指拥有多种经营领域的企业总体的经营战略。如果企业的经营领域是单一的,那么其企业战略就等同于事业战略。因此,经营范围广阔,跨行业、跨领域经营的多元化企业的经营战略一般才会具有上述三个层次。

需要强调的是,上述三个层次的战略并非各自独立地去发挥作用,三者之间是紧密联系而又相互补充、相互促进,共同构成企业的总体经营战略,不断提升企业整体的经营能力的。

(1)企业战略

企业战略主要解决三个问题:

① 开发和运营什么样的事业。

② 如何调整这些事业从而加强组织整体的竞争优势。

③ 如何在各个事业之间合理分配经营资源。

这一层次的经营战略通常是由总经理来设计开发的,在大企业一般也会有专门的工作人员从事经营战略计划的辅助性工作。董事长(法人代表)一般也会参与企业层次的经营战略的制定,特别是对于企业新的发展方向、经营战略的重大调整、进行大规模投资的时机选择等方面一般要提出意见和建议。

(2)事业战略

很多企业都拥有战略性的事业单位(Strategic Business Unit,SBU,也就是我们通常所说的事业部)。战略性事业单位是企业总体下属的一种独立的业务经营单位,在其自身的经营领域存在着独立的竞争对手,其经营管理是与其他事业分开进行的。它是以事业战略为指导,在特定的业界开展竞争,同时要服从企业战略的总体规划和部署。事业战略的目标和任务主要包括:

① 决定采用何种类型的竞争优势战略。

② 应对不断变化的竞争条件和环境。

③ 在事业部内进行合理的资源分配。

④ 对职能战略进行调整。

事业战略的制定一般是由事业单位的经理制定,但通常需要得到企业总经理的认同。如果企业只有一个事业领域,那么企业战略与事业战略在实质上是相同的。

(3)职能战略

职能战略是指企业的生产、营销、财务、人力资源管理、研发等组织经营的各个基本职能部门的战略。它是对事业战略在内容方面的具体补充,起着指引各职能部门工作方向的作用。

职能战略对于强化各职能部门的能力、确立竞争优势具有重要的意义。

二、构筑经营战略的步骤

经营战略的构筑主要有以下六个步骤：

(1)企业蓝图的制定

企业蓝图的制定，是指确定企业的经营领域和发展方向。企业蓝图的确定，将会给企业员工注入一种目标意识、让企业有了长期发展的方向、明确企业要实现的目标。

(2)企业目标的制定

企业目标的制定是指把制定的企业蓝图转化为具体的定量目标(如经营利润率)和定性目标(如实现顾客满足)。

(3)企业外部环境分析和内部状况分析

分析外部环境中存在的机会与威胁，分析本公司的长处与弱点。

(4)经营战略的制定

为了实现企业追求的目标，要把经营战略划分成企业、事业、职能这三个层次来制定。经营战略的制定，必须要与企业蓝图和企业目标相辅相成，同时要充分考虑自身的优势与劣势、外部环境的机会与威胁。

(5)经营战略的实施

对制定好的经营战略，要辅之以相应的组织结构和企业文化，然后加以有效的(既有效率又有效果)实施。

(6)经营战略的评价

即通过评价经营战略的完成度，检查新的进展情况，对企业长期的方向性、目标、经营战略及其实施方法和手段进行再调整。经营战略的评价要结合现实与以往的经验、根据变化的情况、新的思想和观点、新的机会等角度来进行。

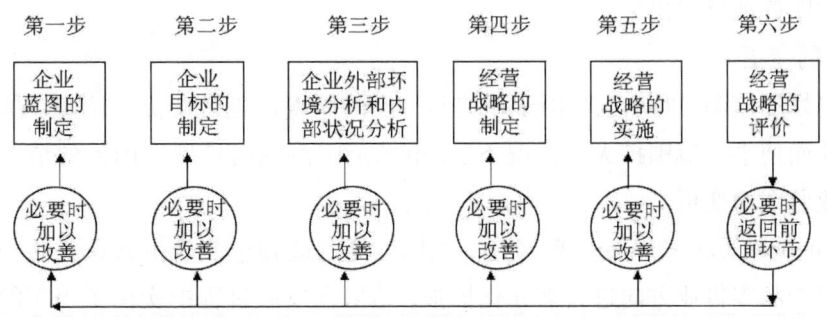

图 2.2　构筑经营战略的步骤

项目三 企业蓝图的策划与制定

经营战略的制定主要是要确定企业发展的方向性,其根本取决于企业蓝图的策划与制定。

一、什么是企业蓝图

所谓企业蓝图,就是指企业关于自身经营发展的目的和应有的存在状态的想法、观点和见解。例如,企业组织要朝着怎样的方向发展,企业要做什么,企业未来 5 年、10 年的远景规划等。

二、企业蓝图的作用

(1)制定企业蓝图的目的

制定企业蓝图主要有以下 3 个目的:

① 将企业长期发展的方向性和事业构筑的想法加以具体化。这样企业就像航海有了航海图和指南针,可以降低经营、决策的风险。

② 通过将企业的目标和方针向员工传递,可以使员工加深对企业的理解并树立明确的目标意识,从而激发员工的工作热情,有利于发挥员工的潜能。

③ 为事业部的蓝图、目标、战略的制定提供指南,使事业部的经营发展与企业方向保持一致。

(2)制定企业蓝图的关键

制定企业蓝图的关键,就在于确定企业所要经营的事业领域。通过确定企业经营的事业领域,使企业的远景构图得以明确,同时,使顾客需求、目标市场、企业及产品的卖点等内容在企业蓝图中明确地反映出来。

(3)蓝图的变更

对于制定好的蓝图,偶尔也会由于一些不得已的因素而进行变更。例如,在由于收购了其他行业企业而使事业范围扩大的情况下、在市场范围由国内扩展到国外的情况下等,都需要考虑对企业蓝图的变更。

例如,American Can Company 曾经是一家以容器制造和包装为主营业务的公司,之后向金融业和视听产品零售业方向进行多元化扩张,结果在发展过程中卖掉了当初的事业,现在的事业领域只有金融服务业和零售业,其企业蓝图也由制造业转向了服务业而发生了巨大变化,企业名称也变更为 Primerica, Inc。

三、食品企业的案例

（1）可口可乐公司

在美国，大多数的年轻人早晨起来补充咖啡因的习惯不是喝咖啡，而是喝可乐。可口可乐设定的事业领域是包含咖啡在内的饮料事业。如果可口可乐公司将事业领域的范围仅限定为饮料的话，那么就把更喜欢喝咖啡的年轻一族排斥在外了。关于事业领域的宽广度，应该根据企业经营的实际状况和经营战略的方向来决定。事实上，该公司在收购了 Minute Maid、Hi_C 等品牌之后，就已经将正在成长的果汁饮料市场的顾客也笼络到了自己的门前，因此其事业领域范围如果设定为更广泛意义上的饮料制造则更为合适。可口可乐公司的这一案例为我们讲述了设定事业领域的重要性。

（2）麦当劳公司

麦当劳设定的蓝图是"将热乎、好吃的快餐食物面向全世界的顾客，通过有限的菜单、整洁的环境和良好的态度，为顾客提供高品质、高价值的服务"（麦当劳已在世界65个国家开设了1.3万个店铺，每天向2500万人提供服务）。麦当劳对其所经营的事业是这样界定的：有限的菜品、具有良好品质的可口的快餐、物有所值、独特的顾客服务、店铺场所便利、覆盖全球的市场。

为顾客提供什么？瞄准怎样的顾客群？对于这两个问题虽然难以用只言片语来表述，但很多企业往往是犯了用冗长语言来表达的错误。善于制定企业蓝图的企业，往往是集中于企业真正想要强调的几个关键点上。例如，McCormick & Company, Inc.是总部位于美国马里兰州的世界最大的食品调味料生产企业，其企业蓝图就非常简洁："在食品调味料、香辛料市场上，成为全世界的领导者企业。"

项目四　企业目标的设定

制定经营战略时，在制定完企业蓝图之后，就要对企业的目标加以设定了。

一、何为企业目标的设定？

企业目标的设定就是指将想要实现的目标转换为具体的语言和可测量的数字的过程。没有困难便能实现的目标是毫无意义的。只有通过为缩小现实与目标之间的差距而进行拼搏与努力，企业的行动才会具有目标意识、企业的创造力才能得以发挥、企业的能量才会向取得成果的方向集中。某公司的CEO曾说过这样一句话：一定的成果必然源自一定的目标。

企业目标一般包括以下要素：①行为主体；②完成目标所需的时间；③能够测量的数量指标。

二、短期目标和长期目标的设定

企业的目标,既要包括企业当前要做什么及做到怎样的程度的问题,又要包括从长远角度出发使企业实现业绩最大化而应该做什么及做到怎样程度的问题。一般说来,如果短期目标与长期目标之间存在或发生了矛盾,则以长期目标优先为原则。如果被短期利益所诱惑而牺牲了长期利益的话,对企业来说是极为不利的。

设定企业目标是所有经营管理者的义务,因为企业所有的工作岗位都需要有具体的可以测量的业绩目标。公司的总目标要被逐级分解到各个工作岗位上去,下层的经营管理者也要承担起相应的责任、做出相应的业绩和成果,这样才能树立起业绩(成果)主义至上的企业文化和环境氛围。

三、战略目标和财务目标的设定

根据所要完成的目标的性质不同,企业的目标可以分为战略目标和财务目标两类。战略目标是与企业的竞争优势相关联的。例如,高于业界平均水平的增长率、商品的品质、给予顾客的细致入微的服务、市场占有率、与竞争对手企业相比较的成本优势、与竞争对手企业相比较的技术优势、顾客满意度、持续竞争优势的获得、成长机会的获得等。战略目标通常是以定性的方式来表达,而财务目标一般要以所要完成的业绩数据来表现,目的是要强化企业的总体事业和竞争地位,因此,财务目标一般包括利润增长率、投资收益率、为获取融资所需要的有关企业信用的数据、企业的资金流量、股东的红利等。

四、食品企业案例

(1)麦当劳公司的企业目标:战略目标

每天,在所有的麦当劳店,对所有的顾客,实现100%的顾客满意度。

(2)McCormick & Company, Inc. 的企业目标:财务目标

①实现自有资本收益率20%。

②完成年销售额增长率10%。

③维持股票每股年增长率15%。

④维持总资本的负债率在40%以下。

⑤总收益的25%~35%用于分红。

⑥现有事业的补充完善,为提高总体收益的收购。

⑦取缔亏损事业,处理与企业战略不吻合的事业。

(3)Quaker Oats Company 的企业目标:战略目标和财务目标

该公司是一家总部位于美国伊利诺伊州的以生产经营早餐食品为主的企业,其战略目标是:树立强大的消费品牌,通过市场营销确立业界第一的地位;改善低利润事业的利润形成机制,否则撤退。其财务目标是:自有资本收益率实现20%;实现纯利润增长率5%以上。

项目五　企业的外部环境分析和内部环境分析

一、企业外部环境分析

对企业活动会造成影响的主要有两方面内容：一是企业的外部环境，二是企业的内部环境。其中，企业的外部环境是企业活动的主要影响因素。外部环境既会给企业带来威胁，又会给企业带来发展的机会。分析外部环境并加以预测，然后采取适当的应对措施是企业战略不可或缺的基本内容。

企业的外部环境包括两方面内容。一方面是由人口、自然环境、经济、政治、技术和文化等因素构成的宏观环境，另一方面是由企业的市场、顾客、竞争对手企业等因素构成的业界环境。构筑企业的经营战略的第一步，就是要从分析上述外部环境的两个方面来入手。关于宏观环境的内容，我们将在模块三的市场营销部分来详细论述，下面，我们着重探讨业界环境。

正如美国霍华德大学管理学教授迈克尔·波特所言，企业的收益性主要是由以下业界内的五个竞争因素所决定的。

(1) 来自新加入业界的竞争者的威胁。
(2) 现有的竞争对手企业的实力。
(3) 替代商品或替代服务的威胁。
(4) 买方的谈判能力。
(5) 卖方(供给方)的谈判能力。

因此，我们将把上述五方面因素作为业界环境来考虑。分析的内容如表2.1所示。

表2.1　业界分析的内容

业界环境的种类	分析的内容
来自新加入业界的竞争者的威胁	以下因素对于阻止新企业进入业界能发挥多大程度的作用？规模经济型,商品差异化,资本的要求度,成本的变化,与流通渠道的密切程度,绝对的成本优势,政府的政策,能预想到的报复措施
现有的竞争对手企业的实力	竞争者的数量与相对的平衡性,业界的增长率,固定成本或库存成本与附加值之比,产品差异,品牌的信誉度,竞争对手的多元化程度,经营战略之间的利害关系程度,企业退市的壁垒
替代商品或替代服务的威胁	替代品的相对价格竞争力,向替代品转换的成本,买方对于替代品的喜好程度
买方的谈判能力	买方的价格敏感度,买方的购买量,产品的差异化程度,买方的购买变动费用,买方的利润,买方的品牌意识,买方对于产品品质的意识程度,买方获取的信息量,替代品的有无
卖方(供给方)的谈判能力	卖方的数量,替代品的出现,业界的总需求量,产品的成本及其对于经营差异化的影响

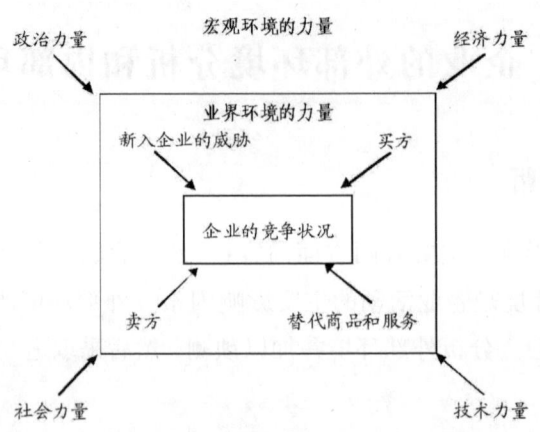

图2.3 企业的宏观环境与业界环境的结构示意图

二、以食品企业为例的外部环境分析实例

以下是对食品企业的外部环境分析的例子，宏观环境分析的部分针对的是食品企业的一般性状况进行的分析，业界环境的分析则以啤酒业为例。具体如表2.2和表2.3所示。

表2.2 围绕食品企业的宏观环境

宏观环境因素	现状
人口	发达国家受人口出生率下降的影响，食品市场规模呈现缩小化的趋势。但我国人口规模依然呈扩大化趋势，食品市场规模正不断扩张。另外，我国人口的老龄化逐步显现，考虑老年人身体特征的，如松软、易咀嚼、易消化等特色食品有待开发。在商品陈列方面，更加人性化、便于拿取的陈列方式也呈现出需求
自然环境	地球温暖化与垃圾处理问题作为世界性的环境危机已变得越来越严重。作为食品企业，应尽可能使用无公害包装容器，减少垃圾排放，努力使用能循环利用的包装材料，为保护环境尽到应有的责任和义务。但因保护自然环境造成的附加成本如何与消费者分摊是目前的一大难题
经济	虽然遭受了2008年国际金融危机的巨大影响，但在我国政府及时有力的产业结构调整政策和健康稳定的货币政策的引导下，我国经济得以快速恢复和保持健康稳定的发展态势。食品的消费弹性虽然较小，但良好的经济环境必然会对食品产业的发展起到促进作用
技术	随着POS（销售点信息管理系统）的普及，商品的畅销与滞销信息能够快速回馈，商品的生命周期出现了短缩化现象。新产品开发的竞争变得越来越激烈。转基因技术的发展导致了许多新型食品的问世。但人们对食品安全性问题的关注度变得越来越高
政治	WTO的加盟对我国的食品产业带来的结果是喜忧参半。喜的是食品出口大幅增长，市场的国际化同时也促进了食品企业的产品质量、技术和管理水平的提升。忧的是各种进口食品大量涌入，食品业界竞争加剧，对中小食品企业造成了重大打击。随着东盟自由贸易区等多边自由贸易条约的缔结，食品业界的竞争将更加激烈。
文化	伴随全球一体化的进程，文化差异的壁垒越来越弱，消费者口味的嗜好变得越来越广泛。由于消费者的食品安全意识越来越高，如何做好食品卫生管理和品质保障成为食品企业的重要课题

表2.3 食品关联企业的业界分析（以啤酒界为例）

业界环境的种类	现状
来自新加入业界的竞争者的威胁	地方啤酒和青岛、燕京、雪花啤酒等"与狼共舞"，市场处于被大企业集团垄断的状况，新入企业难以竞争
现有的竞争对手企业的实力	市场份额的大部分被青岛啤酒、燕京啤酒、雪花啤酒和百威英博四大品牌所垄断。占全国啤酒总销量的53.32%，利润占全国啤酒行业的72%。呈现大集团对大集团的态势
替代商品或替代服务的威胁	目前的酒类市场，主要由白酒、啤酒、葡萄酒、黄酒、果酒所构成。直接的替代商品虽未出现，进口的各种酒类、果酒、碳酸饮料和软饮料等是啤酒业界的主要威胁
买方的谈判能力	较强。啤酒业界流通秩序不规范，渠道混乱。以中低端产品为消费主体，消费者对价格敏感，握有主导权
卖方(供给方)的谈判能力	较弱。啤酒毕竟属于一种嗜好品而非生活必需品。近年来杂牌低价位啤酒的泛滥，再加上完全买方市场已经形成，只有部分大品牌和地方品牌产品有少许主动权，其他产品竞争力主要靠价格竞争，卖方的价格掌控能力在不断下降

三、企业内部环境分析的内容

企业的内部环境分析，就是发现企业拥有的优势和劣势的过程。企业的优势和劣势是从企业拥有的资源上反映出来的。企业的资源包括人力资源、组织资源和物力资源三部分，这也是企业竞争优势形成的三个重要来源（如图2.4）。其中人力资源是企业最重要的资源。因为企业的生产经营活动是以人为中心来开展的，企业即使有再好的组织资源和物力资源，如果没有有能力的经营管理人员和员工的话也是徒劳的。表2.4所列的是进行企业内部环境分析时对各种资源进行分析的内容。

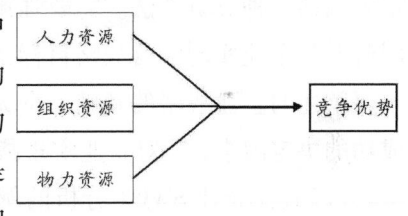

图2.4 企业竞争优势的三大源泉

表2.4 企业内部环境分析

企业资源的种类	分析的内容
人力资源	员工的经验、能力、知识、技能、判断力
组织资源	企业的机构，组织结构，企业文化，企业目标管理，采购及原料管理，生产管理，财务基础，研究与开发，市场营销，信息系统，控制系统
物力资源	工厂与装备，地理位置，原料来源与保障，物流网络，技术

四、食品企业的内部环境分析

以内蒙古某调味品生产企业的内部环境分析为例，表2.5是内蒙古某调味品生产企业进行内部环境分析的一个例子。

表2.5 内蒙古某调味品生产企业的内部环境分析

资源的种类	优势	劣势
人力资源	拥有一支在调味品的口味开发上具有优秀能力的技师队伍	企业知名度低，又远离大城市，难以吸引年轻人
组织资源	企业主的关怀周到细致，具有家庭般的企业氛围，员工非常满意	和大企业相比，品牌知名度低，零售商不愿意经销
物力资源	企业位于内蒙古高原，能够保障丰富、新鲜、优质的原材料供应。具备规模化生产的设备条件	工厂分散在几个乡镇和县城，物流效率较低

五、SWOT分析

（1）SWOT分析的意义

SWOT分别代表：优势（strengths）、劣势（weaknesses）、机会（opportunities）、威胁（threats）。所谓SWOT分析，就是对通过外界环境分析发现的外界环境中存在的机会和威胁与通过内部环境分析发现的企业内部存在的优势与劣势进行综合判断，从而找到实现企业战略成功的决定因素的一种分析手法。需要强调的是，战略成功的决定因素不仅要与企业的蓝图相吻合，同时要为企业实现经营战略目标指明最佳的方向。战略成功的决定因素是我们将在后面的部分要阐述的企业战略的基础。毫无疑问，通过上述内外环境及SWOT分析的过程得出的战略成功的决定因素，会对企业实现战略成功发挥重要的指导作用。

（2）食品企业SWOT分析的例子（以内蒙古某调味品生产企业进行的SWOT分析为例）

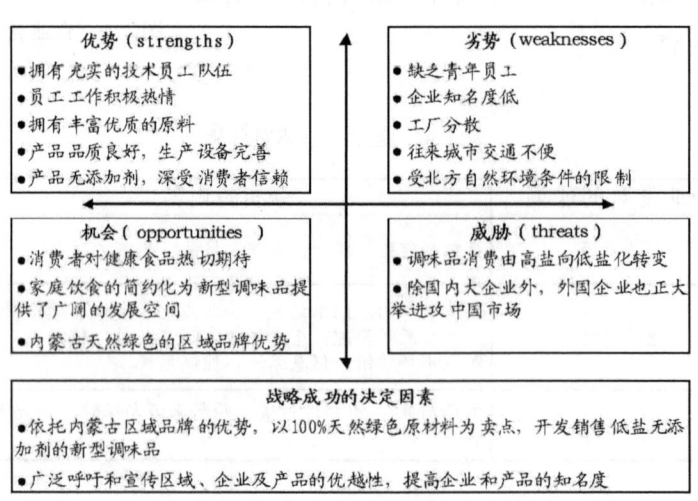

图2.5 内蒙古某调味品生产企业进行的SWOT分析

项目六 经营战略的制定

如果我们把企业看作是一个开展多元化经营的由多个业务经营单位构成的集团组织,那么企业战略就像是统括企业集团组织全体的一把伞,伞下集聚着企业的各业务经营单位。企业战略是经营战略的第一个层次,也是最高层次,包括总体战略和投资组合战略两部分。总体战略是为企业整体指明发展方向的战略,而投资组合战略则是决定在企业旗下的各事业部或子公司之间如何配置企业经营资源的战略。

一、总体战略

总体战略,说白了就是在公司层面上的指导企业开展经营的一个总体计划。

(1)制定总体战略的思路

① 如何进行多元化经营的事业整合?

多元化是指企业向新的业务领域或行业扩张,生产新型产品或提供新型服务的战略。进行多元化经营的事业整合,关键是要搞清楚以下问题:在哪些行业领域开展多元化经营?是采用建立新企业的办法还是采用收购兼并的办法?是将业务范围向其他行业扩展还是在二三个有限的行业内进行?实施多元化经营的各项事业在企业经营中的各自定位如何?等等。

② 如何提高实施多元化经营的企业的经营业绩?

为此,我们必须要考虑保持企业总体的长期竞争优势和强化企业的收益性这两个问题。

作为母公司,则有必要研究如何对子公司在资金、效率提高、技术和管理手段、同业竞争对手的兼并、收购新事业来补充和完善子公司的事业等方面进行支援的问题。

作为多元化经营的企业集团的运营计划,通常要运用以下的一些战略:对于有前途的事业一般实施高速成长战略,对于弱质事业则实施简化战略,对于丧失魅力的事业或不符合企业长期发展计划的事业,则采用撤退战略。

③ 如何让具有关联性的事业之间产生乘数效应(synergy),进而使之转化为企业的竞争优势?

如果企业在具有关联性的某种技术、类似的制造工艺、相同的流通渠道、共同的顾客群体以及其他的能发挥乘数效应的具有关联性的某一类行业进行多元化经营的话,企业是比较容易获得竞争优势的。相反,如果是在毫无关联性的多种行业之上开展多元化经营,则企业的竞争优势是难以期待的。在具有关联性的某种行业领域内开展多元化经营,那么技术的转移应用、企业技术专长及管理专长的共同应用、设备的共同使用便成为可能,这样必然会降低企业总体的经营成本、加强企业产品的竞争力、提高事业部的经营能力,从而给企业带来方方面面的竞争优势。而且,经营领域的关联性越强,给企业带来的经营利益也会越大。实际上,多元化的益处,就是指上述这些乘数效应。

多元化经营的乘数效应的发挥,必然会提高企业的经营业绩,对股东来说最重要的企业的价值也必然会扩大。

(2)总体战略的种类

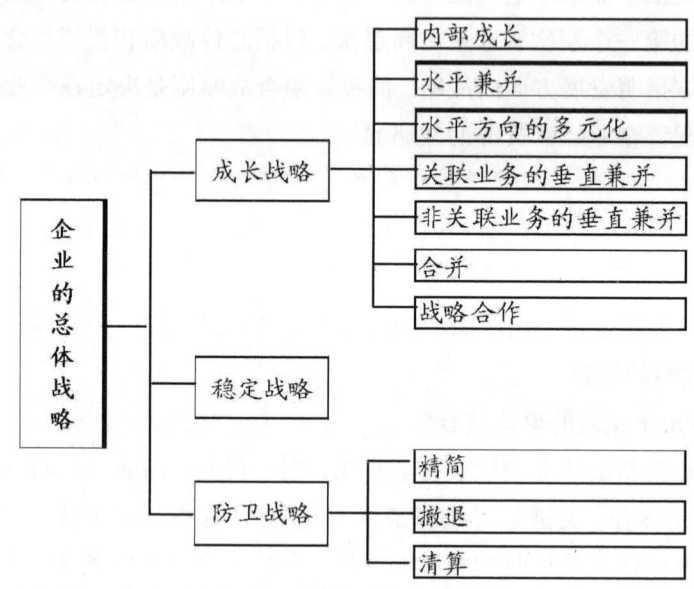

图2.6　企业总体战略的类型

① 成长战略

成长战略,顾名思义,是为企业实现成长而制定的战略。理论上来讲,企业应该选择的成长战略应该是能使企业的销售额(或营业额)和市场占有率扩大的战略。成长战略的实施,必须要以能够预想到的企业的成长为条件。成长战略主要包括以下一些种类和内容。

a. 内部成长战略

是一种不通过收购其他企业而使企业自身的销售额、生产能力、劳动力得以增大的战略。对企业来说,内部成长战略是一种具有独特魅力的成长路线,许多企业都在有意识地追求这种成长路线。内部成长战略的优点,在于企业的文化、效率、品质及企业形象能够得到切实的保障。例如,麦当劳公司从未收购过任何一家其他的快餐连锁企业。麦当劳特许经营权的获得,必须要以接受麦当劳独特的教育训练为条件。由于是一种彻底的拒绝外来影响的内部成长战略,麦当劳使所有店铺的卫生、服务、产品品质的一贯性都保持了一个非常高的水平。

b. 水平兼并战略

是指通过收购与本企业具有相同种类业务的其他企业来实现成长扩大的战略。例如美国的康尼格拉公司(ConAgra Foods, Inc., 是世界最大规模的食品工业企业之一)于1970年以后开始实施水平兼并战略，曾先后收购帮盖特食品、阿玛食品、苏威孚特食品、贝阿脱力斯食品、诺顿西蒙食品等多家食品企业，其目的就是要扩大企业经营范围、实现企业成长。到2001年，该公司单品销售破亿美元的商品就达33种，总销售额达272亿美元，实现纯利润6.4亿美元。

c. 水平方向的多元化

企业的主要经营资源又被称为核心竞争力(core competencies)，我们把企业对类似的业务进行收购的行为就称为水平方向的多元化。通过兼并，各自的核心竞争力能够相互补充、相互转移、共同拥有，从而使相互的竞争优势得以加强。可口可乐公司对Minute Maid公司(1945年创立于美国马萨诸塞州的一家饮料企业，现为可口可乐公司旗下的一家子公司，生产Minute Maid品牌的系列果汁饮料)的收购，是企业核心竞争力得以共享的典型例子。通过兼并，可口可乐产品的销售能力在果汁饮料领域也得以拓展，而Minute Maid品牌的系列果汁饮料也通过可口可乐的碳酸饮料渠道得以广泛销售。

d. 关联业务的垂直兼并

也称作相关多元化，可分为下游兼并和上游兼并两种。以制造业为例，下游兼并就是通过兼并销售企业来实现向流通领域的拓展；而上游兼并，则是通过兼并将业务拓展到原料供应领域来实现多元化经营的活动。

e. 非关联业务的垂直兼并

当管理者决定进入全新的行业或收购全新行业中的公司，而这些行业或公司的业务与现在的行业和业务毫不相关时，我们称为非关联业务的垂直兼并(也称作非相关多元化)。在进行非关联业务垂直兼并的情况下，企业核心竞争力的转移、共用的可能性就变得非常有限。例如，美国农业经营公司(American Agronomics, Inc., 是一家生产柑橘类饮料的企业)收购普里斯·琼塑料制品有限公司(Preece Joan Plastic, Inc.)就是一个非关联业务垂直兼并的典型例子。塑料容器虽然可以用于饮料的包装，但其他的用途更为广泛。如此一来，饮料企业与塑料企业的组合使双方在核心竞争力(即企业经营资源)上的相互转化和共享的可能性就变得十分有限了。

进行非关联业务的垂直兼并的主要原因在于：有时候，管理者能够通过把自己的技术注入收购来的绩效不佳的公司，扭转其经营状况，提高其绩效，从而为企业创造更大的价值。另外一个原因是收购不同行业的公司能够使管理者积极实施组合战略，通过将资金在各个部门之间进行合理分配来增加收益或分散风险，就像个人投资者的资产组合策略一样。

非相关多元化曾在20世纪80年代广为流行，但今天，很多公司正在放弃这一战略，因为大量事实表明，过度的非相关多元化会导致管理者丧失对组织核心业务的控制力，同时，很多试图实现非相关多元化经营的努力不仅没有创造价值，反而降低了公司原有的价值。

f. 合并

有很多企业也通过合二为一，即合并的方式来实现成长。通常企业间的合并会增加管理成本和协调成本，因此只有在合并的预期收益大于合并的预期成本的情况下才会采用这种战略。

g. 战略合作

战略合作是指几家企业通过特定的项目或业务联系起来的合作伙伴关系。

② 稳定战略

企业的成长战略是有寿命的，永久性地采用成长战略必然会难以为继，之后不可避免地要实施稳定战略或某种防卫战略。

稳定战略是指企业遵循与过去相同的战略目标，保持一贯的成长速度，同时不改变基本的产品或经营范围。它是对产品、市场等方面采取以守为攻，以安全经营为宗旨，不冒较大风险的一种战略。

稳定战略是一种规避风险的战略，对那些曾经成功地在一个处于上升趋势的行业或一个变化不大的环境中进行经营的企业会很有效。由于稳定型战略从本质上追求的是在过去经营状况基础上的稳定，它具有如下特征：

a. 企业对过去的经营业绩表示满意，决定追求既定的或与过去相似的经营目标。比如说，企业过去的经营目标是在行业竞争中处于市场领先者的地位，稳定型战略意味着在今后的一段时期里依然以这一目标作为企业的经营目标。

b. 企业战略规划期内所追求的绩效按大体的比例递增。与成长战略不同，这里的增长是一种常规意义上的增长，而非大规模的和非常迅猛的发展。例如，稳定增长可以指在市场占有率保持不变的情况下，随着总的市场容量的增长，企业的销售额的增长，而这种情况则并不能算典型的成长战略。实行稳定战略的企业，总是在市场占有率、产销规模或总体利润水平上保持现状或略有增加，从而稳定和巩固企业现有竞争地位。

c. 企业准备以过去相同的或基本相同的产品或劳务服务于社会，这意味着企业在产品的创新上较少。

从以上特征可以看出，稳定战略主要依据于前期的成长战略。它坚持前期战略对产品和市场领域的选择，它以前期战略所达到的目标作为本期希望达到的目标。因而，实行稳定战略的前提条件是企业过去的战略是成功的。对于大多数企业来说，稳定战略也许是最有效的战略。

举个例子，Peet's Coffee & Tea, Inc.公司坐落于美国洛杉矶，是一家拥有170多名员工、8个咖啡厅的小型企业。实施的是古典音乐伴随手工咖啡的差异化经营战略。公司老板曾多次申请获取全美国的市场经营权，但都被拒绝了。理由是如果允许其在全国范围内经营，那么其他地区的个别店铺必然会设法降低成本来扩大利润，这样难以保证给顾客提供手工咖啡，结果会导致损害其公司的经营方针，造成产品和服务品质的降低。不得已，该公司只能采取在洛杉矶市场的稳定战略。

③ 防卫战略

防卫战略包括精简战略、撤退战略和清算战略三个类型。

a. 精简战略

精简战略是指通过精简部分经营业务使企业提高效率的一种战略。所谓精简，指的是终止那些亏损的业务、处理闲置多余的资产、精减富余人员、削减物流成本、重新评估产品线和顾客群等行为。

b. 撤退战略

撤退战略是指企业将部分业务部门变卖，或将经营组织和业务进行分割重组的一些被动的经营行为。

c. 清算战略

这是最后一种不得已而为之的下策，如果通过精简战略和撤退战略的实施，都无法挽回企业衰败的命运，那么最后将企业全部资产加以变卖来清偿债务的手段就是清算战略。

二、投资组合战略（portfolio）

任何企业都会面临如何把现有的经营资源在经营的各项事业之间进行分配的问题。要解决这个问题，通常要用到投资组合矩阵的分析方法。常用的投资组合矩阵分析方法包括 BCG 矩阵、GE 矩阵、产品和市场进化矩阵三种。在此，我们仅选择最具代表性、应用最为广泛的 BCG 矩阵分析法进行阐述。通过 BCG 矩阵分析，企业就会明白自己应该在哪些事业上进行投资、哪些事业应该维持现状、哪些事业应该收手撤退等问题。

(1) BCG 矩阵的概要

BCG 矩阵分析法是由美国著名的商业咨询公司 Boston Consulting Group 开发的，也称波士顿矩阵分析法。纵轴表示销售增长率，横轴表示相对市场占有率，通过销售增长率和相对市场占有率的高低，将企业各个战略事业单位标在一个二维矩阵图上，从而显示出各事业的经营状况。销售增长率可以用本企业的产品销售额或销售量增长率来表示。而相对市场占有率是指本企业的市场占有率与最大竞争对手企业的市场占有率的比值。计算公式如下：

企业某产品相对市场占有率 = 该产品本企业市场占有率/该产品最大竞争对手的市场占有率

本企业某种产品的市场占有率 = 该产品本企业销售量/该产品市场销售总量

BCG 矩阵是以 10% 的销售增长率和 20% 的相对市场占有率为高低标准分界线，将坐标图划分为四个象限。企业全部产品按其销售增长率和相对市场占有率的大小，可以在坐标图上标出其相应位置（圆心）。定位后，按每种产品当年销售额的多少，绘成面积不等的圆圈，圆圈越大，表示其销售规模越大。定位的结果即将产品划分为四种类型（如图 2.7 所示）。

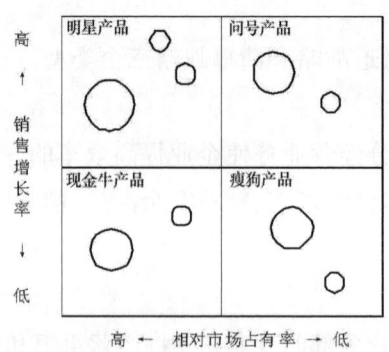

图 2.7　BCG 矩阵的框架结构

①明星产品（stars）。它是指处于高销售增长率、高市场占有率象限内的产品群，这类产品能给企业带来很好的收益性和成长性，可能成为企业的现金牛产品，需要加大投资以支持其迅速发展。

②现金牛产品（cash cow），又称厚利产品。它是指处于低销售增长率、高市场占有率象限内的产品群。其特点是销售量大，产品利润率高、负债比率低，可以为企业提供资金，因而成为企业回收资金，支持其他产品，尤其是明星产品投资的后盾。由于市场已经成熟，企业不必大量投资来扩展市场规模，同时作为市场中的领导者，该业务享有规模经济和高边际利润的优势，因而给企业带大量财源。

③瘦狗产品（dogs），也称衰退类产品。它是处在低销售增长率、低市场占有率象限内的产品群。其特点是经营成本高、利润率低、处于保本或亏损状态，负债比率高，无法为企业带来收益。对这类产品通常采用撤退战略，即减少批量，逐渐撤退。对那些销售增长率和市场占有率均极低的产品应立即淘汰，将剩余资源向其他产品转移。

④问号产品（question marks）。它是处于高销售增长率、低市场占有率象限内的产品群。前者说明市场机会大、前景好，而后者则说明在市场营销上存在问题。其特点是所需资金投入较大，负债比率高，利润率较低，给企业带来的现金收入很少。对于问号产品，通常采取选择性投资战略。即或者是扶持发展，或者是撤退。对于该象限中那些经过改进可能会成为明星的产品进行重点投资，努力提高市场占有率，使之转变成"明星产品"；对于将来有希望成为明星的产品则在一段时期内采取扶持的对策进行观察。对于经过一段时间扶持难以发展的产品，则果断退市。

（2）BCG 矩阵与产品生命周期理论

BCG 矩阵对企业来说是一种非常科学合理的资源分配方法。这种方法也得到了产品生命周期理论的有力支撑。产品生命周期理论是指和人的生命周期相类似，产品也有一个从入市到退市这样一个生命过程，这个过程一般可分为导入期、成长期、成熟期和衰退期四个阶段。

一般而言，在 BCG 矩阵图中，"明星"产品的销售增长率高、市场占有率也很高，往往是处于成长期;"现金牛"产品的销售增长率低,但市场占有率大,往往处于成熟期;"瘦狗"产品的销售增长率和市场占有率都非常低,往往处于衰退期;"问号"产品的市场占有率较低,但销售增长率较高,往往处于导入期。

按照以产品生命周期理论为基础的 BCG 矩阵进行企业资源的最优化分配时,首先要有一个基本的认识,即企业经营的事业或产品是有寿命的。关键问题是企业如何把资金在现金牛产品、明星产品和问号产品之间进行分配。在此,判断明星产品和问号产品的市场寿命极为重要。

依据 BCG 矩阵,企业通常的做法是把从现金牛产品上得到的收益用于扶持明星产品的成长以及用于最有前途的问号产品的市场占有率的扩大上面。对于瘦狗产品和剩余的其他问号产品,只要不能给企业带来充足的现金流,便果断采取退市的做法。但最近有学者根据研究指出,瘦狗产品给企业带来的现金流量并非如一般所说的那么少,企业决策者对于瘦狗产品退市的决策应加以慎重。

(3)食品关联企业应用 BCG 矩阵时的注意点

在当前的市场环境下,食品类产品的生命周期在逐步缩短。原因主要有以下几方面:消费者饮食消费嗜好的多样性的扩大化;伴随竞争加剧的新产品的增加;消费者对于老产品的厌腻;零售店对于畅销商品管理的效率化等。食品产品生命周期的缩短,也就是说食品和其他业界的产品相比,其导入期、成长期、成熟期、衰退期周期的短缩。正因如此,食品关联企业应用 BCG 矩阵时,注重时效性便显得尤为重要。对于瘦狗产品要及早撤退,而对于现金牛产品、明星产品和问号产品的投资则要及早进行。另外,对于问号产品的投资一定要慎重。由于产品成长期很短,对于该产品市场能生存多长时间的问题首先要有一个慎重的判断。对于明星产品也同样如此。

(4) BCG 矩阵的缺陷

BCG 矩阵虽然是一种被世界各国企业广泛采用的优秀的投资组合分析方法,但其存在的缺陷也是公认的。

首先,矩阵分析指标只包括高或者低两种范畴。这对于成长市场处于平均状况、市场占有率也处于平均化水平的绝大多数的产品和事业来说是难以运用的。

其次,这一矩阵的普及常会导致一些误解。事实上,市场占有率低的产品未必一定是问号产品。例如,在德国戴姆勒奔驰公司,企业为了维护产品的高端品牌形象和价值,对于扩大产量提高市场占有率这一问题是极其慎重的。市场占有率的大小不一定能完全反映企业的实际状况。

另外,明星产品也好、瘦狗产品也好,问号产品也好,它们相互之间经常是随着竞争环境的变化而可以相互转化的。因此,运用 BCG 矩阵时一定要结合实际情况加以灵活应用。

三、事业战略

事业战略是经营战略的第二个层次,就是指在企业的某一个经营单位内部,如何发挥竞争优势来占据有利地位的战略。在此，我们援引迈克尔·波特的竞争战略来加以阐述。

(1) 波特的竞争战略

① 成本领导战略

成本领导战略是指为实现在商品生产、商品供给、服务供给等各方面形成的总体成本比竞争对手企业更低的战略。战略实现的关键是企业经营事业中各个方面的必要成本的最小化。开发高效率的生产方式，严格控制间接成本和管理费用，追求低价格的原材料供应，促销、流通和服务成本的最小化等都是为实现这一战略而采取的必要手段。如果企业的经营成本能够降低，那么就可以降低产品的销售价格，从而形成与竞争对手企业的比较优势，同时也会给企业带来较高的利益回报。

当然，成本领导战略的实施，并不意味着产品品质的下降。否则便没有意义了。实施成本领导战略，最重要的是实现成本领导。而实现成本领导的条件有两个：一是实现规模经济性，二是要发挥经验曲线效果。关于这两个条件，我们将在颠倒是模块三中详细论述。

② 差异化战略

差异化战略，就是指企业开发出业界内没有相类似的新产品或服务。差异化战略如果取得成功，那么企业便可以独自设定最高的价格，获取比业界平均水平更高的经营利润。差异化可以从多方面来实现。例如，外观、品牌形象、技术、顾客服务、产品特性、品质等方面。

差异化战略有一个缺陷，即如果开发出的产品成本过高，那么即使它有再高的附加价值，顾客也会想方设法去寻找更为廉价的替代品去替代。因此，开展差异化战略，虽然提供绝无仅有的产品或者服务要比削减成本本身更为重要，但是，企业也要非常重视成本的节约。

另外，由于消费者的喜好和需求是经常变化的，因此实施差异化战略的经营事业要经常不断地分析和把握消费者的需求动向。只有企业提供的产品和服务对于消费者来说非常重要，同时竞争对手企业又无法实施模仿时，差异化战略才能得以顺畅实施。关于这一问题，我们也将在模块三中以案例的形式进行分析说明。

③ 集中战略

差异化战略通常是以较大的市场为目标的。与此相对，集中战略则是以小范围的间隙市场(Niche)为目标的。这个间隙市场，它可能是特定的顾客群体，也可能是特定的区域。集中战略的主导思想是：和瞄准整体市场相比，瞄准特定的间隙市场可以使企业的经营资源更有效、更充分地利用。集中战略可以和成本领导战略或差异化战略组合起来运用，也可以和二者同时组合运用。实施集中战略和差异化战略的组合战略时，要求对所限定的市场投放符合顾客嗜好的产品。当然，这种战略的实施同时会给企业带来成本优势、高利润回报等诸多好处。

(2) 实施竞争战略应具备的条件

波特竞争战略的成功实施，要求企业具备一定的要素条件，具体如表2.6所示。

表2.6 成功实施波特竞争战略的条件

事业战略的种类	要求的技能和资源条件	对组织管理提出的条件
成本领导战略	能保障资本的持续投入； 科学组织生产管理的技术和能力； 对劳动过程的有效监督； 工艺简单、生产流畅的产品； 低成本的流通系统	严密的成本管理； 频繁而详细的管理报告； 结构化的组织和明确的责任； 以严格、明确的量化目标为工作动机
差异化战略	较强的市场营销能力； 产品具有创造性和强大的魅力，员工有强烈热情； 强大的基础研发能力； 对产品品质和技术的领导能力； 具有借鉴其他事业研发新事业的长期经验和独特的技术； 流通渠道的有力支持	技术研究、产品开发和市场营销部门之间具有密切的合作关系； 以主观评价为工作动机； 具有能吸引高技能劳动者和科研人员充分发挥创造力的轻松愉快的组织体系
集中战略	能将上述成本领导战略和差异化战略的条件组合起来，面向特定的顾客群加以实施	能将上述成本领导战略和差异化战略的条件组合起来，面向特定的顾客群加以实施

（3）波特竞争战略在大企业和中小企业中的应用

一般说来，中小企业在生产和经营规模上无法和大企业相抗衡，市场领域较为狭窄是不争的事实。因此，中小企业通常采用瞄准市场间隙的集中化战略，即利基战略。

① 面向中小企业的事业战略

a. 利基低成本战略

是一种在实施低成本战略的同时，将产品和服务面向较为狭小的特定市场进行提供的战略。

b. 利基差异化战略

是指产品面向相对狭小的特定市场，以高度差异化的产品和服务来满足该市场消费者需求的战略。例如，以生产高级汤品、果酱和其他风味食品著称的英国食品企业 Baktus of speyside 公司采用的就是这种战略。该公司的差异化，是以采用苏格兰丘陵和峡谷地区的原料、给予产品独特的冠名、异国风味的配料、精细费时的手工制作为特征的。这种差异化战略的采用，使该公司占据了英国高级汤料市场77%的市场份额。

c. 利基低成本差异化战略

维持低成本的同时，产品和服务只面向相对狭小的特定市场，以高度差异化的产品和服务来满足该市场消费者需求的战略。

② 面向大企业的事业战略

a. 低成本战略

即抛弃一切多余附加的东西,将最简单、最基本的产品和服务在业界内全面展开的战略。它以对价格非常敏感、占消费市场大多数的顾客群作为目标市场。企业并不重视成本较高的新产品和改良产品的开发,研发的重点放在提高业务的效率和物流的效率方面。同时不在广告和促销方面投入费用。一般说来,中小企业采取这种战略主要是为了压缩初期投资规模和经营费用,从而实现降低成本的目的。大企业采用这种战略则主要是为了扩大市场占有率和实现规模经济性。

b. 差异化战略

这是一种在价格弹性相对较小、市场规模较大的业界内,提供具有差异化的产品和服务的战略。和生产成本相比较,企业的生产部门更加重视产品的品质。如果竞争对手企业在市场上推出了更为优秀的产品,那么企业一定要排除万难,将产品的品质加以改善。

c. 低成本差异化战略

这是在一种在维持着较低成本的同时,相对说来价格敏感度较低、市场规模较大的业界内,提供差异化产品和服务的战略。美国著名超市连锁店 Giant Food Inc. 美国著名的口香糖食品生产企业 Wm. Wrigley Jr. Company、美国著名罐头饮料食品制造企业 Campbell Soup Company、美国大型啤酒制造企业 Anheuser – Busch Companies Inc. 等公司均采用该战略。

以 Giant Food Inc. 公司为例,该公司以提供能打包带走的特色风味食品、店内制作的新鲜比萨、对老主顾的优惠打折、面向亚洲人的亚洲食品、面向特定基督徒的素食主义者食品等来实现差异化。在成本削减方面,该公司通过开发品牌产品、在业界率先采用 POS 系统(POS 系统即销售时点信息系统,是指通过自动读取设备(如收银机)在销售商品时直接读取商品销售信息(如商品名、单价、销售数量、销售时间、销售店铺、购买顾客等),并通过通信网络和计算机系统传送至有关部门进行分析加工以提高经营效率的系统。POS 系统最早应用于零售业,以后逐渐扩展至其他如金融、旅馆等服务行业,POS 系统的应用范围也从企业内部扩展到整个供应链。装备防盗电子系统、自行制作电视广告、关闭亏损店铺等措施,使该公司成为了采取低成本差异化战略的成功典范。

美国大型啤酒制造企业 Anheuser – Busch Companies Inc. 的产品的市场占有率达到了 40% 以上,该公司则主要利用生产、研发、原料采购等方面的规模经济性,来实现低成本运营。差异化则体现在生产过程和优质原材料的选用方面,当然也包含诸如"Your Budweiser"(Budweiser 是该公司某啤酒产品的名称)、"Drink Michelob in Night"(Michelob 也是该公司某啤酒产品的名称)等独特的广告宣产。

d. 多重战略

多重战略虽说是一种将两种以上事业战略进行组合的战略,但主要是指与利基战略进行组合应用的战略。与利基战略进行组合的战略的种类则并没有限制。例如,美国著名企业雷诺兹烟草公司早年一直以低成本差异化战略为基础开展业务,但到了20世纪80年代,由于受到来自无品牌香烟企业产品的低价格的竞争冲击,该公司则将低成本差异化战略与利基低成本战略进行组合来加以应对。例如,该公司在位于佛罗里达州的生产"Doral"牌香烟的事业部实施低成本和低价格战略,以此来与无品牌的利基者相抗衡。实施多重战略应该注意的是要避免无意义的组合。例如,低成本战略与利基低成本战略,二者都是低成本战略,组合起来毫无新的内容,因此不会给企业带来任何变化,二者的组合就毫无意义。

(4)小结:面向大企业和中小企业的事业战略汇总表

将上述面向大企业和中小企业的事业战略加以归纳,如表2.7所示。

表2.7 事业战略一览表

事业战略的种类	强调的重点	覆盖的市场	产品和服务的特征	市场需求特征	价格制定
利基低成本战略	降低总体成本	利基市场	不附带任何多余的附加价值	产品需求的价格弹性大	低于业界平均水平
利基差异化战略	满足特定顾客群的需求	利基市场	高度差异化	产品需求无价格弹性	高价格
利基低成本差异化战略	满足特定顾客的需求,且实现低成本	利基市场	高度差异化	产品需求无价格弹性	高价格
低成本战略	总体成本的低水平	总体市场	不附带任何多余的附加价值	价格弹性大	低于业界平均水平
差异化战略	更高的品质	总体市场	差异化	几乎没有价格弹性	高于业界平均水平
低成本差异化战略	高品质低成本	总体市场	差异化	价格弹性较小	高于业界平均水平
多重战略	上述的组合	上述的组合	上述的组合	上述的组合	上述的组合

(5)事业战略成功的关键

打败竞争对手,确保竞争优势的最大的关键,是如何降低成本、实现差异化。在竞争日益激烈的客观环境下,不论是大企业还是中小企业,降低成本和实现差异化的重要性也日益凸显。关于产品、服务品质的差异化,以及降低成本的方法,我们建议从以下四方面去考虑。

① 追求产品品质的卓越

美国质量管理大师飞利浦·克劳士比先生曾经说过这样一句话,"确立产品品质的保障体系对企业来说就等于降低成本"。因为这样会减少反反复复的无效工作、减少废品率、减少售后服务的工作量，事业会在顾客满意和不断增加回头客这样一种良性的机制下运转。

② 工作程序的改善

工作程序的改善是指提高经营效率和流通效率的一切活动。通常，工作过程、工作程序的改善对于降低产品成本、强化产品和服务的差异化都会起到良好的促进作用。

③ 产品改良

产品改良通常被认为是产品差异化的范畴，但它与成本削减也存在着紧密的联系。例如，Philip Morris 公司通过多年努力，最早开发出了过滤嘴香烟，后来又开发出了低焦油含量和低尼古丁含量的香烟。这种产品改良使产品实现了差异化的同时，也使生产成本得以降低（它通过减少每根香烟烟叶的用量，使单位成本大幅下降，同时又有生产出了高品质的香烟产品）。

④ 通过组织的专项能力和企业形象来实现差异化

组织的专项能力，就是指和竞争对手企业相比较企业所具备的独特的能力优势。现实环境中，中小企业和大企业相比较在原材料采购方面具有不利的一面。由于大企业购买量大，往往能享受到价格折扣和技术性的支持与援助，相比之下，中小企业则很难获得。

但是，以生产运动轿车著名的保时捷公司，却能够得到供应商的价格优惠和巨大的技术支持。原因是，保时捷公司在不断地为通用、福特、大众等大型企业提供着大量的技术援助。也就是说，作为供应商来说，虽然和保时捷公司的交易量不大，但可以期待通过保时捷公司来扩大和大企业的业务交易量。另外，保时捷公司在企业形象的塑造方面也与众不同，它并不进行大规模的广告投入，取而代之的是来自媒体的免费广告。汽车杂志很愿意为保时捷公司做免费广告，从而使保时捷的广告成本也很低廉。保时捷公司组织的专项能力，就是来自于其在技术方面的优势和差异化的企业形象塑造方面。

四、职能战略

（1）什么是职能战略

所谓职能战略，就是指在企业的研发、生产、营销、顾客服务、财务、流通、人力资源等各职能部门制定的指导其职能活动的战略。各职能部门的主要职能活动越多，其职能战略也随之增加。

职能战略的主要作用是要为企业总体的经营事业提供支撑和保障。因此，职能部门的使命、目标的实现至关重要。职能战略的关键是要与其他职能部门、事业部门具有协调性。各事业部门的战略要想发挥出最大的效果，则必须要以各职能部门之间的战略协调性作保障。如果某一职能部门制定的职能战略不能反映事业部门和职能部门的意志，那么这个战略必然会以失败而告终。生产战略、营销战略、研发战略、财务战略等各职能部门的战略不能只考虑本部门的狭隘的利益，而要注重总体和大局的利益。因此，在对某一职能部门的战略进行制定和调整时，一定要在各部门全体会议上进行讨论。

(2) 职能战略对于事业部门的作用

可以说，职能战略是推动事业部门经营运转的一整套有机的管理体系。例如，为了实现差异化战略，在研发战略方面，就要求加快新产品开发的步伐；在营销战略方面，制定与产品高品质相适应的价格、如何开展促销便成为焦点；而在生产战略方面，如何发掘优质原料的供应渠道、使用最新技术、寻找高水平的零配件生产合作伙伴就成为工作重心。因此，职能战略对于支撑事业水平上的经营战略起着非常重要的作用。

(3) 事业战略与职能战略的关联性

事业战略与职能战略具有紧密的联系。表2.8给出了不同的事业战略和与之相对应的应采取的职能战略，以备我们在制定职能战略时参考。

表2.8 事业战略与职能战略的关联性

事业战略的种类	采购与原材料管理	生产管理	财务	研究开发	人力资源管理	信息系统	市场营销
利基低成本战略	通过网上签约来从国内和国外供应商处进行采购	强调工厂、设备的初期投资规模要小，同时强调生产管理的低成本	通过债务成本较低时借入、市场走强时出售普通股等手段来进一步降低财务成本	强调要参照降低生产管理和物流成本的目标来进行研发	强调低成本控制的奖励机制	强调要提供业务实施成本的及时、准确的信息	强调低成本的物流、低成本的广告和促销
利基低成本差异化战略	即使成本高也要采购高品质的原材料。就像保时捷一样，成本的控制要通过组织开发来进行。严格控制产品库存和仓储，同时尽可能地控制成本	强调用尽可能低的成本来生产具有独特品质的产品	强调尽量压缩资金成本，对资金管理的合理化改革进行投入	强调对生产过程的研发和产品与服务的研发	强调对于成本控制和产品改善和改革的奖励机制	强调要提供业务执行成本和开发具有较大差异化产品的生产过程所需成本的及时、准确的信息	强调要像保时捷那样，尽量以较低的成本来对采用独特流通渠道的特殊的顾客群进行广告和促销

续表

低成本战略	以低价格和数量折扣进行采购。保管、仓库设备的运营、库存管理要高效率地进行	强调通过学习生产管理，利用规模经济性，摸索资本和劳动力的替代的可能性	通过债务成本较低时借入、市场走强时出售普通股等手段来进一步降低财务成本	强调要参照降低生产管理和物流成本的目标来进行研发	强调低成本控制的奖励机制	强调要业务实施及时、准确的信息	强调低成本的物流、低成本的广告和促销
差异化战略	即使成本高也要保障采购品的品质，成本再高也要做好库存和仓储管理	即使成本高也要严把生产管理的质量关	强调对资金流入流出控制的改革和完善，强调即使会增加财务成本也要对合理化的改革进行资金投入	强调要参照提高产品品质和产量的目标来进行产品和服务的研发	强调对于产品的改善和改革的奖励机制	强调要提供当产品差异化的过程所需成本的及时、准确的信息	强调差异化的物流和广泛的广告和促销
低成本差异化战略	尽可能以较低的成本来购入高品质的原材料。尽可能以较低的成本来保障仓储和保管及库存管理工作	重视生产过程中的产品质量管理，同时尽可能地控制成本	强调尽量压缩资金成本，对资金管理的合理化改革进行投入	强调对生产过程的研发和对产品与服务的研发	强调对成本与产品改善和改革的奖励机制	强调要提供改善或改革当前差异化产品生产过程所需成本的及时、准确的信息	强调用可能低的成本来实现差异化物流和广泛的广告和促销
多元化经营战略（多种经营战略）	上述的组合	上述的组合	上述的组合	上述的组合	上述的组合	上述的组合	上述的组合

五、案例－麦当劳公司的企业战略

1. 内容介绍

麦当劳公司以在快餐业界的持续成功而驰名世界。以下，我们来看一看该公司1993年当时的企业战略的概要。

麦当劳公司以强大的品牌号召力和235亿美元的年营业额，雄踞世界餐饮服务业界的榜首。在全球共开有3万多家餐厅，其中2万多家具有地区特许经营权。该公司具有独特的产品品质管理办法、设备生产技术、营销与教育训练程序、生产管理系统，而其供应系统则被选作为国际标准。该公司的战略优先顺序是：持续发展战略，顾客接待，世界范围的品牌营销战略。下面是其经营战略的核心内容。

（1）发展战略：

① 每年新开店700~900家。既有公司直营店，也有特许经营店，三分之二在国外。

② 通过增加早餐和晚餐菜单、低价特卖品、无需额外花费的超值套餐等办法来提高顾客的来店次数。

（2）特许经营战略

对于特许经营权的发放严格审核。只选择与动机品位高、诚实、积极、果敢，具有商务经验的企业家开展合作。

（3）店铺建设战略

① 开店选址的原则：只选择在既方便顾客消费又具有长期收益性的场所。

② 通过全球一体化的资源供给系统，实现产品、作业的标准化，店铺设计和装修成本低，设备统一，完善的原材料采购系统，压缩场地设施的成本。

③ 外观独特，在可能的情况下，设置得来速式服务（drive - through 的英译，即指不下车便可以购买餐点的一种快餐服务。顾客可以驾车在门口点菜，然后绕过餐厅，在出口处取餐），店内提供孩子们玩耍的场所。

（4）产品线战略

① 只提供有限的菜单。

② 投入的新产品也必须是属于新快餐的范畴，针对对健康比较敏感的顾客群进行提供。

③ 新开发的菜单在正式销售之前，要进行大规模的试验，检测产品是否符合品质标准，分析顾客是否具有充分的需求。

（5）店铺运营战略

① 实行严格的产品标准，食品的准备、店铺的卫生、和蔼可亲的前台服务等都要实施严格的运营程序。保持与供应商的亲密关系，保证食品的安全性和高品质决不能动摇。

② 开发新型机器设备和生产系统，改善和提高更准确无误、更迅速地提供更热乎、更好吃的食品的能力。

(6)促销、市场营销和商品政策战略

① 通过广告和媒体宣传，提高麦当劳的高品质、优良服务、卫生及品牌的全球影响力。各个店铺提取营业额的1%作为在店内的促销费用，强化宣传。

② 延续在价值基础上的价格制定策略，持续实施超值套餐政策，以开拓新的顾客群。

③ 继续使用麦当劳的独特的文字字符，强化孩子们对于麦当劳的品牌认知度，继续在菜单上印制麦当劳的图形标识，强化菜品与麦当劳的关系。

(7)人力资源和教育培训战略

① 所有工作岗位采取公平无差别的薪酬水平，教授如何开展工作，对个人和团队的业绩进行奖励，提供升格、升迁的机会。

② 雇用具有良好的团队协作精神和态度和蔼礼貌的员工，来给员工开展如何给顾客留下好印象的培训。

③ 为了更好地满足顾客需求、更好地经营快餐事业，对特许经营者、店长及店长助理开展适当的培训和训练。

(8)社会责任战略

① 要肩负着社会责任去经营事业。

② 以麦当劳小屋为名，为疾病和残障儿童建设第二之家(全球目前有200多个)。

③ 在职场彻底废除种族歧视，职场由多种族构成，对少数民族给予适当的照顾。

④ 协助社会进行环保和物资循环使用教育，为顾客提供麦当劳产品的相关营养信息。

2. 对麦当劳公司的经营战略的分析

(1)保持品质、效率和企业形象的经营战略

麦当劳的企业战略属于内部成长战略，它并不进行对其他企业的收购，而只关心本公司的独自成长。为此，正如理论所言，它在切实做好品质、效率和企业形象等实际工作。

(2)具有明确的战略目标和财务目标

其战略目标是提高顾客的来店次数，财务目标是每年新开店铺数量为700~900家。

(3)外部环境的适应

面对食品多样化、健康消费意识不断增强的外部环境变化，麦当劳增加了鸡肉、比萨及适应健康消费的新菜品。企业虽然在创业期制定了只提供有限菜品的经营策略，但也随着环境的变化而加以变化，这一点和经营战略的理论是一致的。

(4)正确的低成本战略

麦当劳的事业战略是低成本战略。从理论上说，实行这种战略，要依赖于规模经济性和市场占有率，以及成本领导的实现，这样成本优势才能保持。因此，伴随成本曲线的变化，企业要经常进行新技术的开发和产品、服务的改革，这些条件要求麦当劳都能吻合。

(5)满足事业战略成功的关键点

保持竞争优势的关键是如何降低成本、如何实现差异化。关键点是产品品质的保持、生产

过程的改善、产品的革新、企业形象的差异化。这些方面,麦当劳都明确地做到了。

(6)事业战略与职能战略具有整体性

麦当劳的低成本战略与职能战略是一个相互呼应的有机整体。职能战略是一个一元化的资源供给系统,通过原材料的统一采购实现低成本。从人力资源战略来看,从一开始便严把资质关,通过实施充分的培养和训练,提高店铺运营的效率,从而降低经营成本。从促销战略来看,只花费经营利益的1%这样的低成本来进行店内促销。

从以上对麦当劳经营战略的分析,可以说,该公司是忠实执行经营战略理论的一个典范。

项目七　经营战略的执行

一、有助于执行经营战略的组织结构

为了实现经营战略,仅仅制定经营战略是远远不够的,还要使其有效地执行。能否有效执行经营战略的关键还要看其组织结构。同时,企业文化对于经营战略的执行也发挥着重要作用。这些要素相互交织,只有当员工具有的能力与制定的经营战略相互匹配时,经营战略的执行才能取得成功。

从组织结构来看,与经营战略的协调程度越高,经营战略的执行效果越好。然而,选择怎样的组织结构才能对特定的经营战略发挥效果呢?对此并没有一个明确的法则。在此,我们只列举具有代表性的4种组织结构,对其适合怎样的企业战略,各自具有哪些优点和缺点加以明确。

(1)管理层多的组织结构

表2.9　管理层多的组织结构的战略性优点和缺点

适应企业战略的类型	优点	缺点
适合于能够预见的比较安定的经营环境下的企业经营战略	①事业部的使命、奋斗目标容易向员工传达 ②提高了部门间的协调性,部门之间配合协调,容易通过全院合作来共同实现事业部的目标 ③员工被赋予了明确的工作目标和方向,计划能够较简单地加以执行	①管理层次多,管理人员的数量也多,会增加劳动力成本 ②员工的权限比管理层次少的组织要小,不利于调动员工积极性 ③决策的制定较为集中,民主的风气较弱

（2）管理层少的组织结构

表 2.10　管理层少的组织结构的战略性优点和缺点

适应企业战略的类型	优点	缺点
适合于生机勃勃的经营环境下的企业经营战略	①管理层少，人工成本低 ②员工的权限比管理层次多的组织要大，利于调动员工积极性 ③决策的制定较为民主，改革的动力较大	①员工的专业性较差 ②从上至下命令一致、统一行动的难度较大 ③企业的使命、目标等不容易向员工传递

（3）职能型组织结构

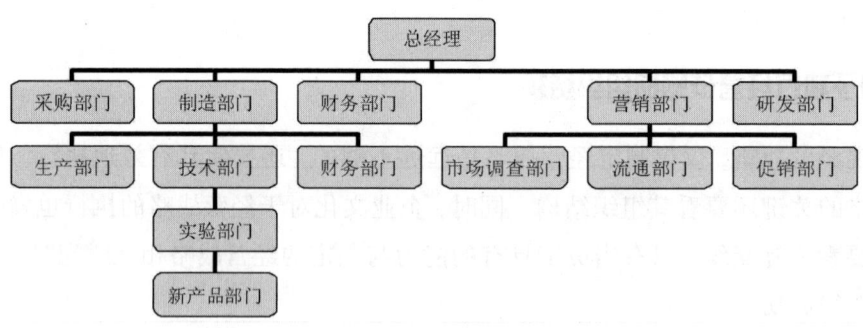

图 2.8　职能型组织结构示例

表 2.11　职能型组织结构的战略性优点和缺点

适应企业战略的类型	优点	缺点
适合于产品线单一、产品品种数量少的企业经营战略，和企业规模大小无关	①由于职能部门拥有较多专家和专业人士，容易实现良好的沟通，能够提高部门的效率，改革创新 ②由于和相同职务的人士一起工作，能够提高职务满足感，减少离职率 ③员工具有工作积极性，容易管理 ④部门工作计划、组织目标明确，能够有效地加以执行 ⑤能够以职能部门所需的工作技能为中心，有效开展员工教育和培训	①由于不是以产品为中心的组织构成，员工对于企业的经济利益、成本意识比较淡薄 ②员工经常会从本部门的角度出发去看待问题，缺乏大局观 ③员工通常只考虑自己所属本部门的利益

（4）以产品事业部为中心的组织结构

表2.12 以产品事业部为中心的组织结构的战略性优点和缺点

适应企业战略的类型	优点	缺点
适合于拥有若干产品线的企业的经营战略	①企业的力量能够集中到每一个产品上 ②顾客服务能够得到强化 ③能够提高对于利益与损失的责任感 ④容易有效开展管理者的培训研修	①和职能型组织相比较，需花费较高的经营成本，因为没一个事业部下面都会有一套职能部门 ②总公司总体难以全面把控和检查各项工作 ③各事业部通常只会考虑自身的利益

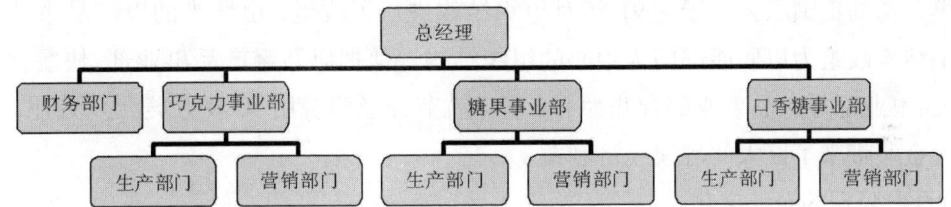

图2.9 以产品事业部为中心的组织结构的示例

（5）选择适合于实施经营战略的组织结构的关键点

① 组织结构是否与组织的蓝图和经营战略相一致？

② 组织结构是否与事业部的生产有不协调的地方？

③ 从企业或事业层面分析，管理层级是否过多，或过少？

④ 整体的组织结构和部分的组织结构是否协调？

⑤ 根据需要，组织结构是否有助于促进管理权力的集中化，或非集中化？

⑥ 组织结构是否能促进围绕企业活动的团队建设？

二、变革企业文化的10个抓手

企业文化是影响经营战略实施的一个重要因素。

所谓企业文化，就是指企业的价值观、信念、传统、经营模式和内部环境。企业文化对于作为实施经营战略的主体的员工会产生巨大影响。经营战略的有效实施，要求企业文化能够发挥积极的影响。但如果企业文化不能产生正面的作用，则必须加以修正和变革。主要可以从以下10方面来进行。前5点是主要手段、后5点是辅助手段。

① 领导在关注什么？评价什么？管理什么？

② 企业面对重大危机、重大事件时领导的反应。

③ 员工发挥的作用如何？员工的教育和训练工作开展的如何？

④ 奖励、职位分配的标准。
⑤ 员工的雇用、选拔、升迁、辞退的标准。
⑥ 组织的设计与结构。
⑦ 组织的体系与工作流程。
⑧ 公司的内部空间、硬件条件、办公场所的设计。
⑨ 企业发生的重要事情及人物的传闻。
⑩ 组织的哲学、信条、规章制度是否公开化。

三、食品企业案例

（1）雀巢公司（NESTLE）的组织结构

雀巢公司的美国子公司于1991年对组织结构进行了改组，由原来的以产品事业部为中心组织结构改组为以职能部门为中心的组织结构。他把康乃馨产品事业部、快餐食品事业部、试用品事业部等产品事业部合并为一，当年就节约经营费用3000万美元。另外，组织的合并也为企业带来了巨大的规模经济利益。

（2）百事公司的企业文化

百事公司的企业文化在美国企业中是一个特例。首先，百事公司对管理人员的选任非常严格。管理人员必须要在海军的新兵训练所接受严格的研修训练，如果不合格便会被淘汰。普通的管理人员每周工作时间为60小时。即便如此工作，但如果对CEO（最高经营责任者）的业绩评价构成影响，便会被强制去进行能力开发。如果完不成企业的要求和任务，结果只能是被淘汰。但未被淘汰出局而保留下来的管理者则被赋予相当大的自由决策权。喜欢风险和变化，迅速把握机会被视为美德，即使是失败了也不会被追究责任。

CEO的业绩考评如果得到通过，那么会得到坐飞机的头等舱、优先认股权、高达工资90%的奖金、快速升迁、豪华专车等待遇。对于消费品经营来说，抓住成长机会是非常重要的。百事公司这种以近乎极端的赏罚分明、大幅的自由裁量权为基础形成的企业风土文化，调动了管理人员的积极性和潜能的发挥，也支撑着百事公司的成长战略。从20世纪90年代开始，百事公司的经营业绩确实在不断地延伸和发展着。

（3）麦当劳的企业文化

麦当劳的企业文化是在反映创始人雷·克洛克（Ray Kroc）的人生哲学，并一贯坚持其信念和价值观的基础上形成的。比如，菜单是固定的，排斥快餐以外的多元化经营，不采用先点菜后制作的经营模式，紧紧围绕成人和孩子们去做广告，为有病孩子的家庭提供廉租房屋等都是很好的例子。但是，近年来，为了适应市场的变化，麦当劳也试图将克洛克创立的企业文化进行转换。比如在菜单里，新添了鱼肉、鸡肉三明治，开发出了新型比萨饼；为了迎合消费者的健康消费意向，还增加了沙拉、谷物食品、酸奶等产品阵容。此外，麦当劳打破了只在快餐界经营的固执的企业文化，和西尔斯（Sears）公司合作，生产和销售麦当劳品牌的衣料和服装等。如果麦当劳固守传统的企业文化,而不针对环境的变化加以调整和应对,那么它很可能早已从快餐界龙头老大的宝座上跌落下去了。

项目八　经营战略评价

一、什么是经营战略评价

所为经营战略的评价,就是指判断一个组织在多大程度上完成了经营战略既定的使命和目标。通过经营战略评价,如果没能按照计划实现目标,就要对经营战略本身以及对实现经营战略的手段进行修正和完善。经营战略的评价要在企业领导的主导下,按以下五个步骤来进行:

(1)分析和评价组织的外部环境和内部环境的影响因素,并决定是否采取行动。
(2)为了确定组织目标的完成度,要确立评价标准。
(3)对组织目标的完成度进行定性的和定量的测定。
(4)将现实的目标完成度与第②步确定的评价标准相比较。
(5)如果完成度满足标准要求,则无须做任何事情,否则要采取矫正措施。

二、进行经营战略的评价所采用的标准

企业目标完成度的评价方法多种多样,经常采用的方法是将本年度与上一年度进行比较。如果是定性的比较,就要看产品和服务与上一年度相比较是做得好还是做得差,如果是定量的比较,就要比较具体评价指标的数值了。

定量的评价指标,主要有投资回报率(Return on Investment,KOI)、资产收益率(Return On Assets,ROA)、销售利润率(return on sales,ROS)、自有资本收益率(Return On Equity,ROE)等。但是,仅仅把本年度的完成度与过去相比较,多少有些太短视的感觉。不考虑业界的平均水平而只看本企业的数字似乎又没什么意义,只停留在满足于企业内部纵向比较的水平甚至还会给企业带来生存的危机。于是,近年来流行的做法是采用一种称作"标杆比较法"的评价方法。所谓"标杆比较法"(benchmarking),是指针对某一经营内容的业绩或经营手法,通过与世界最优秀的企业进行比较和分析,缩小差距、改善现状的一种方法论。例如美国零售业巨头沃尔玛,以日本Seven-Eleven公司的单品管理系统为标杆进行评价分析,然后完善自我,使其营业额实现了飞跃性的增长。

三、经营战略评价的重点

经营战略评价的重点是宏观环境、业界环境和企业内部控制三方面。
(1)宏观环境

即就围绕企业的人口、自然环境、经济、政治、技术、文化等方面进行评价,搞清楚这些方面的现在和未来的发展动向、对企业形成威胁的因素和能给企业带来机会的关键点,将威胁控制在最小范围,甚至将威胁转化为机会。例如,美国著名食品企业坎贝尔公司(Campbell Soup Company),通过宏观环境分析,认为从1990年开始,美国经济步入衰退期,高价格的产品难以获得市场的认可,于是该公司把其高级产品——花椰菜汤进行改良,使其变更为价格便宜的家庭烹饪用品,仅仅不到一年的时间,就实现了5500万罐的销量,成为了该公司最畅销的产品。

(2)业界环境

与宏观环境的评价一样,业界环境评价也要分析业界的现在和未来的发展动向,发现威胁与机会,有针对性地采取适当的措施。对于食品业界来说,竞争对手企业的出现、新产品、业界的成本环境等是必须要进行调查的内容。

(3)企业内部控制

企业内部控制的评价,是利用领导者决定的标准,对经营战略的制定和执行进行定性和定量的评价。定性评价的标准主要是从战略目标方面去考察,比如在推进产品改良方面,和竞争对手相比较,本企业在产品方面进行了哪些改良、退出了哪些新产品等。

如果使用定量的标准进行经营战略效果评价的话,主要是对财务目标的数字进行比较。例如,离职率如果比去年减少了,那么可以证实人力资源管理战略的有效性。但是,对于数字的分析一定要结合实际情况。比如,今年的利润率比去年增长了5%,但业界平均水平比去年也增长了5%,那么这个数字就没有任何意义了。

四、经营战略与企业的社会责任

对于企业的经营战略,与其相关的社会责任意识是不可或缺的。具体来讲,就是要让企业的经营战略能够满足企业利益关系者的利益。企业的利益关系者,从大的方面讲,就是指社会整体。近年来,各类产品的消费责任事故频出,以2008年以来美国华尔街大型金融企业的破产、"占领华尔街"等一系列事件为象征,世界进入了一个严格追究企业的社会责任和伦理的时代,不承担社会责任、丧失经营伦理和道德的企业必然会受到严厉的惩罚、走向灭亡。社会对企业的公共道德越来越加以关注。在此背景下,从社会责任的角度对经营战略进行评价也显得越来越重要。

食品企业同样也承担着多种多样的社会责任,比如,食品安全性问题、与"温室效应"相关的排放问题、产品容器的回收问题、不破坏环境的原料供应、无环境污染的工厂设施、减排降噪的物流系统、无污染性的包装容器的开发与利用、产品内容的标识问题等。以上这些方面的社会责任是无可回避的,是必须要处理好的问题。

当然,企业生产的方便性与环境保护往往存在着矛盾,同时还有成本的问题,问题不会简简单单地加以解决,但企业必须要认识到,企业为承担社会责任而进行的积极努力是至关重要的，这也是企业获得社会认可的良好评价的重要一环。对于食品企业来说，提供对人体和环境都安全的食品是其社会责任中最重要的课题。

案例：雀巢公司的经营战略

雀巢公司是世界知名食品企业，长期独占鳌头，少有其他企业能与其比肩。以下，我们以雀巢公司CEO对于经营战略的表述，来管窥其经营成功的秘密。他说，"我公司一直以来注重长期发展战略，规避短期效率主义。为此，要求企业经常保持健康的经营状况。也就是说，只有企业具备健全的收益率，才能保持长期发展的视野。企业的收益率如果不能保证，那么必然会挣扎于企业存亡的生死线上，落入短期性经营的泥潭而难以自拔，从而影响企业的长期发展。保持长期发展战略与短期经济效益的平衡就显得至关重要。企业的长期发展战略很重要，但离不开短期经营的健康发展。忽略了现实的经济效益，长期发展战略只会变成纸上谈兵。企业的长期视野，并不仅仅局限于狭隘的企业利益，而是站在社会整体的更高层面上的一种思想意识。个人之间、雇佣关系、团体之间的利益冲突，企业之间的非难、中伤和恶性竞争等，可以说都是追逐短期利益的表象。从长远的角度来看，个人、社会、企业是一个同舟共济的利益共同体，以狭隘的追逐短期利益为根本目的的企业永远不会持久，长远的发展战略才是最重要的"。

◆ **复习思考题**

1. 麦当劳公司的财务目标哪些是短期目标，哪些是长期目标？
2. 麦当劳公司的企业战略分别属于职能战略中的哪种战略？
3. 什么是企业文化？雀巢公司的企业文化是什么？

模块三　食品企业营销

◆ **基础理论和知识**

1. 掌握市场营销的目的和内容。
2. 掌握外部环境分析的内容与步骤。
3. 掌握事业层面的营销战略的内容。
4. 掌握产品和服务层面的市场营销组合的内容。

◆ **学习重点**

1. 消费者市场的分析，业界与竞争的分析。
2. 保持持续竞争优势的基本战略，竞争应对战略。
3. 具有代表性的个别营销战略。
4. 产品战略，价格战略，促销战略，渠道战略。

◆ **学习难点**

1. 消费者市场的分析，业界与竞争的分析。
2. 保持持续竞争优势的基本战略，竞争应对战略。
3. 产品战略，价格战略。

◆ **导入案例**

食品行业做强做大需要营销智慧

　　食品行业发展了这么多年，细分出来的行业、企业、品牌、产品都数不胜数。正是这样一个百花齐放的行业，其业态比其他行业复杂得多，"贫富差距"比其他行业明显得多，营销策划比其他行业活跃得多，暴露出的问题也显性得多。

　　国内的食品企业大部分以民营为主，做不大、做不赚、做不稳、做不强是大多数企业主的心病。那么,是什么在妨碍中国食品企业的发展呢?

1. 做不大:老大坐庄,迟迟无法上位

综观食品行业,几乎细分品类都有一到两个行业"领头羊"企业,比如方便面的康师傅,牛奶的蒙牛、伊利,饮料的"两乐"等。对于市场的老二、老三而言,行业巨头就像是枝繁叶茂的大树,挡住了下面的小树苗们的阳光和雨露。市场被巨头垄断,生存困难,最终造成差距巨大,始终被压制的无法翻身。

这一现象跟食品行业的特性有很大的关系,大部分的食品细分行业没有太高的技术门槛,主要靠资源起家,只要起步早、有一定的经营思路,就能取得不错的成绩。抢占了市场先机的企业也能在后期抢占更多的资源,有更雄厚的资本实力和品牌实力,能进行更大的市场扩张,对老二、老三形成更大的竞争压制。

2. 做不赚:利润越来越薄

普遍来说,食品企业都是走"薄利多销"的路线。而品牌做得越大,销量越高,渠道铺得越广,价格也就会越来越透明,利润也越来越薄。不管大企业、小企业,老板们都在感慨,现在的利润真是越来越薄啊!

正因如此,娃哈哈通过不断推出新品来应对,让新品在上市期留给经销商更多的利润,以确保通路的顺畅。百事可乐干脆实施厂家直营,省略掉经销商环节,也说明饮料厂家的毛利率越来越低,不得不收回更多利润,但这样一来,通路上的利益更被削弱得厉害。这两种做法各有利弊。

3. 做不稳:新品失败率高

食品企业往往乐于开发新品,但开发的产品很多,有规模、有利润的产品很少。大部分新品往往因为概念不行、价格不对、渠道窄、缺乏市场操作经验等原因最终失败,这样有创新力、没生命力的产品不在少数。

食品行业门槛低、壁垒少,新企业、新品类、新产品层出不穷。看到一个市场机会,项目立即上马;一个产品卖得不错,急忙推出相关产品;自己产品卖得不好,看到别家什么产品卖得好,马上跟风开发。但是,大部分企业前期战略基础未打牢、后期营销跟不上,往往造成推出的新品能成功卖货的寥寥无几。

4. 做不强:大而不强,缺乏大品牌

有一种说法是中国企业500强不是500"强",是500"大",中国企业的大而不强的问题非常严重,而对于食品企业而言,能进前20名的也仅只有中粮而已。

看似繁荣的中国食品业和食品企业,无论是在体量上还是品牌的坚实度上,都很难与真正的国际大品牌相匹敌。上有国际品牌的挤压、下有后起之秀的追杀,老大们也难以跨越性发展,眼睁睁看着大片市场却无能为力,更遑论进军国际。什么时候中国才能出现麦当劳、肯德基、可口可乐这样的品牌?中国食品行业的"强品牌"之路还很漫长。

5. 中国食品业需要"空间智慧"

这些问题看似是分散的问题，其实归结到一起还是一个共同的问题。这些年不少行业人士也在说问题、分析问题、解决问题，但都没有看透问题的本质。我们却认为，困扰食品企业最大的问题其实是战略思维的问题。受眼界所限，受经验所限，受竞争对手影响太大，缺乏对消费者、市场真正的洞察力。战略眼光不开阔，不能跳出行业看行业、看企业发展，不能超越自己，才导致了上述那些问题。

人是社会的人，企业是市场的企业，决定成败的不是态度、不是细节、不是招式，真正重要的是思维，看清你所在的局势、空间，把握好"时"与"位"，因势利导，利用时机，才能一飞冲天。用一种大空间思维来重新审视食品行业和企业的发展，会发现玩转食品行业其实很容易，突破很容易。

◆讨论

我国的食品企业应该如何进行市场营销呢？

所谓市场营销，就是正确把握顾客的需求和期望，用最佳的办法将能够满足顾客需求和期望的产品信息传递给顾客，用最适当的价格和最恰当的渠道提供给顾客，使企业与顾客双方各自追求的价值得以满足。然而，在现代市场环境下，企业要想取得经营的成功，做好"顾客导向"和"竞争导向"这两件事就变得尤为重要。

所谓"顾客导向"，即企业设定目标顾客后，在向顾客提供能满足其需求和期望的产品及服务的同时，不断根据顾客需求和期望的变化对产品和服务进行变革和创造，并且用最恰当的方法予以提供。

所谓"竞争导向"，即要把握外部环境，通过与竞争企业相比较，把本企业的特征加以明确化，在此基础上，根据本企业的特征创立能够在市场竞争中立于不败之地的独特的运营机制。

项目一　市场营销的目的与内容

任务一　市场营销的目的

今天，我国消费者对食品的需求已基本上得到了满足，甚至还出现了产品过剩的现象。不论是在零售商店还是在超市，货架上都堆满了各种各样的食品。各种类型的餐饮饭店遍布大街小巷，餐饮和食品配送服务业的发展更是让消费者足不出户就可以实现对各色料理和美味食品的消费。在这样的市场环境下，任何一个企业的存在与否对消费者来说已变得无足轻重，反过来，围绕着为争夺消费者的企业之间的竞争已无可回避并愈演愈烈。

在当今严峻的市场环境之下，食品企业要想长期生存和发展，至少要把以下2点做好。

①顾客导向:即企业在向顾客提供满足其需求和期望的产品及服务的同时,不断根据顾客需求的变化对产品和服务进行变革和创造。

②竞争导向:正确把握外部环境与本企业的特征,制定合理的竞争策略和适当的竞争手段,使企业在竞争中立于不败之地。

下面,我们通过探讨顾客导向和竞争导向的重要性,以明确现代市场营销的目的。

1. 顾客导向的重要性

我们知道,如果产品或服务不符合顾客的需要,那么即便采用一些特殊的营销手段使销售额在短期内得以维持,但不久顾客便会停止购买或采取观望的态度,销售业绩便会大幅下滑,企业的生存自然会受到威胁。

案例:S公司的破产教训

S公司是一家在东京地区销售蔬菜水果的折扣店。泡沫经济崩溃后的一段时期,东西越便宜越好卖。S公司将大量的土豆装在纸箱内,以箱为单位进行打折销售。S公司的销售手段得到了以家庭主妇(对价格很敏感)和饭店餐饮业者为中心的目标顾客群体的大力响应和支持,产品畅销、供不应求。结果,S公司从1993年开始3年内又新开了12家直营店,年销售额也激增到了30亿日元。然而从1996年开始,销售额开始下降。不论如何打折,以往的那些只要便宜便蜂拥而至的顾客也不再抢购,而是只买所需要的品种和所需要的量。与此同时,与大型超市之间的价格竞争也日趋激烈,S公司也通过采用降低商品品质从而使价格进一步降低的手段进行了对抗,可是却导致了顾客离散的结果。顾客被便宜的价格所吸引,来店后会购买一次,但明白了产品品质之后,便不再购买。之后,由于经营业绩的恶化,S公司破产了。S公司的将大量的商品进行打折销售的营销手段,确实在泡沫经济崩溃后的一段时期符合了顾客廉价消费的意愿,然而之后并没有根据消费者需求的变化采取有效的应对措施。即S公司没有认识到顾客由"大量·廉价"的消费转向了"必需·适量"的消费这种消费需求特征的变化。因此,S公司的破产,可以说是营销手段只局限在"打折销售"这一点上所导致的。这一营销手段仅仅满足了顾客短期性的消费愿望与需求,而不具备持续性的特征。

在现代市场环境下,企业要想生存和发展,持续不断地提供能够满足消费者不断变化着的消费期望和所需求的产品和服务,即彻底落实"顾客导向"这一经营活动就变得至关重要。

2. 竞争导向的重要性

还需要指出,产品和服务即使符合顾客的需要,但企业在与竞争对手的竞争中如果失败,那么同样会招致破产的命运。

案例:日本快餐汉堡包的零售业

日本近年来,汉堡包受到了以年轻人为中心的广大顾客的欢迎,因此汉堡包的零售业取得了巨大的成长。成长的魅力使众多企业涉足该行业领域,由此也导致该业界竞争加剧,不少企业不得已又继而退出其中。麦当劳以独特的营销手段在竞争中实现了持续成长,而森永爱等企业则从竞争中悄然退市。也就是说,即使企业提供的产品和服务符合顾客的消费需要,但如果在与提供同类产品的企业的竞争中失利,经营活动也无法继续。和麦当劳相比较,在店铺数量、知名度、店铺经营手法、原料采购渠道和成本控制等方面都处于劣势的企业,即便采用与麦当劳相类似的经营手段进行经营,在竞争中取胜的可能性也很小。

那么,企业究竟需要做什么呢?

一句话,和竞争对手相比较,本企业是否有长处和优势、有哪些长处和优势?另外,顾客的期望和欲求还有哪些没有得到满足?对于这些问题,企业应该认真仔细地研究。在此基础之上,制定出"能够战胜竞争对手的独特的经营计划和营销方法",这一点是至关重要的,是市场对企业的客观要求。比如,MOS BURGER 公司推出了麦当劳无法模仿的"手工制作·刚出锅的味道"的汉堡包的生产经营模式和营销手段,该公司在竞争中不但没有失败,至今仍然处于持续增长和发展之中。

以上事例告诉我们,企业在向消费者提供能满足其消费需求的产品和服务的同时,还要认真应对市场竞争,即彻底落实"竞争导向"对于企业的生存与发展也至关重要。

3.现代市场营销的目的——实现"顾客导向"和"竞争导向"

市场营销的目的,就是实现"顾客导向"和"竞争导向"。要实现"顾客导向",企业就要设定本公司的目标消费群体(目标顾客),在向目标顾客提供能满足其需求(Needs)和期望(Wants)的产品及服务的同时,不断根据顾客需求和期望的变化对产品和服务进行变革和创造,并且用最恰当的方法予以提供;而要实现"竞争导向",则要求企业要把握外部环境,和竞争企业相比较将本企业的特征加以明确化、在此基础之上确立能够在竞争中取胜的具有独自特征的生产经营模式和手段,并以此为中心展开一系列的经营活动。

任务二　顾客导向与营销组合(marketing mix)

1.市场营销与销售的区别

如前所述,顾客导向是市场营销的重要要素之一。在此,我们把市场营销与销售相比较,进一步给大家明确作为市场营销重要特性的"顾客导向"这一思维模式(理念)。

社会上,人们一直以来普遍把市场营销和销售相混淆,认为市场营销就是销售。直到现在,还有很多的企业家包括我们的很多学生也都是这样认识的。但实际上,市场营销与销售存在着明确的差异(如表3.1所示)。

市场营销的思维模式是"企业是为了满足顾客的需求与期望而存在的,其结果是企业追求长期的利益","把顾客置于中心位置,让企业的组织结构、业务、产品和服务、经营方法等去迎合顾客的需求和期望"。这一思维模式,如果从市场的角度出发来表述,我们可称为"市场导向"(market in);如果从顾客需求的角度出发,我们也可以用"需求导向"这一词汇来表达。

而作为销售,其本质是"以企业的产品和服务为出发点(中心),通过将产品和服务兜售给顾客,从而获取眼前利益"。此时,企业所做的,"不是让企业本身去迎合顾客,而是让顾客来迎合企业的产品和服务"。这一思维模式，一方面由于是从产品的角度出发去考虑的，因此我们可以表述为"产品导向"（product out）；另一方面，这一思维模式也是从企业已经生产出的产品和服务的角度出发去考虑的，因此我们也可以用"供应导向"这一词汇来表述。

表3.1　市场营销与销售的区别

销售的思维方式	市场营销的思维方式
1. 重视产品（供应导向）	1. 重视顾客的需求和期望（需求导向）
2. 首先生产产品，然后再考虑销售方法（产品导向）	2. 首先把握顾客的需求和期望，然后考虑能够满足顾客需求和期望的应对措施
3. 因以现在的产品和市场为着眼点，故是一种短期性的思维方式	3. 因着眼于新产品、未来市场和企业的成长，故是一种长远性的思维方式
4. 从卖方的需要出发来扩大事业	4. 从买方的需求和期望出发来扩大事业

在消费者的基本需求已经得到满足的当今时代，市场营销的思维模式（理念）已变得越来越重要，但仔细观察一下现实社会中企业的行为，我们会发现，不能摆脱销售思维模式的束缚，只从企业自身的角度和利益出发，想方设法向顾客兜售产品的企业依然有许许多多，实际上数量是非常庞大的。然而作为企业，要想长期地生存和发展，那么从现在开始，就要把自己的经营理念从销售的思维模式转变为市场营销的思维模式。

那么，要想实现这种"顾客导向"的市场营销，我们需要做哪些具体的事情呢？顾客导向的根本，就是想方设法创造和提供能满足顾客需求的产品和服务[1]）。于是，下一步，我们再来看看作为创造和提供顾客导向的产品和服务手段的目标顾客和营销组合设计的框架结构。

2. 目标顾客与营销组合的设计

如图3.1所示，顾客导向的产品和服务的创造与提供，第一步，是从目标顾客的设定开始的。所谓目标顾客的设定，就是在将顾客的居住地、年龄、收入、生活方式等顾客特征加以明确化的基础上，划分具有相似需求和期望的顾客群，然后从中选择本公司的目标顾客群。在目标顾客设定的同时，就可以使目标顾客的需求与期望得以明确化了。

第二步，设计适合于已经明确化了的需求与期望的营销组合[2]）。在此，首先要创造出适合于目标顾客的需求与期望的产品和服务。如果没有能满足目标顾客的需求与期望的产品和服务，那么在其他的营销组合（价格、渠道、促销）等方面再努力，最终也很难取得成功。在明确了所要提供的产品和服务之后，就进入了与目标顾客的需求与期望及本公司所要提供的产品和服务都相匹配的相应的价格、渠道、促销的设计阶段。此时，最重要的是，要让营销组合的4个要素之间相互关联、相互影响。为此，设计和构筑各要素之间能够相互协调、相互匹配的具体内容是至关重要的。最后，在设计好与目标顾客的需求与期望相适应、各要素之间相互协调匹配的营销组合之后，依照所设计的内容去与顾客打交道，或者说去接洽顾客。

关于营销组合各要素的具体内容，我们将在后面的内容中给大家作详细的说明。

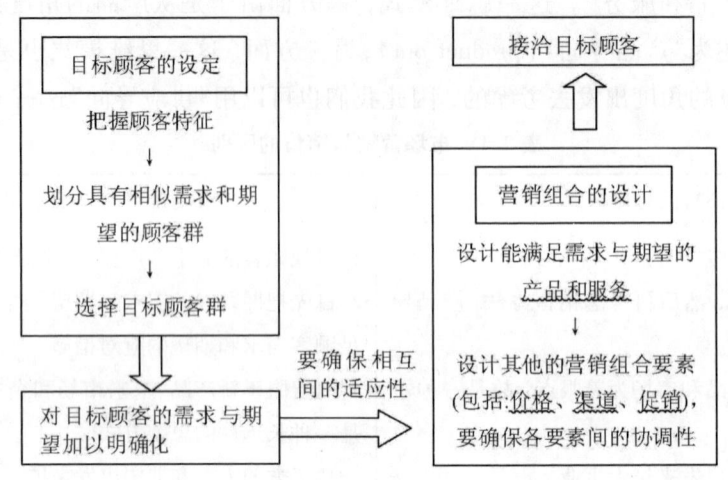

图 3.1 目标顾客与营销组合的设计体系

任务三 竞争导向与营销战略

如前所述，在现代的市场环境之下，企业要想生存和发展，仅仅靠创造和提供顾客导向的产品和服务是不够的，还要认真采取应对措施，使企业在市场竞争中获胜。这一点也非常重要。为此，与竞争企业相比较，要创立具有更加有利的组织结构和运营机制，在竞争中保持长期不败，即要求企业要确立持续的竞争优势。这回胜了下回败或胜一阶段又败一阶段，诸如此类的胜败反复，都具有偶然性和不确定性。企业如果处于这样的状态，对于其生存和发展来说是很危险的。企业要想在竞争中立于不败之地，一定要建立起一套具有持续竞争优势的组织结构和运营机制。而要想确立持续的竞争优势，一般来讲，有"成本领导"（cost leadership）、"差异化"和"集中化"三种方法。但这些方法在针对单个产品和服务时是难以使用的，要求在"事业层面上"加以运用[3]）。前述的顾客导向的市场营销是在产品和服务这一层面进行的，而竞争导向的市场营销则要在事业的层面高度来进行。

近年来，"战略"一词已在商战中被广泛使用。"战略"，原本是一个军事用语，是指在战争中为了取胜而使用的合理的方法、计谋与策略。要想在战争中取胜，那么就要对①天候、②战场的选定、③敌方的兵力、④己方的兵力这4方面要素要很好地掌控，这一点早已是历史的定论。也就是孙子所言的"天时""地利""知己"和"知彼"。所谓商场如战场，现代市场的事业间的竞争就有如用兵打仗，因此对于这些兵法也是同样可以参照和借鉴的。与战争的4要素相对应，对①围绕事业的外部环境、②目标市场的选定、③竞争对手企业的经营资源[4]）、④本企业的经营资源这4方面要素的掌控，对于企业市场竞争的成败是至关重要的。也就是说，企业在把握外部环境和选定好进行竞争的市场的基础之上，还要了解竞争企业在该市场上投入的经营资源，然后针对竞争对手投入的经营资源来把握本企业应该投入经营资源的水平是至关重要的。另外，为了确立本企业在该事业上的持续竞争优势，企业要确立以上述信息为基础的保持事业竞争不败的组织结构和运营机制，即企业要制定相应的营销战略。与竞争对手相比，如果本企业的经营资源处于相对弱势，那么就制定在处于弱势情况下的营销战略；反之，则制定在处于强势情况下的营销战略。对于营销战略，我们也将在后面的内容中给大家详细论述。

任务四　市场营销的内容领域

如前所述，构筑应对顾客导向的在产品和服务水平上的营销组合和应对竞争导向的在事业水平上的营销战略这两项内容，是现代市场营销的主要课题。我们所讲的事业水平，指的是从包含多数的（两个及其以上）产品和服务的角度去考虑的，因此，营销战略比营销组合要处于更高的一个层面。也就是说，作为事业整体的持续的竞争优势的确立方向是由营销战略所设定的，企业必须按照这一方向去构筑营销组合。作为整体的事业，如果我们确定的发展方向是高档产品市场的话，那么对于低档次、低价格产品的营销组合就应该收手。否则，即便对于低价格产品市场进行了投入，那么能满足目标顾客的需求与期望的可能性也很小。同时，和瞄准了低价格产品市场并决心要确立持续竞争优势的竞争对手相竞争，根本就没有获胜的希望。

案例："青山纪国屋"的一次冒险

在日本零售业的超市业界，"青山纪国屋"这家企业是以高收入群体为目标顾客、以提供高品质的产品和服务为特点的。为了扩大销售，在其精肉卖场，曾一度摆满了低档低价格产品。然而这种做法不但未能满足对于品质和服务质量的要求都很高的目标顾客的需求和期望，反而破坏了"青山纪国屋"在顾客心目中的企业形象，导致了部分老顾客的离去。另外，在成本竞争方面，也难以胜过以重视价格的顾客为目标顾客、彻底采用低成本运作的 NEW QUICK 和 COWBOY 这两大公司。不得已，"青山纪国屋"放弃了低端产品的经营，最终还是回到原来的高端产品的经营轨道上去了。

对于营销战略的制定与营销组合的构筑这两个方面，首先是要从把握外部环境开始的。即要把握目标顾客的动向，把握业界的动向，把握对目标顾客和业界都会有影响的社会总体的动向。在此基础之上，制定营销战略，构筑营销组合。图 3.2 就是对以上三方面相互关系的示意图。本模块就是按照外部环境分析、营销战略、营销组合这样一个顺序对市场营销的具体内容进行解说。

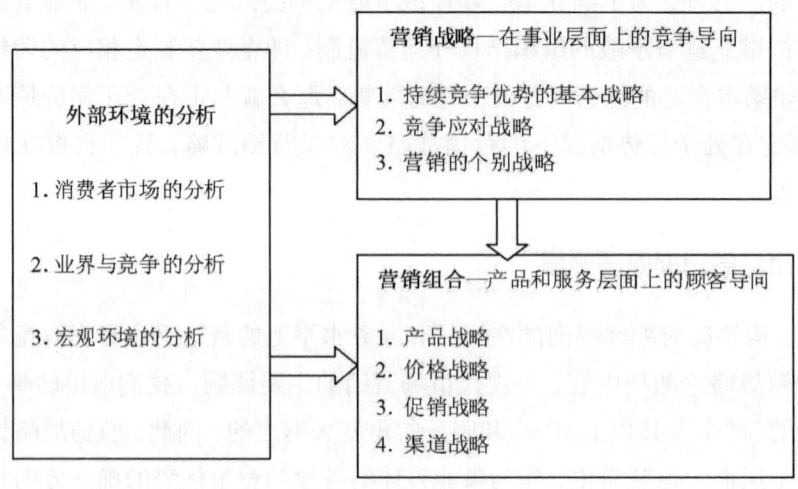

图 3.2　外部环境分析、营销战略与营销组合的关系

今天,拥有多项事业,进行多元化经营的企业有很多。到目前为止,我们给大家叙述的是关于在单个产品和服务层面上的及包含多个产品和服务的事业层面上的内容,在此之上的是作为包含多个事业的集合体的企业层面。在企业这一层面,就要求确定外部环境与内部经营资源相互适应的企业总体的发展方向,设定企业的生存领域,从企业全局的角度出发去决定和分配各项事业的经营资源。有关这部分内容将在第二节中详细论述。另外,关于事业层面,具体涉及经营战略和市场营销这两方面的内容。在经营战略这部分内容中,企业内部的机能战略及其组织是重点内容,而在市场营销这方面,如何应对外部环境的市场竞争则是重点。经营战略与市场营销的内容的相互关系,我们用图3.3给大家作了一个简要的概括。

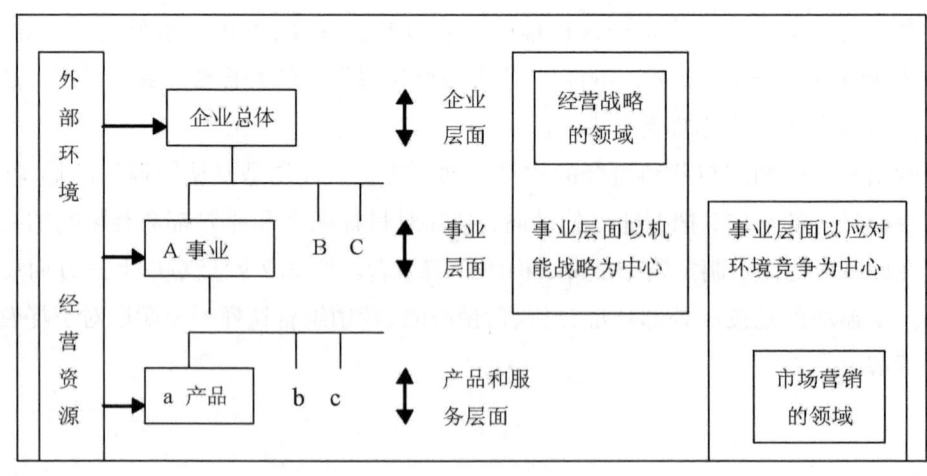

图 3.3　经营战略与市场营销的领域

注释：

(1) 近年来，学术界对于顾客导向的认识已不仅仅局限在产品和服务的层面，而要求在事业层面和企业整体的层面上加以把握。这样的观点已超越了市场营销学的范畴，必须要从组织论和经营战略理论等广泛的领域加以研究和探讨。而在本模块中，我们谨在市场营销学的范畴内，在产品和服务这一层面来研究和探讨如何实现顾客导向。

(2) 营销组合现代市场营销理论中的一个重要概念，也是传统市场营销的最根本的内容，是企业为了满足目标顾客的需求而将可控制的因素加以组合运用的一种战略。营销组合由以下4个要素所构成：①产品(product)，②价格(Price)，③渠道(place)，④促销(promotion)。由于4要素英文的头一个字母都是P，因此这4要素简称为4P，市场营销组合又称为4P组合。

(3) 所谓的"事业层面"，主要是从包含多数产品、多数市场的"事业"的角度去考虑的。以伊利的冷冻食品事业为例，并不是指雪糕、冰激凌、冷冻水饺这样的单个产品，而是指包含雪糕、冰激凌、速冻水饺、速冻包子、速冻蔬菜、冷冻羊肉串、冷冻羊肉卷、冷冻牛肉卷等全部冷冻产品的事业整体。其持续的竞争优势，从研究像雪糕该怎么办这样的单个产品的角度出发也是无法构筑的。而是要从事业整体的角度出发，创立出能够充分有效地发挥本企业的优势、在竞争中能保持不败的独特的组织结构和运营机制。

(4) 所谓的经营资源，一般是指"人""物""财""信息"这4个方面。"人"就是指人才，主要是指其数量和质量。"物"是指生产设备、原材料和产品、建筑物及计算机等内容。"财"是指企业所拥有的资金和能够调配使用的资金。信息则包括企业内部收集储存的信息（如生产技术、专利、顾客信息等）和存储与企业外部的信息（如企业的信用、企业形象等）。

项目二　外部环境分析

如前所述，制定竞争导向的营销战略也好，构筑顾客导向的营销组合也好，都要先从把握外部环境开始。外部环境分析的主要项目包括消费者市场、业界与竞争、宏观环境这个三方面。

任务一　消费者市场的分析

消费者市场是个人或家庭为了生活消费而购买产品和服务的市场。生活消费是产品和服务流通的终点，因而消费者市场也称为最终产品市场。

在现实生活中的市场上，由于消费者市场的变化导致从前的营销手段不能再发挥效用的情况屡屡发生。在面包市场上，消费者从前习惯于在超市和糕点商店购买面包的行为正逐渐地减少，取而代之，销售现场制作的新鲜面包的面包房和便民连锁超市（通过多频次配送的办法实现手工现做面包的上货）正逐渐成为主要的面包的销售点。这一情况的出现，是由于消费者对过去的传统口感的面包已不再中意，转而倾向于追求现做面包的新鲜口感，供应方正是抓住了这一需求,采取了适当的应对措施的结果。从这个例子我们也可以看出,企业的市场营销活动最终是由消费者所决定的。消费者市场分析的目的,就是要搞清楚"什么样的消费者具有什么样的需求和期望",然后明确应该采取的应对措施。消费者市场分析,要从"谁来购买产品和服务"(市场细分化)和"如何购买"(购买的决定过程)这两个问题开始。

1. 市场细分化

在市场上,并非所有的消费者都具有同一特性。市场是由年龄、职业、收入、生活方式等具有不同特性的群体所构成的。市场细分化,就是要把具有相似特性的群体抽出来,然后针对这些群体采取特定的市场营销活动。把市场看作一个整体,采用大市场营销(mass marketing)的办法,往往不能充分满足市场需求。针对特定的消费群体,通过采用特定的营销活动充分满足消费需求,同时使企业增加收益是市场细分化的目的。

市场细分化可以有各种各样的方法,消费群体也可以划分为无数种。但作为市场细分化的一般标准,主要有以下这么几种。

(1) 地理标准

居住的地域不同,消费者的需求也不相同。例如裘皮大衣,在温暖地域被重视的是其时装性(fashion),而在寒冷地域被更加重视的是其保暖性。因此,温暖地域与寒冷地域对于裘皮大衣的需求,存在着明显的不同。因此,对于这两个地域,提供的产品也好,广告宣传的方法和侧重点也好都不会是相同的。

作为地理标准,主要有地域、城市规模、人口密度、气候等。

(2) 人口统计标准

作为人口统计的标准,主要有年龄、性别、家庭规模、收入、职业、教育水平、宗教、人种、国籍等,市场细分化时,一般是从上述的标准中选择几个标准加以组合,然后进行市场细分的。

(3) 生活方式,社会阶层

用人口统计标准进行的市场细分,有时也会无法抽出具有相似需求的群体。例如,具有相同的生活方式的相似需求的人在高收入者阶层和低收入者阶层中都有分布;分布在同一社会阶层具有相似需求的人在高年龄层和低年龄层中也都有分布。在这种情况下,就有必要以生活方式和社会阶层为标准对市场进行细分。

对于社会阶层并没有明确的划分标准,我们一般从收入、教育、居住地域、职业、出身门第、人际关系等方面综合起来去把握。

(4) 行动变量

通过追求的利益(benefit)进行市场细分化是行动变量进行市场细分化的典型代表。所谓用追求的利益进行市场细分,我们可以举个例子来加以说明。比如对于想要旅行的人群,我们就可以根据其购买动机(即顾客对于旅行所期待的内容是什么,哪些事情想要得到满足),将其分为家庭旅行、新婚旅行、与朋友的结伴旅行、购物旅行、美食旅行等群体。在这里的购物旅行群体指的是希望通过旅行达到花钱购物的目的的群体。美食旅行群体则是以美食消费为目的的群体。作为追求的利益，有代表性的主要有经济性（期望以更小的费用达到目的）、方便性（期望简捷地达到目的）、满足感（期望通过购买行为获得相对于他人的优越感，或者实现自我满足）。

当然，行动变量还包括其他的如购买机会[比如对于购买机票的消费者，可以将其分为因定期出差而进行购买的商务人士（定期的机会）和为了休假而进行购买的休闲群体（特殊的机会）]，使用者的状态[比如可将顾客分为没有使用意愿的消费者（非使用者），没有使用过但有使用意愿的消费者（潜在的使用者）和定期购买使用的消费者（定期使用者）了，使用频率[可分为少量使用者（light user）和大量使用者（heavy user）]，品牌忠诚度（指对特定品牌或企业的消费忠诚度。比如，对于化妆品、手包、服装的消费只购买"谢纳尔"牌的消费者，我们可将其称为"绝对的谢纳尔派"）。

以上对市场细分化的标准进行了说明，具体内容请参看表3.2。

表3.2 市场细分化的标准事例

①地理标准
  地 域：东北、华北、西北、华东、华南……
  城市规模：20万人以下、50万人以下、100万人以下……
  人口密度：大城市、地方中心城市、小城市、乡镇、村落……
  气 候：温暖型、寒冷型、湿润型、干燥型……

②人口统计的标准
  年 龄：6岁以下、6~11岁、12~17岁、18~35岁……
  性 别：男、女
  家庭人口：1~2人、3~4人、5人以上
  收 入：1万元以下、1~3万元、3~5万元
  职 业：文员、技术员、管理员、公务员、教师、农民、自由职业……
  教育水平：初中、高中、大专、大学、研究生……

③生活方式/社会阶层
  生活方式：传统型、快乐主义型、自然回归型
  社会阶层：下下层、下上层、中下层、中上层、上下层、上上层

④行动变量
  购买机会：定期的机会、特别的机会
  追求的利益：经济性、方便性、满足感……
  使用者的状态：非使用者、潜在使用者、定期使用者……
  使用频率：少量使用者、大量使用者
  品牌忠诚度：无、中、强、绝对……
  购买过程：无知、知道、关心、想得到、产生购买欲望……

2. 消费者的购买过程

消费者对于产品的态度，是随着时间的推移而发生变化的。我们把消费者对于产品的购买态度的形成过程称作消费者的购买过程。如图 3.4 所示，消费者的购买过程一般要经历 5 个阶段。实际上，购买过程在实际购买之前就早已发生，并对购买之后也会产生影响。

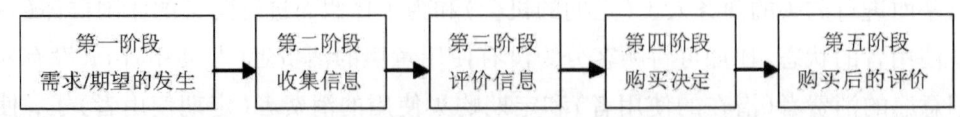

图 3.4　消费者的购买过程

通过把握消费者的购买过程，我们可以得到关于在消费者购买过程的各个阶段采取怎样的市场营销活动才会有效的有益启示。

（1）需求/期望的发生阶段

消费者的需求和期望的产生，可能是由于生活的需要，也可能因听他人而言而起，也可能是通过试用和体验所招致，也许是受广告宣传的影响等，总之是由于某种诱因所导致的。在这一阶段，把握与本公司产品有关的需求和期望的诱因，把握这些诱因的发生过程是很有必要的。

（2）信息收集阶段

当需求与期望达到一定的高度，消费者就会开始收集相关的信息。信息来源主要有来自于家人、亲友口口相传的个人信息源；来自于销售人员、广告等的商业信息源；来自于报纸、杂志等的公众信息源。对于消费者来说，商业信息源是其信息的主要来源，但对消费者的购买行为会产生决定性的巨大影响的往往会是其个人信息源。作为供给方，要充分理解目标消费者是通过怎样的信息源才导致购买决定的。在此基础之上，再进行广告宣传的设计。

（3）信息评价的阶段

消费者会根据收集到的信息，对产品进行评价。此时，把握消费者利用信息对产品进行评价的过程是非常重要的。这个评价过程有以下三个步骤：

第一步　对产品属性进行评价。

消费者往往把产品看作是具有多种属性的集合体（例如，摄像机的属性包括图像鲜明度、外观设计的紧凑性、重量、可操作性、经济性等），并且对特定的产品在其属性集合中处于怎样的位置进行认知和评价。例如，关于摄像机，某消费者对各种品牌进行认知时使用的属性假设为"外观设计的紧凑性"和"经济性"这两方面，备选产品有三个，那么这位消费者对产品的认知如图 3.5 所示。这样的图我们称为认知图。一般地来讲，在认知图上，如果本公司的产品与其他公司的产品距离较远，消费者就会把本公司的产品认知为具有独特特征的、所谓"差异化"的产品。在产品投放市场时，本公司的产品在认知图上能否处于"差异化"的位置，而且对于这一位置给予高度评价的消费者是否大量存在，这两点是非常重要的。

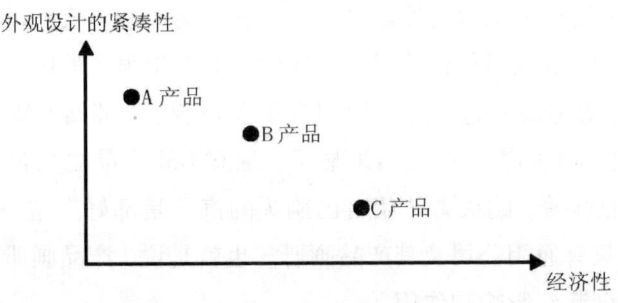

图3.5 认知图示例

第二步 对产品各属性的重要性进行评价。

产品的同一属性对于不同的消费者,其重要性也不相同。只有清楚地了解了"什么样的消费者对于何种属性重视程度如何"这一问题,才能更加有效地对产品和广告宣传进行设计。

第三步 对品牌进行评价。

消费者会把各种品牌放置在产品属性空间中加以评价,这就是品牌印象。消费者个人对于品牌的认知往往是源自以往的经验或主观的想法,这与真实的属性值会存在差异。图6是对几种早餐食品品牌评价的示意图(产品属性包括价格和热量值2种,备选的品牌有3种)。

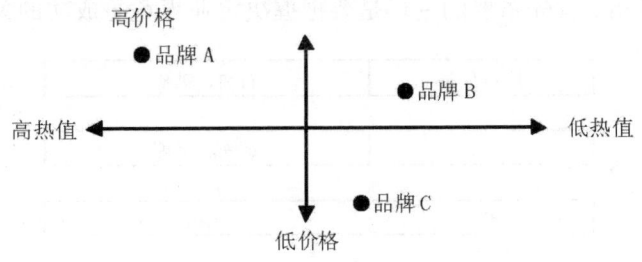

图3.6 品牌评价示意图

(4)购买的决定阶段

消费者根据信息评价的结果,在选择好所要购买的产品之后,能否完成最终的购买行为,还要受到以下三个因素的影响:

因素1:他人的态度。

比如,由于妻子的反对从而导致无法实现购买或转而去购买其他产品。

因素2:能够预想的一些其他情况。

比如,消费者重新考虑自身的经济承受能力后,也有可能取消最终的购买行为。

因素3:预想不到的一些情况。

一些预想不到的情况也可能会导致购买的终止。比如,消费者已经决定购买并去了经销商店,但由于销售人员的态度不能令人满意而导致购买行为的终止就属于这种情况。

(5)购买后的评价

购买之后，消费者对产品的满意度越高，那么下次购买时，该公司的产品被选择的可能性也会越大。也就是说，购买后的评价对于下次购买会产生很大的影响。美国通用汽车公司（GM）的一项调查能很好地说明这一点。通用汽车公司曾对"翻阅 GM 的产品画册的人究竟是哪些人"这一问题进行了调查。调查结果显示，翻阅 GM 产品画册最多的人是那些购买过 GM 产品的人。这就意味着，购买者希望自己购买的汽车是部好车这一事实得以映证，但对此能提供充分说明的只有通用公司及其产品画册。也就是说，产品画册对于购买后的消费者和购买前的消费者都会起到影响和作用。

任务二　业界与竞争的分析

所谓业界，简单地说来，就是与其他企业展开竞争的场所。业界与竞争的分析，主要目的是要搞清楚什么是决定业界竞争成败的关键因素，业界竞争的程度、成本结构是如何决定的，以及针对其变化如何应对等问题。

此处，对决定成功的关键因素 KFS（Key Factor for Success），业界的规模与成长性、竞争强度、成本结构、业界动向和趋势的把握是至关重要的。

1. KFS 的把握

业界与竞争的分析，首先重要的一环是要把握决定业界竞争成功的关键因素。

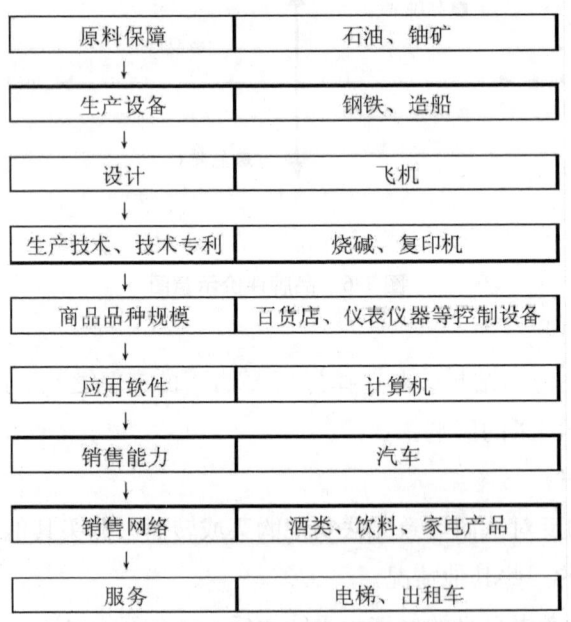

图 3.7　各业界的 KFS 示例

所谓成功的关键因素，如图 3.7 所示的那样，指的是在各种业界取得竞争成功所必要的技术、技能、资产等，它与经营的产品与服务、买方的性质等都有关系，不同的业界其差别会很大。例如，对于某种原料产业来说，能实现低成本的大规模的生产设备，常能把最新技术应用到生产中的经营的灵活性可能是其竞争成功的关键因素。而对于宾馆酒店业来说，其成功的关键因素可能是受过高级职业训练的营业员提供的高级服务，也可能是遍布全国的能轻松实现客房预定的网络工作系统，也可能是能够廉价地提供均质服务的运作体系的确立。

企业要知道在自身所处的竞争市场上什么因素是关键和重要的，然后让它与本企业的长处和优势相结合，或者是把它与克服本企业的短处和劣势相联系，这对于企业保持长期的竞争优势是不可欠缺的。

2. 业界的规模与成长性

业界的规模与增长的预测分析也非常重要。增长的预测，可以通过潜在市场的大小来把握，是通过新用户的开拓、新方法的发现、老用户的稳固等手段来进行规模扩大的预测。业界规模与今后其增长空间的大小基本上能决定业界的魅力度。比如，通过预测，某业界市场需求规模很小或者今后将走向衰退，那么可以说该业界是没有什么魅力的。

3. 竞争强度

如图3.8所示，对于企业来说，业界竞争的强度，是由决定业界竞争的5个因素来决定的。

① 新入企业的威胁。它是由代表进入业界容易与否的"参入壁垒"所决定的。参入壁垒越低、外界企业进入业界就越容易、业界竞争就越激烈。参入壁垒主要是由以下几方面因素形成的：a. 进入业界所需的巨额投资（比如，矿业、汽车等业界的进入都需要巨大的投资，巨大的投资会导致经营风险的加剧），b. 规模的经济性所导致（在规模越大成本越低的业界，新入企业也不得不走大量生产的步子，经营风险会很高），c. 流通渠道和供给渠道的保障（如果流通渠道被业界原有的企业所垄断，那么新入企业就需要为开拓新的渠道和争夺被垄断的渠道进行大量的投资。同样，原料供给渠道也是如此）。此外，业界竞争的强度还要受到 ② 竞争企业的数量及各自的规模，③ 替代产品的威胁程度，④ 供应商的相对实力，⑤ 买方和流通企业的相对实力，等因素的影响。

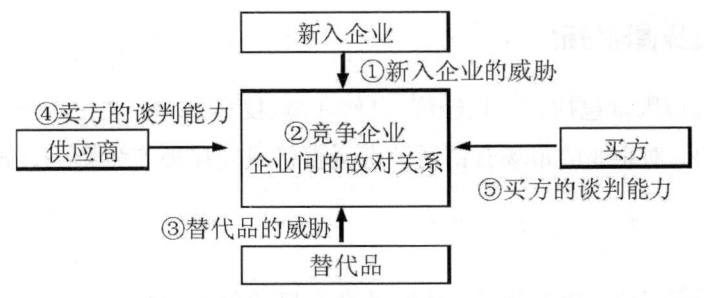

图3.8 决定业界竞争强度的五个因素

4. 成本结构

成本结构指的是最终产品的成本是由哪些附加价值阶段的成本构成的。各个业界都有各自特有的成本结构。只有了解了成本结构，才有可能去探讨和研究哪个附加价值阶段是成本构成的重要因素，以及实现成本优势的关键所在。一般说来，企业如果能在创造最大附加值的阶段(生产经营环节)实现最低的成本，那么就可以确立成本优势。图3.9是某化妆品生产企业的成本结构示意图，纵坐标代表成本，横坐标表示各附加价值阶段。如图所示，成本结构可以从6个附加价值阶段来把握。但和竞争企业相比较，在哪个附加价值阶段确立成本优势更有利于竞争？此处，对这一问题的判断是至关重要的。

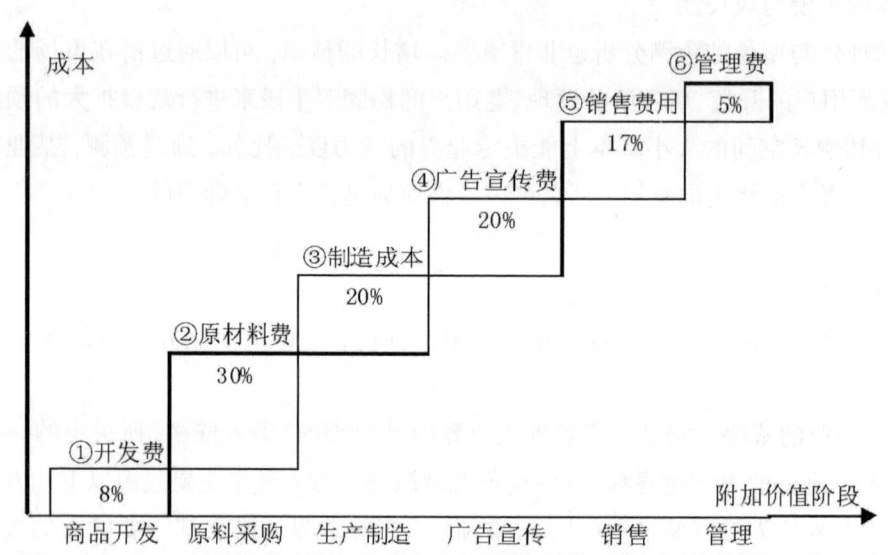

图3.9　某化妆品生产企业成本结构示意图

5. 业界的动向和趋势

通过上述分析虽然可以把握业界的特质，但今后业界将如何变化？维持KFS的现状是依然有效，还是将会出现新的竞争规则从而需要对KFS加以变化调整？及早正确地把握业界变化的方向，对与企业赢得市场竞争也是非常重要的。

任务三　宏观环境的分析

主要的宏观环境因素包括：人口、经济、自然环境、技术、政治、文化六个方面。这些因素作为社会总体的趋势，对企业的市场营销活动都会直接或间接地产生影响，偶尔甚至会产生根本的方向性转变。

1. 人口

关于人口，不仅仅要考虑其规模，还要考虑人口的分布。而人口的分布，又不仅只考虑其地域的分布(人口密度)，还有必要从其年龄的分布(年龄构成)、男女性别的分布、职业的分布等各种角度去考虑。

近年来，从世界范围来看，地域性人口倾斜的特征变得越来越明显。即在经济落后的国家和地区，人口呈爆炸性的增长。而在美国、日本、德国等发达国家，人口出生率低下，乃至呈现负增长。另外，在发达国家，人口老龄化的社会特征也非常显著，家庭的微型化和女性工作人口的增加也是其典型特征。

2. 经济

经济整体的状况也能够左右企业的市场营销活动。比如，在日本的泡沫经济时期，高级商品异常畅销，而进入20世纪90年代以后的经济不景气时期，价格低廉的商品则成了市场的宠儿；又如，由于日元的不断升值，致使相对价格较低的外国商品大量涌入日本市场，迫使日本国内的企业设法应对，否则就会失去市场；美国的次贷危机引发的全球性经济下滑、市场疲软等。国际经济的状况对企业的市场营销活动也会产生重要的影响。

3. 自然环境

自然环境的变化同样会对市场营销活动产生巨大影响。比如气候的变化造成农业的减产导致对食品加工企业原料和产品价格及营销环境的影响；夏季的高温导致空调企业、啤酒和饮料生产企业生产规模的扩大等，只要产品与季节、气候等自然环境相关，企业就要密切关注自然环境的变化。

4. 技术

技术的革新对于产业的发展和进步也有着巨大的影响。概括地说来，革新可以分为两种。一种是产品的革新，即在此之前没有这种产品，生产过程是全新的，该产品与此前的产品具有根本性的不同。另一种是工艺的革新，这种革新主要是通过对生产程序进行改良和变革，使生产成本大幅下降和产品性能有所改良和提高。

以上两种革新对于市场营销活动也会产生种种的影响。比如，在竞争的焦点处于产品革新的阶段，由于竞争企业之间的产品存在巨大差异，企业应把竞争的重点放在如何开发能满足消费者需求的产品之上。与之相对，当竞争的焦点转移到了产品的生产工艺阶段，则价格的竞争、功能和款式等细微处的产品差异化的积累就显得尤为重要了。

5. 政策

在许多国家，与企业经营的产品和服务相关的法律法规，有许多是由政府来操控和制定的。法律法规的强化常常会对成本结构和需求产生较大的影响；反之，法律法规的废止和弱化又会导致潜在竞争者业界进入竞争的激化。另外，与之相关的比如税收制度等间接的政策变化，也会对产品的市场需求等方面造成影响。因此，洞察政策的动向、及早采取应对措施对企业来说是非常重要的。

6. 文化

作为终端买方的消费者的嗜好和购买动机，受消费者所接受的文化的影响是巨大的。比如，改革开放30年来，我们中国人的生活方式发生了巨大的变化，衣食住用行等各个方面都向着西洋化的方向发展，结果使我们许多传统产业的市场步步缩小。当然我们也逐渐地认识到了这一问题，并积极采取措施对传统产业进行保护和挽救，这是另外的话题。这里需要强调的一点是，正像麦当劳把美国汉堡包文化引入中国而取得成功那样，如果抓住消费者文化的变化去做文章，那么企业取得巨大成长的机会就会很大。

项目三　营销战略——在事业层面上的竞争导向

任务一　保持持续竞争优势的基本战略

企业要想在市场竞争中保持持续的竞争优势，就必须要确立营销战略。美国哈佛大学商学院教授迈克尔·波特（Michael E. Porter）提出了确立持续竞争优势的三项基本战略，即成本领导、差异化和集中化。

1. 成本领导

所谓成本领导，即"追求用比竞争对手企业更低的单位成本来进行生产和销售的能力，将相同品质的产品和服务以更低的价格进行销售而获得巨大的销量或者是在以相同的价格进行销售时以获取更高利润为目标的战略"。能带给企业比竞争对手更低的单位制造成本的中心内容有两点：①规模的经济性，②经验曲线效果。

（1）规模的经济性（scale merit）

一般说来，产品的单位生产成本会随着产量的增加而降低。因此，我们把"通过扩大经济活动规模而获得的经济性"称作规模的经济性。规模的经济性的取得过程我们可以这样来理解。我们知道，企业的总体生产成本可以分解为经常保持不变的固定费用和与产量成比例增加的变动费用这两个部分，随着产量的增加，那么分摊到每一个单位产品上的固定费用就会减少，这样，就会导致单位产品平均生产成本的下降。

另外，经济活动规模（生产经营规模、交易规模等）的扩大，对于原材料采购成本的降低（大量采购会增加谈判的筹码，从而可以使购买价格更加优惠）企业融资成本的降低（生产经营规模的扩大会增加企业的信用度，从而会使企业的贷款、资金募集等融资活动更加便捷和容易，融资费用也会相对降低）等方面都会产生积极的作用。

（2）经验曲线（learning curve）效果

所谓经验曲线效果，是指随着累计产量的增加，产品单位生产成本会下降这一经验法则。经验曲线效果最初是从美军飞机工厂累计产量达到2倍则单位成本减少20%这一事实总结出来的。之后，在其他很多产业、行业进行验证，都得出了累计产量达到2倍则单位成本减少20%左右这一结果。

从经验曲线效果得出的结论是：对于有前途的产品，应当尽早开始大量生产，如果比竞争对手能更多地、持续地生产，产品的单位成本就会经常保持在比竞争对手更低的水平，那么企业取得成本优势就会成为必然的结果。

2. 差异化

差异化,是指"通过产品和服务的差异化、价格的差异化、流通渠道的差异化、销售和促销的差异化等手段,使本企业的经营事业不同于其他的竞争对手企业,尤其是要让买家认识到本企业在某些方面的长处和优势,而且要建立起让竞争对手难以模仿和抗衡的经营体系和方法,从而确立竞争优势的战略"。产品和服务、价格、流通渠道、销售和促销等差异化的实施方法是多种多样的,多数情况下,企业是将数种差异化的方法组合起来加以实施的。在此,我们举 MOS BURGER 公司旗下的实施差异化来与麦当劳公司进行对抗的例子给大家作参考。

案例:麦当劳与 MOS FOOD SERVICE 公司

20 世纪 60 年代中期以后的日本,随着生活的简便化和迅速化诉求的高涨,在饮食生活方面,消费者对简便快捷的餐饮消费需求与期望也越来越强烈。同时,与以前物质匮乏的社会时代不同,饮食生活的方式也开始发生变化。尤其是年轻的一代,用餐的方式已不再是独自去填饱肚子,而是开始和朋友一起用餐并且是逐渐讲究体面地用餐。面对这种潜在的市场需求,麦当劳采取了恰当的应对措施从而使这种需求形式化地显现了出来。例如,麦当劳选择在日本流行信息发源地的东京银座的黄金地段开设了第一号店铺,目的就是要引人注目、引导和创造流行性消费。在银座的黄金地段,每天都过往着熙熙攘攘忙碌的人群,迅速而简洁的餐饮服务能很好地满足他们的消费需求。另外,麦当劳还通过广告的形式来唤起直接和间接消费群体对它的关注。这些正是应对市场需求与期望的直接的营销措施。

然而,单凭直接地唤起需求的方法,是很难实现事业的连续性经营的。麦当劳的卓越之处,在于其在美国已完全得以实证的科学的经营方法。即通过其系统化的组织经营机制和手册化的操作程序实现全体店铺经营的标准化、简单化和统一化。把接待顾客的方法、打扫卫生的方法、菜单、店铺设计、烹饪方法、制服等全部内容加以程序化的结果是,就连对接待顾客及烹饪方法一窍不通的来店里打零工的高中生也能为顾客提供优质的服务。正因为全部工作实现了标准化作业,才使得服务质量得到充分的保障,从而让店铺化的连锁经营成为了可能。最终的结果是,消费者可以就近在麦当劳的连锁店内实现购买和消费,随着一个巨大的汉堡包市场的形成,麦当劳公司取得了巨大的成功。

另外,在日本的汉堡包市场上,MOS FOOD SERVICE 公司也占据着独特的地位。与麦当劳不同,该公司采取的则是立足于人的运营方法。该公司由三位风险创业家创立,采取了以创业理念为指导,将口味、关怀、真心、照顾、仁爱的观念彻底贯彻到服务之中的一种方法。具体地说来,就是铭记顾客的姓名、迎送顾客的一声问候、近身搭话。不过,我们不难想象,这样的服务在诸如银座之类的商业闹市区是难以做到的,因此,该公司专门选择在非黄金地段的居民区设立小规模的店铺来进行。我们知道,像铭记容貌、姓名这样的问题是难以用组织系统和操作手册来解决的,因此,该公司通过严格选拔在这方面有干劲、有热情、有能力的人,以转让区域经营权的方式加以运作。另外,在产品制作方面,麦当劳是在顾客点菜之前就已将汉堡包加以烹饪并将熟制品保存在库。与此相对，MOS FOOD SERVICE 则是在顾客点菜之后才开始按照顾客的要求烹饪制作，其重视的是每一个单品的现场手工制作。正是由于把融入了日式风味的汉堡包看作是一种人性化的商机，并以此为纽带，通过与一个个的顾客个体进行人性化的接触和交流这样一种独特的方法，MOS FOOD SERVICE 公司同样取得了巨大的成功。

MOS FOOD SERVICE 公司提供的产品和服务为其赢得了对麦当劳的产品和服务不太满意的独自的顾客消费群体，同时由于 MOS FOOD SERVICE 公司确立了让麦当劳无法模仿的独特的事业运营方法，因此，在汉堡包市场上，MOS FOOD SERVICE 公司构筑起了"以差异化实现的持续的竞争优势"。

顾客或者买方总会存在对其来说是非常重要但又尚未得到满足的需求。正如案例所示，确立差异化战略，必要的两个条件是：一要拿出一种独特的方法，能让顾客认识到它对于满足顾客自身潜在的需求是非常重要的；二要实施一种让竞争对手难以轻易模仿的经营方法。

另外，要让差异化成为一个有效的战略，以下存在的一些情况也是值得注意的。

第一，像化妆品、非处方药品和保健品之类的产品，与其说产品本身是在提供物理性机能，倒不如说它在满足消费者心理性需求与期望的用途方面显得更重要。

第二，对于像家庭耐用品（如冰箱、彩电、家具等）等购买频率不高的产品，消费者往往不具备评价产品差异的能力。在这种情况下，消费者很难通过自身的经验来正确判断各种品牌产品之间在性能等方面存在的差异，企业通常可以通过树立品牌形象和采用独特的销售手段等方法来实现产品的差异化。

第三，像汽车、立体声音响设备之类的产品，产品制作虽然复杂并具备很多的特性，但消费者对于产品的评价是非常明朗的。在这种情况下，企业可以把消费者分为若干个各具相似需求与期望的不同的消费群体，针对每个群体，采取不同的差异化的营销手段和策略。

3. 集中化

所谓集中化，是指企业针对特定的具有共同需求的消费者群体，或者是特定种类的产品和服务，或者是特定的区域市场，将经营资源进行集中的一种战略。前面所述的成本领导和差异化这两个战略，是以拥有大量的经营资源为前提，针对在广域的整体市场上进行竞争来说的。而集中化，主要是为了使有限的经营资源得以充分、有效地使用，从而将经营的内容限定在一定范围内以开展有效竞争的战略。

案例：Q. P. CORPORATINON 的集中化战略

Q. P. CORPORATINON 是日本的一家在蛋黄酱市场上进行专业化经营的公司，在其他公司正式进入蛋黄酱业界之前，就已把 Q. P. 蛋黄酱产品的味觉率先植入了消费者的脑海之中。在这之后，诸如味之素、日清制油等大型食品企业虽然也先后介入了该市场，但消费者对源自 Q. P. 公司的已经认可了的蛋黄酱产品的味觉追求长期难以改变，由此，Q. P. 公司也始终占据着蛋黄酱市场的最大份额。

集中化战略如果取得了成功,那么,在所限定的市场内,低成本战略、差异化战略(或二者同时)都可得以实现。而集中化战略能否取得成功,关键的问题是能否找到对企业来说是可以限定并倾注全力的最恰当的市场。企业是否应当对某一市场进行限定和集中,对该市场进行评价的角度可以从市场的显在需求和潜在需求、竞争对手企业的状况、市场操作的难易程度等方面来进行。

任务二 竞争应对战略

为了应对市场竞争,企业需要考虑到自身的经营资源之后再去制定相应的营销战略。也就是说,经营资源相对较少的企业如果采取了和经营资源相对较多的企业同样的战略的话,那么在竞争上是不会讨到任何便宜的,这就要求它要采用与后者不同的营销战略来应对。

如表3.3所示,根据经营资源的不同,企业可以分为领导者(leader)、挑战者(challenger)、利基者(nicher)、追随者(follower)四种类型。这种类型是从企业经营资源的量与质二个方面进行划分的。经营资源的量,是指资金规模、生产能力、营业据点的数量等。经营资源的质,是指品牌形象、品牌价值、广告技巧、技术专利等。企业可以根据所属的类型制定出符合自身特点的营销战略。

表3.3 按经营资源划分的企业类型

		经营资源的量	
		大	小
经营资源的质	高	领导者	利基者
	低	挑战者	追随者

1. 领导者的战略

作为领导者企业的战略,主要有以下四种常规的运用手法。

第一种是扩大周边需求。如果市场整体得以扩大,那么受惠最多的是占有市场份额最大的领导者企业。领导者企业占有业界最多的市场份额,那么在营业据点、业务人员、企业形象的树立、技术积累、生产能力等方面,和竞争对手企业相比较都会占有与其市场份额成比例的优势。在业界共同开发和扩大周边市场需求的情况下,由于各企业从扩大的市场需求中得到益处的多少与其既有的市场占有率成正比,因此对领导者企业来说最为有利。作为领导者企业,应该争取通过业界协调行动来扩大周边需求,以便达到"少投入、多产出",事半功倍的效果。

第二种是同质化。如果竞争对手企业在市场上投放了本企业没有的产品和服务并受到市场的认可和欢迎的话,必然会造成本企业产品市场占有率的下降,因此本企业作为领导者企业必须要向市场提供同质的产品和服务加以应对。同质化虽然是一种模仿行为,但领导者企业如果开展了同质化竞争,就可以通过自身规模优势的力量在竞争中获胜。松下电器和丰田汽车这两大公司是开展同质化竞争的典型代表。而在食品业界，麒麟啤酒、三得利威士忌也都是如此。我国乳品行业的伊利也是很好的例子。

第三种是非价格应对。领导者企业如果在市场上开展打折或降价销售，必然会迫使竞争企业采取同样的办法加以追随，这样最终会导致业界总体利润的下降。此时，占有市场最大份额的领导者企业将会成为最大的受害者。另外，打折和降价销售会损害企业和产品的形象甚至会导致失去顾客的信任，因此，领导者企业对于相同品质的产品不应直接打折促销，而应通过创造和增加产品的附加价值，使其相对价格下降，以使市场得以维持并向健康的方向发展。

第四种是维持最佳的市场占有率。一般说来，领导者企业应该针对竞争对手企业市场占有率的上升作积极的抵抗，以保证已经获得的市场份额不至于丢失。由于领导者企业的生产设备、人员配备、营业据点的配置都是与既有的市场份额相适应的，市场占有率的下降会导致固定成本的相对上升而使企业不堪重负。

2. 挑战者的战略

挑战者企业的目标，是瞄准领导者企业来扩大市场占有率。常规上主要是要瞄准决定市场占有率的核心消费层。但是由于领导者企业对于核型消费层比挑战者企业更早更多地投入了经营资源，那么挑战者企业如果采取与领导者企业相同的战略则是无法取胜的。因此作为挑战者企业，要想瞄准核心消费层来扩大市场占有率，就必须要采取彻底的差异化的手段。这个差异化，不但要能迎合顾客的需求与期望、产生创造需求的效果，而且要使领导者企业无法通过同质化来进行模仿。这里的差异化，如前所述，可以是产品和服务的差异化，也可以是价格的差异化、流通渠道的差异化、销售和促销的差异化等。

3. 利基者的战略

利基者又称作市场补缺者，这种企业回避与大型企业和实力雄厚的企业进行直接竞争，主要选择在一些特定的细分市场上通过发挥自身的优势、填补市场空缺来获得生存。其目标是在特定的市场上确立微型领导者企业的地位。因此，其常规的战略实施手法是将领导者企业的战略手法在特定的市场内加以开展和运用，即将"扩大周边需求""非价格应对""同质化""维持最佳市场占有率"的战略在特定市场内加以运用。

4. 追随者的战略

追随者企业由于在经营资源的"量"和"质"上都不具有竞争优势，因此，重要的是要保障生存所需的经营利润，同时努力蓄积经营资源。为了保障赖以生存的经营利润，追随者企业应该采取的常规战略就是模仿。追随者战略的常规手法是将领导者、挑战者和利基者在市场上得到证实的成功的东西迅速纳入自己的经营范围，并选择在对于它们来说没什么赚头（如廉价市场）、没什么魅力（如地方市场）的市场上开展竞争。先让大企业开发新产品、采用新方法、进行市场试验，一旦出现成功的苗头就迅速模仿，在价格比较敏感、相对缺乏魅力的市场上采用低价格进行市场应对从而保障生存利润的做法，是追随者企业常规的典型的一种战略。

任务三　具有代表性的个别营销战略

以上述的基本战略为基础，企业在具体个别的市场局面下，常使用的营销战略主要有以下几种。

1. 价格竞争战略

这是一种通过采用对消费者非常有魅力的低价销售来增加销售收入的战略。企业要想采用价格竞争战略，就必须要具有进行低成本生产和销售的能力。

2. 非价格竞争战略

这是一种回避价格竞争，使销售能在一定的价格水平上得以实现的战略。一般说来，非价格竞争战略的实施要以产品品质和高级形象的差异化为前提。

3. 上游兼并战略

这是一种通过获取原料、材料等上游产业部门的功能来追求利益的战略。例如，计算机组装企业兼并半导体制造部门、零售企业兼营批发功能等。这里的利益，一方面是原材料的供给可以实现不受市场变动的影响、价格便宜、渠道稳定，另一方面可以防止企业重要情报向外泄露。

4. 下游兼并战略

这是一种通过获取离最终自消费者更近部门的功能来追求利益的战略。例如，原料生产企业发展产品加工，生产企业将产品的批发与零售业务纳入本企业的业务范围等。通过实施这种下游兼并战略，可以提高产品的附加价值，更迅速更准确地把握消费者的需求，采用更理想的销售方法进行销售等。

5. 新产品开发战略

这是一种通过不断开发新产品并持续向市场提供好新产品，以获得竞争优势的战略。通过实施新产品开发战略，一方面可以使产品的差异化（新功能、新性能）得以实现，另一方面可以向消费者传递本企业拥有优良技术的印象。

6. 产品的多元化战略

这是一种以未曾经营过的产品、未曾开发过的市场为对象进行经营销售以谋求企业成长的战略。多元化战略实施时，如果产品与既有产品和品牌具有共同性或者关联性，则会产生乘数效应。一般地说来，产品多元化战略的实施，主要目的是使闲置资产和能力的有效利用、分散风险、使既有市场成熟化、追求规模效应等。

7. 产品推广（PUSH）战略

这是一种从生产者的角度出发将产品推销给消费者的促销战略。流通渠道中的批发和零售企业在其中将发挥主要作用。即通过给流通企业较高的利润空间，来提高其经营产品的积极性，以便使产品向下游推广。

当然，产品推广战略的着力点，有时也会放在人员销售或信用供货之上。和消费品相比，生产资料更适合使用产品推广战略。如果是消费品，则主要适用于购买频率较低的耐用消费品和一些高档商品。

8.产品引导(PULL)战略

这是一种从消费者的角度出发引导产品消费的一种促销策略。其本质是一种依托消费者的产品需求的战略。最典型的办法，是通过电视、报纸、杂志等进行大量的广告宣传，使消费者在认知本企业的产品和品牌的基础上进行选择消费。产品一旦得到了消费者的认可，零售商就会积极经营，批发商也会随之开展经营业务。

由于产品引导战略的重点宣传对象是直接的消费者，因此广泛的大众日用消费品是其适用的对象。

项目四　市场营销组合——产品和服务层面上的顾客导向

任务一　产品战略

1.产品生命周期与产品战略

就像生物有一个从生到死的生命周期一样，任何产品也都有一个从在市场上开始销售到退出市场这样一个过程，这就是产品的生命周期。产品的生命周期可以用市场规模的推移来表示，并且可以区分为若干个阶段。对于不同的阶段，存在的市场机会和威胁也各不相同，企业采取的营销应对措施也会不同。

企业只有明确了"公司产品处于产品生命周期的哪个阶段、正在向哪一阶段移动?"这个问题，才能开展有效的市场营销战略。

（1）产品生命周期的模型

如图3.10所示，一般说来，产品生命周期可以描绘为S形的曲线，可分为4个阶段。

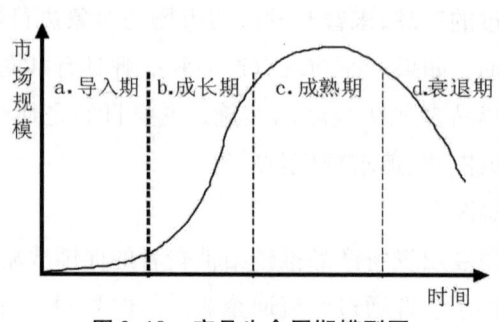

图3.10　产品生命周期模型图

a. 导入期。这一时期，产品刚刚导入市场不久，销售额增长缓慢。

b. 成长期。进入成长期以后，产品迅速被市场所接受，销售额急速上升。

c. 成熟期。到了成熟期，产品已遍布市场的绝大部分，销售额增长缓慢或停滞不前。

d. 衰退期。在这一阶段，销售额日趋减少，产品不久就会退出市场。

当然，并非所有的产品都会有这样一个生命周期的过程。比如，绝大部分的新产品在进入成长期之前就已夭折退市。另外，也有不经过导入期而直接迎来成长期的产品。还有一种情况是，处于成熟期或衰退期的产品，在被实施了有效的产品战略之后又重新开始成长。因此，产品的生命周期千姿百态、各式各样，有的从始至终不足1年，有的历经百年也不衰退。

(2)产品生命周期各个阶段的市场状况与相应的产品政策。

a. 导入期

Ⅰ 市场的状况

在这一阶段，消费者、竞争企业和流通企业对于产品及事业的价值和潜力并未充分了解。另外，将来的需求动向也并不明确。今后的需求是否会增大？产品是步入成长期还是就此从市场上消失？对于这些问题都难以预测。因此，竞争企业虽然很少，但消费者数量不多、参与流通的客户单位也非常有限，销售额增长缓慢。产品上市后，迅速迎来成长期的并非没有，但在大多数的情况下，一个产品从入市到步入成长期需要一段很长的时间。

一般说来，新产品上市后销售业绩不能迅速增长的原因主要来自以下几个方面：

ⅰ 产品供不应求，但受生产设备产能限制，产量过小

ⅱ 企业量产技术的开发步伐缓慢

ⅲ 销售体系的建设步伐迟缓

ⅳ 消费者对于新型购买模式的排斥

ⅴ 能接受技术革新的消费者数量有限

ⅵ 价格过高

在这一阶段，流通费用、促销费用等为了让产品进入市场所需要投入的各项费用开支巨大，因此很难盈利。

Ⅱ 导入期的产品政策

让产品在市场上得到广泛认知是导入期产品政策的关键。如前所述，在这一阶段，由于消费者及市场对于产品并不了解，因此有必要对产品的存在、产品的机能和优点及其使用方法等进行广泛的宣传。正因如此，针对流通企业和消费者开展工作便成为营销活动的中心内容。具体说来，包括开发和维护以及终端零售店在内的流通渠道，针对消费者的广告宣传活动，开展配发试用品等形式的促销活动等。当然，促销费用占销售额的比重在这一阶段是最高的。

b. 成长期

Ⅰ 市场的状况

如果新产品的价值能够得到消费者和市场的接受和认可，那么销售就会迅速增加。首先，会有一部分消费者发起先行消费、开始购买新产品，随后，占绝大多数的一般消费群体便会加入到购买的队伍中。如此一来，需求便会不断地增长。在这一阶段，逐渐能够对产品的销售增长率进行预测，相当规模的市场形成的动向也渐渐明朗。

伴随大规模市场的逐渐形成，会出现能获取巨大利益的良好的机会，众多企业开始进入业界，竞争逐步加剧。为了应对竞争，企业的广告宣传活动越发活跃。因企业生产设备的扩张和新入企业的增加，市场上产品的产量会有巨大增长，但与之相应的产品需求也在不断增长，产品的价格几乎没有变动。在流通方面，经营本产品的流通企业的数量、种类、营业规模都会迅速扩大。

在成长期，伴随销售额的迅速增长，在收益方面也会出现较大的改观。但是，由于进入业界的竞争企业不断增加，业界竞争也不断加剧，在成长期的后期，和销售额相比较，利润增长开始放缓或停滞。

Ⅱ 成长期的产品政策

成长期产品政策的关键是产品价值的多样化。针对不断增加的竞争对手，为了实现企业的差异化，或者为了增加消费者的选择面而使需求扩大，企业有必要提供多样的产品价值。在这一阶段，由于产品的"一次功能"（基本功能）已经得到了认知，那么，附加品牌形象和售后服务等"二次功能"来确立产品价值的多样化便成为了至关重要的事。另外，为了改善产品的功能和品质，对产品进行改良、增加新的款式和品种也是非常有必要的。也就是说，开发产品的二次功能，逐步对产品加以改良、增加新型款式和品种是成长期应该执行的产品政策。

c. 成熟期

Ⅰ 市场的状况

在成长期，当产品的销售增长率开始下降、销量逐步趋于稳定时，便进入了成熟期。成熟期是市场总体需求处于顶峰的时期。在这一时期，购买替代形成的需求占总体需求的绝大部分，消费者的购买行为决定变得简单化，重复购买成为了日常行为。一般说来，成熟期要比导入期和成长期持续的时间更长。

产品进入成熟期以后，没有需求增长的预期，很少会有企业再进入业界，竞争格局基本稳定。市场需求安定持续，竞争企业之间逐步形成市场割据的态势，各企业的销量稳定推移。

在成熟期，销售额与利润都将同时达到顶峰。之后，一方面销售额会出现增长停滞，另一方面还要进行降价或打折销售以维持在市场竞争中的地位，支出会相应增加，利润开始减少。

Ⅱ 成熟期的产品政策

成熟期产品政策的关键，在于产品价值的多层次化。在此阶段，由于产品需求维持在一个较高的水平，市场营销的主导战略应定位在应对来自竞争对手企业的竞争之上。随着竞争环境的激化，以开发产品的二次功能和渐进式的产品改良为中心的产品差别化战略已显得力不从心，跨越式的产品改良和款式革新就成为必然。即为了打破销售额下降的局面，有必要对产品特性进行变化、附加新的特性以吸引新的用户、扩大老用户的需求量。

作为成熟期的产品改良，主要有以下 3 方面：

ⅰ 品质改良。指产品的耐久性、稳定性、速度、味道等品质方面的改良。对改良后的新产品的广告宣传，一般多会突出强调新成分、新性能等。

ⅱ 功能特性改良。指通过附加新的功能和特性来扩大产品的多样性、增强安全性和简便性等。

ⅲ 款式改良。指为增加产品外观的魅力进行的改良。即通过各种色彩和材料的变换来改变产品的外观、形状、包装等。产品款式的改良，对于产品确立独特的市场地位、维持市场占有率都会起到良好的效果。

d. 衰退期

Ⅰ 市场的状况

产品进入衰退期，市场需求量逐步下滑。造成产品需求衰退的原因，多数情况是由于强有力的替代产品的出现，吸纳了既有产品的市场份额而造成的。另外，由于流行、嗜好的变化导致消费者对既有产品关心的淡薄，廉价外国产品的进口等因素都会导致产品进入衰退期。在衰退期，销售额大幅下滑、利润迅速下降。对企业来说市场不再具有魅力。因此，在这一时期，几乎没有竞争企业进入市场，不仅如此，随着市场规模的缩小，反而会有企业开始退出市场，竞争企业的数量逐步减少。在流通领域，经营该产品的企业数量也逐步减少。

产品的退市，有的是缓慢进行，持续较长的时期；有的则迅速退出，持续时间较短。如果是属于后者这种情况，不论是采取市场再生策略还是终止销售策略，企业都要迅速加以决断。

Ⅱ 衰退期的产品政策

如前所述，在衰退期，产品的销售额与利润都会不断减少。正因如此，众多企业为了把经营资源集中到更有魅力的产品领域，便从既有的产品市场上退出。没有撤退的企业也不得不减少产品的品种和数量。因此，这一阶段营销战略的关键是产品放弃或者是产品价值的转换。产品放弃是指为了有效利用经营资源而将其从收益低下的产品领域中退出；产品价值的转换，则是指企业利用新的发明和技术革新来创造新产品，重新开拓新产品的生命周期。对于衰退期的产品政策，企业要从原有的价值认识上转换构思，重新探求可能的替代技术，瞄准新的市场需求进行努力。即用全新的视角对既有产品重新定位，通过对新产品和生产工程进行革新性的开发来实现成本的大幅降低和价格的低廉化，开发新型服务等。

2. 产品差异化与市场定位

（1）产品的差异化

所谓产品差异化，是指通过赋予本企业产品不同于竞争对手企业产品的特性，来获取在市场上的竞争优势。我们在前面讲述了为确立持续竞争优势的在事业水平上的差异化,而在产品水平上的所要实现的是产品差异化。

一般说来,产品差异化是从品质、功能、外形图案、包装、品牌、销售条件、售后服务等侧面来展开。在价格方面回避竞争是产品差异化的目的之一。企业间以销售相同的产品来开展竞争,往往会导致产品向低价格化的方向发展。这种情况下,即使取得了竞争的胜利并使销售额得以增长,但经常会形成低利润或无利润成长的局面,保持适当水平的利润非常困难,结果只能是企业实力的无谓消耗。

如果产品的差异化能顺利展开,就会大大减少在价格方面的直接竞争。对于目标顾客,由于企业能够确立垄断地位,维持适当的利益水平就变得相对容易了。

（2）差异化的要素

产品的差异化,基本上可以从以下3个方面来展开。

①物理性的差异,即从产品的物理性能、品质、结构、形态等方面创造差异。

②形象上的差异,即将通过公关和宣传促销等活动形成的产品形象充分展现给消费者,从而构成产品形象上的差异。形象上的差异是一种超越了产品品质和性能水平上的一种市场评价。

③服务的差异,即在信息提供、售后服务、金融服务、产品保障等附加服务上创造差异。

（3）产品的市场定位

是指通过分析整理各竞争产品的属性在市场上的地位,来确定本企业产品在市场上的位置。从市场定位的角度来看,可以说产品的差异化,就是在市场上给产品寻找恰当的位置。在给产品进行市场定位时,本模块项目二消费者市场分析部分给出的认知图被经常用到。认知图是以评价产品的重要属性为基础,将本企业的产品与其他企业的产品在二维空间上的定位。

图3.11是用价格和热量两个属性对四家企业生产的某种快餐食品进行市场定位的例子。如图所示,本企业的产品与三家竞争对手企业的产品A、B、C相比较,很明显拥有独特的位置,言外之意,本企业的产品在消费者的认知中是被差异化了的。也就是说,与竞争对手的产品只要拉开了距离,就能称为差异化。从图中可以看出,在低热量和低价格这一领域,在本企业的产品进入之前还是一个空白的空间。如果对这一空间具有需求与期望的消费者的数量足够庞大,那么这个市场定位就会充满前途。

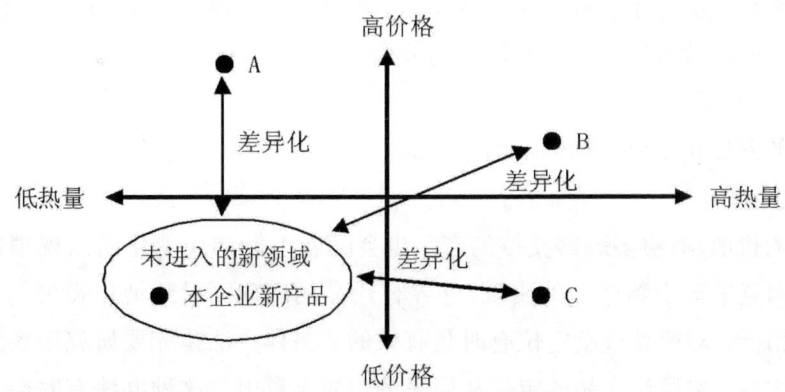

图 3.11 以认知图进行产品市场定位及发现新市场领域的示例

利用认知图,就可以对本企业产品与竞争对手企业的产品进行比较识别,并且可以发现未被满足的市场领域。也就是说,通过市场定位,如果发现在本企业的产品位置附近没有竞争对手企业的产品存在,而且任何竞争对手企业尚未插足的这一市场空间存在一定规模的需求,这就表明我们发现了新的市场领域。一句话,认知图是企业发现新的市场机会、明确产品差异化方向的有力工具。

(4)新产品的差异化

将新产品推向市场时,应根据市场的状况采取以下的方法来进行。

①先入为主

先于其他企业进入市场,则企业的产品成为该领域典型产品的可能性便会增大,有利于确立产品的市场中心地位。

一般说来,首发产品是消费者对产品形成认知的决定性因素。而且,首发产品比后来产品更容易获得相对较高的市场份额,这是一个普遍规律。正因如此,首发产品多数情况下会成为行业的第一品牌。这样的事例在我们身边不胜枚举。

②瞄准市场间隙

那么,在首发产品进入市场之后,后来的第二、第三产品进入市场又该采取怎样的措施呢?第二、第三产品成功的关键,则在于寻找市场间隙。所谓市场间隙,就是指未被满足的顾客需求。只有开发出能填充市场间隙的产品并将其引入市场,才能聚拢起与既有企业不同的独自的顾客群。

这种战略的定位不应该仅仅局限在很小的市场间隙上。因为,尽管入市时市场间隙可能会很小,但发展成大规模市场的情况也是屡屡发生的。

③转换竞争的核心

在以常规的市场评价内容为前提的情况下,瞄准既有企业未能满足的市场需求的战略可称为瞄准市场间隙的战略。而与此相对,像照相机业界的一次性相机那样,转变竞争的核心，是指发现既有企业或者连顾客本身都未曾意识到的一种新的产品的评价核心，并将这种新的产品的价值向消费者进行宣传和说服的战略。

(5)既有产品的差异化

既有产品的差异化主要包括以下两个方面。

①产品的再定位

再有独特的价值、有再多顾客支持的产品也会随着市场的成熟化而出现销售业绩徘徊或低迷，或者是因竞争对手新产品的出现、外界替代品的出现而导致地位丧失的情况出现。要想打破这样的情况，对产品重新定位有时是有效的。具体办法是先要研究市场间隙或新产品要强化的核心内容，然后让产品的定位从原来的位置上移开，这种办法有时会让产品重新焕发活力。

实施这种战略时，有时会给产品再冠以新的品牌。

②竞争对手的再定位

为了改变消费者对本公司产品抱有的印象，有时可以利用竞争对手产品的市场定位。一般说来，消费者是通过将本产品与能与之匹敌的产品加以对比而形成对本产品的印象的。于是，可以通过将本企业产品的新的竞争对手传递给消费者这种方式，来赋予和提升本企业产品的价值，改善产品的公众印象。

3. 品牌

(1)什么是品牌

所谓品牌(brand)，是指为了使本企业的产品与竞争对手企业的产品更容易地区别开来的名称、记号、符号、图案等。因此，不论是高级商品还是廉价商品，对于所有商品的差异化来说，品牌都是一个不可或缺的重要因素。生活中，我们周围充满了各种各样的商品，同样种类的商品也会有许多厂家来生产。在这种环境中，我们选择某种产品时该从何处着手呢？其选择标准也只有是品牌了。

(2)全国性品牌

我们把厂家给自己生产制造的产品赋予的品牌称作生产者品牌。在生产者品牌中，我们把全国水平的品牌称作全国性品牌(National Brand，NB)。NB对于流通企业来说可谓是一把"双刃剑"。全国知名的NB产品对于顾客的吸引力是巨大的。但是另一方面，NB使流通企业难以自主定价、难以进行独自的促销活动。

(3)自有品牌

我们把批发或零售企业开发的品牌称作自有品牌(Private Brand，PB)。近年来，随着一些流通企业规模的扩大，批发和零售企业不仅从事流通业务，也开始插手产品的上游生产过程(包括委托生产和自行研发生产)，并以自己的店铺名称或独创名称作为自己所产产品的品牌——即自有品牌，或叫店铺品牌(store brand)。PB的出现加剧了流通企业与生产型企业之间在利润空间上的竞争，为此，建立一种生产型企业与流通企业优势互补、各司其职、利益共享的新型企业关系正在实践中探索。

4. 产品组合

所谓产品组合，是指企业销售产品的集合体。企业为了应对市场变化、获取比竞争对手企业更加有利的市场地位，往往是将多种产品投放到市场中去，而且产品大多是涉及多个领域。如何使这些产品形成最佳的组合，又该如何管理，即所谓的产品组合的开发与管理，是产品战略的中心课题。

产品组合中的最小单位我们称为产品项目，即各种实实在在的产品。以伊利集团的产品组合为例，其中冷冻水饺就是一种产品项目。

从产品项目的特性、用途、顾客层和销售渠道等方面进行区分，从而形成的作为同一营销管理对象的产品群体我们称为产品线。以上例来说，冷冻水饺、羊肉卷、牛肉卷、羊肉串等构成了伊利冷冻食品的产品线。

如图 3.12 所示，产品组合是由产品组合的宽度（即产品线的多少）和产品组合的深度（即特定产品线内产品项目的多少）决定的。

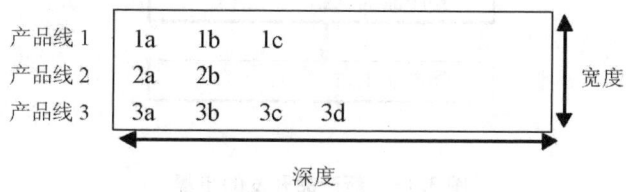

图 3.12　产品组合的构成

一般说来，产品组合的战略方向主要有以下两个：

（1）全线扩充战略（full line）

即扩大产品组合的宽度，是要投入能应对目标顾客全部需求与期望的产品线战略。但是，各种产品线的深度，往往是受企业经营资源的制约和左右的。这种战略多被那些被称作综合工厂的企业所采用。例如日本的味之素公司就是这样的企业，产品线从调味品到常温加工食品再到冷冻食品，非常宽阔。

（2）限定产品线战略

这是一种针对特定的需求与期望，对产品线宽度加以限定而进行专业化生产经营的战略。产品线有限的企业要想与全线企业开展竞争，通常，充实产品项目的数量是非常必要的。

5. 新产品开发

产品生命周期的存在，提示我们疏于新产品开发的企业最终会走向衰落。企业要想长期生存和发展，持续进行新产品的开发是必要的。因为，新产品是企业未来得以生存的"食粮"。

一般说来，新产品开发的步骤是按图 3.13 所示的顺序来进行的。

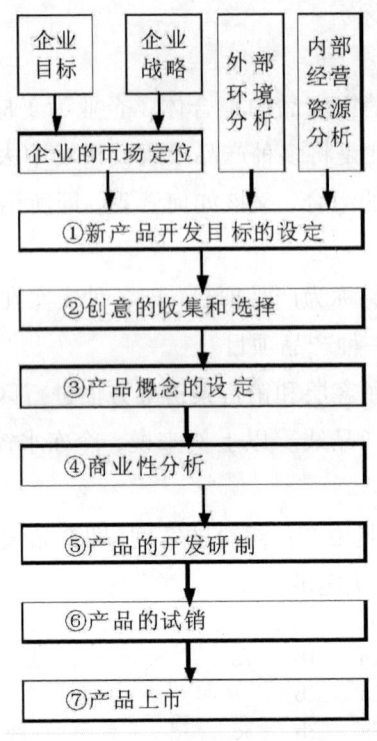

图 3.13 新产品开发的步骤

(1) 新产品开发目标的设定

通过分析企业的市场定位(是根据企业目标和企业战略制定的)、外部环境和企业的经营资源，来设定明确的新产品开发目标。

(2) 创意的收集和选择

开发新产品，首先要有思路和构想。作为新产品创意的信息来源，主要包括顾客、科学家、竞争对手企业和企业的销售人员等。为了保障新产品的开发能持续进行，确立从营业员开始的顾客信息收集制度和相应的组织体系是必要的。对产生的构思和创意，要从开发实现的可能性、企业进行商业化生产经营的可能性和预期的需求规模等方面进行评价和选择。

(3) 产品概念的设定

在这个阶段，要根据选定的创意来界定新产品的概念。产品的概念，不仅可以使人明确"使用者是谁？""产品的特色是什么？""在何种情况下使用？"等一些产品属性，同时也可以使人明确产品的价值取向和目标顾客群体。在设定产品概念时，可以充分利用前面所述的认知图。设定产品概念的目的是进行消费意向的测试，即将产品概念以文字、图形或实物模型的形式展示给潜在顾客，用以测试新产品是否会被消费者所接受。

(4) 商业性分析

对于选定的产品概念，还要进行新产品的收益性评价。内容主要包括对市场规模、市场结构和竞争状况进行分析、对销售额、制造成本和营销成本以及预期利润进行预测。

(5) 产品的开发研制

如果发现产品概念具有充分的商业机会，便开始开发研制产品的样品模型。对于研制出的样品要进行机能性测试，看其功能和性能是否达到了实际规定的要求，同时还要对其进行消费者的试用测试。

(6) 产品试销

如果新产品的样品测试结果令人满意，在正式将产品全面推向市场之前，还要进行销售试验，即试销。试销就是生产一部分试验用的产品，将其投放到一些具有代表性的区域市场进行实际销售，以观察消费者和经销商的反应，为产品全面上市的决策提供准确的参考信息。

(7) 产品上市

产品最终是否全面上市，要依照产品试销的结果来定。如果决定产品上市，之后还要选择好上市的时机、决定上市的地点、目标顾客及营销组合。

任务二 价格战略

1. 价格设定的方法

价格是一个重要的竞争手段。在产品品质达到一定程度并逐渐趋同的情况下，价格便会逐渐成为竞争的手段。因为，品质的提高必然会伴随生产工艺和设备的变更，但相比之下，价格的变更实施起来更为容易。然而，激烈的价格竞争会直接导致企业利益的损失，为此，回避价格竞争是时下的趋势。市场营销从总体上来说虽然具有作为非价格竞争手段的一面，但作为营销战略的价格设定却是极其重要的，它对于企业的利润、需求的开拓、需求的规模和竞争等方面都会产生巨大影响。

价格设定的方法多种多样，但从思路上来看，无非是成本导向的价格设定或需求导向的价格设定这么两类。在此，我们先介绍这两类定价方法，然后再介绍为实现市场营销目标的战略性价格设定的有关情况。

(1) 成本导向的价格设定

这是以成本为基础的价格设定方法，具有代表性的有以下三种方法。

① 加价定价法

即在进价的基础上提高价格来设定产品的价格。这是流通业界普遍采用的一种定价方法。提价的幅度要看产品是薄利多销型的日用必需品还是周转率低的高档商品。通常，诸如食品之类的日用品的利润较薄，而珠宝首饰之类的高档商品大多会有50%以上的利润空间。

②成本加成定价法

即在实际发生的成本的基础上另加一定的利润来计算最后价格的方法。这种方法一般在产品或工作完成之前难以把握成本的情况下使用,诸如建筑业(在建筑物完全建成之前很难确定成本)、系统开发行业等。

③目标利润定价法

即根据企业的目标利润来计算产品销售价格的方法。

上述的三种方法毕竟都是从企业自身的利益角度出发来进行的,忽视了市场竞争和消费者动向等因素,在今天激烈的市场竞争环境下变得越来越难以适用,而需求导向定价方法的必要性则渐渐地显现出来。

(2)需求导向的价格设定

这是根据消费者动向和竞争动向来进行价格设定的方法,主要包括以下两种。

①认知价值定价法(perceived value pricing)

这是一种先通过市场调查来预测消费者对产品的认知价值,然后以此为基准来设定价格的方法。

企业在设定价格时,应考虑到消费者对产品价值的评判。消费者在购买商品时总会对其价值进行比较与鉴别,对商品价值的理解不同,会形成不同的价格限度。如果设定的价格刚好定在这一限度内,消费者就会顺利购买。因此,认知价值定价的关键在于准确地预测消费者对产品的认知价值。如果预测值过高,定价就会过高,这样销量就会减少;如果预测值过低,定价就会过低,这样固然可以多销,但收入就会减少。为准确把握市场认知价值,企业必须认真进行市场的调查和分析研究。

当然,企业如果能做好产品的市场定位、突出产品的特性、综合运用各种营销手段来提高产品的知名度的话,是可以使消费者感到购买这些产品能够获取更多的相对利益、从而提高他们能接受的价格限度的。

案例:美国的皮革制品企业 Coach 公司的日本战略

美国的皮革制品企业 Coach 公司一直以来是以采用优良的皮革材料、保守的款式设计和结实的工艺制作而取得包类产品人气的。然而20世纪90年代中期以后,消费者的喜好逐渐转向了欧洲的高级品牌。为了打破这种状况,企业管理层打出了"唾手可得的高级品"这一新概念。在价格设定方面,根据市场调查和分析的结果,将包类产品的价格带定位在了欧洲高级品牌(至少7~8万日元)与日本国产品牌(3万日元以下)之间的4~5万日元。然而在这个价格区间上,再用原来的皮革材料进行制作是难以产生收益的。于是 Coach 公司一方面对材料进行变更,由皮革转向使用尼龙和布料而使成本得以大幅降低,另一方面进行图案的设计革新,从而开发出了轻快、明亮的彩色包类产品。同时,为了获得高级品的地位,Coach 公司大力开展了宣传促销活动并精心设计了店铺空间。最终,Coach 公司的产品成为了日本女性购买频率最高的高档产品。

② 差异定价法

先看个例子。在英国，红茶作为下午茶的地位是无可替代的。但在日本，情况却并非如此。如果是在英国，那么把红茶的价格定得稍高些也还是会被顾客所接受的，但如果是在日本，同样的定价会使顾客转向咖啡的消费。因此，在英国和在日本的价格设定当然要有所不同。又如，在观光度假酒店，对于旺季与淡季的价格设定同样也存在着较大的差别。

如例所示，根据销售对象、销售地点、销售时间等条件变化所产生的需求差异，来设定产品（或服务）价格的方法就是差异定价法。

（3）战略性价格设定

为了实现营销目标而采用的战略性价格设定的方法主要有以下4种。

① 市场占有率最大化的价格设定

市场占有率最大化的根本目标是追求企业的长期利益，企业把短期内出现的利益损失视作初期投资。它是通过设定较低的产品价格来扩大市场占有率，从而使销售量增大而实现大批量生产，利用规模的经济性或经验曲线效果来达到低成本、回收投资和长期获利目的一种战略性价格设定方法。

② 上层吸收式价格设定

对于稀缺的产品和服务，企业不考虑其本身的价值因素，而是以购买顾客为对象，以充分保障单位产品（或服务）的利润为目的的一种高价格的设定方法。这是在新产品最初上市时常常采用的方法，随着产品上市后时间的推移，按照顾客所能接受的价格逐步下降这一规律来分阶段降低价格扩大销售。

③ 销售额最大化的价格设定

这是一种以当前的销售额最大化为目标的价格设定方法。它是在把握好价格与销量关系的基础上（销售额＝价格×销量），设定能使销售额最大化的价格。这种方法往往是在企业急需现金收入、未来具有较大的不确定性和预见到难以进行长期销售的情况下被采用。

④ 促销价格的设定

这是以扩大系列产品的总体销售额为目标、对特定的产品设定特定价格的一种方法。例如，通过对某一产品设定低廉的价格来吸引顾客，同时使其他的产品也一同销售的特卖品（loss leader）定价；通过对某一产品设定高昂的价格来提升全体产品市场形象的声望（prestige）定价等。

2. 给经销商的回扣

与市场应对相类似，企业对于经销商也要采取各种各样的价格战略。在此我们仅给大家介绍其中的回扣战略。

回扣是指企业为了管理经销商的销售活动，以一定期间的交易额为基准，给经销商返回的一定比例的利润（也称"返利"）。

回扣可以分为定率回扣（比率是固定的）和累进回扣（比率随着交易额的增加而增加）

两种。

回扣的目的主要包括以下几个方面：

①让经销商扩大销量、完成企业分配的销售任务。

②促使经销商对新产品进行认购。

③确保本企业产品的卖场（销售场所）。

④扩大本企业产品的经销商队伍。

⑤维持价格稳定。

回扣可以根据条件的不同分为很多种类。不同的业界也会存在名称上的差异，具有代表性的回扣主要有以下几种：

（1）数量回扣

是一种以促进大量交易为目的的回扣。先以销售数量或销售金额为标准划定交易级别，对不同的交易级别设定不同的回扣率，一般采用累进回扣制，即交易级别越高，回扣率也越高，支付的回扣金额也会越大。

（2）完成销售目标的回扣

是在经销商完成了企业预先制定的销售目标后，由企业支付给经销商的回扣，一般主要采用定率回扣。这种回扣在实际中也常被称作"销售任务完成奖"。

（3）忠诚度回扣

这是根据经销商对企业营销方针（如企业给经销商指定进货商、指定销售对象、指定销售价格等）的执行情况及提供的配合程度而给予支付的回扣。例如，某啤酒企业给大型零售商规定，只有从特定的批发商那里进的啤酒才能作为回扣计算的标准。

（4）占有率回扣

以本企业产品占批发或零售企业总营业额中的比例，或占超市等零售企业总营业面积的比例为基准，支付给经销商的回扣。

值得注意的是，回扣如果存在显著的累进性，或作为阻碍竞争企业产品交易的手段而存在，以及在以价格维持为目的加以实施的情况下，容易招致有关反垄断等方面的问题，特别是跨国经营企业对此要格外注意。另外还要注意不要让回扣成为大型量贩店进行廉价销售的资本，以避免造成价格破坏和市场紊乱的问题。

任务三 促销战略

消费者实现对某种产品（或服务）的购买需要具备两个条件：一是要知道这种产品的存在及其特征，二是要确信应该购买这种产品。促销就是为了满足这些条件而针对消费者进行的市场营销活动。从这个意义上来说，要求促销必须具备信息传递机能和劝导说服机能。

另外，促销不仅是为了驱使消费者进行购买而给予消费者相应的刺激，同时还包括激发批发零售等流通企业及其业务人员对销售本企业产品的热情等方面的内容。因此，促销的对象包括三方面：消费者、批发和零售企业、业务员和营业员。企业在进行促销活动时，最重要的课题就是构筑围绕促销对象的有效的促销组合。

1. 什么是促销组合

促销的手段有多种多样，但大致可以分为广告、人员销售、宣传报道和销售促进4类。4种促销手段各具独特的效果，同时又有相互补充的作用。实施促销战略，问题不是应不应该进行广告或销售促进的活动，而在于如何根据产品的特性和目标消费者的特性，将促销预算在各种促销手段之间合理分配。促销组合就是指企业在营销活动过程中，对广告、人员推销、宣传报道和营业推广等促销手段的综合运用。

2. 各种促销手段的内容及其优缺点

(1) 广告

是使用收费的媒体，向消费者展现企业的名称、理念、产品、服务等内容的显示活动。这种显示活动不是由人来进行，而是纯粹的具有规模性的媒介宣传。广告可以分为产品广告(宣传企业的产品和服务)和企业广告(宣传企业的理念、方针、活动内容等)两种。

广告的优点主要有以下4点：

① 能将信息向众多的消费者同时传递。

② 因多次反复进行，因此具有很强的渗透力。

③ 能有效利用影像、色彩和声音，具有生动的表现力。

④ 可选择的媒体种类多(电视、广播、报纸、杂志、互联网等)。

广告的缺点主要有3点：

① 非目标消费者也成为了宣传对象，存在资源和费用上的浪费问题。

② 广告表现的印象过于强烈，造成企业想要传递的信息得不到有效传递。

③ 容易被消费者主动回避。

(2) 人员推销

是通过销售人员与消费者面对面接触的促销活动。由于是通过与消费者进行对话来进行，因此是一种只针对对方的双向的交流活动，也是一种古老而有效的促销活动。人员推销活动的内容包括介绍产品、排疑解难、接受订货、销售产品、货款回收、顾客管理、售后服务、意见和索赔的处理、信息收集、顾客信用调查等。

人员推销的优点如下：

① 可以就近观察和了解顾客的性格与需求，从而立即采取定规措施。

② 能让顾客直接倾听销售人员的话语，起到直接的说服作用。

③ 对于需要充分说明的复杂的产品可以提供详细的信息并能起到说服作用。

④ 能直接选定销售目标对象。

人员推销的缺点主要有三：

① 平均与顾客接触1次所需的销售人员的人工成本过高。

②对销售人员进行训练及提高其工作热情具有难度并需要一定的成本投入。

③交易的成败、品牌形象和企业形象容易受到销售人员个人素质的影响。

（3）报道宣传（publicity）。

诸如百货店的新店开业、企业的兼并、新产品的介绍等，这类信息的新闻性是很高的。让这类对于企业有利的信息在报纸、杂志、电视、广播等各种媒体上刊载（或播放）的活动就是报道宣传。常言道，"自己说好不算好，别人说好才叫好"。广告和销售人员夸赞宣传自己的产品，消费者一般会认为这是很自然的事情，对产品不一定会充分相信。但如果是报纸、杂志或电视进行介绍的话，消费者对信息的客观性往往会深信不疑，容易接受产品。和广告不同，报道宣传属于新闻纪实的范畴，是不需要付费的。

报道宣传的优点有四：

① 基本上是一种没有成本的"免费广告"。

②容易得到消费者的信赖。

③能把信息传递给对人员推销及广告持排斥心理的潜在顾客。

④容易引起消费者的关注。

报道宣传的缺点也有以下4个方面：

①对于报道宣传的内容企业难以完全控制。

②不一定能实现经常性利用。

③难以重复进行，不能作为长期的促销手段。

④有时会出现负面的内容，对企业形象可能造成损害。

（4）销售促进

销售促进又称营业推广，是指促销活动中除广告、人员销售和宣传报道之外的一切活动，是广告及人员销售的辅助性活动。包括针对消费者的销售促进（如提供试用品、赠品、优惠券等）和针对流通企业和营业员的销售促进（如销售竞赛、回扣、提供销售用具、对营业人员的生活援助等）。

销售促进具有以下优点：

①对经济性比较重视的顾客能起到诱导消费的作用。

②能起到很好的刺激需求的短期性效果。

③可采取的手段种类丰富。

④容易与其他促销手段配合使用。

销售促进的短处有以下5点：

①对新顾客的消费诱导效果较差。

②虽然能有效吸引对经济性比较重视的顾客，但这类顾客往往品牌忠诚度较低，难以使之成为企业的长期顾客。

③不具备长期的连续性。

④如果方法使用不当(如频繁使用),会使消费者对品质和价格产生怀疑,对品牌形象和企业形象造成损害。

⑤容易被竞争对手企业模仿。

任务4　渠道战略

所谓渠道战略,就是构筑对最终消费者销售产品更加有利的流通渠道的活动。良好的渠道战略,可以给企业创造出在市场上的竞争优势。因此,渠道战略的主要课题,就是如何构筑具有优势的流通渠道。

流通渠道大致可以分为开放性的渠道、选择性的渠道和封闭性的渠道这三种类型。企业必须根据本企业产品和服务的特性、目标顾客的特性及竞争对手的情况来选择和构筑对自己最有利的渠道。以下我们来看各种渠道的形态和内容。

1. 开放性渠道

开放性渠道对产品经营者的数量和范围不加限制,是广泛利用可能利用的所有渠道来进行销售的一种形态。适用于价格相对较低的具有一定生产标准的非耐用品(一般的日用消费品都属此类)。对于这类产品,消费者往往希望能尽可能地省力并能就近购买。比如消费者认为某种品牌的产品比较好,但附近的零售店内没有这种产品,它便改买其他牌子的产品来替代。因此,对于低价格的非耐用品,企业应将产品放置在尽可能多的零售店内销售。

要想确保零售店的数量,就必须要对批发企业加以利用,流通渠道的层次增加虽然无可避免,但可以使产品的市场覆盖率大大提高。当然,企业对于终端零售店的影响力较弱会是一个普遍的问题。另外,由于零售店不会对本企业的产品开展充分的促销活动和售后服务,因此要求企业一方面要提供不需要零售店服务的产品,另一方面提供要直接对消费者进行广告宣传的活动。

2. 选择性渠道

选择性渠道,是指制造商在销售产品时,按照设定好的标准和交易条件选择愿意合作的流通企业并对其优先销售的一种渠道形态。制造商在流通企业的销售能力、货款支付能力、服务能力、付款条件、竞争产品的经销、价格维持等方面都要设定一些制约条件,同时对于合作方在产品供应、融资和促销等方面也会给予一些优惠措施。一般说来,满足一定条件并有经销意愿的流通企业都可以成为制造商的客户,但不同的业界、不同的企业,设定的业务开展标准会有较大的差别。对于制造商来说,它所选择的具有较强实力的、重点的客户企业一般被称作"重点渠道"。选择性的渠道,一般适用于箱包、服饰等需要产品说明和售后服务的产品及品牌倾向性较强的产品。有时,企业会把选择的零售店作为连锁店,并悬挂醒目的标识性看板。

选择性渠道具有销售力量相对集中,在产品供应、价格和促销方面的意见容易沟通,能够与流通企业保持良好的业务关系等优点。缺点是因销售渠道有限,限制了产品的市场范围。同时，由于流通企业能够经营其他竞争性产品，制造商对其无法发挥充分的影响力。

3. 封闭性渠道

所谓封闭性渠道，是指制造商选定只经营本企业产品的流通业者为经销商，对每个经销商授予一定区域的销售权的一种渠道形态。这种情况下，制造商要求经销商完全放弃对竞争性产品的经营。封闭性渠道适用于汽车、电脑等购买频率低、长期使用的产品，对顾客需要进行售后服务和信息提供的产品，以及产品差异性较大、附加值较高的产品。

这种渠道主要是通过专门代理店制度、专卖店制度和销售公司制度的形式来展开。另外，根据经销商的数量和销售区域的情况，封闭性渠道可以分为单数制（把某一特定区域的销售权只给一家公司）、多数制（把某一特定区域的销售权分给多家公司）和自由制（制造商对销售区域不加限定）三种形式。在这三种形式中，单数制的渠道体系化程度最强，可谓是最"封闭"的渠道了。

复习思考题：

1. 案例分析。

保健食品营销案例：软营销，脑白金年销售额超10亿元

说到脑白金，可谓家喻户晓。脑白金是珠海巨人集团旗下的一个保健品品牌，史玉柱以区区50万元人民币，在短短的3年时间里就使其年销售额超过10亿元，令业界称奇。骄人业绩背后，软文营销功不可没。

脑白金入市之初，首先被投放市场的是新闻性软文。如"人类可以长生不老吗？""两颗生物原子弹"等。一篇接一篇，持续轰炸，形成了一轮又一轮的脑白金冲击波。在读者眼里，这些文章的权威性、真实性不容置疑。没有直接的商品宣传，脑白金的悬念和神秘色彩被制造出来了，人们禁不住要问："脑白金究竟是什么？"消费者的猜测和彼此之间的交流使"脑白金"的概念在大街小巷迅速流传起来，人们对脑白金形成了一种企盼心理，想要一探究竟。

(1) 以概念推广的形式，宣传产品的多项保健功效。脑白金最初入市，以大脑脑白金体及其分泌的脑白金为主诉求点，宣传衰老与年轻态的概念，引出产品的多项保健功效。其实，脑白金的主要组成成分是 Melatonin（褪黑素），这种食品早在1995年就开始在美国流行。由于其能够改善睡眠，因而受到人们的广泛关注。实际上国内也有一些保健品公司为美国公司做产品销售代理。史玉柱的"高明"之处就在于，他把 Melatonin 和具有化积消食通便功能的口服液组合在一起，推出了自己的产品"脑白金"——既能改善睡眠，又能让人排泄顺畅，达到了 $1+1>2$ 的效果。随着脑白金"年轻态"概念的打造、推广，人们"求美、求新、求年轻"的心理被大大地激发，越来越多的人接受和认可了脑白金。

(2) 以知识普及的形式，将脑白金产品信息自然融入其中。保健品营销通常离不开功效诉求，人们购买保健品是因为它具有某种独特的作用，那么，这种作用是如何产生的？为什么会有这种作用？这些无疑是人们心中最大的困惑，要使人们信以为真，最好的办法就是摆事实、讲道理，以理服人。脑白金软营销的巧妙之处就在于，它以知识普及的形式，迎合了人们

"求美、求新、求年轻"的心理。在软文写作上,则以极具诱惑力的标题吸引大众眼球,从关注人们健康长寿的角度去阐述,使读者产生试用的冲动。当人们被文章严密的逻辑性、权威性以及所蕴含的大量信息所折服时,也一步一步地走进了脑白金的营销"圈套"。

脑白金的软文营销当时主要是纸介媒体。随着互联网的迅猛发展,软文营销也逐渐由纸介媒体向网络媒体渗透。虽然营销介质发生了改变,但脑白金的软文营销策略对企业来说,同样具有借鉴意义。

脑白金接着跟进的是系列科普性(功效)软文。如"一天不大便等于抽三包烟""人体内有只钟""夏天贪睡的张学良""宇航员如何睡觉""人不睡觉只能活五天""女子四十,是花还是豆腐渣?"等,这些文章主要从睡眠不足和肠道不好两方面阐述,并指导人们如何克服这种危害,将脑白金的功效巧妙地融入软文中。每一篇似乎都在谈科普,并没有做广告,读者读来轻松,由不得不信。这种投入短短两个月就获得了意想不到的效果。

◆ 讨论:

(1)调查了解保健食品行业的现状和前景如何?
(2)以某种保健食品为例,在调研的基础上,分析其今后应采取的营销战略。

2. 案例分析。

快速食品营销案例:日清智取美国快餐市场

在我国方便面市场上,尽管品牌繁多,广告不绝于耳,但令消费者真正动心的却寥寥无几,于是许多方便面生产企业感叹到"消费者的口味越来越挑剔了,真是众口难调呀"。

可是,日本一家食品产销企业集团——日清食品公司,却不信这个邪,它坚持"只要口味好,众口也能调"的独特经营宗旨,从人们的口感差异性出发,不惜人力、物力、财力在食品的口味上下功夫,终于改变了美国人"不吃汤面"的饮食习惯,使日清公司的方便面成为美国人的首选快餐食品。

日本日清食品公司在准备将营销触角伸向美国食品市场的计划制订之前,为了能够确定海外扩张的最佳切入点,曾不惜高薪聘请美国食品行业的市场调查权威机构,对方便面的市场前景和发展趋势进行全面细致的调查和预测。可是美国食品行业的市场调查机构所得出的结论,却令日清食品公司大失所望——"由于美国人没有吃热汤面的饮食习惯,而是喜好干吃面条,单喝热汤,绝不会把面条和热汤混在一起食用,由此可以断定,汤面合一的方便面很难进入美国食品市场,更不会成为美国人一日三餐必不可少的快餐食品。"日清公司并没有盲目相信这一结论,而是抱着"求人不如求己"的自强自立信念,派出自己的专家组前往美国进行实地调查。经过千辛万苦的商场问卷和家庭访问,专家考察组最后得出了与美国食品行业的市场调查机构截然相反的调查结论,即美国人的饮食习惯虽呈现出"汤面分食,决不混用"的特点,但是随着世界各地不同种族移民的大量增加,这种饮食习惯正在悄悄地发生着变化。再者,美国人在饮食中越来越注重口感和营养,只要在口味和营养上投其所好,方便面就有可能迅速占领美国食品市场,成为美国人的饮食"新宠"。

日清食品公司基于自己的调查结论,从美国食品市场动态和消费者饮食需求出发,确定了"系列组合拳"的营销策略,全力以赴地向美国食品市场大举挺进。

"第一拳"——他们针对美国人热衷于减肥运动的生理需求和心理需求,巧妙地把自己生产的方便面定位于"最佳减肥食品",在声势浩大的公关广告宣传中,渲染方便面"高蛋白、低热量、去脂肪、剔肥胖、价格廉、易食用"等种种食疗功效;针对美国人好面子、重仪表的特点,精心制作出"每天一包方便面,轻轻松松把肥减""瘦身最佳绿色天然食品,非方便面莫属"等具有煽情色彩的广告语,以挑起美国人的购买欲望,获得了"四两拨千斤"的营销奇效。

"第二拳"——他们为了满足美国人以叉子用餐的习惯,果断地将适合筷子夹食的长面条加工成短面条,为美国人提供饮食之便;并从美国人爱吃硬面条的饮食习惯出发,一改方便面适合东方人口味的柔软特性,精心加工出稍硬又劲道的美式方便面,以便吃起来更有嚼头。

"第三拳"——由于美国人"爱用杯不爱用碗",日清公司别出心裁地把方便面命名为"杯面",并给它起了一个地地道道的美国式副名——"装在杯子里的热牛奶",期望"方便面"能像"牛奶"一样,成为美国人难以割舍的快餐食品;他们根据美国人"爱喝口味很重的浓汤"的独特口感,不仅在面条制作上精益求精,而且在汤味佐料上力调众口,使方便面成为"既能吃又能喝"的二合一方便食品。

"第四拳"——他们从美国人食用方便面时总是"把汤喝光而将面条剩下"的偏好中,灵敏地捕捉到方便面制作工艺求变求新的着力点,一改方便面"面多汤少"的传统制作工艺,研制生产了"汤多面少"的美式方便面,从而使"杯面"迅速成为美国消费者人见人爱的"快餐汤"。

以此"系列组合拳"的营销策略,日清食品公司果敢地挑战美国人的饮食习惯和就餐需求。他们以"投其所好"为一切业务工作的出发点,不仅出奇制胜地突破了"众口难调"的产销瓶颈,而且轻而易举地打入了美国快餐食品市场,开拓出了一片新天地。

◆ 讨论:

在别人认为难以开拓的市场上,日清食品公司取得成功,其中的奥秘是什么呢?

模块四 财务管理

◆ **基础理论和知识**

了解食品企业成本和财务管理的内容和意义，食品企业生产成本管理目标，食品企业生产成本管理体系建立，食品企业运营成本控制，食品企业产品成本分析。掌握食品企业项目成本核算，食品企业生产成本控制方法，食品企业产品质量成本控制方法，食品企业经济效益分析。

◆ **学习重点**

通过食品企业管理案例分析和实训，培养学生具有从事食品企业项目成本核算，生产成本控制、产品质量成本控制、食品企业经济效益分析基本技能。

◆ **学习难点**

通过课程内容学习，培养学生具有获取信息，从事食品企业成本和财务管理、食品企业经济效益分析的解决问题的能力。

◆ **导入案例：**

三鹿集团(以下简称"三鹿")总部位于河北省石家庄市和平西路539号，成立于1956年2月16号，前身是"幸福乳业生产合作社"，当时"45名社员，32头奶牛，170只奶羊"是它的全部家底。1973年成功研制了完整的喷粉生产线，更名为"石家庄牛奶厂"。石家庄牛奶厂抢抓发展机遇，1980年试制生产的强化麦乳精成功畅销全国20多个城市，"三鹿"成为全国关注的品牌，更名为"石家庄市乳业公司"。1986年，以石家庄乳业公司为龙头的横向经济联合组织"石家庄冀中乳业联合总公司"成立，并创造性地推广"奶牛下乡、牛奶进城"的城乡联合模式，使三鹿的发展实现了第一次飞跃。1993年，三鹿奶粉的产销量已跃居全国第一位，之后企业先后对多家经营困难、缺乏规模的企业进行联合，扩大生产规模，1995年组建了企业集团，1996年，石家庄三鹿集团股份有限公司正式成立，按照《公司法》规定完善了法人治理结构。并跻身全国乳品行业之首。2003年安徽阜阳"大头娃娃"奶粉事件后，三鹿仅仅抓住中国农村奶粉市场暂时出现的"真空"，运用低成本的扩张战略，快速抢占农村市场。仅

2004年三鹿集团就全国范围内建立了12.3万个乡镇销售点。2005年，拥有全世界最好最大的乳品研究所和全世界奶制品同行中30％的市场贸易的新西兰恒天然入股三鹿，注资8.64亿元人民币，认购43％的股份。到2008年初，三鹿集团已是全国三大乳业集团之一，是我国乳品企业中干乳制品、谷物食品、液体乳、酸牛乳、乳饮料五大类产品齐全、子品种多、子系列多，并能大规模生产的龙头企业。

三鹿集团在发展过程中三步走战略起到重大的作用。

第一步：资产运营，有效地盘活现有资产。

1987年，三鹿面临的第一件事就是要偿还新上项目450万元的高息贷款。当时三鹿还谈不上知名品牌，也没有规模，再加上没有国有企业的背景，贷款难成了不争的事实，三鹿作为集体企业，也基本不可能进行财政融资。

在这种情况下，三鹿想出了另一条盘活资产的路径：通过"奶牛身价租赁"这一"资产"运营方式实施"奶牛下乡，牛奶进城"，有效解决了奶源匮乏的难题，建立起三鹿稳固的奶源基地。三鹿管理层与周边地区的农民签订合同，将奶牛租赁或出售给农民，3年或5年还清牛款，并且让利30％，在农民饲养过程中，辅之以原料和技术支持。其结果，企业饲养奶牛的1亿元成本转化为零，而农民获得了新的收入来源，企业的奶源供应又有了新的保证。养牛厂不用建了；员工不用增加了；流动资金随着农民牛款的归还也源源不断地有了；鲜奶原料的供应也彻底解决了。

第二步：实现融资新途径——品牌运营。

20世纪90年代初，针对企业主导产品市场缺口较少的状况，制订了"实施品牌运营"的方案，解决三鹿奶粉"有名无量"的问题，1993年，三鹿奶粉的产销量已跃居全国第一位。但是供不应求的市场形势向企业的生产能力提出了更高的要求，三鹿核心管理层大胆创新，以品牌为旗帜，积极实施资本运营和集团化战略的运作，先后对多家经营困难、缺乏规模的企业进行联合，扩大生产规模，树立三鹿品牌形象，自1995年起连续4年获消费者"心目中的理想品牌""实际购买品牌""购买首选品牌"奶粉类三项第一。

第三步：利用资本市场融资新渠道。

1997年三鹿正式开始A股上市前运作，因为三鹿当时是集体企业申请上市，这一政策使三鹿的上市时间推迟到1999年。不料，到了2000年，银监会出台一个新文件，凡申请上市企业，其上市辅导期必须1年，后来又恰逢中国股市从牛市变成熊市的惨烈现实，三鹿不得不延缓了上市计划。

2001年新西兰恒天然集团找到三鹿，希望能够入股三鹿，共同成立合资公司。此时的三鹿，企业已经发展到相当规模。他们也希望能够与恒天然实现强强联合，加速自己在市场的扩张速度。然而，与新西兰恒天然集团的合资谈判，一走就是4年。在这四年中，三鹿高效率地完成了对国内10家企业的控股并购和8家企业的合作。最终，三鹿以57％的控股比例和10倍市盈率交易定价拿下了这场谈判。

这是一场前所未有的风暴。2008年9月9日，媒体首次报道"甘肃14名婴儿因食用三鹿奶粉同患肾结石"。短短两周内，"毒奶粉"事件迅速蔓延全国，波及世界。随着真相不断被揭露，事态之严重、进展之迅速、问题之复杂，超出常人的想象。截至9月21日上午8时，全国因食用含三聚氰胺的奶粉导致住院的婴幼儿1万余人，官方确认四例患儿死亡。卫生部称，经流行病学调查，这些婴幼儿基本上与食用三鹿牌奶粉有关。

国务院调查组公布的信息显示，三鹿集团2007年12月即接到患儿家属投诉。但从9月11日至调查组日前公布结果，三鹿集团相关负责人均称从2008年3月起才接到患者投诉。三鹿集团内部人士最终向媒体承认，集团质量部门真正行动起来调查奶粉质量的时间，是在2008年3月。这或许可以说明，在长达三个月的时间里，接到消费者投诉后并没有引起三鹿集团内部的重视。

事后，三鹿集团内部人士承认，他们查出三聚氰胺的时间与国务院调查组公布结果一致，均为2008年6月。而直到8月2日，他们才向石家庄市政府报告。由此至少可以肯定，三鹿集团在近两个月的时间内明知自己生产的奶粉中含三聚氰胺，且三聚氰胺可能致人伤害，还在继续生产和对外销售。这触犯了中国《刑法》第144条，"销售明知掺有有毒、有害的非食品原料的食品"的规定。9月17日，警方正是据此条款将田文华刑事拘留。

◆讨论 **案例困境原因分析**

2008年爆发的三鹿"毒奶门"事件引起了广泛的社会关注，拥有50多年历史的曾经中国民族企业的乳品巨头在短暂的几个月之内陷入困境，轰然倒塌。其原因一直是专家学者们探讨的话题。结合财务困境的理论研究，结合市场外部因素和企业内部因素，探究三鹿陷入困境的始末，对三鹿集团失败的原因进行分析。

其困境原因并非一日之寒，而是受各方面因素的综合影响。国家食品安全相关方面制度的缺失使得我国乳品监管体系一直存在弊端，这给了三鹿集团和相应监管部门之间相互推卸责任的机会。处于市场奶源之争日益激烈的环境中，面临国家出台的成品奶价格管制政策，三鹿集团采用了低成本运营模式，这使得产品质量得到忽视，威胁消费者的生命安全。三鹿集团一贯采用的急速扩张发展模式使得管理滞后。集团内部控制不能很好发挥作用，面对紧急情况不能采用适当的应急机制。这些都是导致三鹿轰然坍塌的根本原因。

（一）国家食品安全相关方面制度的缺失

与欧美国家相比，它们的制度体系更加完善，而且西方基督教为善的信仰也会减少一些不法行为的发生。而中国的信仰约束力相对较弱，这就更需要制度的完善和强有力的监管来制约不法行为。一方面，应该加强对不法分子的惩罚力度，同时也应该追查企业相关负责人的刑事责任，这样才能使相关负责人从切身利害出发，真正重视产品的质量。另一方面，我国的监管体系一直存在着多头管理、交叉管理的弊端。责任划分不明确带来的交叉、重复的检查不仅给企业带去了沉重负担，也给了相关部门相互推卸责任的机会。

（二）国家出台价格管制政策

2010年1月15日，国家发改委公布了《关于对部分重要商品及服务实行临时价格干预措施的实施办法》，规定对成品粮及粮食制品、食用植物油、猪肉和牛羊肉及其制品、牛奶、鸡蛋、液化石油气等重要商品实行提价申报和调价备案制度，企业若不执行价格干预措施，最高罚款100万元。

成品奶的价格被国家限制，生产企业的办法就是向奶农们压价。在三鹿事件中，企业和农户并没有站在同一个利益方向上，在价格管制的前提下，部分企业没有把精力放在开发高附加值产品和提高生产效率上，而是向奶农压低价格。这样一味地压低价格，压低成本，使得奶源的质量越来越得不到保障，以至于需要加那么多的三聚氰胺，来保证一般乳品的蛋白质含量。显然，这次被揭露出来的其他乳制品企业也同样含有三聚氰胺就说明了国家的价格管制虽然不是造成三鹿事件的主要原因，但也在一定程度上推动了其发生。

（三）激烈的外部竞争

河北省是产值仅次于内蒙古的奶业大省，蒙牛、伊利、旺旺等乳业巨头也纷纷涌进河北省市场，奶源市场就越来越紧张了，2003下半年以后三鹿面临着日益严峻的奶源形势。河北省行唐县算得上是奶牛大县，据石家庄统计部门的数据显示，2005年该市的奶牛数量是46万头，河北省通过质监部门QS认证（市场准入）的乳类企业有161家，所有这些企业日处理鲜奶能力是1万吨，而河北省2005年牛奶总产量340万吨，实际日供能力不足8000吨，在这种情况下，牛奶加工能力30%的增幅要高于牛奶供给21%的增幅，乳品企业奶源之争无可避免。

在这种严峻的奶源恶性竞争下，奶源之争的有效秩序的建立就显得尤为重要。然而石家庄奶业协会一直对牛奶收购秩序维护方面无能为力，因为旺旺、伊利、蒙牛等企业不是该协会的会员。由于奶源竞争激烈，恶性抢奶事件频发，导致奶价一直高企不下。面临这种局面，三鹿明知到原奶里加入过量的三聚氰胺，还是会照常收购，以保障固定的奶源供应。

（四）危机管理能力不足

三鹿集团的危机预警系统启动缓慢，事实上，从2008年3月起，就陆陆续续有消费者投诉三鹿集团的奶粉存在问题，这些投诉其实是危机前的征兆。而直到全国各地多名婴儿查出肾结石后才启动危机公关程序。这说明企业缺乏危机的敏感性，对危机存在侥幸心理，没有防微杜渐的危机意识。与此同时，三鹿还采用了蹩脚的推卸责任言论。三鹿在事发之后，声称自己也是受害者，因为产品召回损失了6亿元，此次事件的赔偿应由不法奶农赔偿。一切责任在奶家身上。然而。这种转移视线的公关手段并不高明。对于分散的奶农来说，要进行700吨奶粉原料造假无疑是很有难度的，何况在卖奶给三鹿集团时，奶农并不清楚那些奶液将用于哪种配方的奶粉，而恰恰是三鹿集团18元的低端婴幼儿奶粉出了问题，其他高价位产品暂时没有检出含三聚氰胺。三鹿这样简单地推卸责任的言论很明显是站不住脚的。将事故责任和赔偿责任推到处于弱势地位的奶农身上，这一举动对危机的解决无益，更加大失民心。

面临日益波动的市场环境，企业的任何一项经济活动都将可能影响到企业的财务状况。为了降低风险和防范财务困境，不仅要求国家相关法律法规不断完善，而且要求企业根据自己的风险情况，采用正确的管理机制，制定合适的战略规划，实施有效的内部控制，以增强企业应变能力。

项目一　财务管理概述

财务是企业资金形成分配和使用的总称。它反映企业与国家、企业与企业、企业内部各方以货币表现的经济关系。企业财务是国家财政收入的基础,关系着企业和国家的经济效益。财务虽然不能代替生产经营,但能提升企业价值。

任务一　财务管理发展阶段

(一)记账

这个阶段的企业处于初创期,人员规模多不超过 30 人,业务比较简单,从产品、业务单元、地域方面来说,管理点少而单一;营运及资金规模也较小。因而对财务功能的要求较低,限于出纳、记录、简单核算、报税,财务完全是后台孤立的服务职能。这个阶段容易产生的问题是由会计人员水平有限,往往缺乏严格的审核环节,核算归属、记账准确性和规范性差,有潜在资金安全隐患。另外,业务上的灵活性,导致财务上存在许多账外项目,账目不能真实反映整体经营情况。比较好的解决办法是聘请实务经验丰富的会计人员和机构定期审账调账,规范科目设置、核算归属、对账、单据凭证账簿。并且建立简单的财务控制措施,如费用标准、借款限额等。

(二)控制

企业进一步成长,进入较大范围的市场、产品线和组织的扩张。这个阶段,由于资金、货物的运作量不断增大,企业面临的风险增大,产生资财损失的可能性和危害程度都扩大。组织单元、人员、地域管理点快速增多,也加大了资金调配、费用失控的风险。同时,快速扩张对资金周转提出较高的要求,如果对整体财务、资金状况缺乏准确及时的了解,就会丧失市场机会或造成现金流危机。这个阶段的企业,就像快速奔驰的列车,如果没有一套良好的制动装置,遇到弯道、突发情况就容易出轨。所以,企业到达这个阶段,就迫切需要一个有效的控制系统,使持续奔驰的列车建立在一个可控的平台之上。

配合这个阶段的管理要求,财务管理强调资金、货物、资产等财务安全,要求准确地记账和核算。财务广泛参与到业务流程的事中控制之中,紧贴业务,建立起一套财务控制制度,从资金、存货、信息、财务四个方面保障企业内部安全。这个阶段容易出现的问题是:对可能有的风险缺乏系统分析和了解;采用控制手段,但对控制效果没有把握,并缺乏科学的评估办法;控制点和控制手段不恰当,没有起到控制效果;侧重对会计系统的控制,忽视业务系统的问题;缺少既懂管理又懂财务,并且具有良好的大局观念和系统思维的专业人士。在实际中,企业或通过聘请这样的财务总监,或通过聘请专业咨询机构来系统搭建这个控制平台。

（三）分析

企业进一步成长，或在已有的市场中领处于领先地位，或进入多元化发展，在较大范围的市场进行竞争。企业面临的市场竞争，竞争及内部管理环境比较复杂，信息比较庞杂，需要进行选择和分析以支持各种决策。如果缺乏这种信息的支持，决策将无法进行或决策错误的风险很大，如：基于财务分析的战略选择、业务组合、业绩管理，投融资决策，运营效率的改善，全面预算的实施等。这些都将阻碍企业市场份额的扩大和利润的增长。因此，这个阶段对财务的要求为业绩管理、全面预算、决策支持服务，帮助企业盈利，参与到事情规划和控制中。

常规的指标分析是财务分析的重要组成部分，但它主要为投资者所用。对企业经营管理者而言，财务分析的内容远不止于此。企业在这个阶段，需要建立适合自己的财务分析体系和模型。财务分析的结果，可广泛使用于业绩规划、盈利分析、效率改善和薪酬制定中。

（四）资本运作

这个阶段，企业运用资本手段进行较大规模的快速扩张，进入多元化扩张和发展，企业通过上市筹集资金，或进行其他战略性、财务性融资。同时，采用并购等手段进行扩张。这一阶段的财务主要是通过税务优化、营运资本的管理，直接为企业产生效益，以避免不必要的多纳税和资金闲置，造成损失。

任务二　财务管理含义

（一）财务管理含义

在市场经济条件下，企业的生存与发展主要体现为企业的再生产过程，而企业的再生产过程主要是以价值的转移和增加体现出来的。财务管理就是基于企业再生产过程中客观存在的财务活动而产生的，是企业组织财务活动、处理各方面财务关系的一项经济管理工作。简单地说，财务管理就是对企业的价值运动进行规划和控制的一项管理活动，是企业管理的重要组成部分，其重点是对企业价值运动进行管理。

企业财务是指企业在生产经营过程中客观存在的资金运动及其所体现的经济利益关系，即财务活动和财务关系的总和。企业的财务活动就是企业再生产过程中的资金运动，它构成企业生产经营管理活动的一个重要方面。企业的财务活动主要包括筹资活动、投资活动、资金营运活动和分配活动。企业的财务关系主要包括企业与投资者、受资者之间的财务关系，企业与债权人、债务人之间的关系，企业与供应商、客户之间的财务关系，企业与政府部门之间的财务关系，企业与职工之间的财务关系。

综上所述，财务管理是指企业在再生产过程中组织财务活动、处理财务关系而产生的一项综合性管理工作，是现代企业管理的重要组成部分。财务管理是以资本收益最大化为目标，对企业资本进行优化配置和高效利用的一种资本运动。企业的财务管理是利用价值形式即货币形式对企业财产进行管理，财务管理就是对企业生产经营活动所属各种资金的筹集、使用、耗费、收入和分配，进行预测、计划、控制、投标、分析和考核，正确处理各种财务关系的一项经济管理工作。

（二）财务管理的原则

1. 财务管理原则的含义

财务管理原则（financial principles），也称为理财原则，是进行企业财务管理所应遵循的指导性的理念或标准，是人们对财务活动的共同的、理性的认识，它是联系理论与实务的纽带，是为实践所证明了的并且为多数理财人员所接受的理财行为准则，它是财务理论和财务决策的基础。

2. 财务管理原则

（1）资金合理配置原则

所谓资金合理配置，就是要通过对资金活动的管理和调节，使企业各项物质资源具有最优化的结构比例关系。只有把企业资金按合理的比例配备在生产经营的各个阶段和各个方面，才能保证资金运动的顺利进行，通过资金的合理运用来实现资源的优化配置。

（2）成本效益原则

所谓成本效益原则，就是要对经济活动中的成本和效益进行充分权衡，对经济行为的得失进行衡量，在讲求经济效益的基础上节约资金的占用和降低费用，与此同时不断增加产出，达到不断提高经济效益和社会效益的目的。

（3）风险收益平衡原则

风险是指企业经营活动的不确定性所导致的财务成果的不确定性。从财务管理主体所面临的主客观条件来看，风险是客观存在的，但是可以通过技术分析、规范操作，从而达到规避风险、降低风险对财务决策的负面影响的目的。

（4）利益关系协调原则

利益关系协调原则，就是要利用经济手段协调财务活动涉及的各方面的经济利益，维护其各自的合法权益。

任务三　财务管理的目标和任务

（一）财务管理目标

1. 财务管理目标的含义

财务管理目标又称理财目标，是指企业进行财务活动所要达到的根本目的，它决定着企业财务管理的基本方向。财务管理目标是一切财务活动的出发点和归宿，是评价企业理财活动是否合理的基本标准。不同的财务管理目标会产生不同的财务管理运行机制。科学、合理地制定财务管理目标对优化企业理财行为，实现财务活动的良性循环具有重要意义。

2. 财务管理的目标

（1）利润最大化目标

利润最大化目标认为：利润代表了企业新创造的财富，利润越多则说明企业的财富增加得越多，越接近企业的目标。但利润最大化目标存在以下缺点。

① 没有明确利润最大化中利润的概念，这就给企业管理者提供了进行利润操纵的空间。

②不符合货币时间价值的理财原则，它没有考虑利润的取得时间，不符合现代企业"时间就是价值"的理财理念。

③不符合风险——报酬均衡的理财原则。它没有考虑利润和所承担风险的关系，增大了企业的经营风险和财务风险。

④没有考虑利润取得与投入资本额的关系，该利润是绝对指标，不能真正衡量企业经营业绩的优劣，也不利于本企业在同行业中竞争优势的确立。

（2）股东财富最大化

股东财富最大化是指通过财务上的合理经营，为股东创造最多的财富，实现企业财务管理目标。不可否认，该目标具有积极的意义。然而，该目标仍存在如下不足。

①使用范围存在限制。该目标只适用用于上市公司，不适用于非上市公司，因此，不具有普遍的代表性。

②不符合可控性原则。股票价格的高低受各种因素的影响，如国家政策的调整、国内外经济形势的变化、股民的心理等，这些因素对企业管理者而言是不可能完全加以控制的。

③不符合理财主体假设。理财主体假设认为，企业的财务管理工作应限制在每一个经营上和财务上具有独立性的单位组织内，而股东财富最大化将股东这一理财主体与企业这一理财主体相混同，不符合理财主体假设。

④不符合证券市场的发展。证券市场既是股东筹资和投资的场所，也是债权人进行投资的重要场所，同时还是经理人市场形成的重要条件，股东财富最大化片面强调站在股东立场的资本市场的重要性，不利于证券市场的全面发展。

（3）企业价值最大化

企业价值最大化是指采用最优的财务结构，充分考虑资金的时间价值以及风险与报酬的关系，使企业价值达到最大。该目标的一个显著特点就是全面地考虑到了企业利益相关者和社会责任对企业财务管理目标的影响，但该目标也有许多问题需要我们去探索。

①企业价值计量方面存在问题。首先，把不同理财主题的自由现金流混合折现，不具有可比性。其次，把不同时点的现金流共同折现，不具有说服力。

②不易为管理者理解和掌握。企业价值最大化实际上是几个具体财务管理目标的综合体，包括股东财富最大化、债权人财富最大化和其他各种利益财富最大化，这些具体目标的衡量有不同的评价指标，使财务管理人员无所适从。

③没有考虑股权资本成本。在现代社会，股权资本和债权资本一样，不是免费取得的，如果不能获得最低的投资报酬，股东们就会转移资本投向。

(二)财务管理的任务

1. 基本任务

企业财务管理的基本任务是:正确进行财务决策,积极组织资金的筹集和供应,保证生产经营需要;监督企业生产经营活动提高经济效益;遵守国家政策法令、财政制度和财政纪律、保护国家财产的完整性;合理分配企业收入,兼顾国家、企业和职工三者利益,及时足额地上缴税金。

2. 具体任务

企业的经营目标是生存、发展和盈利。财务管理要为实现企业目标服务,其具体任务可以概括为以下四个方面:

(1)合理安排财务收支,使企业保持较强的支付能力和偿债能力;

(2)以较低的资金成本和较小的筹资风险,为企业发展筹集到所需要的资金;

(3)合理运用资金,选择最佳的资金投向,加速资金周转,不断提高资金的利用效果,以尽可能少的资金投入,取得尽可能大的经营成果;

(4)合理确定利润分配比例和分配形式,提高企业的营利能力,提高企业的整体价值。

任务四 财务管理的内容和方法

(一)财务管理的内容

企业财务管理的内容一般包括:编制财务计划、日常财务监督、财务分析和财务决策。如企业的固定资金管理、流动资金管理、专用基金管理、成本管理、利润管理、企业和财务、收支平衡计划。

1. 筹资管理

在筹资过程中,一方面,企业需要根据战略发展和投资计划来确定各个时期企业总体的筹资规模,以保证投资所需资金;另一方面,要通过筹资渠道、筹资方式或工具的选择,合理确定筹资结构,以达到降低筹资成本和风险,提高企业价值的目的。

2. 投资管理

企业在投资过程中通过对投资活动的管理,合理确定投资规模(即为确保最佳投资效益,企业投入的资金数额),同时通过投资方向和投资方式的选择来确定合适的投资结构,以达到降低投资风险,提高投资效益的目的。

3. 成本管理

企业产品的生产过程同时也是生产的耗费过程,企业生产经营过程中所耗费的资金总和就是成本费用。成本管理的主要内容就是正确计算产品成本,对费用进行科学管理,尽可能地降低耗费,最终达到提高经济效益的目的。

4. 利润管理

企业利润管理的首要环节是根据企业一定时期内的财务状况、经营状况、预期的经济效益以及企业外部相关因素确定目标利润,进行目标利润管理;其次是要对企业实现的经营成果在各方面之间进行合理分配,即利润分配。税后利润分配要按照规定提取盈余公积金和公益金,并确定向投资者分配利润,同时按照我国《公司法》等法律法规的规定进行股利分配管理。

(二)财务管理的方法

财务管理方法,简单地说,是财务人员用来进行资金运动管理的各种技术方法的集合。具体而言,财务管理方法是财务管理人员,针对企业经营目标,借助经济数学和电子计算机的手段,应用运筹论、系统论和信息论的方法,结合财务管理活动的具体情况,对企业资金的筹集、生产资金的投入、产品成本费用的形成等企业经营管理活动进行财务预测、财务决策、财务控制、财务计量、财务分析、财务报告和财务监督的技术,它是财务人员完成既定财务管理任务的主要手段。财务管理方法是财务管理的重要组成部分,财务管理理论的核心是财务管理方法的理论,并贯通整个理论体系。

一般来说,财务管理方法可分为定性方法和定量方法两大类型。所谓定性方法,是指依靠个人主观经验、逻辑思维和直观材料进行分析、判断,开展管理活动的方法。定量方法,是指依据财务信息和其他有关经济信息,运用一定的数量方法或借助于数学模型进行计算,从而求得管理方式、措施的答案的方法。这两种方法在财务管理过程中都不可缺少、不可偏废。但长期以来,我们偏重于采用定性方法,忽视了定量方法。其实,定量方法和定性方法一起构成财务方法体系,在这个体系中,定量方法占据了重要地位。而且随着经济体系改革的深入进行,企业财权逐步扩大,企业环境不断改善,财务管理定量方法必将得到进一步的应用和推广。

1. 定性预测法

定性预测法主要通过对各种情况和定性资料的分析判断来确定未来经济活动的发展,并得出定量的估计值的方法。通常用于缺乏定量分析资料,无法采用定量分析技术的情况。常用的方法有:

(1)个人判断法

个人判断法就是由企业决策者根据各方面的资料和情况分析以及自己的经验,对企业的某项财务活动的发展及结果作出主观的判断。这种方法在缺乏相关数据资料时特别有用。如果企业决策有较丰富的经验和分析判断能力,并且对各方面的情况比较熟悉,就可以获得较好效果。这种方法简单、快速,但由于判断的根据不够充分,有可能发生错误。

(2)集合意见法

集合意见法可以克服个人判断法的缺点。这种方法又可分为下列几种。

①集体讨论法

集体讨论法就是围绕某一预测课题,召集有关人员一起进行讨论,各抒己见,进行分析,从而综合各方意见得出比较一致的估计,作为预测的结果。这种方法集思广益,弥补了个人知识和经验的不足,从而提高了判断的准确程度。

②特尔菲法(专家调查法)

特尔菲法就是通过企业预测机构向有关专家逐次寄送调查表,由有关专家根据自己的业务专长和对预测对象的深入了解,对调查表中提出的问题逐次发表个人意见,经过多次反馈,经整理后推断出预测对象未来一定期间的发展趋势及结果。这种方法避免了预测过程中的相互心理影响,专家回答问题时考虑充分,并且不需要原始资料。预测精度也较高,但预测周期长,一般是用于中长期预测。

③市场调查法

市场调查法是先通过市场调查,收集有关数据,再按照数理统计的办法预测市场的需求量。

2. 定量预测法

定量预测法是运用数学方法,通过预测模型进行计算来得到预测结果的方法。常用的方法有三类。

(1)平均法

平均法是一种最简单的定量预测方法,他一般用于各期预测数据比较平稳、趋势变化不太明显的情况,这种方法可以消除偶然因素变化的影响。常用的方法有:简单平均法、移动平均法、加权移动平均法、指数平滑法等。

(2)时间序列法

时间序列法就是根据历年(月)经济活动(预测对象)资料随时间的变化序列,从中找出变化趋势的规律,并把这种趋势规律表达为数学方程式(数学模型),然后用数学方程式进行预测的一种方法。常见的方法有:直线趋势外推法、二次抛物线外推法等。

(3)因果分析法

因果分析法也叫相关分析法,它是利用事物之间的内在联系(相关)来进行预测的方法。属于这种预测方法的有:引申需求预测法、回归分析法、投入产出法、量本利分析法等。

任务五　企业会计技法

(一) 会计的概念

很多年以来,一直有关于会计的通俗说法——会计就是记账、算账和报账。随着生产力的发展和经济关系的日趋复杂,会计的内容和形式也在不断的变化发展和完善之中,由单纯地记账、算账、报账,发展为参与事前经营预测、决策,对经济活动进行时钟控制,监督,开展事后分析、检查。关于现代会计,可以总结归纳为:会计收益货币作为主要计量单位,以会计凭证作为依据,用一系列的专门方法,对一定主体的经营活动进行连续、系统、全面和综合的核算和监督,并向有关方面提供会计信息的一种经济管理活动。会计是经济管理的重要组成部分。

(二)会计人员任职条件和岗位职责

1. 任职条件

会计人员的任职条件根据不同公司或者企业的不同要求,可相对调整,或者放宽,一般公司或者企业根据其机构设计的需要来安排会计人员的岗位和职责。

企业常设会计岗位:出纳、会计、会计主管,有从业资格证书即可上岗,具有中级以上会计技术职称和五年以上会计工作经验,熟练掌握《事业单位会计制度》《高等学校财务管理制度》和税法知识,有一定的组织协调能力和表达能力,全面掌握财务管理制度遵守会计职业道德,认真执行国家方针政策、财经纪律,坚持原则。

2. 岗位职责

通常情况下,会计岗位可以设置以下几种:会计主管,出纳、稽核、资本、基金的核算、收入、支出、债权债务的核算、工资,成本费用,财务成果的核算、财产物资的收发、增减核算总账财务会计报告编制,会计机构内会计档案管理。

具体职责如下。

(1)出纳的基本职责

负责货币资金的核算:添置各种收付款的票据和结算凭证;编制收款、付款记账凭证;登记现金日记账;银行存款日记;月末还进行银行存款的核对,编制银行存款余额调节表;工资的发放。

(2)会计的基本职责

编制转账凭证和有关的原始凭证;会计的凭证的审核;等级相关的明细账(例二级账、三级账);成本的核算,财产清查。

(3)会计主管的基本职责

初始建账时会计科目的设置;审核各类账证;编制科目汇总表、登记总账;编制财务报表、纳税申报表;进行财务分析。

(三)会计的职能

职能是指会计在经济管理中所具有的功能及人们在经济管理中可以用会计做什么。正确认识会计职能对于正确提出会计工作应担负的任务,确定会计人员的职责和权限,分化会计工作应有的作用的,都有极其重要的意义。《中华人民共和国会计法》会计的基本职能表述为会计核算和会计监督。

1. 会计核算职能

会计核算的内容具体表现为生产经营过程中的各种经济业务,包括:(1)款项和有价证券的收付;(2)财务的收发、增减和使用;(3)债权债务的发生和结算;(4)资本,基金的增减和经费的收支;(5)收入、费用、成本的计算;(6)财务成果的计算和处理;(7)其他需要办理会计手续、进行会计核算的事项。会计核算的要求是真实、准确、完整、及时。

2. 会计监督能力

会计监督职能也称为会计的控制职能，是指对特定会计主体发生的经济活动的合理性、合法性和有效性实行审查。即以一定的标准和要求，利用会计所提供的信息，对各单位的经济活动进行有效的指导、控制和调节，以达到预期的目的。会计的监督内容包括：(1)监督经济业务的真实性；(2)监督财务收支的合法性；(3)监督公共财产的完整性。会计监督是一个过程，它分为事前监督、事中监督和事后监督。

(四)会计核算方法

1. 会计方法

会计方法是用来核算和监督会计对象、完成会计任务的一种手段。随着社会经济的发展和会计工作经验的积累，会计方法不断发展和完善，逐步形成为一种完整、科学的方法体系，包括：会计核算方法、会计分析方法和会计检查方法。其中会计核算方法是会计方法的基本方法。会计分析方法和会计检查方法将在其他会计课程中进行介绍，以下主要说明会计核算方法。

2. 会计核算方法

会计核算方法是指对会计对象进行完整、连续和系统的记录和计算，为经营管理提供必要的信息所应用的业务技术方法。会计核算方法是会计方法的基本方法，包括设置科目和账户、复式记账、填制和审核会计凭证、登记账簿、成本计算、财产清查、编制财务会计报告等几个方面。

(1)设置科目和账户

设置科目和账户是对会计对象的具体内容进行科学的归类并加以核算和监督的专门方法。由于会计对象的内容十分复杂，为了系统地、连续地进行核算和监督，企业除了设立科目进行分类以外，还必须根据规定的会计科目开设会计账户，分别登记各项经济业务，以便取得各种核算资料，并随时加以分析、检查和监督。如现金收付是十分频繁的收支项目，必须设立一个"库存现金"科目，并开设"库存现金"账户分别进行登记，以便随时取得现金收支的情况。通过设置科目和账户，把各项业务内容都分别开来进行记录，会计核算就能有条不紊地顺利进行。

(2)复式记账

复式记账是对每一项经济业务通过两个或两个以上有关账户相互联系起来进行登记的一种专门方法。因为在经济活动中，每项经济业务的发生都会引起至少两个方面资金的增减变动，通过复式记账可以相互核对监督，弄清来龙去脉。如企业以银行存款支付购买材料款，一方面要登记"银行存款"账户的减少数，另一方面要登记"原材料"账户的增加数，两者金额相等，就可以相互进行对照，并全面反映资金的增减情况。

(3)填制和审核会计凭证

在会计核算中以会计凭证作为核算的依据，可以保证会计记录的完整、真实和正确，是保证会计核算质量、明确经济责任的一种专门方法。如企业以银行存款购进材料时，必须根据购货发票填制进货凭证,经审核无误后与银行付款凭证一并登记入账,这样就可以保证付款的合法性,也明确了付款人的责任。

(4)登记账簿

登记账簿是根据会计凭证,在账簿上连续地、系统地、完整地记录经济业务的一种专门方法。按照记账方法和程序登记账簿并定期进行对账、结账,可以提供完整的、系统的会计资料,同时作为全面地、正确地编制会计报表的依据。

(5)成本计算

成本计算是按一定的成本对象,对生产经营过程中发生的耗费进行归集,以确定各个对象的总成本和单位成本的一种专门方法。通过成本计算可以掌握成本的构成情况,了解生产经营活动的成果,促使企业加强核算、节约支出和提高经济效益。

(6)财产清查

财产清查是对各项财务物资进行实物盘点和账目核对,保证账账相符,账实相符的一种专门方法。通过财产清查,可以查明各项财产物资、债权债务和所有者权益情况,可以加强物资管理,监督财产是否完整,并为核算损益提供正确的资料。

(7)编制财务会计报告

编制财务会计报告是定期总括的反映财务状况和经营成果的一种专门方法。编制财务会计报告可以为企业有关部门的信息使用者集中地提供主要会计信息,有利于改善企业经营管理并为有关单位提供投资的决策依据。

以上各种专门方法在会计核算过程中是相互联系紧密结合的,必须一环扣紧一环,才能保证整个核算工作的顺利进行。

(五)会计等式

1.资金平衡关系

资金运动的静态表现反映在某一时点上的资金分布和存在包括资金取得和形成两个方面。这两个方面有着相互依存、互为转化的关系,有一定的资金分布和存在形态,必定有一定的资金取得和形成来源,这是同一资金的两个侧面,表示资金从哪里来,又到哪里去,而且两者始终是相等的,完整地反映了资金的来龙去脉。

例如:某食品企业所有者投入资本

资金500000元,向银行借入100000元,欠A单位货款300000元,用于购买材料200000元,购置固定资产300000元,银行存款80000元,应收货款50000元,则其资金总体为630000元,资金分布和存在形态630000元,资金取得和形成来源也是630000元,两者总额相等,如图4.1所示。

630000 = 630000

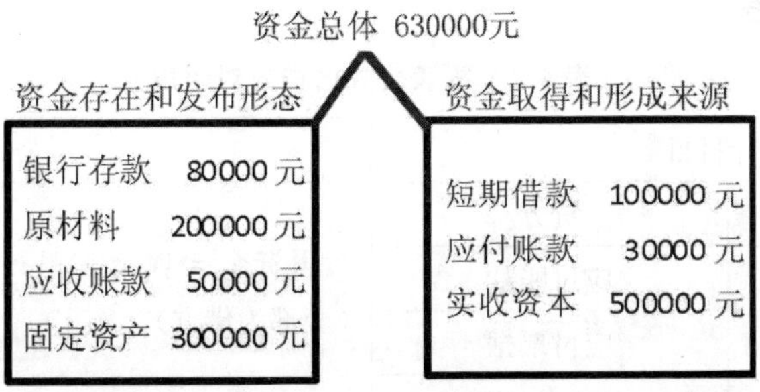

```
           资金总体 630000元
    ┌───────────┴───────────┐
资金存在和发布形态          资金取得和形成来源

┌──────────────────┐    ┌──────────────────┐
│ 银行存款  80000元 │    │ 短期借款 100000元 │
│ 原材料   200000元 │    │ 应付账款  30000元 │
│ 应收账款  50000元 │    │ 实收资本 500000元 │
│ 固定资产 300000元 │    │                  │
└──────────────────┘    └──────────────────┘
```

图 4.1

2. 基本会计等式与会计要素关系

基本会计等式是由会计要素组成的，反映了会计要素之间的平衡关系。

资产、负债和所有者权益三要素在资金运动静态情况下，存在着平衡关系。资产的各个项目反映了资金的分布和存在形态；负债和所有者权益的各个项目反映了资金的取得和形成来源，其平衡公式为：

资产 = 负债 + 所有者权益

资金运动在循环周转过程中，要发生一些收入和费用，收支相抵后获得利润。因此收入、费用、利润三要素在资金动态情况下也存在平衡关系，其公式为：

收入 – 费用 = 利润

上列两个平衡公式相互之间存在着有机的联系。在会计期间的任一时刻，两个公式可以合并为：

资产 = 负债 + 所有者权益 + (收入 – 费用)

企业在结算时，利润经过分配，上述平衡公式又表现为：

资产 = 负债 + 所有者权益

由于"资产 = 负债 + 所有者权益"这个平衡公式反映了资产的归属关系，同时它又是设置会计账户、复式记账和编制会计报表的基本依据，因此会计上称之为基本会计等式。

（六）借贷对照表

表4.1　报表公式借贷方对照表

会计科目		公式
借方	贷方	
应收账款	应付账款	货币资金 = 现金 + 银行存款 + 其他货币资金（全部为借方）
应收票据	应付票据	
其他应收款	其他应付款	产品销售利润 = 产品销售收入 − 产品销售成本 − 产品销售费用 − 产品销售税金及附加
产品销售费用	应付福利费	
财务费用	应付工资	
管理费用	营业外收入	其他业务利润 = 其他业务收入（贷）− 其他业务支出（借）
固定资产原价	产品销售收入	
固定资产清理	坏账准备	
固定资产	累计折旧	营业利润 = 产品销售利润 + 其他业务利润 − 管理费用 − 财务费用
预付账款	预收账款	
在建工程		
产品销售税金及附加		
营业外支出		

(七)损益计算书(表)

表 4.2　利润表

会股 02 表

单位：　　　　　　　　　　　日期：2017-05-31

单位：元

项目	行数	本 月 数	本年累计数
一、营业收入	1		
减：营业成本	2		
税金及附加	3		
销售费用	4		
管理费用	5		
财务费用	6		
资产减值损失	7		
加：公允价值变动损益（损失以"-"号填列）	8		
投资收益（损失以"-"号填列）	9		
其中：对联营企业和合营企业的投资收益	10		
二、营业利润（亏损以"-"号填列）	11		
加：营业外收入	12		
减：营业外支出	13		
其中：非流动资产处置损失	14		
三、利润总额（亏损总额以"-"号填列）	15		
减：所得税费用	16		
四、净利润（净亏损以"-"号填列）	17		

项目二　财务决策

企业的各项经营决策都涉及资金和盈利问题，都需要汇总决策，而且各项经营决策所涉及的因素相互之间常常是不平衡的，只有通过财务决策进行调整平衡，才能形成统一的经营决策体系。财务决策过程就是根据每个经营方案占用资金和实现盈利情况方案的优势，进行选择，并对经营活动所属资源分配起着指导作用，通过对资金使用方向进行正确指导来实现对资金的合理利用。财务决策对各种经营方案也起着评价和选择作用，各种经营是否正确、先进，最重要的是看占用资金和实现盈利多少。

任务一　投资决策

企业投资是维持企业再生产和扩大再生产的必要手段，是调整生产能力结构和发展新产品的有力措施，是推动企业技术的重要途径。

(一) 决策内容

企业投资决策的内容主要包括：合理确定资金投向，正确选择投资项目，投资方案的拟定、评价和选择。

(二) 决策原则

企业在投资决策时，应遵循以下原则。

(1) 正确处理宏观决策和微观决策的关系。企业微观投资决策应纳入国家制定的宏观规划，保证国家提出的投资经济效益的要求，同时，企业要从自己的实际出发，开辟新的投资途径，寻找经济效益高的投资方向和项目。

(2) 贯彻以"内涵为主，外延为辅"的原则进行扩大再生产。

(3) 正确处理生产性投资和非生产性投资的关系，前者应放在首位，后者不可忽视，恰当地分配出这两方面的投资。

(4) 正确处理近期收益和远期收益的关系。在重视远期收益投资项目的基础上，恰当安排好近期收益项目。

(5) 尽量选择既对提高企业效益有利，也能提高全局经济效益的项目。当某些投资对全局有利而对企业不利时，企业应服从全局，采取措施尽量减少企业损失，力争变不利为有利。

(6) 贯彻凌厉而行的原则，把需要和可能结合起来，合理作出投资决策。

为了正确地进行投资决策，不仅要求做定性分析，而且要求做定量分析，尽量用数据说明投资项目及其投资方案面貌，从而为决策者进行选择提供客观的依据。

对投资活动的定量因素进行计算有树形决策法等。树形决策法是一种利用树枝图形，简单明确地说明投资项目不同方案的面貌和反映决策过程的方法，它适用于长期或分阶段的决策问题。

任务二 筹资决策

(一)资金来源

企业资金的来源有:国家预算拨款、银行贷款、企业自筹资金、引进国外资金。

国家预算拨款是国家通过财政预算拨给企业的固定资金、流动资金和专项拨款。银行贷款是银行根据国家政策以一定的利率将资金贷放给资金需要者,并约定期限归还的一种经济行为。短期专项贷款可向工商银行借款;重大、长期的固定资产投资可向建设银行借款;引进国外技术所需外汇可向中国银行借款。企业自筹资金,如补偿贸易、来料加工、买方货款等方式吸收其他企业、地方和经济组织,以及本企业职工的资金。企业自有资金,如企业发展基金、新产品试制基金、后备基金等。引进国外资金。企业在国家允许的条件下,通过来料加工、来件组装等方式吸收外资。

企业需要对以上取得做出合理的选择。一般企业自有资金不能满足需要,而国家预算拨款有限。因此,企业资金筹资主要是各种借款,尤其是申请银行贷款,企业需要借多少,如何借,筹资应具备什么条件等都应正确决策。

(二)资金筹资原则

(1)应当把满足企业最低限度需要的资金作为筹资的数量目标。企业最低的必需资金,就是在充分利用企业资金的基础上,为了获得最佳经济效益而选择的投资项目所需的资金。

(2)应当把建立良好的投资条件,作为争取资金来源的基础。企业要争取到投资,最根本的是要具备良好的投资条件:企业生产经营方向符合国家发展计划、企业经营管理水平高和投资项目经济效益高。

企业生产经营方向符合国家发展计划,才可能得到国家支持,并给企业分配必要的资金。企业经营管理水平高,企业能够正确地进行经营决策,善于运用资金,这是取得投资者信任的重要条件。投资项目经济效益高,投资后能得到很大的收益,资金能迅速收回,才有可能吸引资金所有者乐于来投资。

(3)应当把利息率的高低作为筹资决策的主要根据。

企业筹集的绝大部分资金,主要是靠各种借款。因此,必须支付使用报酬,即按期支付利息。利息率按单利计息,若年限为 n,则本利之和为 $F = P(1 + nt)$。

复利是对本金和利息均进行计息的一种计算利息的方法,计算公式是:$F = -P(1 + T)$。

要懂得货币的时间价值,财务管理中企业任何一项费用,不要提前开支;任何一项收入,尽量早收回。

利息是靠企业使用资金所获得的经营利润来支付的,在经营利润率一定的情况下,支付的利息率越高,则企业实际得到的利润越少甚至倒赔,企业在筹集时,要有资金的时间价值观念,借款时间越长,按复利计算,连本带利归还投资者或(贷款者)的资金越多。利息率的高低,直接影响企业的实际收益。所以,企业应该尽量选择利息率低于企业经营利润率的贷款。低的幅度越大,对企业越有利,也越容易偿还。

(4)应当做好相关的平衡。首先,要处理好资金与资源的平衡。在筹资时,相应地落实所需的资源,尤其是能源供应。其次,要处理好相关的技术问题,即通过投资所利用的国内外技术和设备是否先进,能否实现;所引起的产品品种、质量、性能的变化是否合理;对职工技术素质的要求能否满足,有无培训措施等。再次,投资是否引起生产场地的增加,如需增加场地,能否解决。最后,产品数量增加和品种发展所引起的市场销售问题,有无把握正确地解决。这些相关问题只有妥善处理、综合平衡,才能保证投资发挥效益。

(三)资金筹资成本

资金成本(gost of funds)是指企业为筹资和使用资金而付出的代价。资金成本包括资金筹资费用和资金占用费用两部分。

资金筹资费用指资金筹集过程中支付的各种费用,如发行股票、债券支付的印刷费、律师费、公证费、担保费及广告宣传费。需要注意的是,企业发行股票和债券时,支付给发行公司的手续费不作为企业筹资费用。资金成本主要用于筹资决策和投资决策,准确测定企业欲筹资金的资金成本是比较筹资方式、选择筹资方式的依据,是评价投资项目可行性的主要尺度,是评价企业经营成果的最低标准。资金成本的一般计算公式为:

1. 个别资本成本

个别资本成本是指各种筹资方式的成本,主要包括债券成本、银行借款成本、优先股成本、普通成本和留存收益成本,前两者可统称为负债资金成本,后三者统称为权益资本成本。

(1)长期借款资本成本

①特点:借款利息计入税前成本费用,可以起到抵税的作用;筹资费很小时可以略去不计。

②计算公式。

$$K_i = L \times i(1-T)/L(1-f) = i(1-T)/1-f$$

式中,K_i 代表长期借款成本;L 代表银行借款筹资总额;i 代表银行借款利率;T 代表所得税税率;f 代表银行借款筹资费率

【例1】某企业取得长期借款100万元,年利率8%,期限为5年,每年付息一次,到期一次还本,筹措借款的费用为0.2%,企业所得税率为25%。计算其资金成本:

$$K = L \times i(1-T)/L(1-f) = i(1-T)/1-f = 8\%(1-25\%)/1-0.2\% = 5.61\%$$

(2)债券成本

①特点:债券利息应计入税前成本费用,可以起到抵税的作用;债券筹资费用一般较高,不可省略。

②债券资金成本的计算公式为:

$$K_b = B \times i(1-T)/B_0(1-f)$$

式中,K_b 代表债券成本;B 代表债券面值;i 代表债券票面利率;T 代表所得税税率;B_0 代表债券筹资额,按发行价格确定;f 代表债券筹资费率。

【例2】某企业发行面值1000元的债券1000张,票面利率8%,期限为5年,每年付息一次,发

行费用率为2%，企业所得税率为25%，债券按面值发行，计算其资金成本：

$K_b = B \times i(1-T)/B_0(1-f) = 1000 \times 8\%(1-25\%)/1000(1-0.2\%) = 6.12\%$

（3）优先股成本

企业发行优先股，既要支付筹资费用，又要定期支付股息，且股利在税后支付，其资金使用成本计算公式为：

$K_P = D/P_0(1-f)$

式中，K_P代表优先股成本；D代表优先股每年股利；P_0代表发行优先股总额；f代表优先股筹资费率。

【例3】企业发行优先股每股发行价为8元，每股每年支付股利1元，发行率为2%，计算其资金成本。

$K_P = D/P_0(1-f) = 1/8(1-2\%) = 12.76\%$

（4）普通股成本

如果公司股利不断增长，假设年增长率为g，则普通股本为：

$K_S = D_1/V_0(1-f) + g$

式中，K_S代表普通股本；D_1代表第一年股利；V_0代表普通股金额，按照发行价计算；f代表普通股筹资费率。

【例4】某企业发行普通股每股发行价为8元，第一年支付股利为1元，发行费用率为2%，预计股利增长率为5%，计算其资金成本：

$K_S = 1/8(1-2\%) + 5\% = 17.76\%$

（5）留存收益成本

留存收益包含盈余公积和未分配利润，是所有者追加的投入，与普通股计算原理相同，只是没有筹资费用。

计算留存收益成本的方法主要有三种：

① 股利增长模型法：假定收益以固定的年增长率递增，其计算公式为：

$Ke = D_1/V_0 + g$

式中，Ke代表留存收益成本；D_1代表第一年股利；V_0代表普通股金额，按发行价计算。

【例5】某企业普通股每股股价为8元，预计明年发放股利1元，预计股利增长率为5%，计算留存收益成本。

$Ke = 1/8 + 5\% = 17.75\%$

② 资本资产定价模型

按照资本资产定价模型，留存收益成本计算公式为：

$K_S = Rf + \beta(Rm - Rf)$

式中，$K_S Rf$代表无风险报酬率；β代表股票的贝塔系数；Rm代表平均风险股票必须报酬率。

【例6】假设市场无风险报酬率为8%，平均风险股票必要报酬率为10%，某公司的普通股β值为1.2，计算该公司留存收益成本。

$K_s = 8\% + 1.2(10\% - 8\%) = 10.4\%$

③ 风险溢价

根据某项投资"风险越大,要求的报酬率越高",普通股股东对企业的投资风险高于债券投资者,因此会在债券投资者要求在收益率上再要求一定的风险溢价,其资金成本计算公式:

$K_e = Kb + RPc$

式中,$KeKb$ 代表债券成本;RPc 代表股东比债权人承担更大风险所要求的风险溢价。

一般某企业普通股风险溢价对其自己发行的债券来讲,大约在3%~5%,当市场利率达到历史性的高点时,风险溢价通常较低,在3%左右;当市场利率处于历史性低点时,风险溢价通常较高,在5%左右;而通常的情况下,采用4%的平均风险溢价。

【例7】某公司债券成本为8%,采用4%的平均风险溢价,则该公司留存收益成本为:

$Ks = 8\% + 4\% = 14\%$

2. 加权平均资本成本

(1) 定义:是企业全部长期资金的总成本,是以各种资金所占的比重为权数,对各种资金成本进行加权平均计算出来的。

(2) 权数的确定:由市场价值权数、账面价值权数(常用)、目标价值权数确定。

(3) 公式:

$K_\omega = \sum W_j K_j$

式中,K_ω 代表加权平均资本成本;W_j 代表第 j 种资金占总资金的比重;K_j 代表第 j 种资金的成本。

【例8】某公司共有资金1000万元,其中长期借贷300万元,普通股500万元,留存收益200万元,各种资金的成本分别为6%、13%和12%,计算该公司综合资本成本。

$K_\omega = 300/1000 \times 6\% + 500/1000 \times 13\% + 200/1000 \times 12\% = 10.7\%$

3. 边际资本成本

边际资本成本是指企业每增加一个单位量的资本而形成的追加资本的成本。

公司无法以某一固定的资本成本筹集无限的资金,当公司筹集的资金超过一定限度时,原来的资本成本就会增加。追加一个单位的资本增加的成本称为边际资本成本。

任务三 资本结构决策

(一) 资本结构的定义

资本结构是指企业资本总额中各种资金来源的构成及其比例关系,又称为"资金结构"。资本结构决策是企业筹资决策的核心问题。评价企业最佳资本结构的标准是每股收益最大化或资金成本最小化。实现资金成本最小化,自然也就实现了每股收益最小化。资金成本最小化就是综合资金成本最低,或是在追加筹资的情况下边际资金成本最低。

在企业筹资管理活动中,资本结构有广义和狭义之分。广义的资本结构是指企业全部资金的构成及其比例关系,不仅包括长期资本,还包括短期资本;狭义的资本结构仅指企业长期资金的构成及其比例关系。尤其是指长期权益资金和债务资金的构成及其比例关系。

资金成本与资本结构的关系是资本结构决策决定资金成本的高低,资金成本影响企业的资本结构决策。因此,进行资本结构决策的前提之一是全面考虑资金成本因素对资本结构决策的影响。

(二) 资本结构决策方法

确定最佳资本结构,其决策方法主要有三种:比较资本成本法、每股收益无差别点分析法、企业价值分析法。

1. 比较资本成本法

比较资本成本法是指企业在筹资决策时,首先拟定多个备选方案,分别计算各个方案的加权平均资本成本,并相互比较来确定最佳资本结构。即通过计算不同资本结构的综合资本成本率,并以此为标准相互比较,选择综合资本成本率最低的资本结构作为最佳资本结构的方法。该方法可以用于资金规模小、资本结构较简单的非股份有限公司。

2. 每股收益无差别点分析法

每股收益无差别点是指企业在分别采用债务筹资和权益筹资两种方式下使每股收益相等的销售额(销售额、息税前利润)。在每股收益无差别点分析法下,当预计销售额大于每股收益无差别点的销售额时,采用负债筹资可以获得较高的每股收益;当预计销售额小于每股收益无差别点的销售额时,采用权益筹资可以获得较高的每股收益。该方法可以用于资金规模不大、资本结构不太复杂的股份有限公司。

3. 企业价值分析法

前两种资金结构决策方法均未允许充分考虑财务风险因素,而企业价值分析法在充分考虑财务风险的前提下,测算每种筹资方案下的企业价值,选择使企业价值最大的筹资方案。该方法的分析决策过程较为复杂,通常用于资金规模较大、资本结构较为复杂的上市公司。

项目三　投资管理

企业投资是指企业为了在未来可预见的时期内获得收益或使资金增值。而在一定时期内向一定区域投放足够数额的资金或货币等价物的经济行为。

投资按不同的分类标识可分为以下四种类型。

(1)按照投资的内容不同,可分为固定资产投资、无形资产投资、流动资产投资、房地产投资、有价证券投资、期货期权投资、信托投资、其他资产投资等。

(2)按照企业对投资行为的介入程度,可以分为直接投资和间接投资。直接投资是指由企业直接介入的投资,即货币直接投入投资项目的一种投资;间接投资即为证券投资。

(3)按照投资方向的不同,可分为内部投资和外部投资。内部投资是指把资金投向企业内部购置生产经营所需的各项资产;外部投资是指企业以现金、实物,无形资产等方式投放于其他企业或购买有价证券。

(4)按照投资期限的长短,可分为短期投资和长期投资。短期投资主要指公司购入的能随时变现且持有时间不超过一年(含一年)的投资,包括各种股票、债券、基金、分红型保险、银行理财产品等;长期投资主要指投资期限超过一年,不能随时变现或不准备变现的各种投资,包括债券投资、股权投资和其他投资等。

任务一　企业筹资

资金筹集是企业财务活动的起点,筹资活动是企业生存、发展的基本前提,没有资金,企业将难以生存,也不可能发展。所谓筹资,是指企业根据生产、对外投资的需要,通过筹资渠道和资本市场,运用筹资方式,有效地筹集企业所需要资金的财务活动,是企业财务管理工作的起点,关系到企业能否正常开展生产经营活动,所以,企业应科学合理地进行筹资活动。

资金筹集是指企业通过各种方式和法定程序,从不同的资金渠道筹措所需资金的全过程。无论其筹资的来源和方式如何,其取得途径不外乎两种:一种是接受投资者投入的资金,即企业的资本金;另一种是向债权人借入的资金,即企业的负债。

(一) 企业筹资渠道和方式

1.筹资渠道

筹资渠道(financing channel)是指企业筹集资金来源的方向与通道,体现了资金的源泉和流量。充分认识筹资渠道的种类及其各自的特点有利于企业正确运用筹资渠道,提高投资效率。

(1)国家财政资金:是由国家对企业的直接投资或税前还贷、减免各种税款形成的。

(2)银行信贷资金:是银行对企业的各种贷款。

(3)非银行金融资金:是由保险公司、证券公司、信托投资公司、租赁公司等提供的各种金融服务。

(4)其他企事业资金:企业间相互投资、商业信用形成的债权、债务资金。

(5)居民个人资金:形成民间资金来源渠道。

(6)企业自留资金:企业内部形成的资金,如公积金和未分配利润。

(7)外商资金。

2. 筹资方式

筹资方式(financing modes)是指可供企业在筹措资金时选用的具体筹资形式。我国企业目前主要有以下几种筹资方式:①吸收直接投资;②发行股票;③利用留存收益;④向银行借款;⑤利用商业信用;⑥发行公司债券;⑦融资租赁;⑧杠杆收购。其中前三种方式筹措的资金为权益资金,后几种方式筹措的资金是负债资金。

筹资渠道解决资金来源问题,筹资方式则解决通过何种方式取得资金的问题,它们之间存在一定的对应关系。一定的筹资方式可能只适用于某一特定的筹资渠道,但是同一渠道的资金往往可采用不同的方式取得,同一筹资方式又往往适用于不同的筹资渠道。因此,企业在筹资时,应实现两者的合理配合。

(二)权益资金的筹集

1. 权益资金定义和方式

权益资金,也叫权益资本或自有资金,是指企业通过接受投资、发行股票、内部收益留存等方式筹集的资金。

作为一个股份有限公司,普通股筹资、优先股筹资和盈余投资是权益资本重要的筹资方式。以下简单地介绍普通股筹资。

2. 普通股筹资的特点

普通股筹资作为股份公司主要的权益资本筹资方式,具有以下特点:

(1)发行普通股筹措资金具有永久性、无到期日、不需归还的特点。这对保证公司对资本的最低需要、维持公司长期稳定发展极为有益。

(2)普通股筹资没有固定股利负担,股利的支付是依据公司有无盈利和经营需要而定,不存在不能偿付的风险。

(3)增加公司的举债能力,提高公司的信誉。公司发行股票并成功上市,其在市场上的地位会因此而提高。普通股作为公司最基本的资本来源,反映了公司的实力,可作为其他方式筹资的基础,尤其可为债权人提供保障,提高公司的信用价值,有效地增加公司的举债能力。

(4)站在投资者角度,普通股的预期收益较高并可一定程度地抵消通货膨胀的影响,因此普通股筹资容易吸收资金。

(三)负债筹资的特点

(1)筹集的资金具有使用上的时间性,需到期偿还;

(2)不论企业经营好坏,需固定支付债务利息;

(3)负债的筹资成本一般比普通股筹资成本低,且不会分散投资者对企业的控制权。

(四)负债筹资的方式

按照所投资金可使用时间的长短,负债筹资可分为长期负债筹资和短期负债筹资。

1. 长期负债筹资

长期负债筹资主要有长期借款和银行借款两种方式。

(1)长期借款筹资的特点

长期借款筹资的优点是:筹资速度快;借款成本较低;借款弹性较大。其缺点是:偿债风险较大;限制性条款较多;筹资数量有限等。

(2)银行借款的定义和种类

企业根据借款合同从有关银行和非银行金融机构借入的需要还本付息的款项称为银行借款。

银行借款按借款的期限,可分为短期借款、中期借款和长期借款。

按借款是否需要担保,可分为信用借款、担保借款和票据贴现。

按提供贷款的机构,可分为政策性银行贷款、商业银行贷款和其他金融机构贷款。

2. 短期负债筹资

(1)短期负债筹资的特点

短期负债筹资所筹资金的可使用时间较短,一般不超过一年。

短期负债筹资的优点有:筹资速度快,容易取得;筹资的成本较低;资金使用较灵活;筹资富有弹性。

但由于企业应在短期内拿出足够的资金来偿还债务,如果届时现金流量安排不当,企业就会陷入财务危机,因此,短期投资的筹资风险较高。

(2)短期负债筹资方式

商业信用和短期借款是短期负债筹资的两种主要形式。

任务二 固定资产投资管理

固定资产是企业的主要劳动手段,其价值逐渐地、部分地转移到产品中,并从销售收入中逐渐地、部分地得到弥补,要经过多个生产周期才能完成一次循环,根据现行工商企业财务制度的规定,固定资产是指使用期限超过一年的房屋、建筑物、机器、机械、运输工具以及其他与生产经营有关的设备、器具、工具等。不属于生产经营主要设备的物品,单位价值在 2000 元以上,并且使用年限超过两年的,也应当作为固定资产。凡不符合规定条件的劳动手段,作为低值易耗品。企业应根据实际情况,制定固定资产目录。

(一)固定资产的特点

企业固定资产的周转有以下两个特点:

1. 使用中固定资产价值的双重存在;
2. 固定资产投资的集中性和回收的分散性。

这种投资的集中性和回收的分散性。要求我们对固定资产的投资。必须结合其收回的情况进行科学的规划。除了研究投资项目的必要性外，还要研究技术上的可行性和经济上的合理性。

固定资产价值补偿和实物更新是分别进行的。企业每年每月都要提取折旧，企业每年以至每月都有可能需要进行固定资产更新。由于企业各种固定资产的新旧程序不同。实物更新时间不同，这样就可以利用一定数量的固定资金获得较多的固定资产。充分发挥资金的使用效能。

(二)固定资产的分类

1. 固定资产按经济用途，可分为生产用固定资产和非生产用固定资产。
2. 按使用情况，可分为使用中、未使用和不需用的固定资产。
3. 按所属关系，可分为企业自有固定资产和租入固定资产。
4. 按其经济用途和使用情况可分为以下六类。

(1)生产用固定资产。指企业生产单位和为生产服务的行政管理部门使用的各种固定资产，包括：

①房屋：指生产单位和行政部门使用的房屋，如厂房、办公楼等；

②建筑物：指除房屋以外的其他建筑物，如水塔、蓄水池、储油罐等；

③运输设备：指运载货物用的各种运输工具，如运输用卡车、船舶等；

④生产设备：指企业生产加工产品或维修用的各种机器设备；

⑤仪器及实验设备：指对材料、工艺、产品进行研究实验用的各类仪器设备等；

⑥其他生产使用的固定资产：指不属于以上各类的生产用固定资产，如消防用具、办公用具、以及行政管理用的汽车等。

(2)非生产用固定资产。指非生产单位使用的各种固定资产，如职工宿舍、俱乐部、食堂、浴室等单位所使用的房屋、设备、器具等。

(3)租出固定资产，指出租给外单位使用的多余和闲置的固定资产。

(4)未使用固定资产，指尚未使用的新增固定资产，调入尚未安装的固定资产，调入尚待安装的固定资产，进行改建、扩建的固定资产，以及长期停止使用的固定资产。

(5)不需用固定资产，指本企业目前和今后都不需用、准备处理的固定资产。

(6)融资租入固定资产，指企业以融资租赁方式租入的机器设备、运输设备和生产设备等固定资产。

5. 我国现行财务制度，对企业固定资产综合上述分类方法。分为以下七大类：生产用固定资产；非生产用固定资产；租出固定资产；未使用固定资产；不需用固定资产；融资租入固定资产；土地。

(三)固定资产的计价

正确地对固定资产进行计价。是真实反映固定资产的必要条件。也是正确计提折旧的重要前提。

固定资产通常有以下几种计价方法。

1. 原始价值，指企业在购置、建造和获得某项固定资产时所支付的全部货币支出。
2. 重置价值，指在目前情况下从新购建某项固定资产所需发生的全部支出。

3. 折余价值, 指固定资产原始价值减去已提折旧后的净额。又称净值。它反映固定资产的现值。

国有企业固定资产计价的原则是由国家统一规定的。企业应当按照规定的要求对固定资产计价入账。

(四) 固定资产折旧管理

1. 固定资产折旧

固定资产因损耗而转移到产品上去的那部分价值, 称固定资产折旧。净资产的原始价值在其全部折旧年限内, 转移到所生产的产品上去, 从产品销售收入中收回的, 相当于计入产品成本中的折旧费。应是进行固定资产更新的资金来源。

资产的损耗有有型损耗和无形损耗两种形式。净资产从投入使用起到报废为止的使用年限, 称为物理折旧年限。物理折旧年限是正确计算折旧的前提。确定固定资产的折旧年限, 既要考虑有形损耗, 又要考虑无形损耗。考虑无形损耗后确定的折旧年限成为经济折旧年限。考虑固定资产的无形损耗。才能使固定资产的价值, 在科学技术不断进步的条件下也能得到补偿。

2. 固定资产折旧范围

(1)计提折旧的范围。计提折旧的固定资产范围如下：

房屋及建筑物, 不论是否使用, 从入账的次月起就应计提折旧;

在用固定资产, 指已投入使用的生产设备、运输设备、仪器及实验设备等生产性固定资产以及已投入使用的非生产性固定资产;季节性停用和修理停用的固定资产;以经营租赁方式租出的固定资产。

(2)不计提折旧的固定资产范围如下：

除房屋及建筑物以外的未使用、不需要的固定资产;以经营租赁方式租入的固定资产;已提足折旧的但继续使用的固定资产, 按照规定提取维检费的固定资产。

破产、关停企业的固定资产。连续停工一个月以上的车间和基本处于停产状态的企业, 其设备均不提取折旧;生产任务不足, 处于半停产状态的企业的设备, 减半提取折旧。

提前报废的固定资产, 以前已经估价单独入账的土地等, 也不计提折旧。

3. 固定资产折旧的计算

计算固定资产折旧额要采用合理的计算方法。

(1)平均年限法

采用平均年限法计算固定资产折旧额, 是根据固定资产的原始价值。按照其使用年限平均计算的。它是我国目前广泛采用的一种方法。

计算固定资产折旧额除了依据原始价值和使用年限这两个主要因素外, 还需要考虑在报废清理时可能发生的清理费用和残余价值。

年度固定资产折旧额除以12, 即为月份折旧额。

折旧率指折旧额占原始价值的比率, 他反映固定资产的损耗程度。

年折旧率除以12集为月份折旧率。

固定资产折旧率一般有三种:个别折旧率、分类折旧率和综合折旧率。目前国内有的固定资产一般按分类折旧率计算、提取折旧。

(2)工作量法

按照行驶里程计算固定资产折旧额。他是以固定资产折旧总额除以预计使用期内可以完成的总行驶里程,使用工作量法时行驶里程的折旧额是相同的。

按照工作小时计算固定资产折旧额。他是以固定资产折旧总额除以预计使用期内已完成的总工作小时。使用工作量法时,每小时的折旧额是相同的。

(3)双倍余额递减法

双倍余额递减法根据年初固定资产折溢价值乘以双倍余额递减法。折旧率确定固定资产的年折旧率。

根据现行企业财务制度规定,实行双倍余额递减法的固定资产。当在其固定年限,资产折旧年限到期,前两年内当固定资产折溢价值扣去预计净残值后摊销。

(4)年数总和法

年数总和法根据折旧总额乘以递减分数确定年度折旧额。

双倍余额的递减法和年数总和法,都是在固定资产使用年限内,折旧费先多分摊后小分摊的递减法,又称加速折旧法。

(五)固定资产投资决策的影响因素

1. 固定资产的范围

固定资产投资是建造和购置固定资产的经济活动。固定资产在生产过程包括固定资产更新、改建、扩展、新建等活动。新的企业财会制度规定:固定资产局部更新的大修理作为日常生产活动的一部分,发生的大修理费用直接在成本中列支。

按照现行投资管理体系及有关部门的规定,属于大修理、养护、维护性质的工程,都不纳入固定资产投资管理,也不作为固定资产投资统计。

2. 固定资产的特点

固定资产投资与流动资产投资相比,具有投资额大,投资回收期长,对企业的资金运动和经济效益影响较大的特点。

3. 固定资产投资决策的影响因素

在进行投资决策时,要选择技术上先进且适用、经济上可行且效益大的投资方案。

应全面考虑其影响因素。

(1)资金成本。是指固定资产投资首先要考虑的因素,其作为投资项目的最低报酬,预期报酬率低于资金成本率,则该项目不具有可行性。

(2)预期报酬率。通常进行固定资产投资要设定一个期望获得的报酬率。预期报酬率低于资金成本率,则该项目不具有可行性。

(3)现金流量。企业进行固定资产投资时,还要考虑未来现金流量,现金流量很不固定、不均匀、不能满足企业在相应时期的资金需求,会降低该项目的可行性。

(4)企业的筹资能力。企业的筹资能力在一定程度上决定着其能实现的投资规模。投入的资金超过了企业所能筹集到的资金范围,也不具有可行性。因此企业必须选择与自己的筹资能力相适应的固定资产投资规模。

(5)固定资产的技术水平。企业进行固定资产投资并不是固定资产的技术水平越高越好,应讲求技术水平适应性。

(6)风险因素。任何投资项目与风险都是并存的,应选择与企业的风险态度与风险承受能力相适应的投资项目。

(六)固定资产投资决策评价指标

使用固定资产投资决策评价指标进行投资决策要考虑现金流量。现金流量是指在投资活动过程中由投资项目引起的资金流入和流出的数量。流入量现金和流出量现金之间的差额为净现金流量。

1. 静态投资回收期

静态投资回收期(简称回收期),是指以投资项目为净现金流量抵偿原始总投资所需要的全部时间。还有包括"建设期的投资回收期"和"不包括建设期的投资回收期"两种形式。其单位通常用"年"表示。投资回收期一般从建设开始年算起,也可以从投资年开始算起,计算时应具体注明。

计算出的静态投资回收期应与行业或部门的基准投资回收期进行比较,若小于或等于行业或部门的基准投资回收期,则认为项目是可以考虑接受的;否则不行。

2. 投资收益率

投资收益率又称投资利润率,是投资收益者投资成本的比率。投资收益率又称投资效果系数,定义为每年获得的净收入与原始投资的比值。投资收益率反映投资的收益能力。当该比率明显低于公司净资产收益率时,说明其对外投资是失败的,应改善对外投资结构和投资项目;而当该比率远高于一般企业净资产收益率时,则存在操纵利润的嫌疑,应进一步分析各项收益的合理性。

3 净现值和净现值率

净现值率又称净现值比,净现值指数,是指项目净现值与总投资现值的比率。又称"净现值总额"。净现值率又称一种动态投资收益指标。用于衡量不同投资方案的获利能力大,说明某项目单位投资现值所能实现的净现值大小。净现值率少,单位投资的收益就低;净现值率大,单位投资的收益就高。净现值率的经济含义是单位投资现值所能带来的净现值。是一个考察项目单位投资盈利能力的指标。常作为净现值的辅助评价指标。

4. 内部收益率

内部收益率,就是资金流入现值总额与资金流出现值总额相等,净现值等于零时的折射率。它是一项投资可望达到的报酬率,该指标越大越好。一般情况下,内部收益率大于等于基准收益率时,该项目是可行的。投资项目各年现金流量的折现值之和为项目的净现值,净现值为零时的折射率就是项目的内部收益率。

资产投资管理的核心是综合考虑各种因素,合理选择适当的决策方法,以投资决策评价指标作为决策的标准来做出最终的投资决策。

任务三 无形资产投资管理

无形资产包括专利权,非专利技术,商标权,著作权,土地使用权,特许权等。企业无形资产的管理,首先,必须强化无形资产意识,用法律保护无形资产,应当建立专门机构负责无形资产的创新,设计、引进,应用的投资。其次,要对无形资产进行科学评估。为无形资产投资交易和共享创造依据,企业资产的流动创造产权量化条件。再次,企业要加大无形资产投资,积累和扩大无形资产的价值和使用价值,不断扩展无形资产的范围。特别注意要对知识产权和流通领域的无形资产的积累和开发使用,提高人力资本的效率和增值能力。总之,应当根据经济发展和竞争的变化,以无形资产的增量去改造和带动有形资产存量效能的提高。

任务四 流动资产投资管理

企业流动资产是指用于购买原辅材料、易耗品、修理用备件、包装物等劳动对象,支付职工工资和费用的基金。流动资产在企业的再生产过程,是以几种不同的形态同时存在的,这些不同的存在形态就是流动资产的组成内容。流动资产包括现金、短期投资、应收及预付款项、存货等。

(一)流动资产的特点

1. 流动资产占用形态具有变动性

了解研究流动资产占用形态的变动性,有助于合理地配置各种资产占用状态,促使企业流动资金周转顺利进行。

2. 流动资产占用数量具有波动性

在企业再生产过程中,流动资产占用数量具有波动性。季节性企业如此,非季节性企业亦如此。考虑流动资金的来源和供应方式时。既要给企业有稳定的资金来源,又要给企业一定的机动灵活性。

3. 流动资产的循环与生产经营周期具有一致性

流动资产完成一次循环的时间与生产经营周期具有一致性。研究流动资产的这一特点有助于通过合理组织供产销过程,来实现加速流动资金周转,并充分发挥流动促进生产经营的积极作用。

(二)流动资产的周转

1. 流动资金与流动资产

企业为形成流动资产而占用的资金是流动资金。流动资金存在的具体形态则是流动资产。流动资产以不同形态分别表现企业资产的分布状况。流动资金则以价值形态体现企业流动资产的规模,即在企业全部资产中的结构。

2. 流动资金循环与流动资金周转

随着再生产过程的不断进行,流动资金在每次循环中,都要顺序地经过供应过程、生产过程和销售过程,表现为生产储备资金、未完工产品资金、成品资金、货币资金与结算资金四种占用形态。流动资产占用形态不断变化,占用在资产上的资金也不断循环周转。从货币形态开始最后以货币形态收回的运动称为流动资金的循环,流动资金周而复始地不断循环称为流动资金周转。

流动资金周转率是反映企业流动资金周转速度的指标。也是反映企业生产经营活动的一项综合性财务指标。它有两种表示方法:①周转次数;②周转天数。一定时期内流动资金周转次数越多说明周转一次所需天数越少,说明流动资金周转越快,效果也就越好。两种指标经济意义相同。

(三)流动资产的管理

流动资产的管理要认真确定企业流动资金的合理需要量组织资金流通,保证生产需要。同时要按计划节约、合理地使用资金,要不断加速流动资金的周转,减少企业不必要的储备,也减少银行贷款利息,使企业产品成本降低,提高企业利润。流动资产一般在企业全部投资中占有很大比重,因此流动资产管理水平的高低直接关系到企业的经营效益。

流动资产管理包括现金及有价证券管理、应收账款管理和存货管理等方面。

1.流动资金管理意义

(1)加强流动资金管理,可以加速流动资金周转,减少流动资金占用,促进企业生产经营发展。

①管好用好流动资金能加速流动资金周转,减少流动资金占用量。

②加强流动资金管理,可以加速流动资金周转,节约流动资金。

③流动资金的节约意味着物质的节约,减少流动资金的占用意味着可。是大量的物质从生产的潜在因素变为实际的因素,就可以利用原有的物质资源来扩大生产建设的规模。

(2)加强流动资金管理,有利于促使企业加强经济核算,提高生产经营管理水平。

①流动资金分散在企业各职能部门、各个仓库、各个车间和各个班组、资金的占用情况反映着物质的占用情况。

②加强流动资金管理,就可以促使企业在供产销等环节上加强经济核算,提高生产经营管理水平。

(3)流动资金管理要求主要有以下几点。

①既要保证生产经营需要,又要节约合理使用资金。要在保证生产经营需要的前提下,遵守勤俭节约的原则,挖掘资金潜力,精打细算地使用流动资金。只有这样,才能充分发挥流动资金促进生产经营的作用。

②资金管理和资产管理相结合,要管好流动资金必须做到管理流动资金的部门和人参与流动资产管理,同时管理流动资产的部门和人,也应参与管理流动资金,把流动资金管理和流动资产管理结合起来。为此,流动资金的管理,必须在实行财务管理部门集中管理的同时,实行分口分级管理,建立有关部门管理的责任制度。

③赊销商品和预付货款意味着企业单位彼此之间融通资金,这在商品经济下虽然是常有发生

的,但如果长期发生商业信用而不及时清理,就会产生不良后果。只有坚持钱货两清,遵守结算纪律,才能保证每个企业的流动资金不被其他单位长期占用,保证生产经营顺利进行。

2. 货币资金管理内容

货币资金是企业的非定额流动资金,是处于两次周转之间的间歇资金。总是由于它们的间歇性,在日常管理中容易被人们所忽视。

如果资金管理不严,将指使许多企业资金周转延缓,所以加强货币资金管理有助于保证企业生产经营活动的正常进行,使企业整个流动资金周转顺利进行;加强货币资金管理,是保证国家财政收入的重要措施;加强货币资金管理,是严肃结算纪律,防止违法行为的保证,对于搞好企业财务监督也是十分必要的。

货币资金的结算,有现金结算和转账结算两种形式。

(1) 现金管理

现金是指以货币形态占用的资金,包括库存现金、银行存款等。现金是企业可以立即作为支付手段的资产,在企业所拥有的全部资产中,现金的流动性最大。

采用现金结算,要遵守国家规定的现金管理原则。现金管理原则是:钱财分管,会计、出纳分开;建立现金交接手续,坚持查库制度;遵守规定的现金使用范围;遵守库存现金限额;严格现金存取手续,不得坐支现金。企业不得将单位收入的现金,以个人名义存入储蓄账户。

对现金的管理主要围绕以下两个方面进行:一是保证企业生产经营对现金的需要;二是尽量缩小企业闲置现金数量,提高资金的收益率。此外,企业常利用临时闲置的资金购入有价证券,其性质与现金有许多类似之处,因此往往将现金与有价证券结合起来管理。

(2) 转账结算管理

转账结算又称非现金结算。它是指不直接采用现金而通过银行转账进行货币资金收付的结算方式。按照规定,各单位之间的一切经济来往,包括产品销售、劳务供应和基金资金激拨等货币资金结算,除结算金额起点以下的零星支付以外,都必须进行转账结算。现行转账结算方式主要有:汇兑结算方式;托收承付结算方式;委托收款结算方式;支票结算方式;银行汇款结算方式;商业汇票结算方式;银行本票结算方式等。

(3) 货币资金控制

货币资金是一种非营利资产,过多地保持货币资金势必会降低企业的营利能力,然而货币资金过少也会给企业带来资金周转困难和增加财务风险。为此,企业必须确定其货币资金的最佳持有量。为了有计划地管理现金,要使货币资金收入和支出在数量上和时间上相适应,保持平衡,就必须进行预测,全面安排和调度,实行有计划的管理,企业应逐期编制现金预算。通过现金预算,可以了解企业各期现金收入和支出情况,从而确定现金结余或短缺的数额、时间,为企业筹资或投资提供依据。

现金预算包括现金收入、现金支出、现金余额和现金筹集。在编制现金预算时首先要分析未来一定时期内的现金流入量和现金流出量。现金流入量来源于销售收入、投资收益及其他现金收入,其中销售收入是现金流入量中最主要的部分,其金额可以直接从销售预算中得到;投资收益的收入时间比较固定,数量也容易确定;其他现金收入可根据企业以往资料并考虑预算期的情况分析确定。

要编制好货币资金收支计划,贯彻货币收支管理责任制。货币资金收支计划可按年分季编制,然后再按季分月编制。月度货币资金收支计划是货币资金收支活动的作业计划。在货币资金收支的日常管理中,要预测货币资金收支变动趋势,按旬、按日控制货币资金收支,及时解决货币资金收支方面出现的矛盾。

3. 有价证券管理

目前在我国证券市场上流通的有价证券主要有国库券、金融债券、企业债券和股票等,其特点是可在二级市场上流通,具有较强的变现能力。当企业持有的现金余额超过正常经营活动的需要时,就可将闲置现金投资于有价股证券,以获取比银行存款利率更高的报酬率。

(1)有价证券管理注意事项

企业在进行有价证券投资与管理时,应注意以下几个问题:

①证券的安全性。虽然债券的风险小,安全程度较高,但仍然存在着债务人到期不履行还本义务的可能。对于股权性质的证券,其收益表现为股利收入和价差收入,收益的不确定性较债券更大。一般情况下,有价证券的风险越小,其报酬率就越低,企业投资证券时必须在报酬与风险之间进行权衡。

②证券的可转让性。影响有价证券转让的难易程度的因素,包括转让时间的长短以及转让价格等。有价证券的转让时间取决于证券市场的情况、证券种类以及转让数量。证券市场发达、交易活跃,持有的是经营良好、信誉可靠的公司发行的有价证券,数额又不大,则容易转让出去,且价格也可高些;反之,则难以转让,或只能降价出售。

③证券的期限性。除股票外,有价证券都有确定的期限,期限长短同报酬率密切相关。一般期限越长,风险越大,报酬率也越高,企业可根据资金预算对投资有价证券的期限作出计划。

(2)有价证券投资内容

对于一些拥有比较充裕的现金,在行业内规模较大,较为成熟、稳定的企业,其本身没有较好的投资机会,就会把长期闲置资金投资长期证券,以增加收益或获取被投资企业的控制权。

长期债券投资是投资期限在一年以上的债券投资。企业进行长期债券投资的目的主要是获得稳定的收益。

①长期股权投资,是指通过投资取得被投资单位的股份。企业对其他单位的股权投资,通常是为长期持有,以及通过股权投资达到控制被投资单位,或对被投资单位施加重大影响,或与被投资单位建立密切关系,以分散经营风险。

②长期股权投资的目的是长期持有被投资单位的股份,成为被投资单位的股东,并通过所持有的股份,对被投资单位实施控制或施加重大影响,或为了改善和巩固贸易关系,或持有不易变现的长期股权投资等。

4. 应收账款管理

(1)应收账款含义

应收账款是企业因赊销商品或劳务而形成的应收款项,是企业流动资产的一部分。应收账款相当于企业向客户提供的短期贷款。

(2)提供商业信用的目的

企业提供商业信用的目的在于扩大产品销路,增加企业收益,但提供商业信用必然加大企业无法收回账款的风险,因此,企业对应收账款的管理就是对其应收账款上的投资进行收益与风险的权衡,制定出最佳的信用政策和收账政策。

①信用政策。所谓信用政策就是通过权衡收益和风险。对最佳应收账款水平进行规划和控制的一些原则性规定。

②收账政策。收账政策是指企业向客户收取逾期尚未付款的应收账款的程序。收账费用是确定收账政策时需要考虑的重要因素之一。收账费用包括收账所花的邮电通信费,派专人收款的差旅费和不得已时的法律诉讼费用等。要确定适宜的收账费用水平,就要在收账费用与坏账损失和应收账款机会成本之间进行权衡。

(3)应收账款管理注意事项

企业信用政策和收账政策的制定都面临着报酬与成本的权衡问题,制定应收账款管理的最佳策略须将信用标准、信用条件和收账政策三者结合分析,决策中应比较每一种政策改变后的收益与改变后的成本,通过比较,选择最佳的政策。

5. 存货管理

(1)存货管理的目的

存货是企业在生产经营过程中为销售或耗用而储备的物资,包括各种原材料、在产品、产成品。存货是流动资产中所占比例较大的项目,在工业企业中约占流动资产的50%~60%。存货管理水平的高低对企业财务状况影响极大。存货管理的目的是既要充分保证生产经营对货物的需要,又要尽量避免存货积压,降低存货成本。

(2)存货成本

存货成本包括采购成本、订货成本、储存成本和缺货成本四部分。采购成本是由买价和运杂费构成的成本。单位采购成本不受采购数量的影响,因此在确定采购批量时,一般可以不考虑采购成本,只有当供应方给予数量折扣时,才有必要考虑采购批量和采购成本。

订货成本包括订购手续费、差旅费、邮电费和仓库验收费等。订货成本一般与订货的数量无关,而与订货的次数有关,在需要量一定的情况下,每次订购批量越大,订购次数越少,则订货成本越少。

储存成本是指在生产领用和出售之前,货物或物资储存而发生的各种成本,包括仓储费、保险费、变质损耗费用、占用资金支付的利息等。一定时期的储存成本与该时期内的平均存货量成正比,订购批量越大,平均存货量就越高。从减少储存成本来看,应减少订购批量。

缺货成本是指存货不能满足生产和销售需要时发生的损失,如停工损失、加班加点费,以及由于产品库存不足而丧失销售机会的损失等。

项目四　成本费用管理

任务一　成本费用的作用

（一）成品成本

企业为了进行产品生产，从产品设计、试制、生产到销售的全过程都需要消耗一定的劳动（活劳动和物化劳动）。这些劳动消耗所出现的费用总和就是产品的成本。这些劳动消耗的货币表现就是工资、原材料、燃料、动力、房屋和设备的折旧费以及其他管理费。为了生产某种产品所支出的这些费用总和就是该产品的成本，单个产品支出的这些费用总和称为单位产品成本，全部产品的生产所支出的这些费用总和就称为全部财产总成本。

产品成本是反映企业生产经营管理工作质量的一种综合性指标。企业在生产经营过程的一定时期内，生产的产品品种、数量多少、质量好坏、物资消耗多少、劳动生产率的高低、整个资金的利用等都会直接或间接地通过产品成本反映出来。因此，企业要加强成本管理，不断降低产品成本，提高经济效益。

（二）影响产品成本的因素

企业产品成本的提高或者降低是各种因素共同影响综合作用的效果。

固有因素，包括企业地理位置和资源条件，企业规模和技术装备水平，企业专业化、写作水平等。

宏观因素，包括宏观经济政策的调整，成本管理制度的改革，市场需求和价格水平等。

微观因素，包括劳动生产率水平、生产设备利用效果、原材料、燃料和动力的利用情况，产品生产的工作质量，企业的成本管理水平，企业精神文明建设状况。

（三）成本费用的作用

1. 成本费用是反映和监督劳动耗费的工具

企业在生产经营过程中经常要发生物化劳动和活劳动的消耗。从客观需要方面讲，必须对企业生产经营过程中消耗的物化劳动和活劳动进行计算和监督，尽可能地节约劳动消耗。从现阶段的实际情况来看，生产产品的劳动消耗，还不能直接地、绝对地加以计算，而只能间接地、相对地反映出来。它虽然不表现劳动创造的全部价值，却相对地反映着劳动消耗量的多少。这样，成本费用也就成为反映和监督劳动消耗的工具。

2. 成本费用是补偿生产耗费的尺度

首先，从企业再生产来看，成本费用反映企业在生产经营过程中的资金耗费。这样，成本费用也就理所当然地成为补偿生产耗费的标准，或者说是衡量补偿份额大小的尺度。

其次，从社会再生产来看，进行产品生产要耗费生产资料和生活资料，对于这些物质资料必须从实物形式和价值形式两方面予以补偿。成本便是从价值方面补偿已耗费的物质资料的尺度。

它反映着并且保证着社会总产品总有一部分划分出来,用于补偿已耗费的生产资料和生产者的生活资料。

3. 成本费用可以综合反映企业工作质量,是推动企业提高经营管理水平的重要杠杆

成本费用是表明企业工作质量的一个重要的综合指标,它在很大程度上反映着企业各方面活动的成效。反过来,正确地确定和认真执行企业成本费用计划的指标,对成本费用计划指标执行情况及时进行分析评价,在促进企业改进经营管理、降低劳动消耗、加强经济核算等方面都起着重要作用。

4. 成本费用是制定产品价格的一项重要依据

成本费用对于制定产品价格的作用,主要在于:

(1)产品的价格是产品价值的货币表现,而成本费用是产品价值的重要组成部分,所以制定产品价格时,要以成本费用作为重要的经济依据;

(2)在一般情况下,产品价格应高于产品成本费用,使劳动者为社会劳动所创造的价值能够实现;

(3)各种产品之间成本费用的对比关系,能够在一定程度上相对地反映各种产品价值的比例关系,可据以研究和确定各种产品之间的比价。

任务二 成本费用的开支范围和分类

(一)成本费用的开支范围

成本费用的实质决定成本费用理论上的内容。成本费用实践上的内容,称为成本费用开支范围。它是以理论内容为基础,考虑贯彻经济核算制和提高经济效益的要求而作出的规定。

(二)生产经营费用的分类

按照不同的标识,对生产经营费用进行分类,他们各自具有的不同作用。但总的来说是为了正确地计算产品成本,有效地控制费用支出,分析成本升降的原因,寻求降低成本的途径。

1. 按费用的经济内容分类

按照费用的经济内容,生产经济费用可划分为若干要素,称为生产经营费用要素。

工业企业的生产经营费用要素,一般分为:(1)外购材料;(2)外购燃料;(3)外购动力;(4)工资;(5)提取的职工福利费;(6)折旧费;(7)利息支出;(8)税金;(9)其他支出。

这种分类可以反映企业在一定时间内各项生产费用的发生额,便于分析比较企业各个时期生产费用的变化,从而控制费用的支出。还可为企业制定物资供应计划,为核定流动资金提供依据资料。

2. 按费用的经济用途分类

按照费用的经济用途,生产经营费用可划分为若干项目,称为产品成本项目和期间费用项目。

(1)产品生产经营成本

工业企业的生产成本是指工业产品的制造成本,包括:①直接材料(含原料及辅料);②直接工

资(生产工人工资及提取的职工福利基金);③其他直接支出;④制造费用。

商品流通企业的经营成本,也就是在商品购销过程中采购商品的进价成本。依据企业采购商品的不同分为国内购进商品进价成本和国外购进商品进价成本。

(2)期间费用

期间费用是指企业在生产经营过程中发生的,与产品生产活动没有直接联系,属于某一时期耗用的费用。期间费用不计入产品生产经营成本,而是直接冲减当期销售收入。

企业的期间费用,包括:①管理费用;②财务费用;③销售费用(如包装、运输、广告费)。

3.其他分类方法

(1)按照费用计入产品成本的方法生产经营费用可以分为直接费用和间接费用。

(2)按照费用与产品产量之间的关系生产经营费用可以分为变动费用和固定费用。

固定成本费用在一定时期内不随产品的增减而变化。固定成本包括厂房和机器设备折旧费、债券利息、地租、取暖费、照明费、行政人员、管理人员和技术人员的工资、开发与研究费用等。在企业中,这些费用通常列入车间经费和全厂经费中,然后按某个比例分摊到车间和全厂生产的产品成本中去。

可变成本费用的总额随产量增加而增加。如工人工资、原材料费用、动力和燃料费用、包装费、原料和成本的运输费用、产品税、短期借款利息等。

(3)按照费用能否被某一责任单位所控制,生产经营费用可以分为可控费用和不可控费用。

(4)按照费用时期长短产品成本有长期成本和短期成本之分。

长期成本是指在足够长的时期中产品的生产成本,而在长期中所有生产要素如厂房、机器设备等都是可以通过基本建设变动和扩大的。理论上,产量是没有限制的,可以从零一直增加到很大的数值。

短期成本是指在一段时期如一周、一月、一年等的成本。由于时间比较短,一部分生产要素如厂房、机器设备的数量和部分熟练工人的数量是固定的或基本固定的,只有部分生产要素的数量可以调整和扩大。在短时期中,产品的产量可以从零增加到固定生产要素所允许的某个最大数值。

对于短期成本来说,产品的全部生产成本可以分为两类,即固定成本和可变成本。

任务三 成本费用管理

(一)成本费用管理的意义

成本费用管理(简称成本管理),是对企业生产经营过程中各项费用的发生和产品成本的形成所进行的预测、计划、控制、核算和分析评价等管理工作,以节约费用、降低成本。

加强成本管理,努力降低产品成本有着重要意义。

1.加强成本管理,降低生产经营耗费是发展生产的重要条件。

2.加强成本管理,有利于促进企业改善生产经营管理,提高经济效益。

3.加强成本管理,能为社会主义国家积累资金奠定坚实的基础。

(二)成本管理的内容

成本管理的主要内容:成本预测、成本计划、成本控制、成本核算、成本分析和检查等。

1.成本预测

(1)成本预测的意义

成本预测是成本管理的第一步工作,是企业计划期降低成本决策的依据,是企业计划期经济效益能否实现的中心环节。进行成本预测是指对计划期影响产品成本升降的各种因素进行研究分析,结合市场、销售、品种、利润的预测,采取各种措施。一般来说,成本预测就是根据成本特性及有关数据的情况,结合发展的前景和趋势,采用科学的方法,对一定时期、一定产品或某个项目、方案的成本水平、成本目标所进行的预计和测算。

成本预测的意义包括以下几方面。

①成本预测是全面加强企业成本管理的首要环节,也是正确编制产品成本计划的前提条件。通过成本预测,促使企业加强经济核算,使其在竞争中具备成本优势。

②成本预测能为企业挖掘降低成本潜力、提高经济效益指明方向和途径。成本预测的过程,就是挖潜力、提措施、算效果的过程。

③成本预测的结果能为企业领导进行经营决策提供依据。企业的各项生产经营活动和财务活动,都必须建立在正确的决策之上,而正确的决策又要以科学的预测为依据。成本是一个综合性指标,通过成本预测,企业领导者可以提高自觉性,减少盲目性,有助于企业决策向着科学、先进、可行的方向发展。

(2)成本预测的内容

成本预测的内容相当广泛,主要有:

①新建和扩建企业的成本预测;

②确定技术措施方案的成本预测;

③新产品的成本预测;

④原有产品条件变化后的成本预测等。

(3)成本预测的步骤

进行成本预测工作,要从实际情况出发,努力提高预测的准确性。为此,成本预测要按照一定的程序进行。根据实际工作的经验,一般包括以下几个步骤:

①明确预测对象和目标要求;

②收集和整理各项资料;

③选择适当方法,进行分析测算;

④根据预测结果,确定最佳方案。

成本预测涉及面比较广,企业财务部门必须与企业其他有关部门和单位密切协作,把必要的资料统计、数据计算工作与总结、改革、提高企业的生产经营管理工作结合起来。

(4)目标成本预测

①目标成本的确定

目标成本是指事先确定要在一定时期内努力实现的成本，它是成本管理工作的奋斗目标。预测目标成本，通常有以下几种方法。

根据产品价格、成本和利润三者之间相互制约的关系，先确定目标利润，然后从预测销售收入中减去应纳税金和目标利润，所得余额即为目标成本。其计算公式如下：

目标成本 = 预测销售收入 - 应纳销售税金 - 目标利润

或：单位产品目标成本 = 预测单位售价 × (1 - 税率) - 目标利润 ÷ 预测销售量

选择某一成本作为目标成本。它可以是按平均现金定额制定的定额成本或者标准成本；也可以从国内外同类型产品成本中选其现金成本水平或本企业历史上的最好成本水平作为目标成本。

根据本企业上年实际平均单位成本和实现企业经营目标要求的成本降低任务测算目标成本。其计算公式为：

单位成品目标成本 = 上年实际平均单位成本 × (1 - 计划期预测成本降低的百分比)

②目标成本的分解

目标成本的分解，应结合企业的生产工艺过程、组织机构和各项费用的发生情况进行。一般有以下几种方式。

按产品的结构分解。例如机器制造企业，其产品是由各种零部件组成的。对这类企业就应按产品的结构，把目标成本分解为各种零件成本、部件成本和装配成本等。

按产品加工制作的工艺过程分解。例如冶金、纺织企业，它们的产品是经过许多连续加工工序，最后才形成成品。对这类企业就应按照产品生产的工艺过程，把目标成本分解为各种半成品的成本。

按产品成本的经济内容分解，即按成本项目分解。这种方法适用于各种类型的企业。

(5) 功能成本预测分析

①功能成本预测分析的基本原理

产品功能与产品成本之间客观上有着密切的联系。功能成本预测分析（也称价值分析），就是把产品功能与产品成本这两方面结合起来进行分析的一种方法，其目的是要以最低的总成本可靠地实现产品的必要功能，提高经济效益。功能成本预测分析的基本原理，可以用下列公式来说明：

功能成本比值（也称价值）= 产品功能 ÷ 产品成本

产品功能与成本的比值，表明每一元成本开支所获产品功能的大小。功能成本预测分析，既不单纯强调提高产品功能，也不盲目追求降低产品成本，而是辩证地处理好两者的关系，力图实现它们之间的合理结合，以提高功能与成本的比值，实现物美价廉的要求。

②功能成本预测分析的步骤

选择分析对象，掌握数据资料。选择分析对象要根据企业的经营目标和当前存在的关键问题来进行。一般是选择成本高、质量差、体积大、产量多、见效快的产品或零部件作为分析对象，并围绕选择的对象，收集和整理有关资料。

开展分析评价，提高改进措施。这是进行功能成本预测分析的主要一步。其基本思路是：在明确对象产品或零部件必备功能的前提下,通过计算机功能与成本的比值,揭示实际成本与功能成本之间的不协调性,进而寻求改进措施,提出相应的建议方案。

确定最优方案,预测经济效果。对所提方案进行筛选。确定最优方案,并据以测算成本降低额与降低率。

(6)成本降低幅度的预测

成本降低幅度(即计划降低额和降低率)的预测,一般有以下三个步骤:

①测算按上年预计(实际)平均单位成本计算的计划年度可比产品总成本

上年预计平均单位成本,可用下列公式计算:

用各种产品的上年预计(或实际)平均单位成本乘以计划期产量,便可汇总计算出按上年预计(或实际)平均单位成本计算的计划年度可比年度总成本。

按上年预计(实际)平均单位成本计算的计划年度可比产品总成本＝可比产品,上年预计成本总额(实际)×(1＋计划年度生产增长的百分比)

②测算各项主要因素的变动对成本升降的影响程度

测算材料费用变动对成本的影响。产品成本中材料费用的大小,主要受两个因素影响:一是材料消耗定额的高低,二是材料价格的变动。以上两个计算过程可以合并计算如下:

按上年预计平均材料消耗定额和材料成本降低,一单位成本计算的计划年材料价格同时变动影响可比产品总成本项的成本降低率。

测算工资费用变动成本的影响。产品成本中工资费用的大小,主要受两个因素影响:一是劳动生产率的提高,二是平均工资的增长。

劳动生产率有两种表示形式:一是以单位劳动时间内所生产的产品数量来表示,称为劳动生产率的正指标;二是以生产单位产品所耗用的工时来表示,称为劳动生产率的反指标或逆指标。

劳动生产率的提高率超过平均工资增长率对成本的影响。

测算制造费用变动对成本的影响。在制造费用中有一部分属于固定费用,不随产量的增长发生变动。所以生产增长幅度通常是大于制造费用的增长幅度。这样分摊到单位产品上制造费用就会减少,使产品单位成本降低。

测算废品损失变动对成本的影响。降低废品率会减少废品损失,降低产品成本。

③综合计算计划年度可比产品成本降低率和降低额

综合以上计算结果,即可求得计划期可比产品成本总降低率和总降低额。此项指标,如今以达到企业预期的成本降低目标的要求,即可据以正式编制成本计划。

2.成本计划

(1)成本计划的作用

成本计划是企业生产经营计划的重要组成部分,它以货币形式预先规定企业计划年度产品生产耗费水平和成本降低任务,并且制定实施成本计划的措施。成本计划是在企业的生产、技术、供应、修理等计划的基础上编制的,它要为实现成本降低的目标,进行综合平衡,使其更加协调且经济合理。

成本计划的作用主要有以下三点：

①成本计划是企业广大职工在计划年度低成本方面的奋斗目标，它具有组织群众挖掘降低成本潜力的积极作用。

②成本计划是成本管理的一个重要环节，也是企业内部建立成本管理责任制的基础。成本计划是控制和监督生产耗费、加强成本管理的有力工具；是实行指标分解，建立成本分级分口管理责任制的基础；是开展成本评比活动，分析评价成本任务完成情况的依据。

③成本计划是编制其他财务计划的重要依据。在其他条件不变的情况下，成本的高低决定着企业利润水平的高低和资金占用数量的多少。

（2）成本计划的内容

①主要产品单位成本计划。它反映计划年度企业生产的各主要产品的成本水平和构成情况，以及与上期相比的降低额和降低率是编制全部商品产品成本计划的基础。

②商品产品成本计划。这是计划年度企业生产的可比产品以及不可比产品的总成本计划。按产品质量、原辅料、动力、燃料的价格、质量及消耗量、与工艺技术先进程度有关。

③期间费用预算。它包括：为组织和管理生产经营活动而发生的管理费用的预算；为筹集资金而发生的财务费用的预算；为销售产品或提供劳务而发生的销售费用的预算。

（3）编制成本计划的要求

为了编好成本计划，保证成本计划的先进性和可行性，企业编制成本计划必须贯彻以下几项要求：

①要以先进合理的技术经济定额为依据。这是编好成本计划的基础，在实际工作中，有些企业把编制成本计划与修订各项定额结合起来进行，取得较好的效果。

②要同其他有关计划指标密切衔接。一方面要以生产、物资供应、劳动工资等计划指标为依据；另一方面又要从合理降低产品成本的角度，对其他各项计划提出进一步改进的要求，使各项计划指标既密切衔接，又互相促进。

③要充分发动群众，认真组织讨论，广泛听取意见，制定措施方案。这既是编好成本计划的关键，也是实现成本计划的保证。

（4）成本计划的编制方法

由于企业的生产规模、核算体制及管理要求的不同，企业编制成本计划的方式也不一样。主要有一级核算的成本计划编制和分级核算的成本计划编制两种。小型企业往往实行一级核算，车间不计算成本。在这种情况下，成本计划是由厂财务部门直接编制的。大中型企业一般实行分级核算，车间要计算成本。在这种情况下，成本计划的编制分为两步：第一步是由各车间编制车间成本计划；第二步是由财务部门汇总编制全厂成本计划。

①编制车间成本计划

a. 编制辅助生产车间的成本计划。辅助生产车间各项费用的计划数，可分不同的情况具体确定。

有消耗定额和费用开支标准的，可以按定额和开支标准直接计算。

其他计划中以确定了计划数额的费用项目,可以直接根据有关计划数额填列。除以上两种情况外,某些费用项目,如低值易耗品、修理费等,也可参照上期实际发生数计算确定。

辅助生产费用计划编制后,应将辅助生产车间的全部费用在各受益单位之间进行分配。

b. 基本生产车间成本计划。基本生产车间成本计划分为两部分进行。先按成本项目编制直接费用计划,各项目计划数的确定方法是:

原材料、燃料和动力费用,根据计划期各项消耗定额、计划单价,并结合计划期产品产量进行计算;

生产工人工资及提取的职工福利费,根据计划期产量、单位产品的工时定额和平均每小时工资额计算;

废品损失,根据工艺部门拟定的废品率和劳动部门拟定的废品工时率来确定,也可根据历史资料,结合计划年度降低废品率的要求计算。然后,编制基本生产车间制造费用预算。

其项目的计算方法与上述辅助生产车间相同。制造费用应按一定标准在各种产品之间进行分配。最后,根据各种产品的直接费用和应分配的制造费用,编制按成本项目计算的车间产品成本计划。

②汇总编制全场成本计划

根据各车间的产品成本计划汇总编制主要产品单位成本计划,一种产品编制一张计划表。

根据各种产品单位成本计划和计划产量,编制全部产品总成本计划和可比产品成本降低计划。

先由各业务部门分别编制各自有关部分的费用预算再由财务部门审查汇总编制全场的期间费用预算。

(5)制造成本报告书

表4.3　制造成本报告书

序号	项目	金额(万元)
一、	直接成本	
1	材料费	
1.1	期初材料库存额	1000
1.2	本期材料进货额	2000
1.3	合计	3000
1.4	期末材料库存额	1000
1.5	当期材料费	2000
2	劳动报酬	
2.1	工资	
2.2	奖金	
3	费用	

续表

序号	项目	金额(万元)
二、	间接成本	
1	租赁费	
2	水电费	
3	办公费用	
4	折旧	
5	管理人员工资	
6	物料消耗	
7	修理费	
8	停工损失	

3. 成本控制

(1)成本控制的定义和意义

成本控制是指在企业生产经营过程中,产品成本形成的全过程中对构成产品成本的生产费用支出实行严格计算、调节和监督,预防其超过标准,并采取有效措施纠正不利差异,发展有利差异,使产品实际成本被限制在预定的目标范围之内。

成本控制对成本形成进行全面控制是落实成本目标、实现成本计划的有力保证;对于降低成本、提高经济效益起保证作用;成本控制能更好地执行各项经济制度,监督企业的费用支出范围和标准,从而促使成本核算更准确;发生偏差,及时采取措施予以纠正,使用生产费用的支出在原定的标准之内,以实现目标成本;进行成本控制还要检查监督成本形成过程并及时纠正偏差以达到降低成本的目标。

成本控制一般包括事前控制和成本计划执行过程控制两个方面。事前控制即产品设计阶段的控制。如工艺设计、设备的选用、费用开支预算等,主要用于新产品开发的准备过程。执行过程控制要求实际发生的费用应在各项定额和费用标准之内,直至产品销售完成为止都要进行控制。

成本控制包括以下程序:①制定成本控制标准;②执行标准;③确定差异;④消除差异;⑤考核奖惩。

(2)成本控制的标准

成本控制标准,是对各项费用开支和资源消耗规定的数量界限,是成本控制和成本考核的依据。进行成本控制时,首先要确定成本标准,成本标准是成本控制的基础。企业计划中规定的各种指标就是成本标准,如原料用量标准、工时消耗标准、原料价格标准等。

制定成本标准的主要方法有:定额法、预算法和指标分解法。定额法是采用各种定额来制定成本标准。如原材料消耗定额、工时定额等。预算法是根据预算来确定成本标准。如将车间经费、企业管理费中的一些固定费用编制成预算,实行分级分口预算制。指标分解法是将企业生产经营计划指标分解为更具体的小指标作为成本控制标准,落实到车间、班组和个人,使成本控制、成本计划、成本核算结合起来。

没有控制标准，就无法进行成本控制。应当指出，企业制定的成本控制标准，并不是一成不变的。成本控制标准可以多种多样，应该根据成本形成的不同阶段和成本控制的不同对象制定成本控制标准。在执行过程中，要经常注意各种标准的先进性和适用性，积累资料以及时修正。

在实际工作中，常用的成本控制标准主要有以下几种。

①目标成本。目标成本是在预测价格的基础上，以实现产品的目标利润为前提而确定的。在产品设计阶段，常以产品目标成本或分解成零部件的目标成本为成本控制标准。

②计划指标。成本计划预先规定企业计划期内产品的生产耗费水平和成本降低成效。成本计划一经确定就成为广大职工在降低成本方面的奋斗目标。所以，在编制成本计划以后，常以成本计划指标，例如产品单位成本、可比产品成本计划降低额和降低率、各项费用节约额，以及废品降低率等为成本控制标准。

③消耗定额。消耗定额是在一定的生产技术条件下，为生产某种产品或零部件而需要耗费人力、物力、财力的数量标准。在实际工作中，有各种各样的定额，如材料物资消耗定额、工作定额、设备利用定额等，企业生产经营活动的各个主要方面和主要内容，凡是能制定定额的，都应尽可能地制定出定额。这样，在产品的生产、供应和销售过程中，就可以按照各项定额或标准进行成本控制。

④费用预算。费用预算是规定企业计划期内在经营管理费用方面的支出计划，如管理费用预算、财务费用预算、销售费用预算等。特别是对那些既无消耗定额，又无开支标准的费用支出，更需强调编制费用预算。实践证明，通过费用预算控制费用支出，是节省开支的有效办法。

(3) 成本控制组织体系

为了有效地进行成本控制，企业要建立成本控制组织体系，实行成本分级分口管理责任制。在厂长的统一领导下实行成本分级分口管理，是建立成本管理责任制的有效办法。它包括两个方面：一个是纵向方面，以厂部为主导，把厂部、车间、班组各级组织的成本管理结合起来；另一个是横向方面，以财务部门为中心，把财务部门同生产、技术、供销、劳动工资等部门的成本管理结合起来。

企业各级组织、各部门在成本管理方面的责权和管理内容如下：

①纵向方面

厂部对成本的管理，是在厂领导下，通过财务部门进行的。财务部门是进行成本管理的专业部门，在成本管理工作中负主要责任。

具体内容有：制定本企业的成本管理制度；进行成本预测，编制和落实成本计划；组织成本核算，进行成本控制；监督成本计划的执行情况；对企业的成本进行考核和分析；组织和帮助各部门、各单位开展成本管理工作。

②横向方面

在财务部门对成本进行集中管理的前提下，要按照各职能部门的分工和生产费用发生的地点，确定各项费用的分管部门，明确各职能部门的责任。

修建成本管理工作是在车间主任领导下,由车间成本员负责组织执行。主要内容有:贯彻执行厂部制定的成本管理制度;编制车间成本计划和费用预算;组织实施增产节约计划,审核、控制车间各项生产费用;组织车间成本核算,检查和分析车间成本计划完成情况;督促和帮助各班组开展班组核算,节约生产耗费。

在车间成本员负责组织成本管理的同时,在车间内部也应实行生产费用的分口管理。班组成本管理的范围和内容应根据生产特点、劳动组织和工人管理水平等条件确定。一般是干什么,就管什么,着重管理本身能直接掌握的各项生产耗费。班组成本管理,是在班组长领导下,由工人核算员负责组织执行,同时,也需要与其他工人管理员密切配合,共同努力,降低生产耗费。

(4)成本控制的手段

进行成本控制,除了要明确成本控制标准外,还需要有一定的控制手段。成本控制的手段有很多,不同的成本费用项目可以采用不同的控制手段。比较常见的、对各个成本费用项目都适用的控制手段主要有以下几种:①凭证控制;②制度控制;③内部货币控制。

(5)材料费用的控制

材料费用的多少,总的来说受两方面因素的影响:一是材料的消耗数量,二是材料的采购成本。要节约材料费用,就要从控制材料消耗量、降低材料采购成本入手,其中以控制材料消耗量为主。

①严格控制材料消耗量

在控制材料消耗量方面,财务部门应配合有关部门,从影响材料消耗的各个因素和全部过程来考察,并采取适当的方法加以控制。

a. 控制材料消耗,就要从改进产品设计这个根本问题上抓起。特别是机械产品,这个问题就更为突出。与此同时,还要采用先进生产工艺和改善下料方法,以提高材料利用率,节约原材料消耗。

b. 指定材料消耗定额,实行限额发料制度。在这方面应注意以下几点:

制定先进合理的消耗定额;编制限额发料凭证,实行凭证定量供应;控制材料整理、准备过程中的消耗尽可能地减少切削余料、边角废料,提高材料利用率;严格执行限额差异补料审批制度,对超定额用料,特别是由于废品增加和使用浪费,需要补料时,必须首先查明原因,并提出改进措施,经过一定的批准手续方可补领材料;定期考核评比消耗定额的执行情况,分析增减变动的原因,并根据变化了的情况,适时修订定额。

c. 对运输过程中的自然损耗与合理的途中损耗,可以作为采购费用处理。如超过合理范围发生大量损耗或因责任事故造成短缺应查究原因,明确责任,并作适当处理。仓库要严格执行材料验收制度、仓库保管制度和材料盘点制度。为了控制材料的损耗,供应部门应制定库存材料正常损耗率,作为考核材料保管工作的一项指标。

d. 搞好废旧材料的回收、修复和综合利用工作。对材料物资实行综合利用,不仅可以节约材料费用。而且可以扩大材料来源,增加产品品种为社会创造更多的财富。

②努力降低材料采购成本

在控制材料采购成本方面要从材料采购成本的构成要素来考察。分别采取不同措施加以控制材料采购成本,包括材料购买价格和材料采购费用。

a.严格控制材料购买价格的方法主要是:

根据情况确定不同价格、材料的采购比例实行比例控制。对一些差价比较悬殊的原材料,在确保原材料必要质量的前提下,可采用相对平均采购价格进行控制。对一些价格比较稳定的原材料,可以根据上年度第四季度的实际采购价格,结合技术化年度新的情况做必要调整,形成预测采购价格,并据以进行控制。

b.对材料采购费用,应注意分项加以控制,主要是:

运输、搬运、装卸费用。供应部门要合理组织运输、装卸工作,就近购买,选用适当运输方式,提高工作效率,以降低运输、装卸费用。加强途中管理,降低途中损耗。严格掌握其他采购开支,如采购人员差旅费及经常性采购费用。

此外,在可能情况下,合理采用资源多的材料代替稀缺材料,价钱便宜的材料代替贵重材料也是节约物资消耗、降低材料费用的一个重要途径。

(6)工资费用的控制

工资费用的控制,一般是从以下几方面来进行的。

①制定先进合理的劳动定额和编制定员。

制定劳动定额就是规定生产每一单位产品应耗用多少工时,或者在单位时间内应该生产多少产品。确定编制定员,就是规定企业未正常进行生产经营活动所必需配备的各类人员的数量。劳动工资部门应会同生产计划等部门,根据企业的生产任务,现有的人员和技术装备等条件,制定既先进又合理的劳动定额和编制定员。企业财务部门要参与劳动定额和编制定员的制定工作,经常分析定额和定员的执行情况。

②实行工资总额与平均工资水平双重控制

a.进一步改进和完善工效挂钩办法,使工资总额的增长幅度低于经济效益的增长幅度,从而保证企业公司与经济效益协调发展。

b.控制平均工资水平,使职工平均工资的增长速度低于劳动生产率的增长速度。

③完善企业内部分配制度,加强日常监督管理

企业内部分配制度应该结合企业的生产特点,采用灵活多样的分配方式。除常用的计时工资制和计件工资之外,有些企业还提出了一些新的工资形式,例如动态工资制、岗位技能工资制超额分段累进计件工资制等。无论实行何种工资制度,财务部门都应进行监督管理。

(7)制造费用和期间费用的控制

制造费用和期间费用都属于综合性费用,对这部分费用的控制,首先应当了解他们的特点:一是项目多,比较分散;二是带有相对固定性,一般不与生产数量型成比例地变动。根据上述特点,制造费用和期间费用的控制主要应掌握以下几点:

①对各费用项目实行指标分口分级管理,明确责任单位

制造费用是车间、分厂为组织和管理生产而发生的,应由各车间、分厂责任管理。管理费用是

企业行政管理部门为管理和组织经营活动而发生的各项费用。应按费用发生的地点和内容,有各有关科室分别负责管理。至于财务费用、销售费用则分别由财务部门、销售部门负责管理。财务部门是综合管理各项费用的部门,应按期审核各项费用预算,确定分管指标,组织各项费用归口分级管理、监督和检查指标执行情况,并对节约费用开支提出意见和要求。

②制定费用定额,按月规定费用指标

对于制造费用和期间费用,主要是通过预算进行控制,即预算控制。为了保证制造费用预算和期间费用预算的正确编制和执行,必须制定合理的费用开支标准。有国家规定费用开支标准的,应按规定执行,不能任意提高费用开支标准。每月开始前,财务部门应会同各费用归口管理部门,根据季度制造费用和期间费用预算的要求,确定当月各项费用的指标。

③严格控制各项费用的日常开支

控制各项费用日常开支的方法多种多样,根据一些企业的实际经验,一般应抓住以下几个环节。

建立费用手册,实行总额控制,建立必要的费用开支审批制度,建立必要的费用报销审核制度。

审核的内容主要是凭证所反映的内容是否真实;此项开支是否符合费用开支范围;开支标准是否合乎规定;有无预算指标,手续是否齐备。

4.成本分析

成本分析是成品管理的重要环节,是对成本有关数据作出由此及彼的比较,找出成本费用提高或降低的影响程度,降低销售收入中成本所占的比重,提高经济效益。企业进行定期和不定期的成本分析,在查明费用预算和成本计划的完成情况,找出成本费用管理工作中的成绩和问题,明确成本管理的责任,挖掘企业降低成本、节约费用的潜力,以及为编制成本计划,进行成本预测和决策提供资料等方面有重要意义。

(1)成本预测和决策的意义

①可以提高企业的经济效益

通过成本分析正确认识和掌握成本变动的规律、不断挖掘企业内部潜力、降低产品成本,可以查明企业费用预算完成和成本计划的完成情况,找出影响计划(预算)完成的原因,分析影响成本计划和费用预算完成的各种因素的影响方向(有利因素和不利因素)和影响程度,评价企业成本计划的先进性和可行性,总结成本管理工作中的经验教训。发现成本管理工作中的问题,从而总结原因,进一步提高企业的经济效益。

②可以为经济决策提供依据

通过成本分析,可以对成本计划的执行情况进行有效的控制,对执行结果进行评价,肯定成绩,指出存在的问题,以便采取措施,为提高经营管理水平服务,为编制下期成本计划和作出新的经营决策提供依据,给未来的成本管理指出努力的方向。

③可以挖掘内部增产、节约潜力

通过成本分析,可以挖掘企业内部增加生产、节约费用、降低成本的潜力,促使企业改进生产经营管理和成本管理，提高经济效益。

(2)成本分析的内容

①成本分析贯穿于成本管理工作的始终，包括事前成本分析、事中成本控制分析和事后成本分析。

a.事前成本分析

是指事前预计和测算有关因素对成本的影响程度，其主要包括两个方面内容，即成本预测分析和成本决策分析。

b.事中成本控制分析

是指以计划、定额成本为依据，通过分析实际成本与计划成本或定额成本差异，对成本进行分析控制。

c.事后成本分析

是指产品生产过程中发生的实际成本与计划成本的比较，对产生的差异进行分析，找出成本升降原因，是成本分析的主要形式。主要包括：全部商品产品成本分析、可比产品成本分析、主要产品单位成本分析、产品成本技术经济分析。

②成本分析工作内容也可分为产品生产阶段的成本分析、经营决策阶段的成本分析、产品设计和工艺方法阶段的成本分析。

a.产品生产阶段的成本分析

产品生产阶段的成本分析工作主要是考核产品成本计划的情况，确定企业在降低成本方面的成绩和找出进一步降低费用的潜力。其主要工作有成本的报表包括商品产品成本、可比产品成本、不可比产品成本分析。成本的技术经济分析，即分析生产技术水平高低对成本升降的影响，找出对成本影响最大的技术指标，从而有的放矢地在企业技术上采取改进措施，促进经效益提高。此外还要收集和利用国内外同类企业产品的成本与本企业的实际数据进行对比，找差距，开拓视野，提高分析质量。

b.经营决策阶段的成本分析

经营决策的成本分析主要是努力寻求降低企业生产总成本在销售收入中所占比重的经营方案，以便控制好产品品种和产量等生产计划指标。

c.产品设计和工艺方法阶段的成本分析

产品设计和工艺方法的成本分析。重点是努力提高产品的功能对成本比例亦称成本功能进行分析。其方法主要是根据对同类型产品和可比产品的市场售价和目标利润的要求，通过分析确定产品设计目标成本，并根据产品的设计目标成本进行成本功能分析。在各设计方案中选取功能满足要求、成本相对较低的最优方案。

实际成本的分析主要是指生产阶段的成本分析。分析实际成本的基本方法主要有比较法等。比较法是指分析实际成本与计划成本等进行对比，应用比较法分析实际成本时，必须有可比对象，在现行成本的报表中除实际成本数据外，还应有计划成本和上年实际成本、历史成本等作比较对象。显然这可比对象性质上应具有同一性即相互比较的指标内含一致、计价基础一致、计量单位和时间长短一致。由于历史条件不同，如职工工资水平、物价水平、固定资产多少和折旧方法等不可比因素存在，则需调整这些因素再进行成本分析。

(3) 成本分析评价

成本分析评价，是对企业成本水平和成本管理的工作的总结和鉴定。通过成本分析评价，一方面鼓励先进、鞭策落后；另一方面总结经验、分析原因，为正确编制下一个计划期的成本计划提供可靠的数据。

成本分析评价要通过一定的经济指标来进行，目前常用的指标如下。

①主要产品单位成本：用单位成本指标分析评价企业的成本水平，简单清晰。它适用于产品品种较少的企业。

②可比产品成本降低率，是指同一产品的两个不同时期成本相比的降低额与前期成本水平对比的比率。这个指标有两个特点：一是综合性，二是可比性。它可以反映企业成本水平发展变化的趋势和速度。缺点是不能反映成本指标的全貌。因此，它只适用于可比产品在全部产品中所占比重比较大的企业。

③全部产品成本降低额：可比产品比重小的企业，应对企业全部产品的计划成本完成情况进行分析评价。用全部产品的实际成本与按实际产量计算的计划总成本相比，实际成本小于计划成本的差额，即为全部产品成本降低额。

④百元产值成本：用实际产值成本与计划产值成本相比较，可以综合反映企业全部产品成本水平及其节约和超支情况。用本厂百元产值成本指标与同类企业的百元产值成本的指标相比较，可以评价不同企业的成本水平和成本管理工作。

⑤行业平均先进成本：将不同企业的产品个别成本与行业平均先进成本进行对比分析，有利于鼓励先进、鞭策落后，促使企业努力降低产品成本。

实训一　食品企业产品质量的成本管理

1. 目的

学会并掌握食品企业产品质量的成本管理。

2. 方法原理

【例9】某罐头厂经讨论拟定，将可采取措施后确定本年度比上年度产品成本降低率为10%，其促进降低成本的因素有：产品产量增长22%，原材料消耗定额降低8%，燃料与动力定额降低5%，工人劳动生产率提高15%，工人工资平均增加6%，车间经费增加2%。企业管理费压缩10%。该厂上年度成本中各项所占比重为：原材料60%，燃料与动力5%，工资20%，车间经费5%，企业管理费10%。

原材料成本降低率(%) = 原材料占成本比重(%) × 原材料消耗定额降低(%)

成本降低率1(%) = 工人工资占产品成本比重(%) × $\left(1 - \dfrac{1+平均工资增长}{1+劳动生产率提高}\right)$

成本降低率2(%) = 车间经费占产品成本比重(%) × (1 − $\frac{1+车间经费增加}{1+产量增加}$)

燃料动力降低率(%) = 燃料与动力成本比重(%) × 燃料与动力定额降低(%)

管理费成本降低率(%) = 企业管理费占产品成本比重(%) × (1 − $\frac{1-企业管理费降低}{1+产量增加}$)

可知各项增产节约措施对降低产品成本的保证程度,如果总成本降低率基本达到要求,可进行成本计划的编制。

3. 要求

据此进行试算:原材料成本降低率,成本降低率,燃料动力、管理费成本降低率。总成本降低率是否基本达到要求,可否进行成本计划的编制。

项目五 企业利润分配管理

企业的利润分配管理涉及利润在国家、投资者、企业、员工之间进行配置和调整的问题。企业留用的利润多少,在很大程度上影响到企业的再生产活动的顺利进行和经营活动的扩大。因此,企业应处理好这一利益分配关系,以提高自身的价值。

任务一 企业的利润及其构成

(一) 企业利润构成

利润是企业一定时期生产经营活动的最终成果。它是企业经营成果的集中体现,也是衡量企业经营管理业绩的重要指标。企业利润由营业利润、投资收益、营业外收支净额三大部分组成,不同的利润来源及其各自在利润总额中所占比重,往往能反映出企业不同的经营业绩和经营风险。

1. 营业利润

营业利润是企业在生产经营活动中创造的,它直接客观地反映出企业的经营业绩,代表了企业的总体经营管理水平和效果。营业利润又由主营业务利润和其他业务利润构成并扣除管理费用、财务费用、营业费用等期间费用。

(1) 主营业务利润

主营业务利润是企业销售产品或提供劳务而取得的利润。每个企业的经营活动都是紧紧围绕着自己的主业来展开,由主业产生的利润理应在利润总额中占较大比重,即主营业务利润应是企业利润形成的主要来源,才能说明企业的经营业绩好,营利水平高。企业主营业务利润的大小直接与企业的销售收入的高低、成本费用控制的严格程度密切相关。一般情况下,企业主营业务利润大,可以说明企业在两方面取得了成绩:

①企业产品销售状况良好,具有一定的销售规模和市场占有率,主营业务业绩突出。

②企业直接成本费用控制合理。一个企业不能严格控制成本,降低各项费用,即便有再高的主营业务收入,也会被成本费用所侵蚀,形不成较高的主营业务利润。所以较高的利润取决于企

业扩大销售规模和严格的成本费用控制。如果一个企业的主营业务利润较小甚至亏损时，企业应从自身的生产规模、销售规模、成本费用控制找原因，只有找准原因，才能采取相应措施，改变亏损局面，提高主营业务利润。

(2) 其他业务利润

其他业务利润是企业附属业务，如材料销售、技术使用权转让等带来的利润，反映出企业多元化经营成果。多元化经营对每个企业来说都是都有其利弊的。有利之处是：①增加企业的利润，提高营利能力；②分散企业经营风险，一旦主营业务进入困境，副业收入可帮助企业渡过难关。

2. 投资净收益

投资净收益是企业对外投资，如债券投资、股票投资中取得的收益。债券投资，风险相对较小，收益相对较低但较稳定；股票投资，特别是短期股票投资，风险较高，收益也较高但不稳定，会给企业带来较大的风险。当一个企业的投资收益成为利润主要来源，即在利润中占较大比重时，则意味着企业潜伏着较大风险，因为企业花费了主要人力、财力、精力去精心经营的主业，其取得的利润还没能高于对外投资取得的收益，这是值得企业深思的问题。作为企业，经营目标不能也不应该立足于冒着极大风险去追求最大收益，但是企业也不能因为有风险而放弃投资。从财务管理角度看，任何经营都应以相对较低风险取得相对较高收益，这就要求企业的对外投资应从量和质两方面把关。量即对外投资总量，要适度，应根据投资报酬、经营目标、市场规模、产业政策、筹资能力、自身素质等确定合理投资规模，即对外投资应控制风险，提高收益。这就需要权衡投资的收益和风险关系，进行组合投资，以提高投资收益，分散和软化投资风险。

3. 营业外收支净额

营业外收支净额是企业在非生产经营中的所得，如固定资产出售、盘盈、罚款收入等，带有很大的偶然性，收支净额大，可以增加企业的总利润，但不能说明企业的经营业绩好；相反收支净额为负数时，则应引起管理者的重视，分析造成的原因。如果主要是固定资产盘亏、企业经营中因违约支付赔偿金和违约金造成的，那么管理者应采取相应措施，加强管理，杜绝不必要的损失发生。对利润构成进行分析，不仅有利于管理者看到自身取得的成绩，更重要的是让管理者发现企业存在的问题，并找到问题的根源，在此基础上加强对企业筹资、投资、营运资金、营销活动的管理，真正做到各个环节降低成本，化解风险，提高利润，实现企业价值最大化。

(二) 影响利润的因素

1. 追求业绩增长，忽视利润增长

有的企业负责人，非常在意有多少规模、多少技术设备、多少产能、多少销量，可是了解到利润这个最核心的问题，却连连摇头，原来连3%的利润都没有，甚至到了亏损的边缘。如某企业想请名人做品牌代言，并在央视投放品牌形象广告，代言费和广告费、宣传物料的费用至少800万元，而该企业的产品是中低端产品，利润只有不到3%，假如通过明星代言宣传，在现有1.5亿元基础上销量增长一倍，只增加了450万元利润，投入与产出相差350万元，不但不能改变现在低利润的困境，还要倒赔300多万元，这样的生意明显不合算。可国内就是有一些企业，抱着对销量的无限追求，大肆进行广告投入，结果资金链被打断，最后轰然倒下。

2. 服务缺失带走利润

有的企业优质服务仅仅是一个幌子，一旦打电话找到服务人员，他们马上答复不清楚、不知道，这事情和我没关系。如在惠民超市买到问题食品，到超市说打电话给厂商吧，打厂商的电话说与超市联系就行，到超市再次询问给答复等供应商，这样的食品换了你，下次还会买吗？不会给周围的亲朋好友建议吗？导致企业大量的客户因服务不周而流失，营业额和利润下滑也就成为必然了。

3. 员工敷衍了事、作风拖沓、精神不振

如某企业由于不重视企业文化和团队的建设，每个部门的员工互相扯皮，办事效率非常低，经销商打电话要求补货，没人管，招商的业务员不愿意出去跑业务，许多该报的住宿差旅费迟迟不给报，大量的加盟商流失，部分区域市场已经拱手相让给后起之秀。

4. 产品缺陷

许多企业产品质量不错，但是却忽略了一些容易察觉的细节，如某果汁饮料企业推出的果汁占据着超市货架最好的位置，但是 PET 包装的产品有一个共同特征，瓶盖非常难打开，尤其是一种 10% 的橙汁饮料，瓶口很大，但是瓶盖却要费很大劲才能打开，而且一不小心就会把果汁溅在衣服上，对饮料产品包装的问题导致复购率降低，给消费者带来了麻烦，给企业带来了损失。

5. 随意发动价格战

广告战、促销战烧掉利润。市场经济发动价格战、广告站、促销战是司空见惯的商业行为，但是不少企业把战术的行为演变为日常的行为，长期地进行广告轰炸、价格跳水，一旦广告播出频次稍微减少一些，终端的货就出现了滞销，一旦促销期结束，售点马上就几个月门可罗雀。于是继续上述行为，带动销量的提升。企业陷入这样一种恶性循环的圈子里无法自拔，每次看到财务报表的那些居高不下的广告费和销售费用，以及那越来越少的利润，甚至亏损无所适从。企业迷失了方向，投入巨大，却收效甚微。

6. 库存积压，吞噬利润

因为产品有明显的淡旺季，带来大量的库存，如冷饮。消化不掉的库存占用了大量的资金，无法投入到再生产中，这样盈利实际上只是账面上的，为了消化库存，不惜代价折扣甩卖，即便如此还是有很多积压商品无法消化。

企业经营根本核心目的是盈利，追求其他都是本末倒置，管理不善将对企业健康持续发展产生影响。

任务二　企业利润管理的内容

利润管理与成本管理有着密切的联系，它建立在成本管理之上，企业只有不断提高成本管理水平和效益才能实现利润管理的目标。

(一)利润预测与规划

利润预测是对公司未来某一时期可实现的利润的预计和测算。它是按影响公司利润变动的各种因素,预测公司将来所能达到的利润水平,或按实现目标利润的要求,预测需要达到的销售量和销售额。

目标利润就是指公司计划期内要求达到的利润水平。它既是公司生产经营的一项重要目标,又是确定公司计划期销售收入和目标成本的主要依据。正确的目标利润预测,可促使公司为实现目标利润而有效地进行生产经营活动,并根据目标利润对公司经营效果进行考核。

公司的利润包括营业利润、投资净收益、营业外收支净额三部分,所以利润的预测也包括营业利润的预测、投资净收益的预测和营业外收支净额的预测。在利润总额中,通常营业利润占的比重最大,是利润预测的重点,其余两部分可以较为简便的方法进行预测。

(二)利润分配

利润分配,是将企业实现的净利润,按照国家财务制度规定的分配形式和分配顺序,在企业和投资者之间进行的分配。利润分配的过程与结果,是关系到所有者的合法权益能否得到保护,企业能否长期、稳定发展的重要问题,为此,企业必须加强利润分配的管理和核算。企业利润分配的主体是投资者和企业,利润分配的对象是企业实现的净利润;利润分配的时间即确认利润分配的时间,是利润分配义务发生的时间和企业作出决定向内向外分配利润的时间。

1. 依法分配原则

企业利润分配的对象是企业缴纳所得税后的净利润,这些利润是企业的权益,企业有权自主分配。国家有关法律、法规对企业利润分配的基本原则、一般次序和重大比例也作了较为明确的规定,其目的是保障企业利润分配的有序进行,维护企业和所有者、债权人以及职工的合法权益,促使企业增加积累,增强风险防范能力。我国有关利润分配的法律和法规主要有《公司法》《外商投资企业法》等,企业在利润分配中必须切实执行上述法律、法规。利润分配在企业内部属于重大事项,企业的章程必须在不违背国家有关规定的前提下,对本节利润分配的原则、方法、决策程序等内容作出具体而又明确的规定,企业在利润分配中也必须按规定办事。

2. 资本保全原则

资本保全是责任有限的现代企业制度的基础性原则之一,企业在分配中不能侵蚀资本,利润的分配是对经济中资本增值额的分配,不是对资本金的返还。按照这一原则,一般情况下,企业如果存在尚未弥补的亏损,应首先弥补亏损,再进行其他分配。

3. 充分保护债权人利益原则

债券人的利益按照风险承担的顺序及其合同契约的规定,企业必须在利润分配之前偿清所有债权人到期的债务。否则不能进行利润分配,同时在利润分配之后。企业还应保持一定的偿债能力,以免产生财务危机,危及企业生存。此外,企业在与债权人签订某些长期债务契约的情况下,其利润分配政策还应征得债权人的同意和审核方能执行。

4. 多方及长短期利益兼顾原则

利益机制是制约机制的核心,而利润分配的合理与否是立即使最终能否持续发挥作用的关键。企业必须兼顾利润分配设计者、投资者、经营者、职工等多方面的利益,并尽可能地保持稳定的利益分配,在企业获得稳定增长的利润后应增加利润分配的数额和百分比。它是由于发展及优化资本结构的需要除依法必须留用的利润外,企业仍可以出于长远发展的考虑。合理留用利润。在积累与消费关系的处理上确应贯彻积累有限的原则,合理确定提取盈余公积金和分配给投资者利润的比例,使利润分配真正成为促进企业发展的有效手段。

(三)企业股利管理

1. 制定合理的股利分配政策

股利分配是指企业向股东分派股利,是企业利润分配的一部分,包括股利支付程序中各日期的确定股利支付比率的确定支付现金股利所需资金的筹集方式的确定等。

股利分配政策是指股份制企业确定股利以及与之有关的事项所采取的方针和政策,其核心是正确处理公司与投资者之间、当前利益与长远利益之间的关系,从实际情况出发,确定股利支付比例一般说来,股份制企业股利分配政策有以下几方面。

(1)剩余股利政策,即将企业的税后可分配利润首先用作内部融资,在满足投资需要后剩余部分用于向股东分配股利。

(2)稳定的股利政策及支付给股东的股利总是维持在一定水平上不随盈利的增减变化而变化。

(3)变动的股利政策及企业支付给股东的股利随盈利额的变动而变动。

(4)正常股利加额外股利的股利政策。企业一般每年按固定数额向股东支付正常股利,遇到盈利有较大幅度增长时,再加付一部分额外股利。

企业在确定股利分配政策时要遵循一定的原则,并充分考虑影响股利分配政策的相关因素与市场反映。是公司的收益分配规范股利分配政策不仅影响股东的利益,而且影响企业在资本市场上的形象、声誉及股票的价格,影响企业的长短期利益,因此制定合理的股利分配政策是十分重要的。

2. 企业股利支付的形式

根据我国《股份有限公司规范意见》规定,股份制企业的股利发放主要有现金股利和股票股利两种形式。无论采用什么形式分派股利。公司董事会均应确定一些必要的日期界限,主要是:①股利发放宣告日;②股权登记日;③除息日;④股利发放日。

(1)现金股利形式

现金股利是以现金方式向股东派发的股利,也是最常见的一种股利派发方式。投资者之所以投资于股票,主要是希望得到较一般投资者多的现金股利。发放现金股利,必须具备三个条件:①有足够的留存收益;②有足够的现金;③由董事会决定。

(2)股票股利形式

股票股利是企业将应分配给股东的股利以股票的形式发放。股票股利对公司来说,并没有现金流出，也不会导致公司的财产减少，而只是将公司的留存收益转化为股本。股票股利会增加流通在外的股票数量(股数)，同时降低股票的每股价值。它不会改变公司股东权益总额，但会改变股东权益的构成结构。从表面上看，分配股票股利除了增加所持股数外好像并没有给股东带来直接收益，事实上并非如此。因为市场和投资者普遍认为公司如果发放股票股利往往预示着公司会有较大的发展和成长，这样的信息传递不仅会稳定股票价格甚至可能使股票价格上升。另外，如果股东把股票股利出售，变成现金收入，还会带来资本利得在纳税上的好处。因为相对于股利收入的纳税来说，投资者对资本利得收入的纳税时间选择更具有弹性，这样即使股利收入和资本利得收入没有税率上的差别。仅就纳税时间而言，由于投资者可以自由向后推迟资本利得收入纳税的时间，所以他们之间也会存在延迟纳税带来的收益差异。所以股票股利对股东来说并非像表面上看到的那样毫无意义。

任务三 利润税金的计算

企业的产品销售收入减去产品成本以后的数额，称为企业的纯收入，它是企业劳动者所创造的剩余产品价值的货币表现。产品销售税金是按产品销售收入和国家规定的税率计算的。企业应纳税金多少，受产品销售数量多少、价格高低和税率高低的影响。

产品销售利润是企业纯收入扣除税金后的其余部分，利润的多少，主要受产品成本高低的影响。增加企业利润、税金是保证社会主义社会正常活动的必要条件；是社会主义建设资金积累的主要来源；是增进劳动人民物质生活福利的最主要的资金来源。

产品销售利润，税金计划的编制可采用直接计算法。这种方法是按照各种产品的计划销售量、价格、税率和计划成本逐一计算每种产品的利润。

计算式：

某产品计划销售利润＝该产品计划销售量×单位产品销售价格－单位产品销售税金－单位产品销售成本－单位产品销售费用

利润率＝计划成本×成本利润率

出厂价格计划成本＋利润/1－税率

税金＝出厂价格－计划成本－利润

或＝(计划成本＋利税/1－税率)×税率

＝税率/1－税率×(计划成本＋利润)

利润是企业经济活动效果的综合反映。要认真执行利润、税金计划。利润、税金计划指标必须分解、落实到各部门、车间、班组。要深入开展增产节约，实现增产增收。实行以需定产，提高产品质量，降低产品成本。及时组织产品销售，及时进行贷款结算。企业的利润、税金实现后，及时上缴，不挪用，不拖欠。

实训二 利润、税金计划表的编制

1. 目的

学会并掌握利润、税金计划表的编制。

2. 方法原理

【例9】某食品企业利润、税金计划资料见表4.4

表4.4 利润、税金计划 （单位：万元）

项目	上年实际	本年计划
产品销售收入	1566.25	1799.75
销售税金	38.21	56.83
销售成本	1300.9	1347.2
销售利润	278.0	395.9
其他销售利润	10.2	15.0
营业外收入	0.2	0.5
营业外支出	4.0	4.5
固定资金占有费	43.0	44.9
流动资金占有费	12.2	15.1
利润总额	281.3	346.9
归还专用借款利润	1.3	2.1
利润留成	15.4	21.0
上交利润	202.9	300.88

根据新《企业会计准则》的规定，新的利润表格式如表4.5所示。

表4.5 利润表

会企 表

单位：××有限公司　　　　　　　　年　　月　　　　　　　　单位：元

项目	行次	本年累计数	上年全年
一、营业收入	1		
减：营业成本	2		
营业税金及附加	3		
销售费用	4		
管理费用	5		
财务费用	6		
资产减值损失	7		
加：公允价值变动净收益	8		

续表

投资净收益	9		
二、营业利润(亏损"-"号填列)	10		
加:营业外收入	11		
减:营业外支出	12		
其中:非流动资产处置净损失	13		
三、利润总额	14		
减:所得税	15		
四、净利润	16		
五、每股收益	17		
(一)基本每股收益	18		
(二)稀释每股收益	19		

单位负责人：　　　　　财务负责人：　　　　　会计主管：

3. 要求

能够进行利润、税金计划表的编制。

项目六　食品企业经济效益分析

任务一　经济核算

1. 经济核算

经济核算是为提高企业生产经营成果而进行的多项经济活动及其方法。它以获得最佳经济效益为目标,运用会计核算、统计核算和业务核算等手段,对生产经营过程中和劳动和物资消耗以及取得的成果,用价值形式进行记录、计算、对比和分析增产节约的潜力和途径。因此它是有计划管理经济的方法。

2. 经济核算内容

企业经济核算内容包括生产经营全过程的核算。主要是商场消耗的核算、生产成果的核算、资金使用效果的核算和经营成果的核算。

生产消耗的核算,又称生产成本的核算,包括物质消耗与劳动消耗两方面。生产成果的核算,包括质量和销售收入两个方面。资金使用效果的核算包括固定资金使用效果和流动资金使用效果两方面,即要少花钱、多办事。经营成果的核算又称财务成果核算及利润的核算,各项核算内容通过一系列经济技术指标来体现。

3.经济核算组织

通过经济核算,职工个人的经济利益要同工厂的经济利益挂起钩来,做好考核、分析、评比工作,提高核算的效果。中国国营企业的经济核算普遍采取统一的领导,分级归口管理专业核算与群众核算相结合的方法。经济核算组织形式,可以是厂级、车间,班组。大型企业一般实行厂级、车间、班组三级核算,中、小型企业一般实行厂级、车间二级核算或厂级一级核算。科室的核算属于专业核算。企业经济核算的日常工作,通常有计划财务部门组织有关科室、车间的职能人员进行。实行经济核算,有利于加强企业管理,调动职工的积极性,促进企业改善生产经营。

4.经济核算指标体系

经济核算的指标体系,一般包括产量指标(实物产量、工时产量)、产值总标(总产值、商品产值、净产值)、品种指标(产品品种数量、新产品数量等)、质量指标(产品或零部件合格率、优质品率成品或部件一次装配合格率等)、劳动指标(全员和生产工人劳动生产率工时利用率等)、物质消耗指标(单位产品消耗量、万元产值物资消耗量等)、设备利用指标(设备利用率等)、成本指标(主要产品单位成本、可比产品成本降低率等)、资金占用指标(固定资金利润率、流动资金利润率、流动资金周转天数等)、利润指标(资金利润率、产值利润率)等。

任务二 企业经济效益的内容

(一)经济效益的含义

经济效益是指企业经济活动所得到的实际利益与这一过程各种资源的占有和耗费之比。"效"既包括效率,也包含效果,"益"则包括个人、企业和整个社会在内的共同利益。经济效益是效与益的有机结合。"效"是"益"的条件和手段,"益"是"效"的结果和目的。经济效益对企业各项经营管理活动有着支配作用。

经济效益是微观效益与宏观效益的统一。微观经济效益是指企业的经济效益,宏观经济效益是指整个国民经济总体的经济效益。企业的经济活动与整个国民经济互为条件、相互依赖。微观经济效益是宏观经济效益的基础。各个企业的经济效益好,整个国民经济的效益才能高。宏观经济效益又是微观经济效益的前提和保证,如果整个国民经济的发展方向有误,并且结构不合理,财政、物资等失去平衡,微观经济效应就失去了保障。微观经济效益与宏观经济效益又是相互矛盾的,有些对企业十分有利,有经济效益的经济活动、从整个国民经济整体角度来看,则是无利甚至是有害的。

企业微观经济效益必须服从宏观经济效益。要在保证宏观经济效益的前提下不断提高企业微观经济效益,在提高企业经济效益的基础上不断提高整个国民经济的宏观经济效益,这是由社会主义公有制和社会主义基本经济制度所决定的。

经济效益是眼前效益与长远效益的统一。经济效益既包括眼前的实惠,又包括长远的利益,必须把两者统一起来。抓眼前经济效益,必须着眼于长远,只有长远效益好于目前的效益,才有长期的保证。但是,在实际工作中,眼前效益与长远效益往往是矛盾的,有些措施对提高长远效益有利,而眼前效益并不明显,如智力投资、职工教育等;有些措施眼前效益好,却会损害长远利益,如滥发奖金、变相涨价等。

经济效益是直接效益与间接效益的统一。企业的经济活动成果既表现为直接的经济效益,如产出、劳动效率、资金与设备的利率等,也表现为造福于社会、造福于人类的间接的经济和社会效益。从整体效益的长远效益的观点出发,要造福于社会、造福于人类的间接效益比直接效益具有更重要、更深远的意义。要把两者有机地统一起来。

(二)企业经济效益的内容

企业经济效益从其内涵与提高途径角度看,可分为潜在经济效益、资源配置经济效益、规模经济效益和技术进步经济效益及管理经济效益。对企业来说:企业经济效益是企业一切经济活动的根本出发点。提高经济效益,有利于增强企业的市场竞争力。企业要发展,必须降低劳动消耗,以最小的投入获得最大的效益。只有这样,才能在市场竞争中不被淘汰,获得发展。企业是市场的主体,企业经济效益的高低,一个突出表现在能否在激烈的市场竞争中站稳脚跟。由于企业的经营管理水平和企业科学技术水平差别的现实存在,以及激烈的市场竞争,必然会出现优胜劣汰。

(三)提高经济效益的方法和途径

采用现代管理方法,提高经营管理水平是提高企业经济效益的主要方法,科学的管理也是现代企业制度的重要内容。企业经营中涉及产品结构调整、市场开发、人力资源配置、产品质量等一系列环节,在经济管理中能不能分清经营中的重点并首先处理好,是一个企业管理科学与否的问题。只有这样才能提高企业的经济效益。提高经济效益的途径——管理和科技,两者本身就是不可分割、相互依赖、相互促进的。因为管理本身就是一种科学,提高管理水平也需要先进的科学技术和手段,而管理水平的提高也有利于先进技术的有效使用。所以,如果说提高经济效益是企业一切经济活动的根本出发点,是企业生产的最大目的的话,那么依靠科技和管理则是达到这一目的的两种方法和途径,它们是一致的,只是两个不同侧面而已。

(1)运用科学的企业管理手段,有效地发挥人力、物力等各种资源的效能,以最小的消耗生产出最多的适应市场需要的产品,有利于企业提高经济效益。

(2)作为企业的组织者和经营者,既要合理安排企业,又要从我国的基本国情出发,遵循价值规律,适时适宜地组织企业生产,把握市场信息,了解市场行情,提高产品质量,搞好售后服务。

(3)谁抓住了科技先机,谁就抢占了经济发展的制高点。世界经济竞争实质就是科技水平的竞争。而科技竞争其实就是人才的竞争,科技和人才是兴国之本。

任务三 经济效益指标

(一)经济效益指标体系

1. 经济效益分类

按考察的范围来区分经济效益大致可以分成:国民经济效益(即社会经济效益);地区经济;经

济效益；企业经济效益。

宏观经济效益是指国民经济效益。它通过社会总耗费与所创造的社会物质成果和社会效应进行比较，反映整个国民经济活动所产生的收入的提高。它的目标是实现按人口平均占有的国民收入和主要产品产量的不断增长，争取国民经济发展的较高速度。

企业经济效益是指单个企业的经济效益，它是通过各个企业合理地组织生产经营活动，充分发挥人力、物力资源使用效能而取得的，属于微观经济效益。

2. 经济效益指标体系

国家通过建立经济效益指标体系来对企业所承担的经济责任进行考核。从反映企业经营管理状况来分析，主要经济效益指标可以分为三类：反映企业产量完成情况的经济效益指标，反映企业财务状况的经济效益指标和反映企业工作质量的经济效益指标。

(1) 反映企业产量完成情况的经济效益指标

反映企业产量完成情况的经济效益指标是企业总产值的增长率。企业总产值是以价值形式表现的企业生产的产品总量，也就是企业在一定时期内生产的产品总价值。总产值是以货币形式说明企业在一定时期内生产活动的总成果，企业总产值和企业总产值增长率采用按每个企业生产活动的最终成果来计算。

计算式：

企业总产值 = 企业商品产值 + 用订货者来料商场的成品来料价值 + 期末期初半成品、在制品结存量差额价值

企业总产值增长率 = 报告期企业总产值／基期企业总产值 × 100%

(2) 反映企业财务状况的经济效益指标

反映企业财务状况的经济效益指标有：企业产品销售收入和增长率；企业实现利润和增长率；企业产值利税率和增长率企业销售收入利润和增长率；企业定额流动资金周转天数和加速率；企业产成资金占用额和降低率；可比产品成本降低额和降低率。

销售收入是反映企业产品销售情况的重要指标。产品销售收入包括已经销售的产成品、已经销售的自制半成品等全部收入。

计算式：

产品销售收入 = 产品出厂价格 × 销售数量

销售收入增长率 = 报告期销售收入／基期销售收入 × 100%

企业实现利润即利润总额，企业的利润总额是由产品销售利润、其他销售利润和营业外收支差额等组成。利润总额和利润增长率是综合反映工业企业生产经营活动的重要指标。

计算式：

利润增长率 = 报告期利润总额／基期利润总额 × 100%

企业产值利税率是指每百元产值提供的实现利润和销售税金。这个指标和数值如果比过去大，物质消耗和劳动消耗比过去少，经济效果就比过去要好。

计算式：

产值利税率 = 实现利润 + 产品销售税金/工业总产值 × 100%

产值利税率增长率 = 报告期产值利税率 − 基期产值利税率

企业必须要做到生产、税利同步增长，而且经济效益的增长速度要高于产值的增长速度。所谓同步增长就是指企业工业总产值和增长率、产值利税率和增长率这两个经济效果指标都要比去年同期有所增长。要力求产值利税率和增长率大于总产值增长率的增长速度，宁可经济效益好，产值增长速度低一些，也不要没有经济效益的产值增长高速度。企业销售收入利润率，即每100元销售收入提供的利润。

计算式：

销售收入利润率 = 实现利润/产品销售收入 × 100%

销售收入利润增长率 = 报告期销售收入利润率 − 基期销售收入利润率

企业定额流动资金周转天数和加速率是评价企业流动资金运用情况的重要指标。定额流动资金周转天数，是指企业流动资金周转一次所需要的天数。

计算式：

报告月定额流动资金周转天数 = 报告月定额流动资金平均余额/报告月产品销售收入 × 30

定额流动资金周转天数加速率 =（1 − 报告期周转天数/基期周转天数）× 100%

计算结果如是正数，表示资金周期周转加快；如果是负数，表示资金周转延缓。

产成品资金是指企业已经验收入库、准备出售，但尚未销售的产品成品按成本价格计算的资金。企业产成品资金占用额和降低率是研究产成品库存总数的变动，以及产品是否适销对路等问题的重要指标。

可比产品是指上年正式生产过而本年仍在继续生产的产品。可比产品成本降低额和降低率指标，是反映生产过程中物质消耗和劳动消耗的节约情况的重要指标。由于可比产品成本是按现行价格计算的，因此这个指标还受价格变动因素的影响。

（3）反映企业工作质量的经济效益指标

反映企业工作质量的经济效益指标有：主要产品质量稳定提高率；主要产品的原材料；燃料动力消耗降低率；工业产品优质率；每万元产值消耗的能源和降低率；企业全员劳动生产率和增长率；企业职工重伤、死亡人数和降低率。

主要产品质量稳定提高率是反映产品质量提高（或下降）动态情况的指标。

计算式：

主要产品质量稳定提高率 = 改善的产品指标数/检查的质量指标数 × 100%

主要产品的原材料、燃料动力消耗降低是反映单位产品消耗的原材料和燃料动力降低（或上升）的动态情况。各个单项指标相对变动幅度小于或等于5%的视为持平，超过5%的视为改善或下降。每万元产值消耗的能源和降低率主要是反映全年能源消耗在5万吨以上的企业能源节约和浪费的情况。

计算式：

主要产品消耗降低率＝下降的消耗指标数/检查的消耗指标数×100%

单项指标的相对变动幅度＝（报告期数值/基期数值）×100%

工业产品优质率主要是反映命名的优质产品生产量的增长情况。优质品产量是指经国家经贸委和国务院其他部门、各省市自治区正式命名并颁发证书的明确规定的某一规格型号的优质品的生产量，而不是指优质品生产企业的全部产品产量，也不包括为优质品提供原料和零部件的生产企业的产品产量。

计算式：

优质品产值＝优质品产量×单价

企业全员劳动生产率和增长率是反映企业生产效率提高和劳动力节约情况的重要指标。

计算式：

企业全员劳动生产率＝报告期总产值/报告期全部职工平均人数×100%

式中，全部职工是指企业固定工、临时工和计划外用工。平均人数是指报告期内每天实有人数的平均数。

企业职工重伤、死亡人数和降低率是反映企业安全生产情况的重要指标。职工重伤、死亡人数是指企业职工因工重伤和死亡的人数。职工重伤和死亡人数降低率为报告期千人死亡（或重伤）人数与上年同期末的相减之差。

（二）经营分析

1. 经营分析的目的

开展经营分析，就是通过企业有关经营活动的数据和资料进行研究，来评价企业完成经营计划的情况和经营现状，以便全面深入地了解企业的经济活动，以及发现各种可能出现的偏差，协助企业领导及时做出正确的经营决策，实现企业既定的经营目标。

经营分析着重于掌握企业的内部条件的变化状况，以及对企业外部环境的各自不确定因素进行动态分析。

经营分析的目的就是及时采取措施，保证企业的经营计划和经营目标按预定的轨道顺利实现。对企业进行经营分析，实际上是进行经济效益分析。

2. 经营分析的内容

经营分析的内容包括经营目标、市场占有率、市场动态和供求关系变化等方面的调查分析，以及经营决策方面的事前分析，也包括生产、成本、财务等方面经营状况的事后分析。

经营分析应以企业的经营计划各项主要指标为依据，并与各种实际的情况相结合进行分析。生产经营状况分析有：经营计划完成情况的分析；企业内部条件和外部经营环境的分析；风险分析。

（1）经营计划完成情况的分析主要是对企业目标管理中的目标成本、目标利润等指标的完成情况，以及对经营计划中各项指标完成情况进行分析。

（2）企业内部条件的分析主要是对企业目前的产品销售和市场占有率状况进行分析。对产品的获利能力以及经营盈亏状况和企业财务状况进行分析。

（3）企业外部经营环境的分析，主要是对当前有关的政治经济形势、国家政策和本行业科技水平及其发展趋势等情况，对企业经营目标的实现有哪些影响进行分析，以及对市场供需情况和各种资源供应情况的分析，信贷资金和其他资金来源的情况的分析等，以期为企业的经营决策提供依据。

（4）风险就是指不能确切预测的事件发生的可能性，因一些意外事件的发生而被打乱。如主要靠银行信贷来解决流动资金需要的企业，由于银行紧缩信贷资金，就不得不削减其经营规模。

风险分析主要包括：经营风险分析、不确定因素分析和盈亏安全率分析等。

生产经营效果的综合分析主要包括劳动生产率分析、成本分析、利润分析和资金分析等。

劳动生产率是指人们在生产中的劳动效率。一般企业的职工结构越合理，企业职工总数中生产工人比重越大，生产效率越好。在生产工人中基本工人比重越大，生产效率越高。

一个企业劳动生产率的高低，最终要以提高基本工人劳动生产率为基础，因此要进行劳动生产率的分析和基本工人劳动生产率的分析，以便为不断提高劳动生产挖掘潜力。

为了保证工业企业再生产活动的正常进行，每个企业必须经常占用一定数量的固定资金、流动资金以及专用基金。节约使用资金，认真进行固定资金分析、流动资金分析和专用基金的分析，促进企业经济合理的使用资金，提高资金使用的经济效果。

3. 经营分析的方法

经营分析的方法可以采用综合法和技术法。

（1）综合法是从计划、总结、报表等方面的综合资料进行定性分析，以了解企业的经营状况和经营成果。技术方法就是采用定量分析的方法来分析、考察经济活动的动态和结果。常用的技术方法有量本利分析法等。

（2）使用量本利分析法分析企业的经营状况，可以用经营安全率这一重要指标来反映。

$$经营安全率 = \frac{实际销售额 - 盈亏平均点销售额}{实际销售额} \times 100\%$$

按盈亏平衡所对应的产品销售量组织生产，则企业不亏不赚；高于这个销售值时，总收入线高于总成本线，即为盈利区，企业可以盈利；反之则为亏损区。

企业利润越多说明经营越好，经营效益就越高。要求表示盈利区范围的经营安全率越大越好。

当经营安全率接近于0时，经营状况越差。采取增加销售量的措施，可以增大经营安全率。可以用盈亏平衡点比率来说明经营安全状况。

$$盈亏平衡点比率 = \frac{盈亏平衡点销售额}{实际销售额} \times 100\%$$

盈亏平衡点比率越小越好,比率越小盈利区越大,经营效益越高;反之则差。

企业经营状况可分表 4.6 中五种情况,以判断经营是否为安全状态。

表 4.6 经营安全状态

经营安全率	≥40%	21%~40%	15%~21%	10%~15%	≤9%
盈亏平衡点比率	≤60%	60%~80%	80%~85%	85%~90%	≥90%
经营状况	很好	好	一般	较差	很差

生产决策还需要结合市场需求变化,分析调整多品种生产的产品结构,使企业生产既能满足市场需求,又能获取最佳经济效益。

量本利分析法还可用于生产决策分析。企业可以在既定的产量和成本的条件下,通过利润和亏损的计算,对生产方面做出正确决策,以便为企业取得优良的经济效益基础。

实训三 食品企业经济效益分析

1. 目的

学会并掌握食品企业经济效益分析方法。

2. 方法原理

【例 10】某企业生产的脱水蔬菜经济效益分析见表 4.7(0.5T 鲜葱,产 50kg 干品成本)。

表 4.7 脱水蔬菜经济效益分析

	序号	项目	单位	用量	单位(元)	合计(元)	备注
A. 可变成本	1	原料				1500	
	2	水				7.5	
	3	电	kg	500	1.5	420	
	4	包装	t	15	0.5	500	
	5	流动资金贷款利息	kWoh	1050	0.4	166	
	6	产品增值税				1700	
	7	管理费				500	按产值 5% 计算
	8	销售费				500	按产值 5% 计算
B. 不变成本	1	劳务费				375	
	2	设备折旧	人	25	15	1700	按 10 年折旧
	3	固定资产贷款利息				1834	
		A+B				8452.5	

每 kg 成本 8452.5/50 = 169.05(元)

每 kg 出厂价定位 200 元,则每天利润为:200×50 – 8452.5 = 1547.5(元)

全年按 100 天生产该种产品,则纯利 = 1547.5×100 = 15.475(万元)

年利税 = 纯利 + 增值税 = 15.475 + 1700×100/10000 = 32.475(万元)

C. 效益分析(一年按 300 天安排生产)

① 年成本 = 9742.5×100 + 9742.5×100 + 8452.5×100 = 279.375(万元)

② 年产值 = 160×758×100 + 160×75×100 + 200×502×100 = 340(万元)

③ 年纯利 = 22.575 + 227.575 + 15.475 = 60.625(万元)

④ 年增值税 = 20.40 + 20.40 + 17 = 57.8(万元)

⑤ 年利税 = 60.625 + 57.8 = 118.425(万元)

⑥ 资金利润率 = $\dfrac{毛利}{总投资} = \dfrac{118.425}{600} \times 100\% = 19.74\%$

⑦ 投资收益率 = $\dfrac{毛利 + 折旧费}{总投资} = \dfrac{118.425 + 50}{600} = 28.07\%$

⑧ 投资回收期 = $\dfrac{总投资}{毛利 + 折旧费} = \dfrac{600}{168.425} = 3.5(年)$

⑨ 成本利润率 = $\dfrac{年实现利润}{年总成本} = \dfrac{60.625}{279.375} = 21.7\%$

⑩ 单位生产能力投资额 = $\dfrac{总投资}{年产量} = \dfrac{600}{200\times300} = 100(元/Kg)$

⑪ 单位投资额产值 = (元/万元)

⑫ 全厂平均劳动生产率 = $\dfrac{年总产值}{全厂人数} = \dfrac{340}{25} = 13.6(万元/人·年)$

3. 要求

能够对食品企业进行产品经济效益分析。

实训四 食品企业财务报表管理

1. 目的

熟悉食品企业财务报表管理。

2. 方法原理

【例 11】××公司财务报表见表中 4.8、表 4.9、表 4.10。

(1)××公司

财务报表

表 4.8　　　　　　　　　　2014－2016 年资产负债简表　　　　　　　　单位:万元

项目	年度		
	2016－12－31	2015－12－31	2014－12－31
1. 应付账款余额	235683	188908	125494
2. 存货余额	80816	94072	73946
3. 流动资产合计	830287	770282	1078438
4. 固定资产合计	3840088	4021516	3342351
5. 资产总计	5327696	4809875	4722970
6. 应付账款	65310	47160	36504
7. 流动负债合计	824657	875944	1004212
8. 长期负债合计	915360	918 480	957576
9. 负债总计	1740017	1811074	1961788
10. 股本	602767	600027	600000
11. 未分配利润	1398153	948870	816085
12. 股东权益总计	3478710	2916947	2712566

表 4.9　　　　　　　　　　2014－2016 年现金流量简表　　　　　　　　单位:万元

项目	年度		
	2016－12－31	2015－12－31	2014－12－31
1. 主营业务收入	2347964	1872534	1581665
2. 主营业务成本	1569019	1252862	1033392
3. 主营业务利润	774411	615860	545743
4. 其他业务利润	3057	1682	－52
5. 管理费用	44154	32718	17583
6. 财务费用	55963	56271	84277
7. 营业利润	677350	528551	443828
8. 利润总额	677408	521207	442251
9. 净利润	545714	408235	363606
10. 未分配利润	1398153	948870	816085

表 4.10　　　　　　　　2014－2016 年现金流量简表　　　　　　　单位:万元

项目	年度		
	2016－12－31	2015－12－31	2014－12－31
1. 经营活动现金流入	2727752	2165385	1874132
2. 经营活动现金流出	1712054	1384899	1162717
3. 经营活动现金流量净额	1015697	780486	711414
4. 投资活动现金流入	149463	572870	313316
5. 投资活动现金流出	670038	462981	808990
6. 投资活动现金流量净额	－520274	109888	－495673
7. 筹资活动现金流入	221286	17337	551415
8. 筹资活动现金流出	603866	824765	748680
9. 筹资活动现金流量净额	－382579	－807427	－197264
10. 现金及等价物增加额	112604	82746	18476

(2)财务报表各项目分析

以时间距离最近的 2003 年度的报表数据为分析基础。

①资产分析

首先公司资产总额达到 530 多亿元,规模很大,比 2015 年增加了约 11%,2015 年比 2014 年约增加 2%,这与 2016 年一系列收购活动有关。从中也可以看出,企业家有扩张的步伐。

其中绝大部分的资产为固定资产,这与该行业的特征有关。从会计报表可以看出固定资产当中发电设施的比重相当高,约占固定资产的 92.67%。

②应收账款余额较大,却没有提取坏账准备,不符合谨慎性原则

会计报表说明公司对其他应收款的坏账准备的记提采用按照其他应收款余额的 3% 记提,账龄分析表明占其他应收款 42%,大部分是属于两年以上没有收回的账款。根据我国的税法规定外商投资企业两年以上未收回的应收款项可以作为坏账损失处理,这部分应收款的可回收性值得怀疑,因此仍然按照 3% 比例计提坏账不太符合公司的资产现状。两年以上的其他应收款共计 87893852 元,坏账准备计提过低。

③无形资产为负

报表中显示负数,主要是因为:××从其母公司××集团手中大规模的进行收购电厂的活动将大量的优质资产纳入囊中,××在这些收购活动中收获颇丰。××2007 年 10 月在纽约上市时有五个分厂,经过九年的发展扩大了自己的规模。但由于收购当中的关联交易的影响,使得公司可以低于公允价值的价格收购集团的资产,因此产生了负数。这是由于关联方交易所产生的例子进行财务报表分析是应该剔除这一因素的影响。

④长期投资

我们注意到公司 2016 年长期股权投资有一个大幅度的增长，这主要是因为 2016 年 4 月公司收购 YY25% 的股权投资收益的增加。

（3）负债与权益的分析

公司在流动负债方面比 2015 年底有显著下降，主要是由于偿还了部分到期借款。

公司的长期借款主要到期是集中在 2017 年到 2022 年以后，这两年左右公司的还款压力较大，需要筹集大量的资金，保持较高的流动性，以应付到期债务，其中将于一年内到期的长期借款有 2799487209 元，公司现有货币资金 1957970492 元，因此存在一定的还款压力。

公司为在三地上市，在国内发行 A 股 3.5 亿股，其中向大股东定向配售 1 亿股法人股，这部分股票是以市价配售的，虽然《意向书》有这样一句话："公司以书面承诺按照本次公开发行。确定的价格全额认购该部分股份在国家出台关于国有股和法人股流通的新规定，以前暂不上市流通。"但是考虑到该部分股票的特殊性质，流通的可能性仍然很大，公司的这种筹资模式，在 2008 年 3 月增发外资股的时候也曾经使用过，在这种模式下，一方面公司向大股东买厂，而另一方面大股东又从公司买股票，实际上双方都没有付出太大的成本，仅通过这个手法公司就完成了资产重组的任务，同时还能保证大股东的控制地位没有动摇。

（4）收入与费用分析

①公司的主要收入来自于通过各个乙方和省公司为最终用户生产产品而收取的扣除增值税后的收入，根据每月月底按照实际记录，再向各分公司发出账单并确认收入，因此产品价的高低直接影响到公司的收入情况，通过不断抢占市场份额，从而形成规模优势。

②由于公司属于外商投资企业，享受国家的优惠税收政策，因此而带来的收益约 4 亿元。

③三年比 2015 年收入和成本有了大幅度的增加，这主要是由于上述收购的几家厂纳入了公司的合并范围所引起的。但是，从纵向分析来看，虽然收入比去年增加了 26%，但主营业务成本增加了 25%，主营业务税金及附加增加了 27.34%，管理费用增加了 35%，均高于收入的增长率，说明公司的成本仍然存在下降空间。

（5）比率分析

财务比率分析见表 4.11。

表4.11 财务比率分析表

指标	2016-12-31	2015-12-31	2014-12-31
流动性比率			
流动比率	1.01	0.88	1.07
速动比率	0.91	0.77	1
长期负债能力			
资产负债率	0.33	0.38	0.42
债务对权比率	0.26	0.31	0.35
利息保障倍数	12.5	9.09	5.26
运营能力			
应收账款周转率	9.96	9.91	12.6
存货周转率	19.41	13.32	13.97
总资产周转率	0.46	0.39	0.34
获利能力			
资产收益率(%)	12.71	8.56	9.35
权益回报率(%)	15.87	10.11	12.31
销售毛利率	28.85	27.83	27.96
销售净利率	23.24	21.8	22.99
净资产收益率	18.56	14	15.71

①流动性比率

速动比率=速动资产/流动负债=(流动资产-存货)/流动负债

公司2014年至2016年流动比率先降后升，但与绝对标准2∶1有很大差距与行业平均水平约1.35也有差距，值得警惕，特别是2017年是××还款的一个小高峰。到期的借款比较多，必须要预先做好准备。公司动比率与流动比率发展趋势相似，并且2016年数值0.91接近于1，与行业标准也差不多，表明存货较少，这与电力行业特征也有关系。

②资产管理比率

a.存货周转率=销货成本/平均存货

b.应收账款周转率=销售收入净额/平均应收账款

c.应收账款周转天数(平均收账期)=360/应收账款周转率

d.资产周转率=销售收入净额/平均总资产

公司资产管理比率数值2015年比2014年略有下降，2016年度最高。其中存货周转率2016年度超过行业平均水平，说明管理存货能力增强，物料流转加快，库存不多。应收账款周转率远高于行业平均水平，说明资金回收速度快，销售运行流畅。公司2016年资产总计增长较快，销售收入净增长也很快，所以，资产周转率呈快速上升趋势。在行业中处于领先水平，说明公司的资产使用效率高，规模的扩张带来了更高的规模收益，呈现良性发展。

③负债比率

a. 资产负债比率（负债比率）＝总负债/总资产

b. 获利息倍数＝利税前利率/利息＝（净利润＋利息＋所得税）/利息

c. 长期债务对权益比率＝长期负债/所有者权利

公司负债比率逐年降低，主要是因为公司成立初期举借大量贷款和外债进行建设，随着相继投产获利，出现还本付息使公司负债比率降低，也与企业不断地增资扩股有关系。并且已获利息倍数指标发展趋势较好，公司有充分能力偿还利息及本金。偿债能力在行业中处于领先地位。

④获利能力比率

a. 销售净利润率＝净利/销售收入净额

b. 销售毛利率＝毛利/销售收入净额

c. 资产回报率＝利税前利率/平均总资产

d. 每股收益＝权益回报率＝（净利润－优先股股息）/平均普通股股权

e. 资产净利率＝（净利率－优先股股息）/平均资产

股份有限公司利润分配见表4.12。公司获利能力指标数值基本上均高于行业平均水平，并处于领先地位，特别是资产收益率有相当大的领先优势。各项指标显示在2015年比2014年略有下降，这可能与煤炭等资源的大幅度涨价有关。2016年有了大幅度的增长。这说明公司2016年的并购等一系列举措获得了良好效果和收益。

但从公司的短期偿债能力的横向比较来看，短期偿债能力偏弱，企业没有办法保证在短期内能够偿还借款。此外，公司的存货周转速度也比同行业的其他几家企业的偏低，这说明公司在存货管理方面还存在着一定的问题。

表4.12　　　　　　　　　　　股份有限公司——利润分配　　　　　　　　　　单位：万元

数据项名称	截止时间		
	2016-12-31	2015-12-31	2014-12-31
主营业务收入	2 347 964.695 8	1 872 534.085 7	1 581 665.633 8
销售退回、折扣、转让	0	0	0
主营业务收入净额	1 581 665.633 8	2 347 964.695 8	1 872 534.085 7
减：营业成本	1 569 019.949 1	1 252 862.259 4	1 033 392.925 8
销售费用	0	0	0
管理费用	44 154.897 9	32 718.893 2	17 583.600 6
财务费用	55 963.646 7	56 271.981 5	84 277.761 1
进货费用	0	0	0
营业税金及附加	4 533.454 9	3 811.633 1	2 529.466 5
主营业务利润	774 411.291 8	615 860.193 2	545 743.241 5
加：其他业务利润	3 057.463 5	1 682.191 3	-52.902
营业利润	677 350.210 7	528 551.509 8	443 828.977 8
加：投资收益	13 388.568 6	-4 613.898 3	1 929.031 4
补贴收入	0	0	0
营业外收入	2 048.560 5	5 071.781 9	3 079.907 8
减：营业外支出	15 379.281 1	7 801.452 3	6 586.341 5
加：以前年度损益调整	0	0	0
利润总额	677 408.058 7	521 207.941 1	442 251.575 5
减：所得税	111 610.049 8	96 351.028 3	71 522.030 4
少数股东权益	20 083.753 8	16 621.853 9	7 123.120 7
净利润	545 714.255 1	408 235.058 9	363 606.424 4
加：年初未分配利润	1 152 879.705 7	816 085.782 1	696 110.481 9
盈余公积转入数	0	0	0
其他	0	0	0
可供分配的利润	1 698 593.960 8	1 224 320.841	1 059 716.906 3
减：提取法定公积金	54 571.425 5	40 823.505 9	36 360.642 4
提取法定公益金	40 928.569 1	30 617.629 4	27 270.481 8
职工奖福基金	0	0	0
可供股东分配的利润	1 603 093.966 2	1 152 879.705 7	996 085.782 1
已分配优先股股利	0	0	0
提取任意公积金	0	0	0
已分配普通股股利	0	0	0
应付普通股股利	204 940.820 8	204 009.314 6	180 000
转作股份的普通股股利	0	0	0
未分配利润	1 398 153.145 4	948 870.391 1	816 085.782 1

3. 要求

上网或者到一食品企业参观，了解食品企业财务报表管理。

复习思考题

一、名词解释

1.财务决策;2.固定资本;3.产品成本;4.成本分析;5.固定成本;6.可变成本;7.经济核算;8.经营安全率;9.盈亏平衡点比率;10.财务管理;11.经济效益;12.会计。

二、填空题

1.财务管理的目标有 _____、_____、_____。

2.影响产品成本的因素 _____、_____、_____。

3.经济核算的指标体系一般包括 _____、_____、_____、_____。

4.企业利润的构成 _____、_____、_____ 三大部分组成,影响因素 _____、_____、_____、_____、_____。

5.财务管理的原则有 _____、_____、_____、_____。

6.分析企业的经营状况,可以用 _____ 重要指标来反映,用 _____ 来说明经营安全状况。

7.企业利润管理的内容是 _____、_____、_____。

8.经济效益指标体系 _____、_____ 和 _____。

三、判断题(正确的请在括号中打√,错误的请在括号中打×)

1.会计岗位有出纳、会计、会计主管。( )

2.充分保护债权人利益原则是企业股利管理的原则。( )

3.财务管理的初级阶段是财务分析。( )

4.提高经济效益的方法和途径是科技和管理。( )

5.流动资产管理包括现金及有价证券管理、预付款和应收账款管理和存货管理等方面。( )

四、问答题

1.辨识并理解财务管理的概念。

2.如何理解筹集资金的渠道和方式之间的对应关系?

3.举例计算各种个别资金成本、加权资金成本。

4.如何有效使用财务管理的方法。

5.投资方式有哪些?

6.描述成本费用的开支范围和作用。

7.成本管理的主要内容和意义是什么?

8.成本控制的程序有哪些?企业如何进行成本控制?

9.企业投资决策的内容主要包括哪些?企业在投资决策时,应遵循哪些原则?

10. 提高经济效益的方法和途径有哪些？

11. 会计的职能和等式是什么？

答案：

一、名词解释

1. 财务决策：财务决策过程就是根据每个经营方案占用资金和实现盈利情况方案的优势，进行选择，并对经营活动所属资源分配起着指导作用，通过对资金使用方向进行正确指导来实现对资金的合理利用。

2. 固定资本：根据现行工商企业财务制度的规定，固定资产是指使用期限超过一年的房屋、建筑物、机器、机械、运输工具以及其他与生产经营有关的设备、器具、工具等。不属于生产经营主要设备的物品，单位价值在2000元以上，并且使用年限超过两年的，也应当作为固定资产。

3. 产品成本：企业为了进行产品生产，从产品设计、试制、生产到销售的全过程都需要消耗一定的劳动（活劳动和物化劳动）。这些劳动消耗所出现的费用总和就是产品的成本。

4. 成本分析：成本分析是成品管理的重要环节，是对成本有关数据作出由此及彼的比较，找出成本费用提高或降低的影响程度，降低销售收入中成本所占的比重，提高经济效益。

5. 固定成本：固定成本费用在一定时期内不随产品的增减而变化。固定成本包括厂房和机器设备折旧费、债券利息、地租、取暖费、照明费、行政人员、管理人员和技术人员的工资、开发与研究费用等。

6. 可变成本：可变成本费用的总额随产量增加而增加。如工人工资、原材料费用、动力和燃料费用、包装费、原料和成本的运输费用、产品税、短期借款利息等。

7. 经济核算：是为提高企业生产经营成果而进行的多项经济活动及其方法。它以获得最佳经济效益为目标，运用会计核算、统计核算和业务核算等手段，对生产经营过程中和劳动和物资消耗以及取得的成果，用价值形式进行记录、计算，对比和分析借以发掘增产节约的潜力和途径。

8. 经营安全率

$$经营安全率 = \frac{实际销售额 - 盈亏平均点销售额}{实际销售额} \times 100\%$$

9. 盈亏平衡点比率 $= \dfrac{盈亏平衡点销售额}{实际销售额} \times 100\%$

10. 成本控制：是指在企业生产经营过程中，产品成本形成的全过程中对构成产品成本的生产费用支出实行严格计算、调节和监督，预防其超过标准，并采取有效措施纠正不利差异，发展有利差异，使产品实际成本被限制在预定的目标范围之内。

11. 经济效益：经济效益是指企业经济活动所得到的实际利益与这一过程各种资源的占有

和耗费之比。

12. 会计:以收益货币作为主要计量单位,以会计凭证作为依据,用一系列的专门方法,对一定主体的经营活动进行连续、系统、全面和综合的核算和监督,并向有关方面提供会计信息的一种经济管理活动。

二、填空题

1. 利润最大化目标、股东财富最大化、企业价值最大化。

2. 固有因素、宏观因素、微观因素。

3. 产量指标、产值总指标、品种指标、质量指标、劳动指标、物质消耗指标、设备利用指标、成本指标、资金占用指标、利润指标。

4. 营业利润、投资收益、营业外收支净额。追求业绩增长,忽视利润增长。服务缺失带走利润。员工敷衍了事,作风拖沓,精神不振。产品缺陷。随意发动价格战。库存积压,吞噬利润。

5. 筹资管理、投资管理、成本管理、利润管理。

6. 经营安全率、盈亏平衡点比率。

7. 利润预测与规划、利润分配、企业股利管理。

8. 反映企业产量完成情况的经济效益指标,反映企业财务状况的经济效益指标和反映企业工作质量的经济效益指标。

三、判断题(正确的请在括号中打√,错误的请在括号中打×)

1. √ ;2. × ;3. × ;4. √ ;5. ×

四、问答题

1. 财务管理就是对企业的价值运动进行规划和控制的一项管理活动,是企业管理的重要组成部分,其重点是对企业价值运动进行管理。

财务管理是指企业在再生产过程中组织财务活动、处理财务关系而产生的一项综合性管理工作,是现代企业管理的重要组成部分。财务管理是以资本收益最大化为目标,对企业资本进行优化配置和高效利用的一种资本运动。企业的财务管理是利用价值形式即货币形式对企业财产进行管理,财务管理就是对企业生产经营活动所属各种资金的筹集、使用、耗费、收入和分配,进行预测、计划、控制、投标、分析和考核,正确处理各种财务关系的一项经济管理工作。

2. 企业筹资渠道和方式

筹资渠道(financing channel)是指企业筹集资金来源的方向与通道,体现了资金的源泉和流量。充分认识筹资渠道的种类及其各自的特点有利于企业正确运用筹资渠道,提高投资效率。

(1)国家财政资金:是国家对企业的直接投资或税前还贷、减免各种税款形成的。

(2)银行信贷资金:是银行对企业的各种贷款。

(3)非银行金融资金:是保险公司、证券公司、信托投资公司、租赁公司等提供的各种金融服务。

(4)其他企事业资金:企业间相互投资、商业信用形成的债权、债务资金。

(5)居民个人资金:形成民间资金来源渠道。

(6)企业自留资金:企业内部形成的资金,如公积金和未分配利润。

(7)外商资金。

筹资方式(financing modes)是指可供企业在筹措资金时选用的具体筹资形式。我国企业目前主要有以下几种筹资方式:①吸收直接投资;②发行股票;③利用留存收益;④向银行借款;⑤利用商业信用;⑥发行公司债券;⑦融资租赁;⑧杠杆收购。其中前三种方式筹措的资金为权益资金,后几种方式筹措的资金是负债资金。

筹资渠道解决资金来源问题,筹资方式则解决通过何种方式取得资金的问题,它们之间存在一定的对应关系。一定的筹资方式可能只适用于某一特定的筹资渠道,但是同一渠道的资金往往可采用不同的方式取得,同一筹资方式又往往适用于不同的筹资渠道。因此,企业在筹资时,应实现两者的合理配合。

3. 个别资本成本

个别资本成本是指各种筹资方式的成本,主要包括债券成本、银行借款成本、优先股成本、普通成本和留存收益成本,前两者可统称为负债资金成本,后三者统称为权益资本成本。

例:某企业取得长期借款 100 万元,年利率 8%,期限为 5 年,每年付息一次,到期一次还本,筹措借款的费用为 0.2%,企业所得税率为 25%。计算其资金成本:

$$K = L \times i(1-T)/L(1-f) = i(1-T)/1-f = 8\%(1-25\%)/1-0.2\% = 5.61\%$$

加权平均资本成本

是企业全部长期资金的总成本,是以各种资金所占的比重为权数,对各种资金成本进行加权平均计算出来的。

例:某公司共有资金 1000 万元,其中长期借贷 300 万元,普通股 500 万元,留存收益 200 万元,各种资金的成本分别为 6%、13% 和 12%,计算该公司综合资本成本。

$$K_\omega = 300/1000 \times 6\% + 500/1000 \times 13\% + 200/1000 \times 12\% = 10.7\%$$

4. 财务管理方法是财务管理人员,针对企业经营目标,借助经济数学和电子计算机的手段,应用运筹论、系统论和信息论的方法,结合财务管理活动的具体情况,对企业资金的筹集、生产资金的投入、产品成本费用的形成等企业经营管理活动进行财务预测、财务决策、财务控制、财务计量、财务分析、财务报告和财务监督的技术,它是财务人员完成既定财务管理任务的主要手段。一般来说,财务管理方法可分为定性方法和定量方法两大类型。所谓定性方法,是指依靠个人主观经验、逻辑思维和直观材料进行分析、判断,开展管理活动的方法。定量方法,是指依据财务信息和其他有关经济信息,运用一定的数量方法或借助于数学模型进行计算,从而求得管理方式、措施的答案。这两种方法在财务管理过程中都不可缺少、不可偏废。但长期以来,我们偏重于采用定性方法,忽视了定量方法。其实,定量方法和定性方法一起构成财务方法体系,在这个体系中,定量方法占据了重要地位。而且随着经济体系改革的深入进行,企业财权逐步扩大,企业环境不断改善,财务管理定量方法必将得到进一步的应用和推广。

5. 企业投资是指企业为了在未来可预见的时期内获得收益或使资金增值。而在一定时期内向一定区域投放足够数额的资金或货币等价物的经济行为。

投资按不同的分类标识可分为以下四种类型。

(1)按照投资的内容不同,可分为固定资产投资、无形资产投资、流动资产投资、房地产投资、有价证券投资、期货期权投资、信托投资、其他资产投资等。

(2)按照企业对投资行为的介入程度,可以分为直接投资和间接投资。直接投资是指由企业直接介入的投资,即货币直接投入投资项目的一种投资;间接投资即为证券投资。

(3)按照投资方向的不同,可分为内部投资和外部投资内部投资是把？资金投向企业内部,购置生产经营所需的各项资产;外部投资是企业以现金、实物、无形资产等方式投放于其他企业或购买有价证券。

(4)按照投资期限的长短,可分为长期投资和短期投资。长期投资是在一年以上的时间才能收回投资。内部长期投资主要包括固定资产投资、无形资产投资;外部长期资产投资主要包括对外直接长期投资和长期有价证券投资。

6. 成本费用的实质决定成本费用理论上的内容。成本费用实践上的内容,称为成本费用开支范围。它是以理论内容为基础。考虑贯彻经济核算制和提高经济效益的要求而规定。

成本费用的作用:

(1)成本费用是反映和监督劳动耗费的工具。

(2)成本费用是补偿生产耗费的尺度。

(3)成本费用可以综合反映企业工作质量,是推动企业提高经营管理水平的重要杠杆。

(4)成本费用是指定产品价格的一项重要依据。成本费用对于制定产品价格的作用,主要在于:

①产品的价格是产品价值的货币表现,而成本费用是产品价值的重要组成部分,所以制定产品价格时,要以成本费用作为重要的经济依据;

②在一般情况下,产品价格应高于产品成本费用,使劳动者为社会劳动所创造的价值能够实现;

③各种产品之间成本费用的对比关系,能够在一定程度上相对地反映各种产品价值的比例关系,可据以研究和确定各种产品之间的比价。

7. 成本费用管理的意义

成本费用管理(简称成本管理),是对企业生产经营过程中各项费用的发生和产品成本的形成所进行的预测、计划、控制、核算和分析评价等管理工作,以节约费用、降低成本。

加强成本管理,努力降低产品成本有着重要意义。

(1)加强成本管理,降低生产经营耗费是发展生产的重要条件。

(2)加强成本管理,有利于促进企业改善生产经营管理,提高经济效益。

(3)加强成本管理,能为社会主义国家积累资金奠定坚实的基础。

成本管理的主要内容:成本预测、成本计划、成本控制、成本核算、成本分析和检查等。

8. 成本控制包括以下程序:①制定成本控制标准;②执行标准;③确定差异;④消除差异;⑤考核奖惩。

成本控制的手段,进行成本控制,除了要明确成本控制标准外,还需要有一定的控制手段。成本控制的手段有很多,不同的成本费用项目可以采用不同的控制手段。比较常见的、对各个成本费用项目都适用的控制手段主要有以下几种:①凭证控制;②制度控制;③内部货币控制。

9. 决策内容

企业投资决策的内容主要包括:合理确定资金投向,正确选择投资项目,投资方案的拟定、评价和选择。

企业在投资决策时,应遵循以下原则。

(1)正确处理宏观决策和微观决策的关系。企业微观投资决策应纳入国家制定的宏观规划,保证国家提出的投资经济效益的要求,同时,企业要从自己的实际出发,开辟新的投资途径,寻找经济效益高的投资方向和项目。

(2)贯彻以"内涵为主,外延为辅"的原则进行扩大再生产。

(3)正确处理生产性投资和非生产性投资的关系,前者应放在首位,后者不可忽视,恰当地分配出这两方面的投资。

(4)正确处理近期收益和远期收益的关系。在重视远期收益投资项目的基础上,恰当安排好近期收益项目。

(5)尽量选择既对提高企业效益有利,也能提高全局经济效益的项目。当某些投资对全局有利而对企业不利时,企业应服从全局,采取措施以尽量减少企业损失,力争变不利为有利。

(6)贯彻凌厉而行的原则,把需要和可能结合起来,合理作出投资决策。

10. **提高经济效益的途径**——管理和科技,两者本身就是不可分割、相互依赖、相互促进的。因为管理本身就是一种科学,提高管理水平也需要先进的科学技术和手段,而管理水平的提高也有利于先进技术的有效使用。所以,如果说提高经济效益是企业一切经济活动的根本出发点,是企业生产的最大目的的话,那么依靠科技和管理则是达到这一目的的两种方法和途径,它们是一致的,只是两个不同侧面而已。

(1)运用科学的企业管理手段,有效地发挥人力、物力等各种资源的效能,以最小的消耗生产出最多的适应市场需要的产品,有利于企业提高经济效益。

(2)作为企业的组织者和经营者,既要合理安排企业,又要从我国的基本国情出发,遵循价值规律,适时适宜地组织企业生产,把握市场信息,了解市场行情,提高产品质量,搞好售后服务。

(3)谁抓住了科技先机,谁就抢占了经济发展的制高点。世界经济竞争实质就是科技水平的竞争,而科技竞争其实就是人才的竞争,科技和人才是兴国之本。

11. 会计的职能在《中华人民共和国会计法》,会计的基本职能表述为会计核算和会计监督。

(1)会计核算职能

会计核算的内容具体表现为生产经营过程中的各种经济业务,包括:①款项和有价证券的收付;②财务的收发,增减和使用;③债权债务的发生和结算;④资本,基金的增减和经费的收支;⑤收入,费用,成本的计算;⑥财务成果的计算和处理;⑦其他需要办理会计手续、进行会计核算的事项。会计核算的要求是真实、准确、完整、及时。

(2)会计监督能力

会计监督职能也称为会计的控制职能,是指对特定会计主体发生的经济活动的合理性,合法性和有效性实行审查。即以一定的标准和要求,利用会计所提供的信息,对各单位的经济活动进行有效的指导、控制和调节,以达到预期的目的。会计的监督内容包括:①监督经济业务的真实性;②监督财务收支的合法性;③监督公共财产的完整性。会计监督是一个过程,它分为事前监督、事中监督和事后监督。

基本会计等式其平衡公式为:

资产 = 负债 + 所有者权益

资金运动在循环周转过程中,要发生一些收入和费用,收支相抵后获得利润。因此收入、费用、利润三要素在资金动态情况下也存在平衡关系,其公式为:

收入 - 费用 = 利润

上列两个平衡公式相互之间存在着有机的联系。在会计期间的任一时刻,两个公式可以合并为:

资产 = 负债 + 所有者权益 + (收入 - 费用)

企业在结算时,利润经过分配,上述平衡公式又表现为:

资产 = 负债 + 所有者权益

由于"资产 = 负债 + 所有者权益"这个平衡公式反映了资产的归属关系,同时它又是设置会计账户、复式记账和编制会计报表的基本依据,因此会计上称之为基本会计等式。

模块五 人力资源管理

◆ **基础理论和知识**

1. 了解人力资源管理史的发展脉络。
2. 掌握发展各阶段的特点。
3. 了解员工甄选的程序和渠道。
4. 掌握甄选的科学方法。
5. 理解员工培训的重要性。
6. 了解员工绩效管理组成环节。
7. 了解薪酬设计的方法。
8. 了解非工作时间薪酬的类型。
9. 了解《劳动法》和《合同法》。

◆ **基本技能及要求**

1. 运用员工甄选的方法。
2. 学会设计有效的面试。
3. 学会制定绩效目标。
4. 学会运用绩效考核方法。
5. 运用非工作时间薪酬规划工作和生活。
6. 运用《劳动法》解决劳动纠纷。

◆ **学习重点**

员工招聘、培训和薪酬管理。

◆ **学习难点**

员工甄选方法、绩效考核方法和薪酬设计方法。

项目一　人力资源管理发展脉络

【导入案例】

某高校食品检测与营养专业开设《人力资源管理》课程，A 学生感到不解，于是，问 R 教授："我们专业为什么要开设这门课程？这门课程是干什么的？对我们未来参加工作有什么帮助？它与管理学、心理学、人类学有何关系？它与员工甄选、培训开发、劳动人事又有何关联？"R 教授在听完该同学这么多问题后，简单总结：人力资源管理是市场经济的产物，是管理学的一个分支。它研究的主体是人，与人相关的学科和行为都是该课程的关注对象。

通过 R 教授用人力资源管理现代管理理论的回答，我们从以下 4 个阶段入手了解人力资源管理的发展脉络。

一、萌芽阶段

1. "科学管理之父"泰勒(1856 年 – 1915 年)，1911 年出版代表作《科学管理原理》。在这本著作里，人力资源管理初见雏形。

(1)"设置一个制定定额的部门"——最早设置的人力资源管理职能部门。

(2)实行"差别计件工资制"——工作分析和劳动定额的雏形。

泰勒最早提出"差别计件工资制"，实行差别计件工资制，有助于研究岗位的工作特征，才能够制定出更加合理的劳动定额，所以这一制度的提出，对现代人力资源薪酬管理有重大意义。

【案例】计件工资制

某食品生产车间员工一天工作定额是 10 件，每件完成获得 1 元，但要求完成工作定额，工资率为 125%，未完成率为 80%。请计算出员工完成 11 件和 9 件的工资？

完成 11 件，工资为 $11 \times 1 \times 125\% = 13.75$(元)；完成 9 件，工资为 $9 \times 1 \times 80\% = 7.2$(元)。

(3)建立"管理日工工人制度 – 对每个人在准时上班、出勤率、诚实、快捷、技能及准确程序方面作出系统和细致的记录，根据这些记录不断地调整他的工资。"——早期的绩效考核制度。

(4)科学挑选"第一流工人"，并对他们进行培训和教育，使他们学会按最好的作业方法进行工作。——早期的员工甄选和培训开发。

2. "组织管理之父"法约尔(1841～1925 年)，1916 年出版代表作《工业管理与一般管理》。

在这本著作中,提出一般管理的14条原则,其中劳动分工、职权与职责等原则明确人力资源管理职能部门对其他职能部门的工作规范和界定。

【案例】小红的裙子

小红周六要参加"六一儿童节"汇报表演,周五晚上在奶奶、妈妈、姐姐面前说裙子太长,需要调整一下,于是,各自忙完事情后,都为小红把裙子剪掉一截,结果小红没办法穿着这条裙子参加表演了。

阶段特点:

(1)人事管理主要是事务性工作,在企业中地位较低,很少涉及企业高层战略决策。

(2)员工与企业关系属于单纯且脆弱的聘用关系,相互间没有归属感和信任感。对于员工而言,出售劳动力换取报酬,谁给的报酬高就去谁那儿;对于企业而言,员工身强力壮,生产效率高,可为我所用,若老了,因病、伤等产能下降,会被踢走。

(3)同无生命的机器、设备一样,企业将员工视为成本负担,员工角色物质化。当时认为:工人就是会说话的机器,是流水线上的一部分。人有社会需求,需要安全、尊重、友谊等,而通过管理把人变成机器,这就产生一种矛盾和冲突,导致工人对抗情绪上升,如以破坏设备、消极怠工来对抗管理,呼唤新的人力资源管理出现。

二、从萌芽到诞生阶段

1.霍桑实验(1924年-1932年),梅奥通过在芝加哥西方电气公司霍桑工厂开展实验,由四个阶段构成。该实验引发对人的认知突破,是人力资源管理从萌发到诞生的一次重要突破。

第一阶段:照明度实验(1924年11月至1927年4月)

结论:在物理环境下,照明度的改变对生产效率并无影响,这一阶段的实验结论超出了研究人员的预期。

第二阶段:福利实验(1927年4月至1929年6月)

结论:不管福利待遇如何改变,都不影响产量的持续上升,该实验仍然不能充分证明福利对生产效率的影响,所以效果不明显。

第三阶段:访谈实验

访谈实验进行了两年多,与每位工人每次访谈的时间在1~1.5个小时,研究人员尽量做到少说多听。

结论:工人通过访谈对工厂管理等方面提出意见,并由此发泄,情绪得到释放,兴趣舒畅,工作有激情、有士气。因此,该实验是提高生产效率的重要途径。

第四阶段:群体实验

结论:提出"非正式群体"的概念,认为在正式的组织中存在着自发形成的非正式群体,这种群体有自己的特殊的行为规范,对人的行为起着调节和控制作用。

通过以上系列实验,梅奥在1933年发表《工业文明的人类问题》,此著作中提出的"社会人理论""非正式群体理论""士气理论""人际关系型领导者理论"对人力资源管理的诞生起到重要作用。

2. 工业心理学的导入

闵斯特伯格,于1912年出版著作《心理学与经济生活》。许多国家都利用工业心理学为战争服务。第一次世界大战后,德国有上百家工厂企业成立了工业心理学研究机构。将心理学导入人力资源管理研究领域,该研究对今天的甄选技术、员工培训、激励员工等工作有重要影响。从工业心理学角度掌握员工的兴趣、能力、个性、价值观等,对甄选和任用非常重要,实践运用如下:个性特质分析、职业倾向测试、气质类型分析等。

三、诞生阶段

"现代管理之父"德鲁克,于1954年出版著作《管理实践》,提出"人力资源"的概念并加以明确,成熟于20世纪80年代。

德鲁克认为:传统的人事管理正在成为过去,一场新的以人力资源开发为主调的人事革命正在到来。不再把人作为机器看待,而是作为资源进行开发。

【案例】玛氏的人才观

全球最大食品生产商之一的玛氏公司,认为人力资源是公司参与市场竞争最重要的战略资源,只有一流的人才才能做别人不能做的事,才能做出一流的业绩。因此,玛氏始终坚持用行业最高的薪酬招聘最好的销售人员,每年都在中国一流高等学府以严格再严格的标准招聘。玛氏在员工工资上的倾斜,不会影响玛氏终端工作质量下降,相反是有一流的销售人才,使消费者更加信赖公司品牌。

阶段特点:

1. 人力资源管理上升为战略管理高度,对企业长远发展至关重要。企业从研发到生产到销售,不管什么阶段,最核心的都在于人。

2. 企业将人力资源作为企业的宝贵财富,管理重点从提高生产效率转移到人力资源的培养与开发,不断地挖掘员工的潜力。

3. 通过满足员工内在需求,来激励员工内在动力,实现企业的目标和绩效,从而协调员工满意度和企业目标之间的关系。

四、形成阶段

"诺贝尔经济学得主"舒尔茨,于1960年提出"人力资本理论",人力资源管理已经充分形成。该理论认为物质资本指物质产品上的资本,包括厂房、机器、设备、原材料、土地、货币和其他有价证券等;而人力资本则是体现在人身上的资本,即对生产者进行教育、职业培训等支出及其在接受教育时的机会成本等的总和,表现为蕴含于人身上的各种生产知识、劳动与管理技能以及健康素质的存量总和。

【案例】华为员工持股计划

2013年，150000名员工中，有80000名员工持有公司约99%的股份。据悉，绝大多数员工持股量为数万股，而极少持股量达到数百万股。华为公司股票2013年的定价为每股5.42元人民币，2010年每股分红2.98元，2011年为1.46元。华为总裁任正非认为员工持股计划目的在于：一是奖励为股东创造价值的人；二是使股东的利益与员工的利益紧密结合，而不是形成在企业内部不同的利益集团和利益群体；三是让员工分担公司风险；四是让员工分享公司的成功。

阶段特点：

1. 视员工为投资者，企业与员工之间具有共同的利益和目标，从而促成企业的目标与员工的价值实现紧密相连。

2. 员工与企业除了聘用关系外，还存在投资合作关系。

3. 由于企业与员工的双重关系，因此员工应获得双重回报。一份是聘用关系而领取的劳动报酬，另一份是投资关系而获得的利润回报。

【案例分析】

宝洁公司，创立于1837年，总部位于美国俄亥俄州辛辛那提，是世界上最大的日用消费品公司之一，全球员工近110 000人。2008年，宝洁公司是世界上市值第6大公司，世界上利润排名第14的公司。它同时是财富500强中第十大最受赞誉的公司，主要经营美容美发、居家护理、家庭健康用品等方面。据调查，宝洁公司是"最受中国大学生欢迎的外企"之一。面对不同的种族和文化，它如何找到开启不同市场的"金钥匙"？究竟是什么构成了这个百年日化帝国的"常青树"？

请分析人力资源管理机制在哪些方面对该公司的成功发挥了作用？

复习思考题

1. 人力资源管理发展经过几个阶段？请具体阐述。
2. 人力资源管理研究对象是什么？
3. 分析传统人力资源与现代人力资源的差别？

项目二 员工招聘、甄选与培训

【导入案例】

哥伦布，著名航海家，为了实现航海计划，花十多年时间游说葡萄牙、英国、法国，均被否定，但得到西班牙国王的支持，发现新大陆后，各国后悔不已。

历史显赫的英国老牌贵族银行——巴林银行期货交易员尼克·理森，为满足个人私欲，以银行名义购买期货，违规操作，在银行监管不力的情况下，损失14多亿美元，直接导致这家200多年历史的老牌银行破产倒闭，震惊世界。

错失一个人才，给企业带来不可估计损失；

招错一个人才，同样也会带来不可估计的后果。

任务一 员工甄选的依据

我们如何从兴趣、价值观、个性、能力四个方面来甄选员工，同时把他们任用到适合的工作岗位，这是非常重要的。

首先，要了解一个人，需从他的兴趣入手。一个人喜欢做什么，他就愿意为此事付出必要的学习、承受风险的准备和更多的努力。所以，要选准这个人有哪些职业兴趣，他在职业生涯中才能事半功倍。

其次，就是价值观。价值观是一个人从事一切活动的指导思想。在过往与人沟通时，我们遵循的是黄金法则：你想人家怎么待你，那你就要怎样对待别人，强调的是以自己为关注点；而现在强调以白金法则沟通：要选择别人喜欢的方式去对待他们，强调的是以别人为关注点。所以，我们有必要了解员工的价值观是什么，是否与公司的价值观、企业文化相匹配，对激发员工的积极性有重要的影响。

再次，需要了解个性。一个人个性与工作之间的紧密关系，在很多可靠的研究中已经得到证实。简单来说，一个外向的人适合从事销售、宣传工作；内向的人适合管理、行政工作；无拘束的人适合艺体类工作。

最后，需要了解一个人的能力。一个人喜欢做这份工作，不等于他有能力做这份工作。所以，我们有必要了解一个人的长处和优点。

【案例】弥勒佛与韦陀菩萨

去过寺庙烧香拜佛的人都知道，进门就可以看见笑脸相迎八方来客的弥勒佛，它的北面则是一脸严肃、黑口黑脸的韦陀菩萨。相传，他们以前不是在同一个寺庙里，弥勒佛面相和蔼，总是一副笑眯眯的样子，惹人喜欢，总是有很多人愿意到他的寺庙去烧香，但他疏于管理，丢三落四，仍然无多余的钱财。韦陀菩萨善于管理，但是过于严肃刻板，香客们自然不愿意去他的寺庙烧香，至于香火断绝。

如来佛见此情景，便把他俩安排到同一个寺庙，共同管理一家寺院，弥勒佛用他的热情负责前院迎接香客，韦陀用他的铁面无私负责内部事务。两人被安排到适当的岗位上，给寺院带来一派欣欣向荣的景象。

任务二 甄选程序与渠道

甄选程序不是固定不变的，不同的企业规模和不同的工作要求，程序上会有一些变化。

我们把常规的甄选程序为大家梳理如下：

（1）接待申请人。对申请人初步印象不错且符合岗位基本要求，可办理岗位申请登记。

（2）填写申请表。申请表根据各单位需要掌握申请人的情况制定岗位申请表。一般包括申请岗位、基本情况、学历情况、工作经历、培训情况等方面。

（3）资格审查。审查资料信息是否真实，如学历证书、技能证书、职业资格证书等。

（4）考试和测试。不同单位性质采用的方式不同，如事业单位一般采用笔试考试，而企业一般采用素质测试，来判断应试者的能力、经验、性格、兴趣、价值观等。

（5）面试。面试主要有两种形式：结构化面试和无领导小组面试。以观察应试者的心理素质、应变能力、语言组织能力、思维结构、领导能力等。

（6）相关主管态度。由人力资源部负责删选完成以上程序后，由相关主管决定是否录用。

（7）身体检查。判断决定录用人员的身体素质是否符合岗位要求。

（8）考察和正式录用。不同的企业考察期不同，经过考察后，正式成为单位员工，并享受单位的所有福利待遇。

以上甄选程序必要全部通过，若一步没合格，就会被淘汰，这种甄选方法叫淘汰法。符合用人所长的甄选方法叫多重相关法，可能某一步不合格，但不会直接被淘汰，这种方法更能够选拔出优秀的人才。

甄选渠道有内部和外部两种来源。内部候选人是填补空缺职位的最佳候选人来源。寻找外部候选人也是企业非常重要的渠道。

（1）互联网招募。随着互联网的发展，越来越多的企业或个人，会选择互联网的方式去招募或求职。在我国，招募人才做得很专业的网站很多，如中华英才网、前程无忧、猎聘网等。

（2）大学校园招募。它是招募专业技术人员、管理培训生、研究人员的重要渠道。有研究结果表明，企业从外部招募人员来填补的需要具有大学学历才能承担的职位中，大约38%都是由应届毕业生来填补的。

【案例】宜芝多的招聘

宜芝多是源自于上海的一家面包蛋糕店，现已遍布很多城市，新店每年都在不断增长，对新员工的需求量也在不断增加。对于宜芝多的人力资源老总来说，意味着在招聘员工的时候要拓宽渠道，认为不可能通过单一的渠道就能找到满意的人选。因此，正确的招聘渠道对于企业的发展至关重要。

任务三　甄选相关测试方法

1. 霍兰德职业兴趣测试

【案例】喜欢的岛屿

R岛：自然原始的岛屿，岛上自然生态保存得好，有各种野生动物，居民以手工见长，自己种植花果蔬菜、修缮房屋、打造器物、制作工作，喜欢户外运动。

I岛：深思冥想的岛屿，有多处天文馆、科技博览馆、图书馆，居民喜好观察、学习，追求真知，常有机会和来自各地的哲学家、科学家们交流思想。

A岛：美丽浪漫的岛屿，充满美术馆、音乐厅、街头雕塑和街边艺人，弥漫着浓厚的艺术文化气息，居民保留了传统的舞蹈、音乐与绘画，许多文艺界的朋友都喜欢来这里寻找灵感。

S岛：友善亲切的岛屿，居民个性温和、友善、乐于助人，社区均自成一个密切互动的服务网络，人们重视互助合作，重视教育，关怀他人，充满人文气息。

E岛：显赫富庶的岛屿，居民善于企业经营和贸易，能言善道，经济高度发展，处处是高级饭店、俱乐部、高尔夫球场，来往者多是企业家、经理人、政治家、律师等。

C岛：现代、井然的岛屿，岛上建筑十分现代化，是进步的都市形态，以完善的户政管理、地政管理、金融管理见长，岛民个性冷静保守，处事有条不紊，善于组织规划，细心高效。

问题：如果学院给我们专业每位同学一次社会实践的机会，请问你想去哪个岛屿，并说说你的理由。

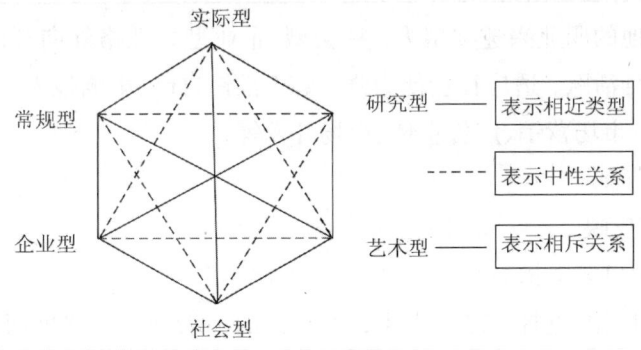

霍兰德，职业心理学家，他认为人的性格、兴趣和职业有密切关系，人的兴趣爱好可以是对待工作最大的动力源泉，对职业有兴趣者，必定在工作在有很大的激情和积极性。同时，他还认为兴趣和人格存在很高相关性。因此，提出职业兴趣理论，将人格分为6种类型。每个人的性格不是单一的，职业兴趣六角形模型中，对角的两个类型是完全相排斥的性格，如实际型和社会型，实际型在性格内向上较为明显；邻角的两个类型是相似的，如社会型与艺术型，在性格上都偏向于外向，所以，不同的人格适合于不同的岗位：

人格类型	人格特点	适合岗位
社会型(Social)	活泼开朗，喜欢与人交往，乐于助人	教师、志愿者
企业型(Enterprising)	说服能力强，善于推销	企业管理者、销售
常规型(Conventional)	做事循规蹈矩、按部就班	办公室秘书、会计
实际型(Realistic)	动手能力强，善于与事、物交往	工程师、化验员、技术维修师
研究型(Investigative)	理论扎实，探索未知，善于分析	科学家、心理学家、研究员
艺术性(Artistic)	想象力丰富，追求美感，放荡不羁	导演、美术家、舞蹈家

【案例】

在《就业指导》课程上,有大三学生对即将面临就业的方向感到困惑,于是希望R老师能帮助他明确自己的方向,R老师给他做职业兴趣测试前,一再强调:该测试的结果没有好坏之分,凭第一印象回答问题,每种性格都有自身的优缺点,测试的目的在于了解自己的兴趣特点。测试结果如下:

职业兴趣类型	测评结果(百分比)
实用型(R)	17.71%
研究型(I)	19.14%
艺术型(A)	7.71%
社会型(S)	20.00%
企业型(E)	19.43%
常规型(C)	16.00%

根据测试结果,他的职业兴趣类型为:社会型、企业型。性格外向开朗,善于与人交际,口头表达能力强,思维活跃,适应社会能力强,善于推销自己、影响他人。

适合的工作岗位:市场营销、广告宣传、市场开发等。

2. PDP人格测评工具

【案例】你会作何反映

地点:在商场电梯口等电梯

场景:等了好长时间的电梯,终于来了,当打开的一瞬间,看到里面站满了人。见此情景,你会怎么办:

a. 估算下电梯里的人数,看电梯是否能承受才做决定。

b. 先让他人,自己后退,心想:多等一下,没关系。

c. 虽然人多,也待不了多久,冬天挤挤更暖和。

d. 不顾一切,毫不犹豫往里钻。

分析以上案例前,我们先看一种测评工具PDP,它把人的个性特质按照五种方式分类:

个性	特质	代表动物
支配型	重结果,领导范,权威至上	老虎
表达型	善表达,善推销	孔雀
耐心型	有耐性,持之以恒	考拉
精确型	按部就班,喜欢精确,做事谨慎	猫头鹰
整合型	灵活、协调,适应能力强	变色龙

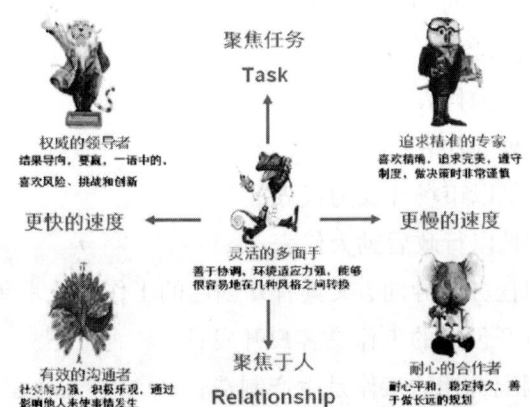

由此可见，运用个性特质分析以上案例中 ABCD 分别所对应的是精确型、耐心型、表达型、支配型。对待五种不同的个性特质，在工作中就会有不同的要求。同时，不同的工作性质，也适用于不同的个性特质的人。接下来，我们再具体了解这个测评工具。

（1）它是一种测量个人的思维模式和行为习惯的动态综合评估系统。

可以测量出个人的【基本行为】——天生的自我；

【对环境的反映】——工作中的本我；

【可预测的行为模式】——别人眼中改变的我。

所以，它可以从三个方面告诉来回答：我们究竟是谁？

（2）PDP 与人力资源管理中的人员任用相结合

工作岗位的倾向性关注从一个维度区分：事、人。另外，看工作是需要配合还是开创，划分另一个维度。两个维度组合，形成四个不同类型的工作，即 PDP 四种思维模式，见下图：

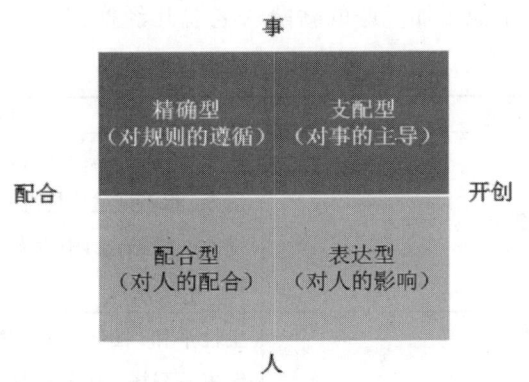

第一类：以任务为导向，以事为关注点，这些工作具有开创性，称为支配型工作。强调对事情的主导。

第二类：以关注人为导向，且工作具有开创性，称为表达型。侧重对人的影响。

第三类：以人为关注点，且工作的性质更多需要配合，称为配合型。强调对人的配合。

第四类：以事物为关注对象，且工作需要配合，称为精确型。强调对规则的遵循。

(3)企业中工作性质与对应的 PDP 人格特质

企业中的这样一些性质和类型：

(1)关注事的以财务管理为代表。

(2)关注人的以客户管理为代表。

(3)具有开创性的工作是以市场开发为代表。

(4)具有配合性的工作是以行政后勤为代表。

同时，既具有以事情以任务为导向，又具有开创性的工作是技术研发型；

以人为关注点，且具有开创性的工作是客户开发；

以事情为导向，又强调配合性的工作是生产制造；

以人为关注点，且强调配合性的工作是客户服务。

通过以上的描述，我们对应到 PDP 中所提到的几种人格特质：

技术研发类	支配型
客户开发类	表达型
客户服务类	耐心型
生产制造类	精确型
人力资源管理类	整合型

【案例】谁来继任

这是一家集软件开发、硬件制造和销售于一体的科技公司，它是美国一家知名公司红帽在中国的代理，也是欧洲其他两家公司在中国的分销商。该公司的总部设在北京，其销售网点遍及北京、上海、广东等地，用户达到 1000 余家，每年的销售业务以 20% 以上的速度增长。公司设有产品研发部、销售部、技术支持、人力资源部等部门。销售部经理姜南向总经理提出辞职，理由是其他公司给了他更加优厚的薪酬。老总几经挽留，他去意已决，现在急需找到继任者。

继任人选	特点
庞震	才思过人、业绩突出、分析透彻、对外在变化永不退缩、能立刻适应情况；但太咄咄逼人，不喜欢听别人的意见，目中无人，与其他部门的人合作困难，学历太低
李健	生性平和，团结下属，做事毅力十足，百折不挠，做事不张扬，把名利看得很淡；但做事不够果断，有点优柔，缺乏领导魄力，心太软，不愿意裁掉业绩不佳的员工
赵颖	H 公司的销售经理，能力突出，最近与他们公司的老板闹翻了，正要辞职不干

问题：根据公司目前空缺岗位的特性和对人的要求，请确定合适的人选，并谈谈你的

理由。

（1）三个人选来自于两个渠道：内部选拔和外部引进。

（2）从 PDP 人格测评来分析：庞震属于老虎型，李健属于考拉型。

（3）结合公司目前产品的特点和市场环境来分析人选。如果公司处在上升阶段，需继续开拓市场，老虎型更适合。如果市场稳定且份额较多，需维护好客户资源，考拉型更适合。

3．职业能力测试

（1）从词性上分类

动词：通用技能。

如：辨别、观察、迁移、推测、好问。

名词：知识理论技能。

如：计算机、食品加工技术、食品检测技术、食品营养学。

形容词：自我管理技能。

如：迅速、敏锐、严肃、努力、认真等。

（2）从迁移对象分类

资料：收集能力、计算能力、处理能力、分析能力等。

人：督导能力、娱乐能力、说服能力、解释能力等。

事物：精密工作能力、操作与控制能力、发动与操作能力、转动能力等。

【案例】食品专业应聘人员的简历

系统地学习功能性食品理论、分离检验理论及专业基础知识，掌握了扎实的食品研发、食品包装开发、食品检验方法和技术，深入研究了食品功能因子在食品中的作用，同时辅修了第二学位计算机工程技术课程；调整、维护实验设备，精确地校对实验仪器，及时地处理实验室常规事务；能够熟练地运用数据分析软件；培养了较好的分析和解决问题的能力。

【识别的才能】

动词：学习、研究、调整、维护、校对、分析。

名词：理论、基础知识、食品技术、实验仪器设备、数据软件。

形容词：扎实的、及时的、熟悉的、较好的。

岗位：出入境食品检验检疫员、企业文化推广员、促销策划员、车间统计人员。

4．职业价值观测试

特点：独特的、稳定的、较难改变的。

价值观有很多，一个人的价值观不可能和另一个的价值观是一致的。通过心理学家洛特克大量的文献和量表研究，发现了 13 种价值观：成就感、审美追求、挑战、健康、收入与财富、独立性、爱、家庭与人际关系、道德感、欢乐、权利、安全感、自我成长和社会交往。

我国学者在此基础上总结出职业中最重要和最常用的 12 种价值观：

（1）财富。将收入作为职业中的重要因素，工作的动力来源于收入的多少。

(2)兴趣爱好。以兴趣爱好作为选择工作的标准,会拒绝不擅长的职业,才能从中得到乐趣和成就感。

(3)权力地位。喜欢地位声望,以此掌控他人行为,从权力中获得满足感。

(4)自由独立。随心所欲,不受他人掌控,自由度高,可以自行支配时间和空间。

(5)自我成长。在乎工作提供的培训和再学习的机会,使自己的业务范畴水平得到提高。

(6)自我实现。看重工作是否会提供施展才会的平台,帮助实现自身价值。

(7)人际关系。重视工作环境中的人际关系处理,希望得到领导的关爱、同级的友好、下级的尊重。

(8)身心健康。工作不会带来过度的焦虑紧张,以致造成身心不健康,甚至心理更严重的问题。

(9)环境舒适。工作物理环境安逸。

(10)工作稳定。不担心朝不保夕,随时有可能被辞退的工作现象。不用疲劳于频繁调动工作。

(11)社会需要。响应国家或社会的需要,为他们的发展做出贡献。

(12)追求新意。喜欢别出心裁,不断改变创新。

对以上常用12种价值观进行汇总,可以从"个体与群体""物质与非物质"两轴四个方面分析:生理安全、社会、自尊、自我实现。

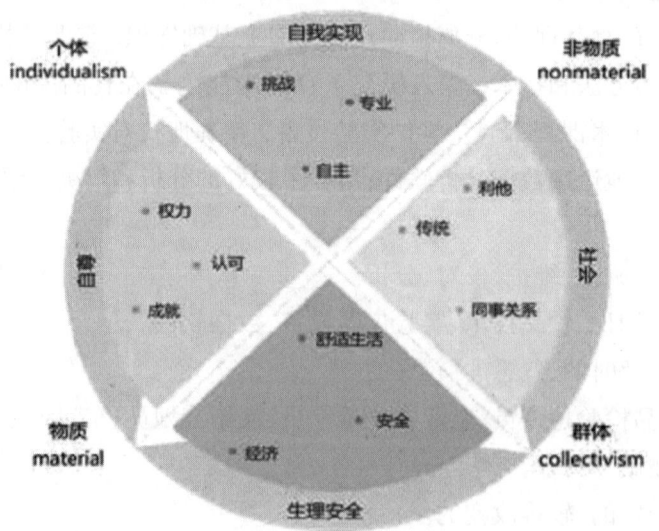

【案例】

某培训机构招聘一名培训讲师,如下是其中一名应聘者所作的工作价值观测试结果,如果你是培训机构的HR,你会如何分析该应聘者是否适合该岗位?

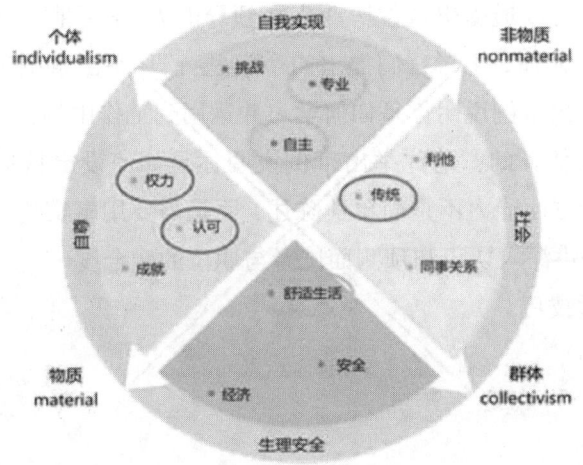

案例中,从应聘者的需求上来看,最重视的是自我实现,最不关注的是自尊方面的价值观,说明他关注工作本身是否和专业相关,而不在意工作带来的附加价值。从岗位的需要来看,培训师需要是某一领域的专家,不需要太密切地与他人合作,自由度较大,他比较适合。从公司的核心价值观来看,如果公司非常重视快速、高效,需要抗压能力较强的员工,并有较多规章限制,该应聘者便不是很适合,他相对更喜欢能够自己安排工作节奏,可以有时间享受生活的工作。这种情况下,硬招过来的结局恐怕不会太好。

任务四　有效设计面试

在面试中常常问到以下三类问题:
(1)经历问题:你毕业于哪所大学?
(2)自我评估问题:你认为自己的专业学习得如何?
(3)行为事例问题:在大学你都干过哪些有意义的事?
据经验统计,面试提问方向的比例是:

经历问题	30%
自我评估问题	10%
行为事例问题	60%

面试过程中主要关注的问题应该是行为事例,那么,如何设计有效提问的技巧就非常重要了。

【案例】校园招聘会
某高校一毕业生参加中国宝洁公司校园招聘会,在面试前,认认真真准备了几分钟的自我介绍，从字里行间都可以透露出这位毕业生在领导能力、学习能力、团队合作能力、自我管理能力上都表现不错。然而，主考官们提出四个问题：请你举出事例说明你是如何领导其他人完成任务的？请你举出事例说明你是如何学习并运用到工作中的？请你举出事例说明你是如何和其他人协作完成任务的？请你举出事例说明你是如何设定目标并实现的？问题一提出，面试者傻眼了。各方面能力不是简单地陈述，而是需要用事实说话来证明自己所做过的事情，才能为主考官提供深入认识和预测面试者与职位的融合度。

星星闪烁——问话技巧

S：问情况（situation）

T：问任务（task）

A：问行动（action）

R：问结果（result）

如何有效设计面试

主观性问题	客观行为性问题
你为什么觉得自己擅长解决难题？	请举例说明你是如何解决最近工作中遇到的难题？
你一般怎样处理新客户的投诉？	你是否遇到过新客户的投诉？请讲一个给你印象最深刻的例子？

任务五　员工培训与评估

1. 培训目的

（1）帮助员工更快地掌握单位章程，清楚工作职责和明确工作具体操作流程。

（2）帮组员工找到归属感和责任感，更快地融入企业文化。

（3）使员工感受到企业对他们的重视，对职业生涯的发展有期待和信心。

（4）降低员工流失率和减少员工的抱怨。"二三二"原则中提到给员工培训的机会越多，他越愿意留在这里。

（5）提高生产效率。美国权威机构监测，培训的投资回报率在33％左右。

2. 培训内容类别

（1）专业技能培训：单位根据需求，为员工更好地适应工作岗位，进行的专业能力知识培训。

（2）素质提升培训：为更好地提升工作质量，对员工在心理素质、工作态度、行为习惯、思想意识等方面的培训。

3. 形成培训的步骤

（1）分析培训的需求。确定职位所需的技能和知识与员工实际掌握的技能和知识之间的差距,存在差距就是需要培训的对象。

(2)教学设计。确定可衡量的培训目标和培训机构,根据培训内容编制预算。

(3)实施培训。运用培训机构或在线课程培训等方法进行。

(4)培训评估。对培训最终的成果按培训目标严格把关。对是否能运用到实际工作中,并提高工作效率和改善工作效果带来帮助做出最终的评价。

培训的成果需要对培训的每一个步骤都有监督措施,不是仅靠最后一阶段的评估就能控制好培训,取得好的成效。

【案例分析】晋升的"激励"效果

李凯是一个某饮料生产车间操作工,他能够准确无误地操作和控制机器,但是当他晚上回家后,他就把工作抛到脑后了。

后来他升职为领班,负责培训新员工操作设备。这个工作根本不适合他。他非常苦恼,因为新员工不能迅速掌握操作技巧,或者不像他那样努力工作。为此,晚上回家后,他还担心工作,他现在很想回到晋升前的工作岗位。

问:对哪一类价值观的人来说是正面的激励?

复习思考题

一、判断下列哪些回答是假"星星",并提出如何跟进提问。

1. 我做了周密计划确保该项目投标成功。

2. 生产一班组上季度产量提高一倍。

3. 一般情况下,年终考核我都会获得优秀。

二、员工甄选依据有哪些?

三、甄选相关测试方法有哪些?

四、甄选渠道有哪些?

项目三 员工绩效管理

【导入案例】

《水浒传》中各路英雄好汉打家劫舍之后,就要论功行赏。功劳如何论,如何分配获得的财物,如何让大家的功劳与得到的回报一致?所以,评定功劳是分配财物中最重要的环节,也就是绩效管理的内容要解决的核心环节。

任务一　绩效管理及环节

绩效管理有4个环节：绩效目标、绩效辅导、绩效评价、结果运用。

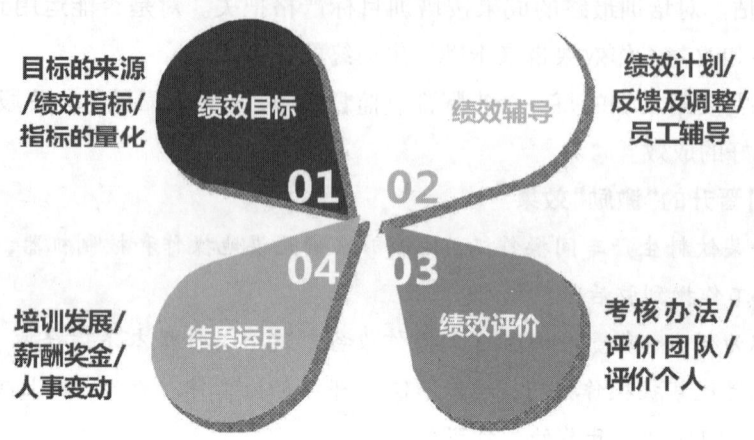

（一）绩效目标

我们要确定目标来源，可以从公司的战略目标来看，也可以从部门的职能职责出发，还可以从员工的行为规范的要求角度来构成最后的绩效目标。这个绩效目标应该是通过提前跟员工的沟通达成的上下共识，才会在之后产生对他的行为的引导作用。

（二）绩效辅导

绩效辅导员不是定期进行。有的企业认为我们有绩效辅导，我们每个月都要求领导要面谈一次，或者每个季度要求领导必须做一次绩效的面谈，其实除了正式的绩效面谈之外，大量的辅导应该是在工作的时候随时随地进行。

（三）绩效评价

根据绩效目标以及设立的考核办法，在一个绩效考核的周期当中对绩效进行考核和评定。绩效考核方法很多，如360度测评、平衡计分卡、KPI关键绩效指标等。绩效管理评价分为考核型和发展型。薪酬、奖金属于考核型绩效评价；升迁、培训、人事变动属于发展型绩效评价。大部分企业会把评价结果作为薪酬和晋升的重要依据。有助于员工在职业生涯发展中清楚自身优缺点。

（四）结果运用

绩效考核结果出来后，结果被运用到哪些方面，如奖金、升迁、培训、劳动关系中。如果在之前，绩效结果被明确运用到哪些方面，就要坚持执行，否则很容易出现问题。

【案例】绩效结果呢?

一企业公司业务主要集中在国内,随着市场环境变化,组织全公司上下拓展海外市场。对于新的市场环境,公司无法预测会面临什么阻力,能够获得多少的市场份额。于是,老板为激励大家的积极性,承诺若第一季海外市场销售额达到200万元以上,按总销售额的10%作为奖励。重赏之下必有勇夫,于是,海外市场销售人员积极性大增。在这样的激励下,果然实现销售目标。销售人员都期待着公司丰厚的奖金,但企业老板迟迟几个月不发话实现承诺。可想下一季度的销售额会怎样,甚至销售人员的流失会怎样。

不管是奖励还是惩罚,绩效目标都要兑现承诺。如果发现有问题,在执行之后及时纠偏。

任务二 制定绩效目标

1. 目标对员工绩效有四个作用

(1)导向作用。每个人怀着不同的目标,走到一个企业里,要把这样的人能够整合在一起,所以就需要有一根指挥棒,这个指挥棒就是绩效考核目标。绩效目标可以让员工看到企业未来发展蓝图和个人努力的方向,具有明显的导向作用。

(2)激励作用。目标对人具有鼓舞人心、催人奋进的作用。可能有些员工会反映企业目标没有激励作用,通过以下路径图来了解一下个人努力、绩效、激励以及需求之间的关系。

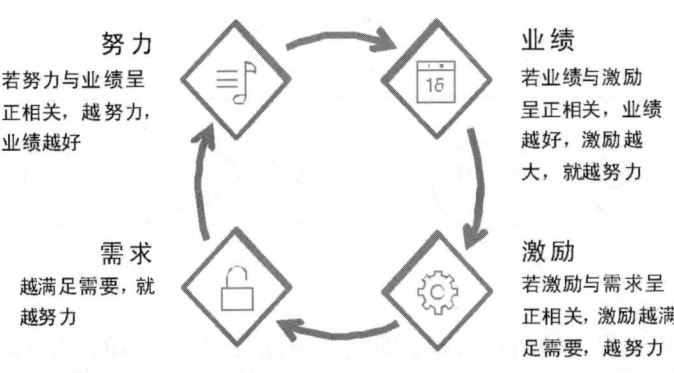

这一关系路径图反之亦然,如果企业目标对员工没有激励作用,就要通过这个路径图检查一下某个环节是否出现问题。

激励的目标要结合实际,符合员工的能力和资源状况。目标设置得过高,再努力也不能达到;过低,不需要努力就可以达到,这样的目标是不具有激励作用的。

【案例】猴子获取食物的实验

有学者用6只猴子做了一获取食物的实验,实验目的在于食物放置于不同的位置,观察猴子数日后的健康状况和未来发展如何。6只猴子分布在3个房间,每两只猴子一个房间。

这些食物都非常诱人,并且数量很多地分布在房间。第一个房间的食物放在地上,第二个房间的食物悬挂在屋顶上,第三个房间的食物悬挂在跳跃就可以得到的位置。数日后,第一个房间的猴子被养得肥肥胖胖,因为食物太容易获得;第二个房间的猴子被饿得奄奄一息地瘫倒在地,因为再怎么努力也不能获得食物;第三个房间的猴子心情愉悦,蹦蹦跳跳,因为食物悬挂在通过努力就能获得的地方。所以第三个房间的猴子身体健康状况是最好的。

(3)评价作用。目标作为评价绩效的衡量标准,正如:这本书中人力资源管理章节是否对大家有帮助,可能有些人认为帮助很大,有些人认为没有多大帮助,还有些人认为看与哪些教材相比较。所以,没有客观的标准是不能准确地评价员工是需改进还是表现优秀,这就需要设立客观的绩效目标作为评价的标准。

(4)成长作用。目标可以帮助员工在成长道路上不断发展。

【案例】目标助于成长

美国《成功杂志》曾对一群年龄、智力、背景相当的年轻人进行调查,去询问他们对未来人生的目标是什么?调查结果发现:极少部分人有长远而清晰的目标,一部分人有短期且比较清晰的目标,大部分人有模糊不定的目标,还有一部分人没有目标。若干年后,研究团队对这群人进行跟踪调查,结果发现:这些人的收入与若干年前定下的目标有密切的关系。毋庸置疑,目标长远且清晰的那部分人的收入是最高的。

2. 制定目标遵循的原则

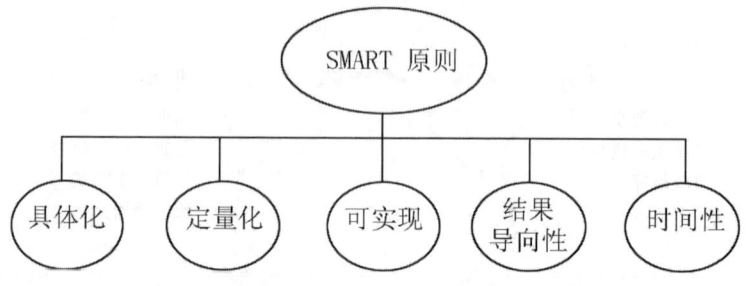

是管理学家德鲁克提出的目标管理,即绩效指标必须是具体的(Specific)、可以衡量的(Measurable)、可以达到的(Attainable)、与其他目标有相关性的(Relevant)、有截止期限的(Time-bound)。无论是部门还是个人的绩效目标都要遵循这五个原则,缺一不可。

SMART 训练

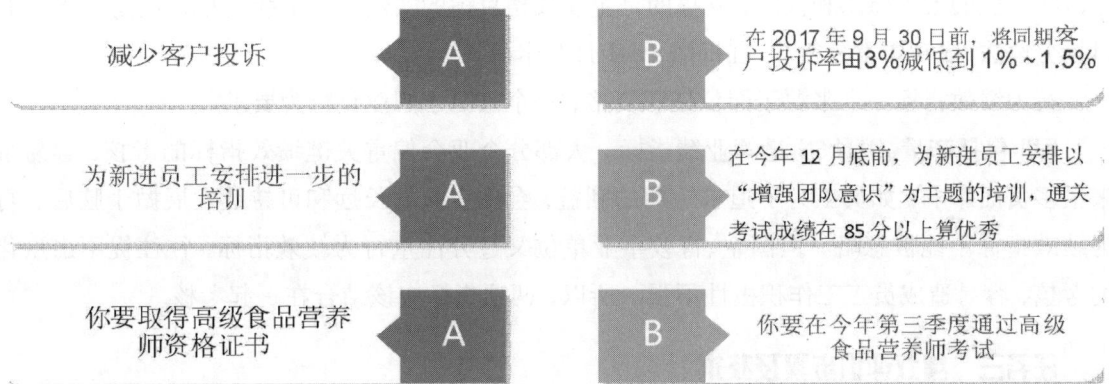

3. 量化绩效指标

有了绩效目标，我们的绩效指标该如何制定，可量化部分应该怎样量化，请参考部分指标的量化的路径。在管理学中，认为凡是不可量化的就是不可考核的。所以，我们要通过量化的指标来指引员工的行为和评价员工的标准，指标一定要量化。

量 化	指 标
数量：如第一季度产量要达到 5 万吨	亏损、产量、利润、成本、回款等
百分比：如同期相比，检验合格率提高 20%	合格率、解决率、增长率、完成率、满意率、抽查率
分 数 如这批次的电视机质量要达到 93 分以上 顾客满意度在 90 分以上。	成绩、质量、满意度、抽查
等 级 如微生物检测项目我们争取获得全国技能大赛一等奖	合格、良好、优秀、特级或省级国家级一二三等奖
时间节点 如某项目中标材料在 2017 年 8 月 30 日下午 4 点 30 前交	某年、某月、某日
次 数 如今年食品安全事故控制在 5 件以内	安全事故、投诉量

4. 制定目标的流程

不管怎样的目标都需要落实到个人身上，目标才能实现。员工的考核指标由两个部分组成：KPI（关键绩效指标）、CPI（行为绩效指标）。

关键绩效指标(个人 KPI)来源于部门(二级 KPI),部门来源于企业(一级 KPI),企业来源于企业的战略目标和经营重点。通过关系图可以看出,经过层层分解,员工个人需要做的是落实企业的宏大愿景和蓝图,支撑的是企业战略目标的实现。关键绩效指标制定的方法有目标分解法、成功要素分析法、杠杆法、平衡计分卡等。

行为绩效指标一个来源于岗位任职资格,一个来源于职业化行为要求。

KPI 包括产量、销量、质量等业绩指标。大部分企业会偏重关键绩效指标的考核,容易带来很多负面影响,如员工为了追求短期的利益,会把企业的长远和可持续发展抛于脑后。行为绩效指标不能被忽略。但国企、行政事业单位又过分注重行为绩效指标,往往提不出量化的考核,容易造成员工工作积极性不强。所以,两项指标应该结合在一起考核。

任务三 绩效评价步骤及技术

1. 实施有效的绩效评价有三步:

(1)界定员工的工作职责和要达到的工作绩效标准,以及使用的评价方法。

(2)使用评价量表衡量出员工的实际工作绩效,用于与之前确定的工作绩效标准相比较。

(3)有效的评价还需要反馈面谈。很多企业都没有做到反馈面谈,即使面谈也是针对于绩效评价结果非常不理想的员工。领导应该就员工的进步或后退进行讨论,共同制定进一步开发计划。

2. 绩效评价技术

绩效考核方法包括 BSC、KPI 及 360 度考核、平衡积分卡等

设计评价工具时,需要考虑两个问题:一是评价什么,二是如何评价。我们着重来看如何评价,这方面有很多不同的方法,如图解式考评法、目标管理法、交替排序法。

我们主要了解两种简单且常用的评价方法:图解式考评法和交替排序法。

(1)图解式考评法

这种绩效评价方法最为常用。评价范围由三到四个等级构成,从低于期望到杰出榜样,或需改进到优秀,或不强到非常强。评价要素一般包括团队协作、专业水平、人际关系能力、工作质量、沟通能力等。评价者对每一个特征要素的评价可以从这些评价范围中选择,所有特征要素的评价范围被选择后,叠加汇总分数就成为被考评者的最终绩效。请参考下图:

员工姓名:		职务:		评价日期:	
工作部门:		工号:		评价人:	
评价因素	最差(1分)	差(2分)	中(3分)	良(4分)	好(5分)
工作质量					
工作数量					
工作纪律					
设备维护和物耗					
创新意识与行为					
评价意见:	评价人签名:		最差:不能完成任务		
员工签名:	人事部门意见:		差:勉强完成任务		
员工意见:	负责人意见:		中:基本完成任务		
			良:完成任务较好		
			优:完成任务特别出色		

(2)交替排序法

交替排序法是对一个或多个特征要素从最差到最好或者从最好到最差进行排序。这种方法也是使用最为普遍的方法之一。操作流程是：清理出被评价者中熟悉的人员名单，然后就被评价者的某一个或多个特征要素，排列出最好的员工和最差的员工。接着，从剩余的名单中选出次好和次差员工，直到所有被评价者排序结束。

任务4 绩效评价面谈

绩效评价面谈是绩效有效评价的重要且不可忽略的一个环节。这个环节是领导与员工就绩效评价的结果进行交谈，对照员工实际工作绩效与绩效标准的差距，找出值得肯定令人满意的成绩，弥补不足之处，为下一期绩效活动打好基础。

在交谈中会涉及绩效中的问题和不足，不管是领导还是下属，为绩效评价面谈做充分的准备是必要的，同样，面谈结果得到有效执行也是非常必要的。领导最好亲自参与员工面谈，才能让员工体会到领导的真实意图，不至于传达的信息失真。绩效面谈内容，要一是一、二是二，正面引导，积极向上。不得不谈论到绩效敏感问题时，要以解决问题为根本，保持谈话氛围的和谐与稳定。

1. 面谈前的准备

领导应做的准备：确定面谈时间，提前2天通知员工；确定谈话场所，尽量选择不受外界干扰的区域，一般不在开放的办公场所；整理好面谈资料，员工的考勤记录、工作职责、员工评价表、绩效考核结果等；想好面谈程序，如何开场，如何结束，谈话方向和先后谈话主题，以及时间的分配。

员工应做的准备：面谈前安排好工作，避免影响正常工作进程；对该阶段绩效做一个自我总结；提出个人发展计划的想法，请领导给些建设性的意见；谈谈绩效中不足的地方，让领导知道你真实的想法。

2. 面谈中的注意事项

(1)面谈氛围要轻松、友好。领导应该主动打招呼，表现出友好，打消员工的紧张和戒备心理。双方可以并排着坐或呈90度直角，尽量不要面对面；简短地寒暄些工作之余的事情做铺垫后，用友好、赞扬的话语开场，增加彼此的信任感，拉近距离。

(2)控制好面谈时间。一般员工面谈时间不易超过1个小时，管理层领导1~2个小时左右，合理分配好谈话内容的主次。

(3)明确面谈的目的。要让员工清楚面谈的目的，首先要对员工阶段绩效给予充分的肯定，要比较客观、全面地评价。然后，提出不足之处给绩效发展带来的影响，不要去评论不足之处是否应该存在及他人对此的看法，或指责员工，或与他人绩效进行对比，造成员工情绪的波动，影响面谈的氛围。

(4)尽量不要采用批评的方式。当必须采用批评时，一定要把握好批评的程度，千万不要伤及员工的尊严。批评千万不要有其他人在场时进行，且给出一些建设性的改正措施才易被接受。

（5）多鼓励员工发言。面谈是双向沟通的过程，不能搞"一言堂"，完全听领导发言。可以多听听员工的想法，允许员工提出质疑，给他们发表看法的机会，才能使面谈结果得到有效的执行，才算为绩效管理画上圆满的句号。

3. 面谈的内容

内容一般从四个方面对上一绩效周期开展的情况进行交谈：

（1）从工作业绩方面

绩效面谈的核心内容就是工作业绩的完成情况。面谈时明确绩效评价结果给下属，若下属对绩效结果有异议，就一定要搞清楚下属是对绩效标准明确或者对绩效评价有看法，直到找到绩效未能完成的真正原因。

（2）从行为表现方面

员工的工作态度、工作能力等行为表现也应该值得领导关注，对这些行为的关注可以帮助员工更好地完善自己，有助于员工进行职业生涯规划。

（3）从改进措施方面

绩效管理的最终目的是改善绩效。在面谈过程中，针对下属未能有效完成的绩效计划，主管应该和下属一起分析绩效不佳的原因，并设法帮助下属提出具体的绩效改进措施。

（4）从新的目标方面

绩效面谈作为绩效管理流程中的最后环节，主管应在这个环节中结合上一绩效周期的绩效计划完成情况，并结合下属新的工作任务，和下属一起提出下一绩效周期中的新的工作目标和工作标准，这实际上是帮助下属一起制订新的绩效计划。

任务五　绩效评价问题

【案例】主管与员工的血泪史

因绩效评价结果，曾在某公司主管与员工曾某身上发生过一件极端的血泪史。在绩效评价时，主管对曾某给了较差的评价，曾某险些被解雇。于是，曾某就对主管狠下杀手，结束了主管的生命。

其实，通过这一极端且少有的案例，我们发现主管给下属过低评价带来的风险还是很大的。绩效结果对晋升、加薪、职业发展都有重要的影响，主管管理者又是在绩效评价中起着至关重要的角色。就这一点已经增加了评价的难度，还别说一些评价技术方面的潜在问题和员工对其公平性产生的质疑。

（1）绩效标准描述不明确

下图采用的是图解式考评法。直观看上去包含特征要素和不同评价等级，但这份样本在采用时很容易遭到质疑，导致评价不公。原因在于样表中对特征要素和评价等价的具体描述不详细、不具体。不同的主管同样对"低于期望"或"创新能力"可能有不同的看法,这样会导致评价结果带有浓重的主观色彩。

绩效标准描述不明确的绩效样本表

	低于期望	符合期望	超出期望
工作质量			
工作效果			
创新能力			
团队合作能力			

若要采用这份样表,一定要用一些描述性的语言界定不同等级下的特征要素。清晰地界定会有助于评价结果更加公平。

(2)晕轮效应

有专家分析,晕轮效应会对绩效评价产生一定的影响。比如,主管对员工整体印象不错的时候,在对员工不良特征评价时,主管同样会对员工做出较高的评价。

避免这一问题的出现,只有尽可能地增加管理者在人力资源管理或绩效评价管理方面的培训。

(3)居中趋势

使用评价尺度为员工打分时,主管们通常会避免最高和最低等级,而选择中间等级。这样会导致大部分员工都趋于中间,扭曲绩效评价结果。

这种做法对全体员工在薪酬和晋升上都不会有好处。要避免大部分居于中间的做法,可以采用排序法。

【案例分析】测评风波

嘉华食品有限公司采用360度测评来选拔后备干部,经过360度测评后,测评结果把公司搞得一团乱麻。

公司研发部黄经理非常器重A项目负责人程晨,欲提拔程晨为后备干部。程晨业务水平强,科研功底扎实,专研心强,又细心又耐心,得到公司上下领导器重。通过这次360度测评选拔后备干部,测评结果出乎黄经理和程晨本人的意料,分数非常低,最多属于第二梯队。

黄经理仔细分析测评结果发现,程晨在"人际沟通"和"团队合作"上的分值很低。黄经理指出程晨的这些问题后,程晨当场也带有情绪地回答到:"我把主要精力都放在研发新产品上,并且在这方面也取得了很大的成绩,难道把大量的时间花费在与人谈话交流上,那不是我的工作重点。"

听完程晨的一席话,黄经理似乎也表现出他对360测评的本意,其实他从一开始对采用360度测评就是持怀疑态度。一次中层干部会上,黄经理说出了他对测评的想法,对360度测评在客观性、公平性和可操作性上都存在怀疑。

这些意见一提出，人力资源孙经理不高兴了。孙经理说："360度测评是管理专家经过多次实验论证的，并被国内外很多知名企业引进，用于管理实践，并得到很好的反响。"此测评是得到总经理的大力支持的。后来，还不断滋生出员工要求将培养后备干部的资金拿出来，进行全公司员工培训。

毫无疑问，360度测评被嘉华食品公司引进，带来了多方的矛盾，不仅是程晨本人和部门黄经理以及全公司员工、人力资源部门，甚至还惊动到公司高层领导。

嘉华食品有限公司该如何应对这次360度测评引起的风波？

复习思考题

1. 名词解释

绩效管理、绩效评估、绩效面谈。

2. 按SMART原则的五个标准，修正以下说法：

(1)每年总销售额在1000万元以上。

(2)提升服务质量。

(3)减少成本支出。

3. 在绩效面谈结束后，主管可以根据对以下问题的回答来检测面谈的效果。

(1)面谈开场白是否尴尬紧张？

(2)面谈过程是否被人打扰？

(3)面谈过程，你是否总是打断下属的谈话？

(4)评价下属绩效时，是否常使用"非常差"等极端字眼？

(5)面谈前你是否清楚自己的目的，结束后是否达到自己的目的？

(6)是否与下属就下一周期绩效目标达成共识？

(7)下一周期绩效目标的评价标准确定吗？

(8)下一周期的绩效评价时间确定了吗？

(9)你清楚自己在绩效中应承担的责任吗？

(10)通过面谈，是否增进了你与下属之间的关系？

(11)你对下属的付出表示感谢了吗？

项目四　员工薪酬和福利管理

简单来说，薪酬管理是关乎到钱的问题。在这一问题上，老板和员工有不同的看法。通过导入案例来看老板与员工鲜明的观点。

【导入案例一】老板的薪酬观

在一栋繁忙的写字楼里，入驻了很多家公司。其中有甲公司要涨工资，周边公司的员工们听到这一消息非常期待自己公司也能涨工资。乙公司的员工们按捺不住，就推选出公司的小张去老板处打探消息。小张来到老板办公室,吞吞吐吐地表达出隔壁甲公司涨工资了,我们呢?乙公司老板听后,非常平静地说:"嗯,我也在考虑这个事情。"小张高兴坏了,随口就问:"老板,你是怎么考虑的?"老板回答到:"我也准备给你们涨工资。"小张连忙问到:"涨多少?"老板说:"原来迟到早退罚款200元,现在罚款打五折,给你们涨薪了。"小张顿时像蔫儿了的茄子。

【导入案例二】员工的薪酬观

小黄是食品加工专业应届大学毕业生,到过很多公司去应聘。一天,小黄来到一家乳业制品公司见到人力资源管理负责招聘的孙经理,孙经理见简历上的各方表现都符合乳业检测岗位的要求。孙经理对小黄说:"黄小姐,你的各方条件都符合公司的要求,不过,近期市场环境不景气,恐怕你来后会没有工作给你安排。"小黄随性脱口而出:"经理,没工作干没关系,发钱就行。"

从老板和员工的薪酬观案例中,我们可以发现企业尽可能地控制人工成本,而员工是尽可能地想增加自己的收入。这两者之间的矛盾不是不可调和的,如何调和是本章需要解决的重点。

任务一 薪酬概况

薪酬是劳动关系形成后,员工付出的劳动所获得的报酬。报酬有两种形式:经济性薪酬和非经济性薪酬。

经济性薪酬分为直接经济性薪酬和间接经济性薪酬。直接经济性薪酬是以货币形式支付给员工的,包括工资、奖金、津贴等;间接经济性薪酬是不直接以货币形式给员工带来生活、工作上的便利,包括各类保险、公积金等。

非经济性薪酬是指无法用货币等手段来衡量,但会给员工带来心理愉悦效用的一些因素。

包括工作成就感、挑战感、责任感、自我价值实现、友情关怀、工作时间有弹性、环境舒适等。

不管是从公平考虑,还是合理回报考虑,或是劳工关系考虑,制定合理的薪酬最根本的原因和最好的效果是吸引、留住和刺激人才。

任务二 设计员工薪酬的理论依据

很多激励理论为设计薪酬提供了思路,从以下几个理论掌握设计薪酬的依据。

1. 亚当斯公平理论

公平理论的核心是不仅仅关注最后的绝对值,更要关注投入与产出是否平衡,关注的是与自己的纵向比和与他人的横向比。

公平关系公式如下:

自己的投入与产出比和他人的投入与产出比平等,会认为公平,其数学表达式为:

Qp/Ip = Qo/Io

当以上公式不相等,其中有一种情况:Qp/Ip < Qo/Io。

自己小于他人,会导致增加自己的收入或减少自己的付出,或者减少他人的收入/增加他人的付出。这样才会达到心理的平衡。

【案例】如何实现公平

小王在这份工作上已经干了5年,工作内容是插花,每小时能挣20元。她能够达到20排每小时的生产率。由于扩大了生意,店主李洁雇用了一个新的没有经验的小赵,小王知道李洁给小赵最开始开出的工资是每小时20元。

(1)根据亚当斯公平理论,在随后的几天和数月里,预测小王和小赵插花的生产效率如何?

(2)如果花店发现小王的生产效率下降,该如何设计薪酬?

2. 马斯洛需求层次理论

马斯洛《人类激励理论》中由低到高提出五个层次的需求:生理、安全、社交、尊重和自我实现。

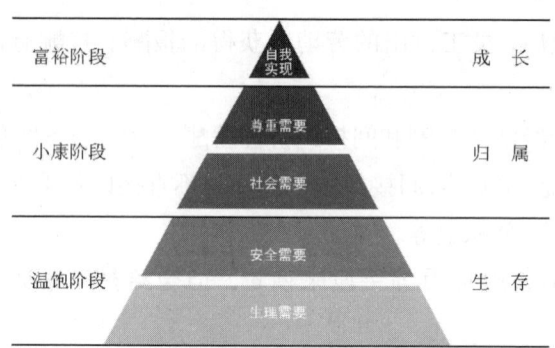

五个层次的需要是每个人都需要的,同一时期,一个人可以有多个需要同时存在,但有一种需要占主导行为的作用;低层次需要满足后,高一层次的需要才能起到激励作用;高层次的需要发展后,低层次的需要仍然存在,只是激励的作用会减弱。

这一激励理论,有助于企业激励员工的积极性,但首先应清楚员工的需求,才能更大地发挥激励的作用。

【案例】咖啡店小丽的需求

咖啡店新进员工小丽非常努力,一年下来工作业绩排名第一,被评为"优秀销售人员"。公司为奖励她的表现,为她提供了三套方案,选择其中一种。第一套是咖啡店的免费卡,供喝一年,可以自己喝,也可以销售后所得归自己;第二套是公司组织外出培训,深层次学习咖啡专业知识;第三套是带薪休假两周。小丽选择了第二套方案,这套方案没有直接的经济回报。第二年绩效考核,小丽又排名第一,她还是从三套方案中选择了外出培训。第三年,店长辞职离开了这家咖啡店,需要从本店长员工中提拔新店长,无可争议,当然是小丽当选。

从这个案例中,可以看出小丽的工作价值观,不是追求物质,而是追求自我价值的实现。所以,需求层次理论是考虑员工的需求。

基于此理论,很多企业在实践中提出了菜单式激励。根据一定的激励项目总值,列出一些员工需求的福利项目,供员工根据自身需求选择。菜单式福利灵活性强,员工对福利的满意度高。

3. 斯金纳的强化理论

四种不同的强化方式,主要的两种是:

(1)正强化。当员工做出某一行为,需要他今后重复这一行为的时候,我们可以给他喜欢的东西。

(2)负强化。他做了这个事情之后,我们把他不喜欢的东西给拿走了,他以后是否更有可能做这件事。比如:他上班喜欢迟到,迟到就罚款。罚款对于他来说就是不喜欢的东西,他没有迟到就没有罚款了,那下次他是愿意迟到还是愿意早到。

强化比例和周期

	工资形式
固定时间固定数量	基本工资、岗位工资、技能工资
固定时间不固定数量	计件、提成、奖金
不固定时间固定数量	津贴、福利
不固定时间不固定数量	分红、利润、项目奖励、抽奖

【案例】英特尔的抽奖

成都英特尔公司年终抽奖,大奖10万元。对员工有很大的激励作用,但仍需要改进,增设抽奖准入制。增设绩效达到一定标准的才有抽奖的资格,大家更加努力,争取绩效达到标准参加抽奖。

所以,我们设计薪酬要考虑到薪酬的结构和变化,如果所有的工资都是固定时间固定数量,在调动员工积极性上达不到激励效果。

从四个设计薪酬的理论依据,我们应该考虑制定薪酬的四个原则:

考虑公平性、考虑员工的需求、考虑薪酬结构和比例、考虑层次和差距。

任务三 薪酬水平决定要素

【案例】我最重要?

一家糖业公司在薪酬改革前都是"吃大锅饭",薪酬水平没有根据岗位和部门的重要性划分等级。随着人力资源管理的不断渗透,该公司决定在薪酬上做调整。各部门得知这一消息后,都向人力资源部门描述自己部门的重要性。研发部说:"产品都是我们开发出来的。所以,我们最重要。"生产部说:"所有的糖果产品都是我们生产的。所以,我们最重要。"销售部说:"没有我们销售,产品都只能堆放在库房。所以,我们最重要。"最后,后勤部还说:"没有我们保障你们的用餐食品安全,你们都不可能做事。所以,我们最重要。"

这家糖业公司改革从一开始就遇到了麻烦,人力资源部首先应该做的是评估各部门和各岗位的价值,根据价值确定各岗位的薪酬水平。

决定薪酬水平要素的步骤:

1. 工作分析。分析各部门各岗位的工作职责和对企业的重要性。

2. 工作评估。不同的岗位有不同的责任,各岗位都有自身的价值。根据企业的战略,岗位有轻重之分,评估体系需要建立得全方位和立体。

3. 工作分级。通过评估打分对工作岗位分出层级。

4. 等级定价。最后,根据打分结果确定各岗位的薪酬水平。

【案例】岗位价值样表及子要素表

某国企金融机构的岗位价值模型						
序号	岗位价值系统要素	权重	分值	系统子要素	权重	分值
1	责任范围	10%	10	工作独立性	40%	4
				工作内容的广度	40%	4
				知识的广度	20%	2
2	知识经验	5%	5	知识	40%	2
				经验	60%	3
3	对企业的影响	40%	40	基本影响	60%	24
				成长促进	40%	16
4	沟通	10%	10	沟通频率	26%	3
				沟通技巧	46%	4
				内外要素	28%	3
5	解决问题	20%	20	复杂性	50%	10
				创造性	50%	10
6	监督	10%	10	人数	30%	3
				下属素质	40%	4
				层次类别	30%	3
7	环境风险	5%	5	环境条件	60%	3
				工作风险	40%	2
合计		100%	100		100%	100

基本影响要素评分表			
	级别代码	级别内容	分值
收入 50%	1 级	无直接影响	5
	2 级	关系到某个地区的局部收入	20
	3 级	关系到一个项目的局部或某个地区的收入	45
	4 级	关系到某个区域或某个项目的收入	70
	5 级	关系到某几个区域或项目的收入	95
	6 级	关系到全局的收入	100
成本费用 50%	1 级	关系到局部单项工作的成本或间接控制和影响某个项目或领域的局部成本	10
	2 级	关系到某个项目或领域的局部成本或间接控制和影响某个领域的成本	60
	3 级	关系到某个领域的成本或间接控制和影响某几个领域的成本	100

岗位评估调查表							
序号	岗位价值系统要素	权重	系统子要素	A 岗位	B 岗位	C 岗位	D 岗位
1	责任范围	10%	工作独立性	4	3	2	1
			工作内容的广度	3	3	3	2
			知识的广度	1	0.5	0.5	1
2	知识经验	5%	知识	1	2	1	2
			经验	3	2	3	1
3	对企业的影响	40%	基本影响	18	19	17	14
			成长促进	15	12	11	14
4	沟通	10%	沟通频率	3	2	3	3
			沟通技巧	2	1	4	2
			内外要素	3	3	2	3
5	解决问题	20%	复杂性	8	5	6	7
			创造性	8	8	8	5

续表

6	监督	10%	人数	2	2	3	3
			下属素质	3	1	4	2
			层次类别	3	3	2	3
7	环境风险	5%	环境条件	3	3	3	2
			工作风险	1	2	2	2
合计		100%		81	71.5	74.5	67

任务四　非工作时间薪酬

福利是指员工与企业之间正式的劳动关系形成后，可以获得的各种间接报酬。福利不是以货币的形式体现，但在大量的调查中发现，福利占总薪酬的30%左右。同样，调查发现，员工更愿意留在提供了福利保障的企业，即使每月能拿到的直接报酬比不提供福利的企业少。国家通过法律的形式强制企业提供一些福利，企业可以结合自身情况提供强制外的福利。

非工作时间薪酬在福利计划中占比较大。包括常见的事假、病假、产假、陪产假、节假日、年休假时的薪酬，以及失业保险。

（一）年休假及节假日带薪

根据国务院发布的《职工带薪年休假条例》，凡工作满一年以上的均可以享受一定天数的带薪休假。

休假计算方法：职工累计工作满1年不满10年的，年休假5天；满10年不满20年的，年休假10天；满20年的，年休假15天。

休假期间工资：休假期间，职工仍可享受与正常工作相同的工资。单位不得以任何理由克扣工资。

应休未休假工资：因工作需要或本人同意，未安排休假或未休完假，工资应按平均工资的3倍支付。

根据《国务院关于修改〈全国年节及纪念日放假办法〉的决定》，我国全体公民放假的节日有元旦节、春节、清明节、劳动节、端午节、中秋节、国庆节。节假日期间工资照常，不能被克扣。部分公民还享受的带薪假日如：三八妇女节，可以休息半天。

（二）产假薪酬

根据《劳动法》及国务院发布的《女职工劳动保护规定》，任何用人单位的女职工均享有产假，假期为98天，其中产前休息15天，产后休息83天。《女职工劳动保护规定》有以下几个方面：

1. 正常生产的女职工有权力享受产假,单位不得以任何理由扣除工资、补贴、奖金等,不能阻碍晋级。

2. 孕期产检应算作劳动时间,不能按病假、旷工处理。

3. 哺乳期女职工每天有不少于1小时的哺乳时间,单位不得算作迟到、早退。

(三)失业保险

根据《失业保险条例》规定,不是因本人意愿中断就业;参加失业保险并缴费满一年;已办理失业登记,并有求职要求,三个条件同时具备才能享受失业保险。

非因本人意愿中断就业的情况:被单位开除、辞退;被单位解除合同;终止合同;法律法规另有规定的。

失业保险领取期限:

缴费满1年不满5年的,最长可领12个月;缴费满5年不满10年,最长可领18个月;缴费满10年以上,最长可领24个月。

【案例分析一】销售部与采购部的故事

经过几年的发展,福建一家茶叶公司销售额达到千万元。公司规模扩大,管理逐步向精细化、规范化发展。

公司的发展需要更多的人才,其中的销售岗位决定通过内部招聘一名员工。经过多轮的竞选,采购部的小张表现出众,被销售部经理看中。经公司董事会研究决定同意小张调整到销售岗位。这一决定,采购部经理有些不满,向人力资源经理抱怨到:"小张一直是我们部门重点培养对象,茶叶原材料的选购非常重要,直接影响到后期加工制作。小张对各地区的茶叶分布都非常熟悉,并且与茶农建立了良好关系,能够以较低的价格拿到。我们部门责任心重又辛苦,工资又不如销售部,他被调离去销售部,我不可能阻拦人家挣钱的机会,但我们部门也存在实际的困难。说得严重点,这是企业薪酬不合理的原因,导致内部人员流动,影响各部门工作开展。"

几天后,销售经理听到风声,也找到人力资源经理:"据说有人认为我们工作轻松,又能拿到高工资,对于公司来说,也不是最重要的。我们要负责经常维护客户,要与客户建立好长期的关系,需要付出很多时间和精力为必要时做铺垫。我们现在需要优秀的销售人才,公司决定的就应该执行。"

人力资源经理对于销售经理和采购经理的反映非常苦恼,各自的说法都合理,各自的工作也都重要。人力资源经理向董事长反映后,董事长敏锐地意识到这是工作的薪酬和政策导向的问题。小张不知是去还是不去,迫于双方压力不得不选择辞职。

1. 该公司为什么会出现这样的状况?

2. 这样的状况应该怎样化解?

【案例分析二】

天游乳业有限公司是两位老总合伙投资的,聘请何霞担任总裁。经过团队两年的辛苦努力,天游乳业的产品在本地区市场份额占一席地位,年获利上百万。次年,公司管理团队核心成员要求以技术和管理的形式入股,遭到两位老总的拒绝。

没过多久,何霞及核心团队成员纷纷辞职,重新组建团队成立新的乳业公司——恒森乳业有限公司。同时,天游的一些技术人员也纷纷跳槽到恒森乳业公司。恒森乳业公司从一开始就吸取了天游的教训,鼓励企业核心成员持有公司股份,参与公司管理。在公司上下共同努力下,上市首日,公司身价就突破1亿元。创始人何霞占股份39%,核心成员占33%。自成立到上市,何霞的身价就暴涨20倍,她认为仅仅靠货币资本,公司不可能有惊人的发展,技术人员和核心团队的人力资本是企业收益大幅增长的重要因素。

1. 天游和恒森两家乳业公司未来的发展会如何?
2. 恒森乳业有限公司为什么会取得如此大的收益?

复习思考题

1. 薪酬有哪些形式体现,分别包括哪些?
2. 设计薪酬需要参考哪些理论作为依据?
3. 薪酬水平决定要素的步骤?
4. 非工作时间福利薪酬包括哪些?请具体阐述其中的内容。

项目五 劳资关系与员工安全健康

【导入案例】

星巴克由于试图阻止纽约一些分店中的员工组建工会,被美国劳资关系委员会指控违法。此外,该委员会还指控这几家分店的管理人员试图通过探究员工加入工会的倾向,对那些想加入工会的员工实施打击报复。星巴克的新闻发言人则公开宣称,上述指控都是毫无根据的,公司将坚决捍卫自己的利益。

任务一 工会的角色

1. 改善工作条件、改善经济以及工会成员的财务状况

劳工关系中存在的大部分争议是通过集体谈判解决的,所以,它关注工时、工资、工作使用工具和改善不健康的工作环境。从某一方面说,为改良组织提供机会。因为组织可能会陷入麻烦,如果没有安全的工作条件,它们会被工人提起诉讼,陷入困境。工会成立的主要原因:为工人们谈判工资问题,作为一个组织来与一个监督机构组织打交道,而不是与组织中的个体进行一对一的谈判容易得多。

2. 寻求工会对工人的安全保护

管理带来的威胁。可能以兼并收购的形式出现，或者说，决定在该组织的各个部门裁减工作岗位。

经济环境带来的威胁。经济衰退时期，企业无法确保足够的资金进行扩张。企业遭受国内外同行竞争的严重冲击，被国外疯狂涌入市场的商品冲击，这一切都是工会所切实关心的。

市场带来的威胁。如市场占有率下降、削减规模、裁员，工人们失去了工作和工作保障。

技术带来的威胁。企业大规模采用机器自动化，这是社会发展的现状。与以往相比，同样的工作量需要较少的工人，那如何对待那些在岗工人呢？再培训后重新安置其他岗位？若没有其他岗位需要，就会裁员？工会知道组织将会因市场压力逼迫而采用自动化，并准备进行技术变革时，它们会试图减轻工人身上的一部分压力，以及那些可能被裁掉的人的压力。推迟这种变革慢慢进行，为能够再培训的员工提供再培训，让人员渐渐地流失，而不要大规模裁员，这就是工会要做到的，以保护工人们。工会无法阻止技术变革，它们会在技术变革发生时，试着与组织沟通交流，这就是它们需要做的，工会与管理层之间有更多的合作。

3. 改善和影响权力关系，以及对工会成员有利的方式

人多力量大，工会控制着劳动力量，管理层迫于压力聆听。如美国联邦快递员联合罢工事件，选定从感恩节开始的假期购物潮前开始罢工，严重破坏销售量，给国家带来巨大的影响。

【案例】美国最大工会

20世纪30年代诞生的全美汽车工人联合会（UAW）是美国最大工会，不仅人多势壮，而且有政治和经济势力，UAW拥有9亿美元的罢工基金，能够承担得起一场持续两个多月的罢工，一旦集体罢工，整个工厂将陷入瘫痪。例如1998年所发生的通用汽车工人罢工，仅旗下两个零部件厂罢工54天就带来22亿美金的损失。

任务二 劳动合同

根据劳动法规定，劳动合同的必备条款有七项，都是一般劳动合同应有的内容。第一项，劳动合同期限；第二项，工作内容；第三项，劳动保护和劳动条件；第四项，劳动报酬；第五项，劳动纪律；第六项，劳动合同终止的条件；第七项，违反劳动合同的责任。有些企业会与员工签订一些不叫"劳动合同"的文件，如聘用协议、聘用合同、雇佣合同、雇佣协议等。判定这些文件是不是劳动合同，不能只看名字，而需要看内容，以必备条款来衡量。如果内容包括劳动合同必备的七项条款，就属于劳动合同性质的协议，不能说不是劳动合同。

一、劳动合同的订立

1. 劳动合同的内容与条款

《劳动法》规定，一般的劳动合同内容都应具备的7项条款：

必备7项分别是：劳动合同期限；工作内容；劳动保护和劳动条件；劳动报酬；劳动纪律；劳

动合同终止的条件;违反劳动合同的责任。

部分企业与员工签订的聘用协议、雇佣协议、聘用合同等,从表面上看,属于协议。但不能盲目通过文件名称判定,应该参考内容来衡量是否具备一般劳动合同的 7 项条款。

【案例】

陈某因工作失误不接受企业对他的处理,认为合同中没有确定他的具体岗位和工作标准,欲诉讼证明合同无效的。

对于该案例,法院不可能认定合同无效。劳动双方自愿签署,协商一致达成,合同的签订不存在合同无效的情形。即使劳动合同在签订时未具备必备的 7 项条款,但在履行过程中,可增加内容,所以不能说合同是无效的。

2.劳动合同无效的情形

(1)违反强制性规定的法律法规

合同部分违反法律法规,不影响合同其他部分的效力,被称为部分无效合同。

如企业使用劳动者不满 16 周岁或不具备劳动能力。

【案例】

有些企业合同规定女职工产假为 60 天(劳动法规定基本产假是 98 天)。

这属于有些企业部分条款是违法的,但女职工与企业的整个劳动合同不等于是违法的。

(2)订立时采用欺诈、胁迫手段

订立合同时任何一方采用欺诈、胁迫手段,违背双方当事人平等自愿、协商一致的原则,劳动合同整体无效。

【案例】

李某中职毕业,学习成绩差,不愿继续学习。现企业对学历的要求越来越高,要想找到轻松又挣钱的工作,李某想到了找机构做假研究生毕业证书。凭着假毕业证,他找到了满意的工作且被录用。

证书是有了,却不能胜任公司分配的工作。刚开始,李某向部门领导反映:工作经验欠缺,希望有前辈带领,借此熟悉工作流程。领导觉得李某有上进心且谦虚主动,就安排陈某指导李某一段时间,也给李某多次外出学习机会。

但半年后,部门经理发现这位"高材生",连专业最基本的知识都搞不懂,于是,人事部门介入调查李某的情况。经调查发现,李某根本就不是毕业于某知名高校,毕业证书都是伪造的。人事部门马上提出解除劳动合同,因李某欺诈在先,不支付其工资。李某不同意,要求按合同工资支付。

案例中合同属于无效合同,劳动者李某属于欺诈行为,导致合同内容无效且没有法律效力,企业根本就不需要采用解除合同的方式。即使申请仲裁,劳动仲裁委员会也不会裁决李某应拿到 6000 元工资。但最高法司法解释,合同虽无效,企业仍应按同岗位的工资标准支付劳动者报酬。

二、劳动合同变更的常见问题

(1) 员工胜任不了工作，且不接受岗位调整

《劳动法》中规定：劳动者不能够胜任工作，可以通过再学习或调整工作岗位，若还是不能胜任，用人单位有权单方面调整岗位，或变更合同，或解除合同。

(2) 变更要以书面形式进行

《劳动法》中规定：劳动合同应当以书面形式订立。

书面形式的劳动合同有利有弊。比如：工资或工作岗位变更未形成书面文件，责任会归结于企业，并带来很多的麻烦；但所有的变更、解除、终止都采取书面形式，会降低办事效率。

(3) 如何处理并非胜任力原因的工作调整

企业在生产经营的过程中会遇到这样的问题：产品滞销，产品线全部停掉，相关岗位取消，相关人员的岗位需要变更。

【案例】

某企业在合同里表述乙方(员工)的岗位是什么，后边又有一个条款：甲方在履行合同过程中，可以根据生产经营的需要，随时调整乙方岗位，乙方应当服从。

企业认为有了这一条款就可以任意调整员工的岗位，但员工认为岗位调整不合理、不公平。

该合同中"根据生产经营需要，随时调整乙方岗位"这一说法是不对的。企业与劳动者的劳动关系形成后，劳动者的劳动力使用权和支配权是企业购买的，可以在一定范围内合理安排和调整工作岗位和内容。但不能随意性太强，调整到完全不相关的岗位。

遇到这种问题，在国外企业中工会发挥着重要的作用，并真正替员工说话，帮助实现企业内部相互制衡。

(4) 企业或职工名称变更不需要变更劳动合同

企业变更新名称在工商局备案后，在法律上是认定的。企业名称变更不需要更改劳动合同，名称只是代号，劳动关系主体仍然是企业本身。原来的合同仍然有效，继续履行。

职工名称更改只需说明：从某年某月起××名字更改为新名字××，不需要与企业变更协议。

三、劳动合同终止

(1) 弱势群体劳动合同终止有两种情况

第一，劳动合同期限届满，或者是劳动合同约定的终止条件出现；

第二，当事人法定资格消失。劳动者达到了法定退休年龄，劳动者死亡或宣告死亡，用人单位歇业、解散、破产、关闭、被吊销执照等，都属于主体资格消失。

(2) 劳动合同终止的情形

《劳动法》中规定，劳动合同终止有以下情形：

一、劳动合同期满,或者劳动合同约定的终止条件出现的;

二、劳动者已经开始依法享受基本养老保险待遇的;

三、劳动者死亡,或者被人民法院宣告死亡;

四、用人单位歇业、解散的;

五、用人单位被依法宣告破产、被吊销营业执照或者被责令关闭的。

(3)劳动合同顺延的情形

劳动合同顺延大部分情况是针对弱势群体。《劳动法》规定,当弱势群体处在被保护状态时,劳动合同即使面临到期,考虑到弱势群体处在被保护状态,合同也要顺延至受保护状态消失为止。例如:病假、产假等。

【案例】保护的期限

员工王某与部门肖经理产生个人恩怨,肖经理见王某的劳动合同快到期,就向人事部门反映王某工作办事不力,态度不端正,建议不续签合同。

人事部门准备通知王某终止劳动合同关系时,王某怀孕了。按这种情况,《劳动法》规定不能与弱势群体终止合同关系的,故合同要延期到哺乳期满为止。以哺乳期满的大致日期重新签订了劳动合同。

但重新签订的合同没过多久,王某因身体原因不得不终止妊娠。肖经理又向人事部门建议终止重新签订的合同,但人事部门回复:"不符合终止的情形,合同期还未满,不能终止合同。"肖经理有些生气地说到:"要是王某在这份合同终止前,又怀孕后,再流产,那岂不是成无固定期限的合同啦?"

案例中的人事部门没有真正理解到保护弱势群体的概念。对孕期的弱势女职工,法律上的操作是:考虑到保护弱势群体,劳动合同本应终止的,按《劳动法》规定,继续顺延至受保护状态结束为止。

合同一旦重新签订,就形成新的劳动关系,双方在法律上都受到约束。

任务三 劳动争议处理

一、劳动争议的界定

所谓劳动争议,是指劳动关系双方当事人在执行劳动法律法规或者履行劳动合同过程中,因为权利义务发生分歧而产生的争议。对于劳动争议我们需要注意两点:

1. 劳动争议的当事人是指用人单位和劳动者。用人单位的部门负责人或部门机构与劳动者之间发生的争议,不一定属于劳动争议,因为他们之间构不成劳动合同关系。

【案例】

食品加工实验室陈老师因私人问题与安全处朱处长发生口角。工资发放后,陈老师发现奖金被扣,认为是朱处长因私打击报复,朱处长却说是工资考核的结果。于是,陈老师非常不满,跑到劳动争议仲裁委员会告朱处长,但仲裁委员会不受理。答复是只能告单位,因为部门负责人只是职务任命，与员工不能形成劳资关系。

【案例】

工会为丰富职工业余活动，举办了趣味运动会比赛，并评出了三个等级的奖项。有员工对结果不满，提出向劳动仲裁委员会申请仲裁。委员会不立案受理，因为比赛是工会组办的，员工与工会之间没有形成劳资关系，是组织内部的事。

2. 界定劳动争议的事件

只是劳资双方主体对了还不够，还需要界定劳动争议的事件，在这两点同时具备的情况下，才能确定为劳动争议。

【案例】

企业为了扩大再生产发行内部债券，承诺每年年底有10%的利息，许多职工都买了。到了年底，企业的扩大再生产的效益没有预期的好，就发了1%的利息。职工不干，去告企业。

仲裁部门的答复是："这不是劳动争议，职工买企业的债券，是投资行为，投资没有得到应有的回报，是投资法律关系，不是劳动法律关系，所以这是民商式的纠纷，可以到法院提起民事诉讼。"

从案例可见，职工和企业之间的事，不全都是劳动争议，劳动争议必须是因劳动权利、义务发生分歧而产生的纠纷。

二、劳动争议的主要解决途径

我国目前对劳动争议的解决途径主要有四种：自行和解、调解、仲裁和诉讼。

1. 自行和解

有80%~90%的劳动争议是通过自行和解的方式解决。

【案例】

某企业旗下的咖啡生产车间小李因"五一"劳动节补贴漏发找到人事部小邓，小邓平服小李激动的心情，并告知："事情我已经清楚，你先回去工作，我跟工会核实后尽快给你回复。"

待人事处核实后，确实是漏发，告知小李："因疏忽，工会确实是漏发，望谅解，我们尽快给你补上。"

自行和解避免了更大的误会产生，解决劳动争议也是人事部门的大部分工作。该纠纷案件就是自行和解。

2. 调解

所谓调解，是指双方或多方当事人就争议的实体权利、义务，在人民法院、人民调解委员会及有关组织主持下，自愿进行协商，通过教育疏导，促成各方达成协议、解决纠纷的办法。

劳动争议调解委员会。它不是常规性的组织机构，由职工代表、用人单位代表和工会代表三方组成。职工与企业产生纠纷需要调解时，该组织临时组建，解决后又回归各自岗位。

大部分国有企业都有设立，民营企业比较少。

调解程序有三步：

第一步，职工跟企业发生劳动争议，到工会申请希望劳动争议调解委员会解决；

第二步，工会召集调解委员会成员，进行立案；

第三步，在企业内部按照调解程序进行调解。

解决争议根据争议双方需要可选择内部调解，也可选择仲裁委员会。在法律上，两者没有先后顺序。调解委员会的期限是 30 天以内。很多会直接选择仲裁委员会，因为对工会维护员工权益的现状不太有信心，调解成功率自然也没多大希望。

【案例】

经调解委员会调解张某与企业的劳动争议后，双方达成调解协议，书面承诺自愿履行调解协议。没过多久，员工向调解委员会反映，企业未按调解协议履行。调解委员会告知：调解协议没有法律强制执行力，在这种情况下，调解失败后可继续通过仲裁、诉讼程序来解决。

3. 仲裁

仲裁是指劳动仲裁机构作为中立的第三方，对双方当事人的纠纷审理以后，经过调解不成而做出公断。

劳动争议仲裁委员会由三方当事人组成：

第一，劳动和社会保障局的代表；

第二，一般为地方工会的代表；

第三，一般为行业的管理机构。

劳动争议仲裁的程序：劳动争议裁决发出 15 天之内，如果双方当事人都没有起诉，就产生法律效力，劳动争议案件就终结了；如果一方当事人或者双方当事人对裁决结果不满意，可以选择到法院起诉，进入诉讼程序。

4. 诉讼

仲裁与诉讼的关系：

第一，劳动争议通过仲裁只有一次机会，仲裁不成功，只能走诉讼程序。

第二，先仲裁再诉讼。不能直接进入诉讼程序，需要先进行仲裁。

第三，诉讼中，一审判决不服，可以上诉，等待二审法院最终判决。

诉讼成本：在现实中，常常出现打官司的钱比争议的金额还多的现象，既耗时，又耗力，双方都疲惫不堪，由此体现了诉讼成本的昂贵。

【案例】

职工李某因为 1 个月的工资与企业进行劳动争议仲裁。

仲裁的期限是 60 天，立案后要把通知送达当事人，当事人有 15 天的答辩期，答辩期满后，安排开庭的时间并提前通知当事人。也就是说，基本要在接到当事人仲裁请求 1 个月以后才能开庭。等到开庭后做出裁决，需要 2 个月的时间。当事人对仲裁决议不服的，可以在

15 天之内去法院起诉。

法院一审的期限是 6 个月，如果对一审法院的判决不服，要到二审法院上诉，上诉的期限是 3 个月。这些时间加上案卷转移时间，时间将近 1 年。

仲裁审一次，法院审两次，当事人要为请律师付三次律师费。

三、劳动争议仲裁的申请时效

《劳动法》中的第 82 条规定，提出仲裁要求的一方当事人，应当自劳动争议发生之日起 60 天之内，向劳动争议仲裁委员会提出书面申请。

超过申请仲裁时效，仲裁委员会也会立案，诉讼权存在但当事人丧失胜诉权，所以，超时申请仲裁没有实质性。

【案例】过期无效

某企业销售员工王凯因工作失误，给企业带来了巨大的经济损失。他在公司干了 15 年，算元老级别，一直工作表现不错。由于给企业带来巨大的损失，公司老总与他谈话提出："直接开除吧，有点不近人情，且拿不到失业保险。"于是提出通过协商解除合同，双方互不受损，王凯也可以拿到相应的失业保险金。

双方达成解除合同协议后，王凯在未找到工作前也享受到了失业保险。在半年后，王凯意外获知，国家劳动部《关于违反和解除劳动合同的经济补偿办法》中规定，协商解除劳动合同应该获得每工作 1 年得到相当于 1 个月工资的补偿金，工作 15 年，可以得到相当于 15 月的工资，但未获得企业的任何补偿。

王凯立即到原公司提出补偿金事宜，却被告知本因被开除，考虑到失业保险才通过协商解除合同，所以不会付补偿金。王凯为保障自身权益，向劳动仲裁委员会申请仲裁，但却败诉，因为超过申请时效。

此案中，协商解除劳动合同是用人单位提出、职工同意的，应当付补偿金。据此判定，从解除合同那天起，赵某就应该知道自己有享受经济补偿金的权利，一旦这个权利被侵害了，60 天之内就应该申请仲裁。超过申请仲裁时间，就等于败诉。

【案例分析】一名退休员工因工死亡待遇的争议

死者梁某曾是某矿泉水公司外包装设计工程师，返聘回公司后，曾与公司在劳动合同中约定因工死亡或致残，应按正式员工的待遇处理。梁某在出差路上因工死亡。该公司对梁某的死亡待遇作出如下处理：第一，让梁某的长女曹某到市社会保险管理局按退休员工死亡的保险标准领取抚恤金 4338 元，丧葬补助费 2037 元；第二，垫付治丧期间梁某亲属的机票费、治丧费 10091.6 元；第三，给梁某亲属补助 12000 元，并扣除已垫付的机票费、治丧费，实付其亲属补助 2000 元。曹某对此处理不服，向当地劳动争议仲裁机构提出申诉请求：第一，梁某的死亡应按因工死亡处理，用人单位应补差（现待遇与因工死亡待遇之差）；第二，根据地区有关工伤保险的规定，梁某的直系亲属包括其父母亲（侨居海外）、子女（最小的次女已满 18 周岁）。这些人应享受扶养生活补助费。

仲裁结果:①该公司补发申诉人的抚恤金、丧葬费差额 11000 元,差额一年期利息 1000 元;②驳回申诉人扶养梁某父亲、母亲、次女的申诉请求;③仲裁费 490 元,申诉人承担 190 元,被诉人承担 300 元。

问题:申诉人的申诉和仲裁机构的裁决是否合理?

复习思考题

1. 解决劳动争议有几种途径,分别涉及哪些部门或机构?
2. 劳动合同必备条款有哪些?
3. 劳动合同有哪些情形不生效?
4. 劳动仲裁的申请时效?

模块六 生产管理

◆ **基础理论和知识**

1. 了解生产管理的含义、任务和内容。
2. 了解流水线生产。
3. 了解生产管理方式的最新趋势
4. 掌握生产过程的构成及合理组织生产过程的要求。
5. 掌握生产类型及其各自的特点。
6. 掌握生产能力的核定方法。
7. 掌握生产计划和生产作业计划的编制方法。
8. 掌握现场管理方法。

◆ **基本技能及要求**

1. 能根据组织的具体控制需要选择生产过程及类型。
2. 能核定组织的生产能力,制订企业生产计划并编制生产作业计划。
3. 能对生产计划进行控制。
4. 能对生产活动进行现场管理,做到文明生产。

◆ **学习重点**

1. 生产过程的构成及合理组织生产过程的要求。
2. 生产能力的核定及生产作业计划的编制;
3. 现场管理的实施。

◆ **学习难点**

1. 生产能力的核定。
2. 生产作业计划的编制。

◆ **引导案例**

双汇集团成功的启示

双汇集团成立于1958年7月,是中国最大的肉类加工基地,农业产业化国家重点龙头企业,总部在河南省漯河市。双汇在全国18个省(市)建有30多个现代化的肉类加工基地和配套产业,形成了养殖、饲料、屠宰、肉制品加工、新材料包装、冷链物流、连锁商业等完善的产业链,年产销肉类产品300多万吨,拥有近百万个销售终端,全国除新疆、西藏外,双汇的产品都可以做到朝发夕至。

双汇控股母公司——万洲国际(原双汇国际),是全球最大的猪肉食品企业,总部在中国香港。万洲国际业务辐射全球20多个国家,拥有中国"双汇"、美国"史密斯菲尔德"等众多备受市场青睐的产品和品牌,双汇牌冷鲜肉、双汇"王中王"在中国家喻户晓,"史密斯菲尔德"品牌享誉欧美市场。万洲国际在肉制品、生鲜品和生猪养殖三大领域均排名全球第一,是全球规模最大、布局最广、产业链最完善、最具竞争力的猪肉企业。

双汇集团董事长万隆先生,拥有40多年的肉类行业管理经验。在他的带领下,培育了两个上市公司和一支具有远见卓识、经验丰富、高度敬业、高度专注的管理团队。万隆先生被授予"漯河市特等功臣""中国肉类行业十大功勋企业家""美中经贸发展领军人物"、美国《时代》周刊全球"食神"。

2017年12月18日,中国品牌价值500强评审委员会在广州揭晓第十一届中国品牌价值500强榜单,双汇以品牌价值606.41亿元再度上榜,连续多年保持中国肉类行业第一。2017年双汇入选央视国家品牌计划,成为国家质检总局进出口食品局公布第一批国家"三同"示范企业。

双汇集团从一个冷仓成立开始,经过近50年的发展成为中国最大的肉类加工基地,乃至全球规模最大、布局最广、产业链最完善、最具竞争力的肉类加工基地。它的成功离不开严格有效的管理、引进先进的技术设备、开发高质量的产品、造就一批专业化和知识化的人才队伍、培育一批有强大竞争力的支柱产业、有效拓展企业资本、注入了有特色的创新思想等。

项目一 确定生产类型及生产过程组织形式

任务一 认识生产及其管理

企业生产的目标就是实现"在适应需要的时候,以适合的品种、适宜的价格,向顾客提供适当质量的产品和服务,达到提高顾客和社会满意度、提高竞争力、提高经济效益和社会效益的目的"。因此,企业不但要广泛采用先进的生产技术、更要积极探索高效的生产管理方法,优化生产系统。

一、生产的含义

生产是人类最基本、最重要的活动之一。生产是指人类从事创造社会财富的活动和过程,包括物质财富、精神财富的创造和人自身的生育。狭义生产仅指创造物质财富的活动和过程。

随着人类活动的扩展,生产的概念被赋予新的内涵。即生产是一切利用资源将输入转化为输出的活动过程。输入由输出决定,生产何种产品或提供何种服务,决定了需要什么样的资源投入。输入转化输出是通过人的劳动来实现的,其转化的过程就是生产。

生产可分为物质生产型(制造性生产)和劳动服务型(服务性生产)两大类。物质生产型是指通过物理、化学变化,将有形输入转化为有形输出的过程。劳动服务型的基本特征是提供劳务,而不制造有形产品。

二、生产管理的含义及特征

(一)生产管理的含义

面对日益激烈的市场竞争,企业生产活动必须实现的目标主要有:确保交货期;缩短生产周期;减少库存;降低生产成本;提高生产效率;生产出市场需要的产品等。

生产管理是对企业日常生产活动的计划、组织、指挥、协调与控制,是和产品制造密切有关的各项管理工作的总称。

(二)生产管理在企业管理中的地位和作用

企业管理是一个完整的大系统,它由许多子系统组成,包括经营决策、技术开发、生产管理、营销管理、财务管理、人力资源管理等。生产管理作为其中一个子系统,在企业管理中所处的地位和作用可以从它和其他子系统之间的关系来考察和分析。

1. 生产管理与经营决策的关系

经营决策是通过分析经营要素和经营环境,对企业整体活动和各种重要经营活动的目标、方针、战略所进行的抉择。它事关企业发展的全局,在整个企业管理系统中处于上层,即决策层。生产管理则是根据经营决策确定的经营方针和目标,具体地组织生产活动,按时、按量、按质、按品种地生产产品或提供服务,它在企业管理系统中处于中层,即执行层,因此两者的关系是决策与执行的关系。经营决策对生产管理起指导作用,生产管理对经营决策起保证作用。

2. 生产管理与技术开发的关系

技术开发的职能主要是开发新产品,改进老产品,推广新技术,制定新工艺,采用新材料,新设备等。生产管理依靠技术开发提供的产品图纸、工艺方法和技术手段等开展活动。技术开发是顺利进行生产活动的必要前提,是生产管理的技术保证。反之,生产管理也为技术开发进行科学实验提供信息和条件。

3. 生产管理与营销管理的关系

在市场经济条件下,企业必须以销定产,所以,营销是生产的依据。营销管理系统必须及时向生产管理系统提供可靠的市场信息,并积极为产品寻找市场。生产管理则要适应营销管理工作的要求,为其提供适销对路的产品。生产管理是营销管理的后盾,对营销管理起保证作用。

4. 生产管理与财务管理的关系

财务管理是以企业经营过程中的财务活动为基础产生的,是有关资金的筹集、使用和分配方面一系列经济工作的总称。企业的生产活动是伴随着资金运动同时进行的。财务管理系统要为生产所需的物资以及技术改造、设备更新等提供足够的资金支持,并从费用支出和资金利用角度来控制生产。而生产管理水平的提高,可在各方面减少消耗、节约资金,又为财务管理系统更好地利用资金、降低产品成本、增加企业利润提供重要条件。

5. 生产管理与人力资源管理的关系

生产的进行必须以一定的人力资源为保证。人在生产中起决定性的作用。因此生产管理必须以人力资源管理为前提,而人力资源管理系统则要根据生产的要求,确定和控制人员编制,选择和配备员工,组织各种培训,研究制定薪酬体系,并协助生产部门执行和维护劳动纪律。

(三)生产管理的任务和内容

1. 生产管理的任务

生产管理的基本任务是确保企业生产活动中,投入尽可能少的生产要素,按最经济的生产方式,生产出尽可能多的满足社会需要的产品,获得最大的经济效益。为保证基本任务的实现,生产管理具体任务如下:

(1)实行以销定产,生产出社会需要的适销对路的产品,任何企业都要根据市场需要,按用户要求的品种、质量、数量和交货期,组织生产或提供服务,提供给用户满意的产品。

(2)全面完成企业生产计划所规定的目标和任务。包括产品品种、质量、产量、产值、交货期及劳动生产率、材料利用率和设备利用率等技术经济指标。

(3)合理组织劳动力,充分利用人力资源,最大限度地挖掘企业员工的内在潜力,调动广大员工的积极性、主动性和创造性,不断提高生产效率。

(4)加强物资、能源管理,合理利用物资、能源,努力降低单位产品的物资和能源消耗,提高资源利用率,建立合理的物资储备,加速资金周转,增加企业利润。

(5)加强设备管理,提高设备的完好率和利用率。不断采用新技术,促进企业技术进步。正确合理地使用设备,可以充分发挥设备的效能,延长设备的使用寿命。随着科学技术的进步,要不断采用新技术,与技术上的先进性、经济上的合理性和生产上的适应性相结合,促进企业技术进步,从而有效地完成生产任务。

2. 生产管理的内容

生产管理要实现上述任务,就需要做很多工作。这些工作按管理的职能可划分为生产准备、生产组织、生产计划和生产控制四个方面。我们只从这四个方面探讨生产管理的内容。

（1）生产准备。主要包括以下内容：①工艺技术方面的准备。主要包括通过对经济效益的分析，进行工艺方案的选优、编制和修改工艺文件，设计和补充制造工艺装备等。②人力的准备。主要包括适应生产任务变化的需要，充分发挥人才优势，对工种和人员进行选择、配备与调整等。③物料、能源的准备。主要包括原材料、燃料、动力、外购件、外协件等，在保证完成生产任务的前提下，力求使总费用最低。④设备完好运转方面的准备。主要包括设备选择的经济评价和计划检修类别的确定等。

上述这些准备工作，都是进行正常生产活动所必备的基本条件，是实现生产计划的重要保证，这些准备工作必须先行。企业在进行这些生产准备工作时，要十分重视对经济效益的定性分析和定量计算，力求在保证完成生产任务的前提下，取得最好的经济效益。

（2）生产组织。生产管理所讲的组织，是生产过程组织与劳动过程组织的统一。生产过程的组织主要解决产品生产过程各阶段、各环节、各工序在时间上和空间上的协调衔接；劳动过程的组织主要解决劳动者之间、劳动者与劳动工具、劳动对象之间的关系。生产过程组织与劳动过程组织是企业生产活动计划工作的基础和依据，两者必须实行动态平衡，既要保持相对的稳定性，又要随着企业经营方针、经营计划的变化而变化。提高生产组织形式和劳动组织形式的应变能力，其主要目的在于提高劳动生产率和经济效益。

（3）生产计划。主要包括产品生产计划和生产作业计划。生产计划主要规定产品品种、产量、产值、质量等计划，以及保证实现生产计划的技术、组织措施计划。生产作业计划是生产计划的具体执行，它保证产品生产过程各阶段、各环节、各工序之间在期量上的协调与衔接，使企业实现有节奏的均衡生产。

生产计划与生产作业计划的编制与执行，决定着企业能否按质、按量、按品种、按期限地生产出市场需要和消费者满意的产品，影响到企业能否取得良好的经济效益。企业在制订计划时，既要考虑到市场需求和企业内外的生产条件，又要通过综合平衡，做到以最低的消耗和成本实现最优的生产方案。

（4）生产控制。是指围绕着完成生产计划任务所进行的各种检查、监督、调整等工作。其作用在于完善生产组织，实现生产计划，提高产品质量，降低生产消耗和生产成本。广义的生产控制是对生产全过程实行全面的控制。从范围看，包括了生产组织、生产准备和生产过程的各个方面；从内容看，主要包括投产前控制、生产过程控制、产品质量控制、物料消耗与生产费用等方面的控制、库存和资金占用的控制等。对于市场经济条件下的企业来说，重要的是实行事先控制。做好事先控制的前提是建立和健全各种控制标准，加强信息收集和反馈系统，并根据反馈信息及时采取对策措施。

为了经济有效地进行生产活动，必须明确生产计划和生产控制这两种职能的关系。生产计划是生产控制的依据，生产控制是实现生产计划的手段。如果生产计划不正确，生产控制就会变得复杂化，不仅工作量增加，而且会导致生产秩序混乱、失控等现象的发生，从而影响生产计划按期完成。

（四）生产管理的目标

生产管理的目标可以概括为"四适""三提高"，即"在适应需要的时候，以适合的品种，适宜的价格，向顾客提供适当质量的产品和服务，达到提高顾客和社会满意度，提高竞争力，提高经济效益与社会效益的目的"。

为达到上述目标，我们必须高效、低耗、灵活、清洁、准时地生产合格产品或提供满意服务。高效是对时间而言，指能够迅速地满足用户的需要，在当前激烈的市场竞争条件下，谁的订货提前期短，谁就更有可能争取到用户；低耗是生产同样数量和质量的产品，人力、物力和财力的消耗最少，低耗才能低成本，低成本才有低价格，低价格才能争取到用户；灵活是指能很快地适应市场的变化，生产不同的品种和开发新产品或提供不同的服务和开发新的服务；清洁指对环境没有污染；准时是在用户要求的时间、数量内，提供所需的产品和服务。

（五）生产管理的指导原则

1. 讲求经济效益

讲求经济效益，是指要用最小的劳动占用和劳动消耗，生产出尽可能多的适销对路的产品。讲求经济效益是企业生存和发展的首要问题。只有讲求经济效益，使企业生产的总产出大于总投入，才有可能实现积累，为企业的发展提供物质上的保证。讲求经济效益，体现在生产管理目标上，就是要尽量做到数量多、质量好、品种齐、成本低、交货准时。当然，生产管理的上述目标之间存在着相互冲突的因素，这就要求在组织生产时，进行综合平衡，求得最佳结合。

2. 坚持以销定产

以销定产，是指企业的管理工作以市场为龙头。生产什么、生产多少、如何生产，全部由市场状况决定。坚持以销定产，是市场经济条件下，企业生产应遵循的基本原则。坚持以销定产的原则，要转变观念，树立市场第一的思想，克服只重生产、不顾市场的经营思想；要正确处理生产与市场的关系，既不能不顾企业的实际条件，如员工的技术水平、装备水平、原材料供应状况，盲目地追逐市场，又不能过分强调生产中的困难，不顾市场需求、盲目组织生产，两种思想都会让企业失去市场，要不断提高生产管理对市场的适应能力，当市场需求发生变化时，及时生产出适销对路的产品。

3. 实行科学管理

实行科学管理，是指生产管理对生产过程的组织和管理必须符合社会化大生产的客观规律要求。市场经济条件下的社会化大生产规模大、环节多、分工细、关系复杂，有其内在的客观规律。生产管理必须遵循客观规律，实行科学管理，建立统一的生产指挥系统，科学地进行计划、组织、指挥、协调和控制工作，保证生产的正常进行。同时，科学的管理要求做好基础工作，如定额工作、计量工作、信息工作、标准化工作等。

任务二 认识生产过程

生产过程是工业企业为社会服务的最基本过程。企业提供给社会的各种产品或服务，是劳动者通过操作机器设备，把原材料通过一定方式加工、装配，生产出社会需要的产品或服务的过程。企业要想在市场中占据优势地位，就得对生产过程进行科学的计划、组织、领导和控制，使投入生产的各种要素充分体现其价值。因此，只有合理有效组织管理好生产过程，才能使企业提高劳动效率、降低生产成本、增强应变能力、生产出尽可能多的符合市场需要的产品，从而获得最好的经济效益。

一、生产过程的概念

劳动过程和必要的自然过程两部分组成。劳动过程是劳动者利用劳动手段（设备、工具），按照一定的方法和步骤，直接或间接地作用于劳动对象，使之成为具有使用价值的产品的全过程；自然过程是指借助于自然力改变加工对象的物理或化学性能的过程，如自然冷却、结晶、干燥、发酵等过程。某些生产过程可能不需要自然过程，因而不包含自然过程。

人们是在一定的生产关系下生产物质资料的。物质资料的生产是人类社会最基本的实践活动，是人类社会赖以生存和发展的基础。人们要生存，就必须有吃、穿、住、行等方面的物质生活资料，而要获得这些生活资料，就要进行生产。任何社会，如果不从事生产活动，人类就无法生活下去，更谈不上进行政治、文化、教育、艺术、科学和其他社会活动。

生产过程，不但是物质资料的生产过程，而且是生产关系的生产和再生产过程。因为，人们在进行物质资料生产时，不仅要与自然界发生关系，而且人们之间也必然要以一定的方式结成相互关系，而绝不可能脱离社会，孤立地、同别人毫无联系地进行生产。这种在生产过程中结成的相互关系，就是狭义的生产关系。也就是说，在一定的社会形态中，生产过程是物质资料生产过程和生产关系生产过程的统一。

生产过程在不同的生产关系下，具有不同的性质。在以生产者自己占有生产资料和个体劳动为基础的简单商品生产条件下，生产过程是劳动过程和价值形成过程的统一。在资本主义商品生产的条件下，生产过程是劳动过程和价值增值过程的统一。资本主义生产关系，决定了资本主义的生产过程是资本家追逐和占有剩余价值的过程。

二、生产过程的构成

不同行业由于产品结构和工艺特点的不同，生产过程的构成也不完全一样。一般地说由以下几个部分组成：

1. 生产技术准备过程

是指产品在投入生产前所进行的各种生产技术准备工作。具体包括市场调研、产品开发、产品设计、工艺设计、工艺装备的设计与制造、标准化工作、定额工作、新产品试制和鉴定等。

生产过程是指从生产技术准备开始，直到把产品生产出来，检验合格入库为止的全部过

程。任何产品的生产，都必须经过一定的生产过程。生产过程由

2. 基本生产过程

是指直接为完成企业的产品生产所进行的生产活动，即从原材料投入到生产的第一道工序开始，一直到成品下线最后一道工序完成的过程。如烘焙食品企业在进行糕点生产时从各种原料按配方进行称量到成品包装结束等工作。

基本生产过程还可进一步划分为若干个工艺阶段。

3. 辅助生产过程

是指为保证基本生产过程的正常进行所必需的各种辅助性生产活动或劳务活动。如生产所必需的水、电、蒸汽、压缩空气的供应、设备的维修、工具的制造等。

4. 生产服务过程

生产服务过程是指为保证基本生产和辅助生产正常进行所从事的各种生产服务活动的过程。如原材料、辅助材料、半成品、燃料、工具的供应、运输和保管、理化试验、计量工作等。

5. 附属生产过程

附属生产过程是指利用企业生产主导产品的边角余料、其他资源等，生产市场需要的不属于企业主导产品方向的产品的生产过程。如飞机制造厂生产的日用铝制品、锅炉厂生产的石油液化气罐等。

上述五个部分，既有区别，又有联系，但基本生产过程是核心，生产技术准备过程是重要的前提，辅助生产过程和生产服务过程都是为基本生产过程服务的，并且为更好地实现基本生产过程创造条件。

基本生产过程和辅助生产过程都是由工艺过程和非工艺过程所组成。

工艺过程是指直接对加工对象进行加工的过程。可划分为若干相互联系的生产阶段。如啤酒的生产可分为原辅料选择和处理、麦芽制造工艺、麦芽汁制造工艺、发酵工艺等。每一个生产阶段，又可划分为更细小的单位，这就是通常所说的工序。工序是指一个人或一组工人在一个工作地上，对同一劳动对象连续进行的生产活动。

非工艺过程是指不涉及加工对象的性质、尺寸、形状的改变，而贯穿于工艺过程之间的一些带有生产服务性的过程。如加工对象的运输、检验、试验和包装等。工艺过程和非工艺过程都是生产过程不可分割的组成部分，只有两者密切配合、互相衔接，才能保证生产过程有效的运行。

三、合理组织生产过程的要求

合理组织生产过程，就是要以最佳的方式将各生产要素结合起来，正确处理生产过程中各部分的关系，使其在时间上和空间上密切配合、协调一致，从而形成一个高效的系统。其目的就是要使产品在生产过程中行程最短、时间最省、耗费最少、效益最高。要达到这一目的，在生产过程的组织中要做到以下几个基本要求。

1. 生产过程的连续性

生产过程的连续性是指产品生产过程的各个阶段、各个工序之间在时间上紧密衔接。它

表现为产品在整个生产过程中,始终处于运动状态,不发生或很少发生不必要的中断、停顿或等待加工、处理的现象。即产品在生产过程中不是在进行加工、装配、检验,就是处于运输或自然过程中。保证生产过程的连续性,可以缩短产品的生产周期,降低在制品的数量,节约生产资金,加快流动资金周转,提高资金利用率;可以充分利用设备和工作地,减少产品在停放、等待时可能发生的各种损失;有利于降低产品成本,保证产品质量,提高经济效益。

2. 生产过程的平行性

生产过程的平行性是指物料在生产过程中实现平行交叉作业。平行作业是指相同的物料同时在数台相同的设备加工;交叉作业是指一批物料在上道工序还未加工完成时,将已完成的部分物料转到下一道工序进行加工。平行交叉作业可以大大地缩短产品的生产周期。

生产过程的平行性,实际是为了生产过程的连续性得到进一步体现而提出的一种更高的要求。因此,它对缩短生产周期,加快资金周转,减少在制品占用,合理使用生产面积和仓储面积有十分重要的意义。

3. 生产过程的比例性

生产过程的比例性,是指生产过程中基本生产过程和辅助生产过程之间,基本生产过程的各车间、各阶段及各工序之间的生产能力保持适合产品制造数量和质量要求的比例关系。即各个生产环节的劳动力、机械设备数量、生产效率、开动班次等方面,都必须符合客观需要的比例。

保持生产过程的比例性,有利于充分利用企业的人力、资金、设备、生产面积等,减少产品在生产过程中的停顿、等待时间,也进一步保证了生产过程中的连续性。

4. 生产过程的均衡性

生产过程的均衡性,又称为节奏性,是指企业及其各个生产环节的工作,在相同的时间内,完成数量相等或稳定递增的产品或工作量。使各个工作地保持相对均衡的负荷,避免出现时紧时松的现象。

生产过程的节奏性应当体现在投入、生产和产出三个方面。其中产出的节奏性是投入和生产节奏性的最终结果。只有投入和生产都保证了节奏性的要求,实现产出节奏性才有可能。同时,生产的节奏性又取决于投入的节奏性。因此,实现生产过程的节奏性必须把三个方面统一安排。

实现生产过程的节奏性,有利于劳动资源的合理利用,减少时间的浪费和损失;有利于设备的正常运转和维护保养,避免因超负荷使用而产生难以修复的损坏;有利于产品产量、质量的提高和防止废品大量的产生;有利于减少在制品的大量积压;有利于安全生产,避免人身事故的发生。

5. 生产过程的适应性

生产过程的适应性,又称为柔性,是指生产过程的组织形式要灵活,能适应多变的市场需要。随着科学技术的发展,人民生活水平的提高,企业必须满足顾客的个性化需求,这就给企业的生产过程组织带来了新的问题,即如何朝着多品种、小批量、能够灵活转向、应急应变性强的方向发展,若不具备这种适应能力,那么很有可能由于不能适应市场变化而被淘汰,为了提高生产过程组织的适应性,企业可采用"柔性制造系统"等方法。

生产过程的适应性,是在新的市场环境下检验企业竞争力的一个重要指标。提高生产过程的适应性,可以增强生产系统参与市场竞争的能力,可以使得企业及时抓住转瞬即逝的市场机遇,以使企业在竞争中立于不败之地。

上述组织生产过程的五项基本要求既相互联系又相互制约,是衡量生产过程是否合理的标准,也是取得良好经济效果的重要条件。

任务三 确定生产类型

生产类型就是指以生产专业化程度为标识划分的生产类别。它是影响生产过程组织的主要因素。各个工业企业在产品结构、生产方法、设备条件、生产规模、专业化程度、工人技术水平以及其他各个方面,都具有各自不同的生产特点。这些特点反映在生产工艺、设备、生产组织形式、计划工作等各个方面。对企业的技术经济指标有很大影响。因此,各个企业应根据自己的特点,从实际出发,建立相应的生产管理体制,以便根据不同的生产类型采取相应的生产组织形式,这样有利于合理组织生产和提高生产管理的效率。

随着社会生产力的发展,当今的生产已形成物质生产型和劳动服务型两大类型。本章主要介绍物质生产型企业的生产类型划分。

物质生产型的生产过程是通过将生产要素输入,经物理、化学变化,转化为有形物品的输出,物质生产型企业按不同的分类标准可进一步划分。

1. 按工艺特性分类

按照产品加工工艺特性分类,可以把生产类型分成离散式生产和流程式生产。

(1)离散式生产

所谓离散式的生产,又称为加工装配型生产,是指产品在结构上是可拆分的,产品是由零部件或元件组成的。因此,产品在加工时零部件先分别加工,然后再组装成产品。由于产品加工工艺的这一特性,产生了零部件加工时的平行性特征以及组织生产过程的连续性问题(时间衔接);另外,一个产品对其组成的零部件有不同的数量要求,这就对生产过程提出了数量配套的要求。因此,加工装配型的生产类型,其生产过程的组织比较复杂,既要求数量配套,又要求时间衔接。而当企业生产的品种增多而且经常变化时,这一难度就更加提高。因而加工装配型生产一直是生产管理研究的重点。机床、汽车、家电、服装等均属于这种类型。

(2)流程式生产

所谓流程式生产,又称连续式生产,是指这种企业的工艺流程具有这样的特点,原材料从一端投入就顺序地经过各个工作地,直至产品产出。其工艺过程是不可停顿的,产品在物理结构上也是不可分的。由于流程式的工艺流程是不可停顿的，因此不存在像离散式生产的平行加工、数量配套、时间衔接等问题。这类生产类型管理的主要问题是原材料的连续不断地投入以及设备管理等问题。只有原材料能连续不断投入，设备不出故障，并保持良好的运行状态，整个流水线才能正常运转。如啤酒的生产、植物油的榨取、化工行业的部分生产均属于这种类型。

表6.1　离散式与流程式的比较

生产类型	生产管理的特点	生产管理的重点
流程式生产	产品工艺加工过程相似；按工艺布置生产设备；车间、工段按工艺阶段划分	保证原材料、动力的连续、不断供应；加强维修保养；实施监控；保证生产安全
离散式生产	零件加工彼此独立；通过部件装配和总装形成产品；协作关系复杂；管理难度大	控制零部件的生产进度，保证生产的成套性

2. 按照生产的稳定性与重复性分类

生产类型的另外一种分类标识是生产的稳定性与重复性。根据生产的稳定性与重复性分类，对生产类型与生产管理的方法之间对应关系研究得比较多。

根据企业生产产品的品种多少、重复和稳定程度、产量大小和专业化水平来分成三种基本生产类型，包括大量大批生产、成批生产和单件小批生产。

(1) 大量大批生产

大量大批生产的特点是：产品固定，品种少，产量大，经常重复生产一种或少数几种相似的产品，生产过程稳定，不断重复进行，一般产品在一定时期内具有大量且相对稳定的社会需求。在通常情况下，每个工作地都固定加工一道或少数几道工序；工作地专业化水平很高，所有产品加工都有相同的工序，对工人操作技术水平要求较低。生产过程可采用高效率的专用设备、自动化与半自动化设备以及专用工艺装备。计划的编制比较精细，执行情况也易于检查，属于本类型的生产工厂有汽车制造厂、标准件、家用电器等。

(2) 成批生产

成批生产的特点是：产品相对稳定，品种较多，定期或不定期地轮番地进行生产，生产具有一定的稳定性和重复性，因而工作地的专业化程度较大量大批生产为低。当轮番生产时，工作地、设备等要进行适当调整。所以，合理确定批量，组织好多品种的轮番生产，是成批生产类型管理的重要问题。在成批生产条件下，由于生产品种较多，对工人技术水平要求也较高，一般不可能全部或大量采用自动化、半自动化、专用设备与专用工艺装备，而要根据产量的大小，工序的难易程度而定。

成批生产还可细分为大批生产、中批生产和小批生产。

(3) 单件小批生产

单件小批生产企业的特点是：产品品种多，而每一种产品只生产一件或少数几件，一般不重复生产，或虽重复生产但不定期，品种不稳定，工作地的专业化程度很低。

在单件小批生产条件下，设备和工器具多采用通用的，只有在某些特殊的工艺、技术要求下，才采用专用设备、工器具。设备的布置通常是按同类型的设备成组排列的，因此产品在生产过程中的移动路线复杂，常有迂回或倒流路线。属于本类型的生产企业有造船厂、飞机制造厂等。

表6.2 大量大批生产、成批生产、单件小批生产三种生产类型比较

项目	生产类型		
	大量大批生产	成批生产	单件小批生产
产品种类	在一定时间内，固定生产某一种或少数几种产品	产品品种有数十种以上	产品不固定
工作的专业化程度	每个工作地固定完成1~2种零件或工序，专业化程度高	每个工作地定期轮番生产，每个工作地专业化程度不高	每个工作地完成多种产品的生产，每个工作地专业化程度很低
设备及其布置	采用专用设备，设备按产品工艺过程布置	一部分设备按机群式布置，一部分设备按工艺过程布置	通用设备，按机群式布置
生产对象移动方式	平行移动，少数用平行顺序移动	平行顺序移动	顺序移动
工艺装备	采用专用工装	部分采用专用工装，主要为通用工装	通用工装
工艺过程的拟定	详细按每道工序拟定零件的加工工艺，制定工序卡片	按零件制定加工工艺，编制工艺过程卡	按每项订货任务拟定加工工艺
产品周期	短	较长	长
作业的弹性程度	小	较大	大
生产管理的重点	作业标准的制定	生产批量的制定，产品更换的生产准备工作	作业日常控制
产品生产的效率	高	较高	低
生产成本	低	较高	高

3. 按组织生产的特点分类

按组织生产的特点分类，可将生产类型分为备货型生产与订货型生产。

(1)备货型生产(Make – To – Stock):在没有接到用户订单时按已有的生产标准或产品系列进行生产,生产的目的是补充成品库存,通过成品库存来满足用户随时的需要。如生活日用品、石油化工等都属于备货式生产。

(2)订单型生产(Make – To – Order):按用户订单进行生产。通过签订合同,按订单规定的产品规格、性能、质量要求、需求量、交货期、售价等要求,组织设计和生产。如锅炉、飞机、轮船等的生产均属于订货式生产类型。

表6.3 备货型生产与订单型生产的主要区别

项目	备货型生产(MTS)	订单型生产(MTO)
产品	标准产品	按用户要求生产、无标准产品,大量变型产品与新产品
生产流程	稳定、标准、均衡	不稳定、不标准、难均衡
对产品的需求	可以预测	难以预测
库存	连续生产和市场的纽带	不设成品库存
价格	事先确定	订货时确定
交货期	不重要,由成品库随时供货	很重要,订货式决定
设备	专用高效设备	通用设备
人员	专业化	多种操作技能

任务四 确定生产过程的组织形式

生产过程组织是企业生产管理的重要内容。生产过程组织是指为提高生产效率,缩短生产周期,对生产过程的各个组成部分从时间和空间上进行合理安排,使它们能够相互衔接、密切配合的设计与组织的活动。生产过程组织包括空间组织和时间组织两项基本内容。

生产过程组织的目标是要使产品内在生产过程中的行程最短,时间最省,占用和耗费最少,效率最高,能取得最大的生产成果和经济效益。在企业中,任何生产过程的组织形式都是生产过程的空间组织与时间组织的结合。企业必须根据其生产目的和条件,将生产过程空间组织与时间组织有机地结合,采用适合自己生产特点的生产组织形式。

1. 生产过程的空间组织

生产过程的空间组织是指企业内部各生产阶段和生产单位的组织和空间布局。为了使生产过程达到连续性、协调性和节奏性的要求,必须从空间上把生产过程的各个环节合理地组织起来,使它们密切配合、协调一致。在企业内部应当具体设置多少环节,每个生产环节又设置多少生产单位,这些生产单位应当具有怎样的规模,取决于企业的专业方向和工艺特点。现代企业的生产要按照分工的原则,组织专业化生产。所谓的专业化是指把一定的产品的生产细分为许多独立单位,形成专门的生产组织,如分厂、车间、工段和班组等。

生产过程的空间组织有三种典型的形式:

(1)工艺专业化形式

工艺专业化又称为工艺原则,即按照生产过程中各个工艺阶段的工艺特点来设置生产单位。在这种生产单位内,集中了同种类型的生产设备和同工种的工人,可完成各种产品的同一工艺阶段的生产,即加工对象是多样的,但工艺方法是同类的,每一生产单位只完成产品生产过程中的部分工艺阶段和部分工序的加工任务。

由于同类型的设备和同工种的工人集中在一起,对不同的产品进行相同工艺的加工,因此,对产品品种多变的适应性较强,便于比较充分地利用机器设备和劳动力,同时,也便于对工艺进行专业化的管理。但由于工艺专业化的生产单位只能完成一种工艺,不能独立地完成产品(或零部件)的全部或大部分加工工序,每种产品的全部或大部分工序都要逐次通过许多生产单位才能完成,因此,产品在生产过程中运输路线较长,消耗在运输、在制品的辅助劳动较大,生产过程中的停放时间较长,生产周期也就较长,在制品资金占用也就较多,生产单位之间的生产管理和成本核算工作都比较复杂。

(2)对象专业化形式

对象专业化又称为对象原则,就是按照产品(或零部件)的不同来设置生产单位。在对象专业化生产单位里,集中了不同类型的机器设备、不同工种的工人,对同类产品进行不同的工艺加工,能独立完成一种或几种产品(或零部件)的全部或部分的工艺过程,而不用跨越其他的生产单位。如汽车制造厂中的发动机车间、底盘车间等。

由于相同的劳动对象集中在一起,连续进行许多工序的加工,因此,可以大大缩短产品在生产过程中的运输路线,节省辅助劳动的耗费,缩短生产周期,减少在制品和流动资金的占用,可以简化生产管理工作和成本核算。但由于对象专业化的生产单位内部工艺复杂,在产品多变的情况下,适应性较差,难以充分利用机器设备,一旦生产情况改变,很难做出相应的调整。

(3)综合专业化形式,也叫混合原则

综合专业化也叫混合原则,是将上述两种专业化形式结合起来的一种形式。它综合了两种专业化形式的优点,在实际中应用比较普遍。综合专业化可以从两个方面去理解:一是从生产单位的同一层次看,企业内的车间或班组,既有按工艺专业化形式建立的,又有按对象专业化形式建立的;二是从生产单位的不同层次看,在工艺专业化车间内的班组,是按对象专业化形式建立的,或者在对象专业化车间内的班组,是按工艺专业化形式建立的。综合专业化形式机动灵活,适应面广,如应用得当,可取得较好的经济效益。

2. 生产过程的时间组织

生产过程的时间组织是研究产品生产过程各环节在时间上的衔接和结合的方式。生产过程各环节之间在时间上要紧密衔接起来,使生产过程保持连续性和节奏性,以达到缩短生产周期,提高设备利用率和劳动生产率,降低生产成本的目的。

生产周期是指从原材料投入生产开始,经过各道工序加工,直到成品验收入库为止,所经历的全部时间。

产品生产过程各环节在时间上的衔接程度,主要表现在劳动对象在生产过程中的移动方式。劳动对象的移动方式,与一次投入生产的劳动对象数量有关。单个工件投入生产时,工件只能顺序地经过各道工序,不可能同时在不同的工序上进行加工。如果当一次投产的工件有两个或两个以上时,工序间就有不同的移动方式。一批工件在工序间存在着三种移动方式,这就是顺序移动、平行移动、平行顺序移动。

(1)顺序移动方式

顺序移动方式指一批零部件在前一道工序全部加工完毕后,整批转移到下一道工序进行加工的移动方式。其特点是:一道工序在工作,其他工序都在等待。

这种加工方式的加工周期最长。加工周期的计算也很简单,即将各道工序加工时间直接相加即可,也等于各工序的单件加工时间之和再乘以工件的批量。

采用顺序移动方式的优点是:生产组织与计划工作简单;零部件集中加工,集中运输,减少了设备调整时间和运输工作量,设备连续加工不停顿,提高了工效。其缺点是:大多数产品有等待加工和等待运输的现象,生产周期长,资金周转慢,经济效益较差。

顺序移动方式,产品全部生产完成的生产周期计算公式如下:

$$T_{顺} = n \sum_{i=1}^{m} t_i \tag{6.1}$$

式中,$T_{顺}$:顺序移动加工周期;

　　　n:产品加工批量;

　　　t_i:第 i 工序的单件工时;

　　　m:产品加工的工序数。

例:已知某零部件的批量为4件,共有四道加工工序,各道加工工序的加工时间分别为2分钟、4分钟、1分钟、3分钟,计算在顺序移动方式下的加工周期.

这就是一个典型的顺序移动方式。根据公式:

$T_{顺} = n \sum_{i=1}^{m} t_i$

$= 4 \times (2+4+1+3)$

$= 40(分钟)$

(2)平行移动方式

平行移动方式指一批零部件中的每个零部件在每道工序完毕以后,立即转移到后道工序进行加工的移动方式。其特点是:一批零件同时在不同工序上平行加工,缩短了生产周期。

$$T_{平} = \sum t_i + (n-1)t_L \tag{6.2}$$

式中，$T_平$：平行移动方式产品加工的生产周期；

t_L：最长单件工序时间；

n：产品加工批量；

t_i：第 i 工序的单件工时；

m：产品加工的工序数。

计算上题的平行移动方式的加工周期：

$$T_平 = \sum t_i + (n-1)t_L$$
$$= (2+4+1+3) + (4-1) \times 4$$
$$= 22(\text{分钟})$$

(3) 平行顺序移动方式

平行顺序移动吸收了上述两种移动方式的优点，避开了其短处，但组织和计划工作比较复杂。平行顺序移动的特点是：当一批零部件在前道工序上尚未全部加工完毕，就将已加工的部分零部件转到下道工序进行加工，并使下道工序能够连续地、全部地加工完该批零部件。

为了达到这一要求，要按下面规则运送零部件：当 $t_i < t_i+1$，前一道工序完成后的零部件立即转送下道工序，即采用平行移动；当 $t_i > t_i+1$ 则要等待前一道工序完成的零部件数足以保证后道工序连续加工时，才将完工的零部件转送后道工序。这样就可将人力及设备的零散时间集中使用。

平行顺序移动方式下的产品加工生产周期计算公式如下：

$$T_{平顺} = \sum_m t_i + (n-1)(\sum t_{较大} - t_{较小}) \qquad (6.3)$$

式中，$T_{平顺}$：平行顺序移动方式下的产品加工生产周期

n：产品加工批量；

t_i：第 i 工序的单件工时；

m：产品加工的工序数

仍以上面题为例，计算平行顺序移动方式的加工周期：

$$T_{平顺} = \sum_m t_i + (n-1)(\sum t_{较大} - t_{较小})$$
$$= (2+4+1+3) + (4-1) \times (4+3-1) = 28(\text{分钟})$$

(4) 选择移动方式应考虑的因素

①企业内部的专业化形式，工艺专业化由于受到设备布置和运输条件的限制，一般采用顺序移动方式；对象专业化宜采用平行或平行顺序移动形式。

②工序工作量和零部件重量。工序工作量大，且零部件重，采用平行或平行顺序移动方式；工序工作量小，且零部件轻，采用顺序移动方式。

③设备调整所需要的时间。设备调整所需时间长，宜采用顺序移动方式；设备调整所需时间短，宜采用平行或平行顺序移动方式。

④生产类型。单件小批量生产类型宜采用顺序移动方式;大量大批生产类型一般采用平行或平行顺序移动形式。

⑤生产任务紧急程度。生产任务紧急时一般采用平行移动方式,因为该方式生产周期最短。

任务五　认识流水线生产

(一)流水线生产的概念与特征

1. 流水线生产的概念

流水线生产,又叫流水生产、流水作业,指劳动对象按一定的工艺路线和统一的生产速度,连续不断地通过各个工作地,按顺序进行加工并生产出产品的一种生产组织形式。它是对象专业化组织形式的进一步发展,是劳动分工较细、生产效率较高的一种生产组织形式。

2. 流水线生产的特征

(1)工艺过程是封闭的,流水线上的加工对象是按照工艺加工的顺序从一个工作地传送到另一个工作地,加工对象在流水线上做单向运动。

(2)工作地专业化程度高,在流水线的每一个工作地上完成一个或极少几个工序都是固定的,由于加工内容高度一致,属于大批大量生产,因而大大提高了专业化程度。

(3)生产节奏性强,加工对象在各道工序之间按一定的时间间隔投入或产出,两批相同的制品之间也按一定的时间间隔投入流水线或从流水线产出,保持一定的节奏。

(4)连续性强,加工对象如流水般地从一个工序转到下一个工序,消除或最大限度减少了加工对象停工等待时间,生产过程具有高度的连续性。

(5)比例性,流水线上各道工序的生产能力是平衡的、成比例的,即各道工序的工作地(设备)数同各道工序单件制品的加工时间大致相等。

3. 流水生产线的优缺点

流水线生产的主要优点是能使产品的生产过程较好地符合连续性、平行性、比例性以及均衡性的要求。它的生产率高,能及时地提供市场大量需求的产品。由于是专业化生产,流水线上采用专用的设备和工艺装备以及机械化的运输装置,因而可以提高劳动生产率,缩短生产周期,减少在制品占用量和运输工作量。加速资金周转,降低生产成本;还可以简化生产管理工作,促进企业加强生产技术准备工作和生产服务工作。

流水线生产的主要缺点是不够灵活,不能及时适应市场对产品产量和品种变化的要求,以及技术革新和技术进步的要求。对流水线进行调整和改组需要较大的投资和花费较多的时间。工人在流水线上工作比较单调、紧张、容易疲劳,不利于提高生产技术水平。

将现代柔性生产技术和信息化管理手段应用于流水性生产,可以在很大程度上克服流水线生产存在的上述缺点,做到在一条流水线上同时生产多个品种的产品,这就是混流生产线。利用混流生产线，可以实现大规模定制生产，即按照用户订单，在同一条生产线上连续生产不同用户订购的不同品种（包括规格、花色、款式等的不同）的产品，既达到规模经济，又满足用户的个性化需要。

(二)组织流水线生产的条件

(1)产品品种稳定，是社会上长期需要的产品；

(2)产品结构先进，设计定型，产品是标准化的，并具有良好的结构工艺性；所谓的结构工艺性是指产品的结构便于工艺制造，有利于采用经济、有效的工艺加工方法；

(3)原材料、协作件是标准的、规格化的，并能按时供应；

(4)机器设备能经常处于完好状态，实行计划预修制度；

(5)各生产环节的工作能稳定地达到工作质量标准，产品检验能随生产在流水线上进行。

具备了上述条件，并通过经济、技术论证或可行性研究，做出决策，决定采用流水型生产方式后，就可以进行流水线的具体组织设计。

(三)流水线的设计

流水线组织设计包括流水线节拍的确定、设备需要量和负荷系数的计算、工序同期化的设计、工人的配备、运输方式设计、流水线平面布置设计等。

1. 计算流水线的节拍

流水线、自动化流水线的节拍就是顺序生产两件相同制品之间的时间间隔。它表明了流水线生产率的高低，是流水线最重要的工作参数。其计算公式如下：

$$r = \frac{F_e}{\lambda r} = \frac{F_0 K}{\lambda r} \tag{6.4}$$

式中，r：流水线的节拍(分/件)；

F_e：计划期内有效工作时间(分)；

F_0：计划期内制度工作时间(分)；

N：计划期的产品产量(件)；

K：时间利用系数。

确定系数 K 时要考虑这样几个因素：设备修理、调整、更换模具的时间、工人休息的时间。一般 K 取 0.9~0.9。

计划期的产品产量 N。除计算计划产量外，还应考虑生产中预计的废品。

例如：某产品流水线计划日产量为 200 件，采用两班制生产，每班工作 8 小时，有 25 分钟的休息时间，产品不良率为 1%，计算其节拍。

解：$r = \frac{F_e}{\lambda r} = \frac{F_0 K}{\lambda r} = [8 \times 2 \times 60 - (25 \times 2)]/(1 + 1\%) \times 200 \approx 4.5 (min)$

2. 确定各工序所需的工作地(设备)需要量，计算设备负荷系数

各工序所需的工作地(设备)需要量可由式(6.5)计算：

$$S_i = t_i/\gamma \tag{6.5}$$

式中，S_i：第 i 道工序理论推算所需工作地(设备)台数(台)；

t_i：第 i 道工序的单件时间定额($min/$件)。

若计算的 S_i 不是整数，则应取比 S_i 大的最小整数 S_{ei} 作为实际采用的工作地(设备)台数，$S_{ei} \geq S_i$，两者比值 K 叫作某道工序工作地(设备)的负荷系数。

$$K = S_i/S_{ei} \tag{6.6}$$

工序数为 m 的流水线的总工作地(设备)负荷系数 K_a 按式(6.7)计算：

$$K_a = \sum_{}^{m} S_i / \sum_{}^{m} S_{ei} \tag{6.7}$$

当 K_a 值在 0.81～1 时，可组织连续流水线，当 K_a 值在 0.75～0.81 时，可组织间断流水线。

3. 组织工序同期化

工序同期化是组织流水线的必要条件。所谓工序同期化，是根据流水线节拍的要求，采用技术、组织措施来调整工序时间，使之尽可能与流水线节拍相等或成整数倍比关系。工序同期化程度高，有利于提高劳动生产率和缩短生产周期。

实现工序同期化的措施有：

(1) 提高设备的生产效率，可以通过改装设备或采用高效率的设备来提高生产效率；

(2) 改进工艺装备，减少辅助生产时间；

(3) 改进工作地布置与操作方法，减少辅助作业时间；

(4) 提高工人熟练程度和效率；

(5) 详细地进行工序的合并与分解。首先将工序分成几部分，然后根据节拍重新组合工序，以达到同期化的要求。

4. 计算工人人数

在以手工劳动和采用手工工具为主的流水线上，不需要考虑后备工人，故整条流水线所需要工人总数为各工序人数之和。其工人人数可用式(6.8)计算：

$$P_i = S_{ei} g W_i \tag{6.8}$$

式中，P_i：第 i 道工序工人人数；

g：每日工作班次；

W_i：每道工序每一个工作地同时工作人数。

在以设备加工为主的流水线上，计算工人数量时，要考虑后备工人和工人的设备看管定额，其计算公式如下：

$$P = (1 + b) \sum_{}^{m} S_{ei} g/f_i \tag{6.9}$$

式中，P：流水线操作工人总数；

b：后备工人百分数；

f_i:第 i 道工序每个工人的设备看管定额。

5. 选择运输工具

流水线上采用的运输工具很多,例如传送带、传送链、滚道、重力滑道及专用小车等。使用何种运输工具主要取决于加工对象的重量和外形尺寸、流水线的类型和实现节拍的方法。通常在连续流水线上,工序间的传送大多数采用传送带,它可以在同一时间里把流水线上的各工作地完工的制品运送到下一个工作地去进行加工;可以节省运输人力,缩短运输时间,控制流水线按规定的节拍进行生产。采用传送带运输时,需计算传送带的长度和速度。

传送带运行的速度(V)可由式(6.10)求得:

$$V = s/r (米/分) \quad (6.10)$$

式中,s:产品间隔长度;

r:节拍。

由式(6.10)可知节拍 r 为定值时,产品间隔长度 s 越大,传送带运行速度越大;s 越小,V 亦越小。产品间隔长度的选取要根据具体情况来确定,其最小限度为 0.7~0.8 米,为兼顾其他原因,还要给予运输带附加的宽裕长度。

流水线传送带的长度可由式(6.11)计算:

$$L = mB + X \quad (6.11)$$

式中,L:传送带长度;

m:工序数;

B:工序间隔长度;

X:传送带两端附加宽裕量。

6. 流水线的平面布置

流水线的平面布置应保证运输距离最短,工人操作方便,充分利用生产面积,保证流水线与其他单位的衔接配合。为满足这些要求,在流水线平面布置时应考虑流水线的形式、流水线内工作地的排列方法等问题。

流水线布置的形状,一般有直线形、直角形、S 形、O 形、U 形和其他不规则形状等。

流水线内工作地的排列有单列式和双列式,单列式是将工作地布置在传送带的一侧;双列式是将工作地布置在传送带的两侧。

流水线内工作地的排列要符合工艺路线,整个流水线的布置要符合产品总流向,尽可能缩短运输路线,减少运输工作量。

项目二　安排生产并进行生产控制

任务一　制订生产计划

生产计划

(一)生产计划的概念

生产计划是关于企业生产系统总体方面的计划,是企业在计划期应达到的产品品种、质量、产量和产值等生产任务的计划和对产品生产进度的安排,是指导企业计划期生产活动的纲领性方案。它是根据销售计划制订的,同时它又是制订生产作业计划、物资供应计划和设备管理计划的重要依据。

生产计划一方面为满足客户要求的三要素"交期、品质、成本"而进行计划;另一方面又使企业获得适当利益,而对生产的三要素"材料、人员、机器设备"的确切准备、分配及使用的计划。

生产计划工作是指生产计划的具体编制工作,是确定和实现生产目标所需要的各项业务工作。它将通过一系列综合平衡工作,完成生产计划的确定。生产计划工作包括确定生产计划指标、合理安排产品生产进度和核定企业生产能力。

(二)生产计划指标

制订生产计划指标是生产计划的重要内容。为了有效和全面地指导企业生产计划期的生产活动,生产计划应建立包括产品品种、产品质量、产品产量、产品产值和产品交货期五类指标为主要内容的生产指标体系。

1. 产品品种指标

产品品种指标是指企业在计划期内规定生产的产品名称、型号、规格和品种数。它不仅反映企业对社会需求的满足能力,还反映了企业的专业化水平和管理水平。

产品品种指标能够在一定程度上反映企业适应市场的能力。一般来说,品种越多,越能满足不同的需求,但是,过多的品种会分散企业生产能力,难以形成规模优势。因此,企业应综合考虑,合理确定产品品种,加快产品的更新换代,努力开发新产品。

2. 产品质量指标

产品质量指标是衡量企业经济状况和技术发展水平的重要指标之一,是指企业在计划期内生产的产品应该达到的质量标准,包括内在质量与外在质量两个方面。内在质量,是指产品的性能、使用寿命、工作精度、安全性、可靠性和可维修性等因素;外在质量,是指产品的颜色、式样、包装等因素。产品质量受若干个质量控制参数控制。对质量参数的统一规定形成了产品质量技术标准,包括国际标准、国家标准、行业标准、地方标准、企业标准等。产品的质量

标准是衡量一个企业的产品满足社会需要程度的重要标识,是企业赢得市场竞争的关键因素

3. 产品产量指标

产品产量指标,是指企业在计划期内应当生产合格的产品实物数量。产品的产量指标常用实物指标或假定实物指标表示。如肉制品用"吨",植物油、啤酒生产用"升"等表示,或进行折算成某一标准规格或含量的产品产量。产品产量指标是表明企业生产成果的一个重要指标,也是企业计算产值、劳动生产效率、成本、利润等一系列指标的基础。它直接来源于企业的销售量指标,也是企业制订其他物量指标和消耗量指标的重要依据。

4. 产品产值指标

产值指标,是指用货币表示的企业生产产品的数量,它解决了企业生产多种产品时,不同产品产量之间不能相加的问题。企业的产品产值指标主要有商品产值、总产值、工业增加值三种表现形式。

产品产值是以货币形式表现的,工业企业在一定时期内生产的工业产品总量。它反映一定时期内工业生产总规模和总水平的指标。包括成品价值、工业性作业价值、自制半成品、自制设备、在产品期末期初结存差额价值。价格根据不同需要采用可变价格和不变价格。

工业商品产值是工业企业在一定时期内生产的预定发售到企业外的工业产品的总价值,是企业可以获得的货币收入。利用商品产值和企业的销售实际收入比较,可以体现出企业生产与市场需求的吻合程度。显然,两者差距越少,说明生产越符合市场需求。商品产值包括:企业利用自备材料生产的成品价值;利用订货者的来料生产成品的加工价值;完成承接的外单位的工业性作业价值。

工业增加值是指工业企业在报告期内以货币形式表现的工业生产活动的最终成果;是工业企业全部生产活动的总成果扣除了在生产过程中消耗或转移的物质产品和劳务价值后的余额;是工业企业生产过程中新增加的价值。

5. 交货期

是为了保证按期交货确定的产品出产期限。正确地决定出产期很重要,因为出产期太紧,保证不了按期交货,会给用户带来损失,也给企业的信誉带来损失;出产期太松,不利于争取顾客,还会造成生产能力的浪费。

除了上述指标外,还有销售收入、设备利用率、能耗、劳动生产率、生产成本等指标。

(三)生产计划的层次

企业生产计划按生产周期来划分一般有三个层次:

1. 长期生产计划

长期生产计划的计划期较长,一般在五年以上,要计划的是企业的发展与外部环境的关系问题,因此要由企业的高层领导负责。主要任务是确定发展的总目标和实现总目标获取所需的资源,进行产品决策、生产能力决策以及确定何种竞争优势的决策,故这类计划又称战略层计划。

2. 中期生产计划

中期生产计划一般以一年为一期,因此,又称为年度计划。它的主要任务是在正确预测市场需求的基础上,对企业在计划年度内的生产任务进行统筹安排,规定企业的产品品种、质量、数量和进度等指标。充分利用现有资源和生产能力,尽可能地组织均衡生产活动和合理地控制库存水平,最大限度地满足市场需求并取得最佳的经济效益,这类计划又称为战术层计划。

3. 短期生产计划

短期生产计划,又称为生产作业计划,计划期较短,一般为月、旬、周。它的主要任务是:依据用户的订单,合理安排生产活动的每个细节,实施紧密衔接,以确保按用户要求的质量、数量和交货期交货,将生产计划具体分配到各个车间、工段、班组、工序和个人,规定他们在月、周、班以至小时的具体生产任务。

任务二　核定生产能力

生产能力的概念及影响因素

1. 生产能力的概念

生产能力是指在计划期内,企业直接参与生产的全部生产性固定资产(包括主要生产设备、辅助生产设备、起重运输设备、动力设备及有关厂房和生产建筑物等),在先进、合理的技术、组织条件下,所能生产一定种类产品的最大数量,或者能够加工处理一定原材料的最大数量。生产能力是反映企业所拥有的加工能力的一个技术参数,它也可以反映企业的生产规模。

这里所说的生产能力,是根据直接参与生产的固定资产来计算的。当然,这并不是说,人力资源和原材料的供应数量与生产能力没有关系。事实上,人力资源和原材料、机器设备等固定资产一样,也是企业进行生产不可缺少的资源。但是为了正确地计算固定资产的生产能力,应暂不考虑人力资源和原材料的供应数量等因素,也就是说,在假定人力资源配备和原材料供应充分,都能符合生产需要的条件下,来确定固定资产的生产能力。因为人力资源配备和原材料供应条件的变化不影响设备的生产能力,只影响生产能力的利用程度。

2. 影响生产能力的因素

影响企业生产能力的因素有很多,如生产性固定资产的数量、工装时间总数、生产效率、市场需求、产品品种、技术复杂程度及生产组织方式、设备的精度、效率、工装、工艺方法、质量要求、劳动者掌握科学技术水平和劳动者劳动技能的熟练程度等。其中影响核定企业生产能力的基本因素是生产性固定资产的数量、工作时间总数和生产效率三个因素。

(1)生产性固定资产的数量,指企业计划期内所拥有的全部能用于生产的机器设备的数量,以及厂房和其他生产所用建筑面积。它包括正在运行的、正在修理的、正在安装的、待安装或准备维修的机器设备,以及因生产任务变化等原因,暂时停止使用的机器设备。不包括已报废的、不配套的、封存待调的设备和企业备用的设备。机器设备数量越多,生产能力越大。生产面积中包括企业厂房和其他生产用建筑面积,一切非生产用的房屋面积和场地面积均不应列入。

(2)生产性固定资产的工作时间总数,指按现行工作制度计算的机器设备的全部有效时间和生产面积的全部利用时间。固定资产的有效时间与企业现行制度、规定的工作班次、轮班工作时间、全年工作天数、设备计划检修时间有关。在连续生产条件下,机器设备有效工作时间一般等于全年日历日数乘以日工作制度工作小时数,减去机器设备修理等必要的停工时间总数。停工、待料时间和因动力供应中断的停工时间,在计算生产能力时不予考虑。在间断生产条件下,由制度工作时数、班次、每班工作时间和设备计划修理停工时间决定。有效工作时间越长,生产能力越大。

(3)生产性固定资产的生产效率。从设备来看,它的生产效率指单位设备的产量定额或单位产品的台时定额,两者互为倒数。生产效率高,生产能力就大。影响生产效率的因素有很多,企业必须采取各种措施提高生产效率,从而提高生产能力。除了分析机器设备生产能力影响因素外,还应考虑生产面积对生产能力的影响因素。

3. 生产能力的分类

企业的生产能力根据用途不同可以分为设计能力、查定能力和现实生产能力三种。

(1)设计能力

是企业建厂时在基建任务书和技术文件中所规定的生产能力,它是按照工厂设计文件规定的产品方案、技术工艺和设备,通过计算得到的最大年产量。企业投产后往往要经过一段时间熟悉和掌握生产技术的过程,甚至改进某些设计不合理的地方,才能达到设计生产能力。设计生产能力也不是不可突破的,当操作人员熟悉了生产工艺、掌握了内在规律以后,通过适当地改造是可以使实际生产能力大大超过设计生产能力的。

(2)查定能力

查定能力是指在没有设计能力或虽有设计能力,但由于企业的产品方案和技术、组织条件已发生很大变化,原有的设计能力已不适用,需要重新核定的生产能力,这种生产能力是根据企业现有条件,并且考虑到企业在查定期内所采取的各种措施的效果来计算的。它为研究企业当前生产运作问题和今后的发展战略提供了依据。

(3)现实生产能力

也称为计划生产能力,是企业计划期内根据现有的生产组织条件和技术水平等因素所能够实现的生产能力。

计划能力包括两大部分。首先是企业已有的生产能力,查定能力;其次是企业在本年度内新形成的能力。后者可以是以前的基建或技改项目在本年度形成的能力,也可以是企业通过管理手段而增加的能力。

现实能力的大小基本上决定了企业的当期生产规模,生产计划量应该与计划能力相匹配。企业在编制计划时要考虑市场需求量,能力与需求不大可能完全一致,利用生产能力的不确定性,在一定范围内可以对生产能力作短期调整,以满足市场需求。

上述三种生产能力,各有不同的用途。当确定企业的生产规模,编制企业的长期计划,安排企业的基本建设计划和采取重大的技术组织措施的时候,应当以企业查定能力为依据;而企业在编制年度的生产计划,确定生产指标的时候,则应当以企业的现实能力作为依据。因此现有能力定得是否准确,对于生产计划的制订有直接影响。

4. 生产能力的核定

企业生产能力的核定,应从基层开始自下而上进行,先核定各生产设备、工段、班组的生产能力,然后,以各车间生产起决定性作用的主要生产设备、班组或工段的生产能力为基础,经过综合平衡,确定车间的生产能力,最后以主要车间为基础,同其他生产车间、辅助车间之间进行综合平衡,确定全厂的生产能力。

核定生产能力必须采用实物指标作为统一的计量单位。实物指标可以是某一具体产品,也可以是某种假定产品或代表产品。当采用代表产品或假定产品作为计量单位时,其他产品应以劳动定额为基础进行换算。

(1)单一品种生产条件下生产能力的计算

在单件小批或成批生产条件下,工段或班组生产能力的计算是按设备组进行的。所谓设备组,是指分配给该工段或班组生产任务方面具有通用特性的一组设备。

①设备组生产能力计算

计算公式如下:

$$M = \frac{F \times S}{t} \text{ 或 } M = F \times S \times P \qquad (6.12)$$

式中,M:某设备组生产能力;

　　　F:计划期单台设备的有效工作时间(小时);

　　　S:设备组内的设备数量(台);

　　　t:制造单位产品所需要该种设备的台时定额;

　　　P:单台设备每小时加工某种产品的产量定额。

②作业场地生产能力的计算

当生产能力主要取决于作业面积时,其生产能力的计算公式如下:

$$M = \frac{F \times A}{a \times t} \qquad (6.13)$$

式中,M:某作业组生产能力(台或件);

　　　F:作业面积的有效利用时间总数(小时);

　　　A:作业面积数量(平方米);

a：制造单位产品所需要的生产面积（平方米／台或件）；

t：制造单位产品所需要的时间（小时）。

（2）多品种生产条件下生产能力的计算方法

当设备组或工作地生产多品种时，生产能力的核算比较复杂，可以采用代表产品或假定产品进行计算。

①代表产品法，这种方法是选定代表产品，按单一品种生产条件计算生产能力的方法。先计算出以代表产品为计算单位表示的设备组（或工作地）的生产能力。具体步骤如下：

第一步，选定代表产品。确定代表产品的原则是：该产品能反映企业专业化方向，并且产量较大，占用劳动量较多，产品在结构上和工艺上具有代表性。

第二步，计算出以代表产品为计算单位表示的生产能力。计算公式如下：

$$M_0 = \frac{F \times S}{t} \tag{6.14}$$

式中，M_0：以代表产品为计算单位表示的生产能力；

F：计划期单台设备的有效工作时间（小时）；

S：设备组内的设备数量（台）；

t_0：代表产品单位产品台时定额。

第三步，计算产品换算系数，计算公式如下：

$$K_i = \frac{t_i}{t}(i = 1,2,\cdots,n) \tag{6.15}$$

式中，K_i：第 i 种产品换算系数；

t_i：第 i 种产品单位产品台时定额。

第四步，计算各具体产品的生产能力。

a. 将各具体产品计划产量换算为代表产品数量。公式如下：

$$Q_0 = K_i Q_i (i = 1,2,\cdots,n) \tag{6.16}$$

式中，Q_0：代表产品数量；

Q_i：第 i 种产品计划产量。

b. 计算各产品占全部产品产量的百分比（d_i），公式如下：

$$d_i = \frac{K_i Q_i}{\sum\limits_{n} K_i Q_i}(i = 1,2,\cdots,n) \tag{6.17}$$

c. 计算具体产品的生产能力（M_i）；

$$M_i = \frac{d_i M_0}{K_i}(i = 1,2,\cdots,n) \tag{6.18}$$

② 假定产品法。它是指在计算生产能力时以假定产品为标准计算设备组生产能力。在企业产品品种比较复杂，各品种在结构、工艺和劳动量差别较大，不易确定代表产品时，可采用

以假定产品计算生产能力。计算步骤如下:

第一步,计算假定产品的台时定额(t_m)。

$$t_m = \sum_{i=1}^{n} t_i d_i \quad (i = 1,2,\cdots n) \tag{6.19}$$

式中,t_i:第 i 种产品单位产品台时消耗;

d_i:第 i 种产品占产品总量的百分比;

第二步,计算设备组假定产品的生产能力。

$$M_m = \frac{F \times S}{t_m} \tag{6.20}$$

第三步,计算设备组各具体产品的生产能力。

$$M_i = M_m d_i (i = 1,2,\cdots n) \tag{6.21}$$

5. 企业生产能力的核算与平衡

企业生产能力的核算,首先要根据设备组的生产能力进行平衡;而后确定工段(车间)的生产能力;最后在各车间生产能力综合平衡基础上来确定企业的生产能力。

企业生产能力的平衡主要包括:第一,各基本车间生产能力的平衡。首先要确定主要车间,然后把主要车间生产能力与其他车间生产能力进行平衡。第二,基本车间与辅助车间生产能力的平衡,一般以基本车间的生产能力为准,了解辅助车间生产能力配合协调情况,如果辅助车间能力不足时,应采取各种措施提高其生产能力。

任务三 编制生产作业计划

(一)生产作业计划的概念及特点

1. 生产作业计划的概念

生产作业计划是生产计划的具体执行计划。它把生产计划中规定的年度、季度生产计划,具体分配到各个车间、工段、班组、每个工作地和个人,规定他们在月、周、班以至小时的具体生产任务,并按日历顺序安排生产进度,从而保证按品种、质量、数量、期限和成本完成本企业的生产任务。生产作业计划是建立企业正常生产秩序和管理秩序的主要手段,是企业计划管理的重要环节。它是企业保证完成生产计划、组织好日常生产活动的重要依据。

2. 生产作业计划的特点

(1)计划期短,生产计划的计划期常常表现为季、月,而生产作业计划详细规定月、旬、日、小时的工作任务;

(2)计划内容具体,生产计划是全厂的计划,而生产作业计划则把生产任务落实到车间、工段、班组、工序、操作人;

(3)计划单位小,生产计划一般只规定完整产品的生产进度,而生产作业计划则详细规定各零部件，甚至工序的进度安排。

(二)生产作业计划的任务

企业生产计划制订后，为了便于组织执行，还需要编制生产作业计划。生产作业计划是生产计划的延续和具体化，是生产计划的具体执行计划。它的基本任务是：

1. 落实生产计划。生产作业计划是对生产计划的落实，保证按品种、数量、质量、成本和期限完成企业生产任务。

2. 合理组织生产过程。任何产品的生产过程都由物质流、信息流和资金流组成，通过生产作业计划，把生产过程中的这三个流组织协调起来，用最少的投入获得最大的产出。

3. 实现均衡生产。均衡生产有利于充分利用企业的生产能力，有利于保证产品质量，有利于有效利用生产资源，有利于改进企业的经营管理，有利于降低成本提高效益。实现均衡生产，就必须依靠生产作业计划来合理安排各个生产环节的生产活动，及时处理生产过程中出现的矛盾和问题，按计划规定的进度要求，全面完成生产任务。

4. 提高经济效益。企业经济效益的高低，在很大程度上取决于产品的质量和成本，而产品的质量和成本都是在生产技术准备和生产过程中形成的。生产作业计划的根本任务是在产品的生产过程中，严格保证产品质量达到规定的标准，努力减少产品生产过程中的各种消耗，最大限度降低生产成本，力求取得最高的经济效益。

5. 生产作业控制。产品生产过程中，由于受到内部和外部、主观和客观、技术和管理等各种因素的影响，实际运作过程和预定计划无论在时间、数量、质量和成本等方面都可能发生偏差。生产作业控制就是要通过各种生产信息的反馈，检查和发现实际与计划的偏差，并采取措施予以纠正，使生产过程恢复正常状态。生产作业控制主要包括生产进度控制、在制品控制和生产调度等。

(三)生产作业计划工作的内容

生产作业计划工作一般包括下列内容：

1. 编制企业各层次的生产作业计划

将生产计划在空间、时间和计划单位上进一步细分，层层落实到车间、工段、班组、工序和每个人员。根据生产任务的要求，具体规定做什么、谁去做、怎样做、什么时间做、什么时间完成。通过编制生产作业计划，把全厂的生产活动有机地联系起来，紧密协调配合，全面完成生产计划的各项任务。

2. 做好生产作业准备

按照生产作业计划要求的时间和数量，将生产所需的原材料、半成品、工艺设备、燃料动力、辅助材料及产品图纸、工艺文件等准备好，准时送到生产现场，以保证作业计划的实施和完成。

3. 设备和生产面积的负荷率核算和平衡

对各种设备的负荷状况进行具体的核算,使设备加工能力能够满足生产任务的要求,当出现能力不足情况时,要采取切实有效的措施加以解决,并加强对薄弱环节和关键设备的控制。

4. 进行日常生产派工

根据车间、工段或班组短期的作业计划,确定每个工作地、每个工人的生产任务和进度,下达生产指令。

5. 制订或修改期量标准

期量标准也称作业标准,是为了合理组织生产活动,在生产产品或零部件的数量和生产期限方面规定的标准。期量标准对组织均衡生产、提高生产效率和管理水平有重要的作用。

(四)期量标准

期量标准,又称作业计划标准,是指为生产对象在生产过程中生产期限和生产数量方面所规定的标准数据,它是编制生产作业计划的重要依据。"期"是指时间,包括:生产周期、生产提前期、生产间隔期等;"量"是指数量,如生产批量、在制品数量等。先进合理的期量标准是编制生产作业计划的重要依据,它是保证生产的配套性、连续性、充分利用设备能力的重要条件。制订合理的期量标准,对于准确确定产品的投入和产出时间,做好生产过程各环节的衔接,缩短产品生产周期,减少在制品占用,都有重要的作用。企业的生产类型和生产组织形式不同,其期量标准也有所不同。

表6.4 不同生产类型的期量标准

生产类型	期量标准
大量大批生产	节拍、流水线工作指示图表、在制品定额等
成批生产	批量、生产间隔期、生产周期、生产提前期、在制品定额、交货期等
单件小批生产	生产周期、生产提前期等

(五)生产作业计划的编制

编制生产作业计划,一般是先将企业生产任务分配到各车间,编制车间生产作业计划,然后由车间再分配到工段、班组、工序直至操作人,即编制车间内生产作业计划。

编制车间生产作业计划的方法,主要取决于车间组织形式和生产类型。如果是按对象专业化组织的车间,可以按生产任务直接分配给车间。如果是按工艺专业化组织的车间,应根据不同的生产类型,采取不同方法编制生产作业计划。

企业常用的编制生产作业计划的方法主要有:在制品定额法(适用于大量大批生产企

业)、累计编号法(适用于成批生产的企业)、生产周期法(单件小批生产的企业经常使用这种方法)等。

1. 在制品定额法

是指运用在制品定额,结合在制品实际结存量的变化,按产品反工艺顺序,从产品出产的最后一个车间开始,逐个往前推算各车间的投入、出产任务。在制品定额法用在制品定额作为调节生产任务量的标准,以保证车间之间的衔接,这种编制生产作业计划的方法主要适用于大量大批生产企业。

计算公式为：

某车间出产量 = 后续车间投入量 + 该车间半成品计划外销量 +（中间库存半成品定额 − 期初库存半成品预计结存量）

某车间投入量 = 本车间出产量 + 该车间计划允许废品量 +（本车间在制品定额 − 期初本车间在制品预计结存量）

其最后车间的出产量由产品出产进度计划来确定。

2. 提前期法

提前期法,又称为累计编号法,是指根据预先制订的提前期标准,规定各车间出产和投入应达到的累计号数的方法。这种方法将预先制订的提前期转化为提前量,确定各车间计划其应达到的投入和出产的累计数,减去计划期前已投入和出产的累计数,以求得各车间应完成的投入和出产数。采用这种方法,生产的产品必须实行累计编号。累计编号,是指从年初或从开始生产这种产品起,按照产品出产的先后顺序,为每一件产品编上一个累计号码。在同一时间上,产品在某一生产环节上的累计号数,同成品出产累计号数相比,相差的号数叫提前量,它的大小和提前期成正比例,累计编号法据此确定提前量的大小,即提前量 = 提前期 × 平均日产量。采用累计编号法编制企业的生产作业计划的方法一般应用于成批生产的企业。

采用提前期法规定车间任务的具体方法和步骤是：

(1)计算产品在各车间计划期末应达到的累计生产和投入的号数。

计算公式：

某车间出产累计号数 = 成品出产累计号数 + 该车间出产提前期 × 成品的平均日常量

某车间投入累计号数 = 成品出产累计号数 + 该车间投入提前期 × 成品的平均日常量

(2)进一步计算各车间在计划期内应完成的出产量和投入量。计算公式：

计划出产(投入)量 = 计划期末出产(投入)累计号数 − 计划期初已出产(投入)的累计号数

(3)如果是严格按照批量进行生产的话,则计算出的车间出产量和投入量,还应按各种零件的批量进行修正。

采用提前期法安排车间生产任务有以下优点：

①它可以同时计算各车间任务，故而加快了计划编制速度。

②由于生产任务用累计号数来表示，所以不必预计期初在制品的结存量。这样就可以简化计划的编制工作。

③由于同一产品所有零部件都属于同一累计编号，所以只要每个生产环节都能生产(或投入)到计划规定的累计号数，就能有效保证零部件的成套性，防止零部件不成套或投料过多等不良现象。

3. 生产周期法

此种方法适用于根据订货组织生产的单件小批生产企业。由于单件小批生产方法不重复生产或不经常重复生产，因而不规定在制品占用额，并且，单件小批生产的企业不必规定编号，因而不宜采用在制品定额法或累计编号法编制生产作业计划。这类企业组织生产时，各种产品的任务数量是接受订货的数量，不需进行调整。所以，编制生产作业计划要解决两个方面的问题：一是保证交货期；二是保证企业在生产车间相互衔接。在编制作业计划时，首先是根据接受顾客订货的情况，分别安排生产技术准备工作；其次是根据合同规定的交货期，采用网络计划技术及相关技术，为每一项订货编制生产周期进度表；最后是进一步调整平衡后，编制日作业计划，正式确定各车间的生产任务。

任务四　实施生产控制

生产计划在执行过程中，会出现一些预想不到的情况和问题，使生产计划执行出现偏差。生产控制是指在生产计划执行过程中，为保证生产作业计划目标的实现而进行的监督、检查、调度和调节，又称为生产作业控制。其主要目的是保证完成生产作业计划所规定的产品产量和交货期等指标。生产控制主要内容包括生产进度控制、在制品控制、生产调度等。

一、生产进度控制

生产进度控制，是指对原材料投入到成品入库为止的全过程控制。生产进度控制是生产控制的关键，生产进度控制贯穿整个生产过程，从生产技术准备开始到产成品入库为止的全部生产活动都与生产进度有关。一般包括投入进度控制、出产进度控制和工序进度控制。

1. 投入进度控制

投入进度控制，是指控制产品、零部件投入的日期、数量和品种使之符合生产作业计划的要求。也包括对生产环节、各种原材料、零部件投入提前期的控制以及对设备、人力资源、技术等准备工作的控制。作好投入进度的控制，有利于保证生产连续进行，降低在制品的占用，实现生产投入的均衡性。

2. 出产进度控制

出产进度控制是指对成品或零部件的出产品种、出产日期、出产数量、出产提前期的控制。在大量大批生产条件下，控制对象主要是整个流水线的生产进度，一般可用出产日期与出产进度表作比较，控制每日出产进度和累计出产进度。

在成批生产条件下，不仅要控制产品的出产进度，而且还要按不同的指标控制零部件的成套性。

在单件小批生产条件下，可按各项规定，将主要工艺阶段的实际出产进度与计划出产进度作比较，及时进行控制，以保证按时交货。

3．工序进度控制

工序进度控制，是指对产品和零部件在加工过程中所经过各道工序上的控制。特别是单件小批生产和成批生产，对加工周期长、经过工序多的产品，不但要进行投入进度控制和出产进度控制，更要做好工序进度控制。

二、在制品占有量的控制

在制品是指从原材料、外购件等投入生产起，到经检验合格入库之前，存在于生产过程中各个环节的原料、半成品和成品。

在制品占有量的控制是指对生产过程各个环节的在产品进行计划、协调和控制的工作，它的主要作用是保证各生产环节之间的衔接协调，按生产作业计划有节奏地、均衡地和成套地进行生产，同时有效地控制在制品的流转过程，缩短生产周期，减少在制品占用量，避免在制品积压和损失，节约流动资金，进而提高企业的经济效益。

搞好在制品的管理工作，要求对在制品的投入、出产、领用、发出、保管、周转做到有数、有据、有手续、有制度、有秩序。有数就是在制品要计数；有据就是收发进出要有凭证；有手续就是收发进出要有核对、签署、登记手续；有制度就是对在制品要建立一套原始记录管理制度，及时入账，经常对账等制度；有秩序就是要把在制品管得井井有条；合理存放和保管在制品，经常检查在制品的占用是否符合定额水平；做好在制品的清点、盘存工作。

三、生产调度工作

生产调度就是对执行生产作业计划过程中发生的各种问题和可能出现的偏差及时了解、掌握、预防和处理，保证整个生产活动协调有序地进行。生产调度是保障生产作业计划顺利进行的重要手段。生产调度的必要性是由工业企业生产活动的性质决定的，现代工业企业生产环节多、协作关系复杂、生产连续性强、情况变化快，某一局部发生故障，往往会波及整个生产系统的运行。因此，加强生产调度工作，对于及时了解、掌握生产进度，研究、分析影响生产的各种因素，根据不同情况采取相应对策，使差距缩小或恢复正常是非常重要的。

1．生产调度工作的主要内容

生产调度工作一般包括以下内容：

（1）检查、督促和协助有关部门及时做好各项生产作业准备工作。主要有原材料的准备；图样及技术文件的准备；工艺装备的准备；设备及运输工具的准备等。

（2）实时监控生产各环节工作情况，了解生产运行状况，制订应急措施。

（3）根据生产需要合理调配劳动力，督促检查原材料、工具、动力等供应情况和运输工作。

（4）检查各生产环节的零部件、半成品的投入和产出进度，及时发现生产进度计划执行过程中的问题，并积极采取措施加以解决。

（5）对轮班、昼夜、周、旬或月计划完成情况的统计资料和其他生产信息进行分析研究。

2. 生产调度的原则

（1）计划性原则

生产调度工作必须以生产作业计划为依据，这是生产调度工作的基本原则。

（2）统一性原则

生产调度工作必须高度集中和统一。领导需要充分发挥调度部门的作用，维护调度部门的权威。

（3）预防性原则

生产调度工作要以预防为主，抢在问题发生之前，就把工作做好。要贯彻预防性原则，就要抓好生产前的准备工作，避免各种不协调的现象产生；同时对生产过程的各个环节的情况要经常了解，做好分析，及时发现各种与计划相脱节的问题。

（4）及时性原则

发现生产中的问题，及时采取措施加以解决，使生产顺利进行，是生产调度的根本职能。贯彻及时性原则，一是做好信息管理工作，生产情况瞬息万变，生产调度人员要充分利用现代化的信息传递工具扩大自己的视野及时掌握生产的各种动态情况。二是调度人员要有雷厉风行的工作作风，特别是值班调度人员，要用最快的速度及时处理好生产一线的突发情况。

（5）生产调度工作要从实际出发，贯彻群众路线

调度人员必须具有深入实际、扎实果断的工作作风和敢于负责的精神，要经常深入生产第一线，亲自掌握第一手资料，及时了解和准确地掌握生产活动中千变万化的情况，摸清客观规律，深入细致地分析研究所出现的问题，动员群众自觉地克服和防止生产中的脱节现象，出主意想办法，克服困难，积极完成生产任务。只有这样，才能防止出现瞎指挥的现象，使调度工作达到抓早、抓准、抓狠、抓关键、一抓到底的要求。

生产调度是一项日常性的工作，应当把一些反映生产调度规律性的、行之有效的例行工作方法制度化，以指导调度工作的有效开展。调度工作制度一般有：值班制度、调度会议制度、现场调度制度、调度报告制度等。

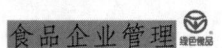

项目三 实施现场管理

1. 生产现场与生产现场管理

所谓现场,就是指企业为顾客设计、生产、销售产品和服务以及与顾客交流的地方,现场为企业创造出附加值,是企业活动最活跃的地方。例如制造业,开发部门设计产品,生产部门制造产品,销售部门将产品销售给顾客。企业的每一个部门都与顾客的需求有着密切的联系。从产品设计到生产及销售的整个过程都是现场,也就都有现场管理,这里我们所探讨的重点是现场管理的中心环节——生产部门的制造现场,但现场管理的原则对其他部门的现场管理也都是适用的。

现场管理就是指用科学的管理制度、标准和方法对生产现场各生产要素,包括人(工人和管理人员)、机(设备、工具、工位器具、工装夹具)、料(原材料、辅料)、法(加工、检测方法)、环(环境)、信(信息)等进行合理有效的计划、组织、协调和控制,使其处于良好的结合状态,达到优质、高效、低耗、均衡、安全、文明生产的目的。

生产现场管理主要方法有 6S 管理、定置管理、目视管理等方法。

2. 现场管理的基本内容和要求

生产现场是生产第一线的综合性管理,是企业管理水平的直观反映,企业的主要活动都是在现场完成的,以下几个方面就体现了现场管理的重要性:现场能直接创造效益;现场能提供大量的信息;现场是问题产生的场所;现场能反映出员工的思想动态。

(1)生产现场管理的基本内容

①现场实行"定置管理",使人流、物流、信息流畅通有序,现场环境整洁,文明生产;

②加强工艺管理,优化工艺路线和工艺布局,提高工艺水平,严格按工艺要求组织生产,使生产处于受控状态,保证产品质量;

③以生产现场组织体系的合理化、高效化为目的,不断优化生产劳动组织,提高劳动效率;

④健全各项规章制度、技术标准、管理标准、工作标准、劳动及消耗定额、统计台账等;

⑤建立和完善管理保障体系,有效控制投入产出,提高现场管理的运行效能;

⑥搞好班组建设和民主管理,充分调动职工的积极性和创造性。

(2)生产现场管理的基本要求

①物流有序

要求生产流程井然有序地进行,使生产活动保持连续性、比例性、均衡性;

②生产均衡

要求工艺布局、劳动组织合理,生产条件准备充分,按工艺流程、期量标准有节奏地进行生产。

③设备完好

要求遵守设备操作、维护、检修规程,各类设备保持完好、整洁。

④信息准确

要求对各种原始记录、台账、报表的填写符合规范,字迹工整、数字准确、传递及时等。

⑤纪律严明

要求规章制度、工艺规程、操作规程和安全规程等齐全、合理并得到严格执行,员工持证上岗,严格遵守劳动纪律。

⑥环境整洁

要求对各种设备、物品进行定置管理,工厂和车间地面整洁,道路畅通,标记明显,生产环境达到作业要求,环境卫生符合国家规定,消除现场"脏、乱、差"状况,保持文明整洁的生产环境。

任务一　开展6S活动

1. 6S活动的含义

6S活动源于5S活动。指对实验、实训、办公、生产现场各运用要素所处状态不断进行整理、整顿、清扫、清洁、提高素养及安全的活动。

其内容六个词的第一个字母是"S",所以简称6S。整理(Seiri)、整顿(Seiton)、清扫(Seiso)、清洁(Seiketsu)、素养(Shitsuke)、安全(Safety)。现在逐渐发展为7S、8S、9S、10S分别增加了效率(Speed)、节约(Saving)、服务(Service)和坚持(Shikoku)。

"6S"管理针对企业中每位员工的日常行为方面提出了具体的要求,倡导从小事做起,力求使每位员工都养成事事"讲究"的习惯,从而创造出一个干净、整洁、舒适、合理的工作场所和空间环境。企业通过"6S"活动,在全员的共同努力下,实现公司资源的有效管理,突出对物流的管理及工作现场的管理,保持企业环境的干净整洁,物品摆放得有条不紊、一目了然,最大限度地提高工作效率和员工士气,并将资源浪费降到最低点。

因此,一个企业若要实现"一流的员工、一流的产品、一流的企业"的目标就要从根本上规范现场、提升人的品质。而推行6S则是改变现场、提升人的品质的最有效手段,否则,即使拥有世界上最先进的工艺或设备,如不对其进行有效管理,也不可能成为一流的企业。6S管理不仅有效地解决了这个问题,还将是其他管理活动展开的基石,是TPM(全面生产管理)的前提,是TQM(全面品质管理)的第一步,也是质量管理体系认证有效推行的保证,是企业走向成功之路的重要手段。

2. 推行6S活动的目的

一个企业要想改善和不断地提高企业形象,就必须推行6S管理。推行6S最终要达到八个目的：

(1) 改善和提高企业形象

整齐、整洁的工作环境，容易吸引顾客，让顾客心情舒畅；同时，企业会成为其他公司的学习榜样，从而能大大提高企业的威望。

(2) 促进效率的提高

良好的工作环境和工作氛围，再加上很有修养的合作伙伴，员工们可以集中精神，认认真真地干好本职工作，必然就能大大地提高效率。试想，如果员工们始终处于一个杂乱无序的工作环境中，情绪必然就会受到影响。情绪不高，干劲不大，又哪来的经济效益？所以推行6S，是促成效率提高的有效途径之一。

(3) 提高物料的周转率

需要时能立即取出有用的物品，供需之间物流通畅，就可以极大地减少寻找所需物品时所滞留的时间。因此，能有效地改善物料的周转率。

(4) 减少直至消除故障，保障品质

优良的品质来自优良的工作环境。只有通过经常性的清扫、点检和检查，不断地净化工作环境，才能有效地避免污损物品或损坏机械，维持设备的高效率，提高产品品质。

(5) 保障企业安全生产

整理、整顿、清扫，必须做到储存明确，东西摆在规定的位置上，工作场所内都应保持宽敞、明亮，通道随时畅通，地上不能摆设不该放置的东西，工厂有条不紊，意外事件的发生自然就会相应地大为减少，当然安全就会有了保障。

(6) 降低生产成本

一个企业通过实行6S，它就能极大地减少人员、设备、场所、时间等这几个方面的浪费，从而降低生产成本。

(7) 改善员工的精神面貌，使组织有活力

一个企业通过实行6S，可以明显地改善员工的精神面貌，使组织焕发一种强大的活力。员工都有尊严和成就感，对自己的工作尽心尽力，并带动改善意识形态。

(8) 缩短作业周期，确保交货

推行6S，通过实施整理、整顿、清扫、清洁来实现标准的管理，企业的管理就会一目了然，使异常的现象很明显，人员、设备、时间就不会造成浪费。企业生产能非常顺畅，作业效率必然就会提高，作业周期必然相应地缩短，确保交货日期万无一失了。

一个企业如果全力地推行6S，就可以培养员工的主动性和积极性，从而能有效地降低生产成本，改善零件在生产过程中的周转率，促进效率的提高；提高管理的水平，改善企业的经营状况。给人和设备创造一种十分适宜的环境；企业组织的每个成员都能由内而外地散发出团队及合作精神。精神面貌的改善就能使企业的形象得到提升，就会形成一种自主改善的机制。

3. 6S活动内容及具体要求

(1)整理(Seiri):要与不要、坚决留弃

①定义:区分要与不要的物品,在生产现场上只放置适量的必需品,其他一切都不放置。

将工作场所任何东西区分为有必要的与不必要的;把必要的东西与不必要的东西明确地、严格地区分开来;不必要的东西要尽快处理掉。

②目的:

腾出空间,空间活用;防止误用、误送;塑造清爽的工作场所。生产过程中经常有一些残余物料、待修品、待返品、报废品等滞留在现场,既占据了生产场地又防碍生产,包括一些已无法使用的工器具、量具、机器设备,如果不及时清除,会使现场变得凌乱。

生产现场摆放不要的物品是一种浪费:即使宽敞的工作场所,也会变得窄小;棚架、橱柜等被杂物占据而减少使用价值;增加了寻找工具、零件等物品的困难,浪费时间;物品杂乱无章地摆放,增加了盘点的困难,使成本核算失准。

通过整理,可以改善和增加生产面积,减少由于物品乱放而造成的差错,使库存更合理,消除浪费,节约资金,保障安全生产,提高产品质量。

③实施要领:自己的工作场所(范围)全面检查,包括看得到和看不到的;制订"要"和"不要"的判别基准;将不要物品清除出工作场所;对需要的物品调查使用频率,决定日常用量及放置位置;制定废弃物处理方法;每日自我检查。

(2)整顿(Seiton):科学布局、取拿便捷。

①定义:整顿是将整理后的必需品进行科学合理的布置和摆放,使其处于任何人都能立即取到和立即放回的状态。

②目的:腾出时间,减少寻找时间,创造井井有条的工作秩序,整顿就是能在30秒内找到要找的东西,将寻找必需品的时间减少为"零"。

③实施要领:是前一步整理的工作要落实;流程布置,确定放置场所;规定放置方法、明确数量;划线定位;场所、物品标识。

通过整顿要达到以下要求:

①物品摆放要有固定的地点和区域,以便于寻找,消除因混放而造成的差错。

②物品摆放地点要科学合理。例如,根据物品使用的频率,经常使用的东西应放得近些(如随身携带、放在工作台),偶尔使用或不常使用的东西则应放得远些(如集中放在车间某处或仓库)。

表6.5 物品使用频率、处置方式参考表

类别	使用频率	处置方法	备注
必需品	每小时	放工作台上或随身携带	
	每天	现场存放(工作台附近)	
	每周	仓库存储	
非必需品	每月	仓库存储	定期检查
	半年	仓库存储	定期检查
	一年	仓库存储(封存)	定期检查
	两年	仓库存储(封存)	定期检查
未定	有用	仓库存储	定期检查
	不需要用	废弃/变卖	定期检查
	不能用	废弃/变卖	定期检查

③物品摆放目视化，使定量装载的物品做到过目知数，摆放不同物品的区域采用不同的色彩或标记加以区别。

④物品摆放要整齐划一、横平竖直，不要过满超高、乱堆乱放。生产现场物品的合理摆放有利于提高工作效率和产品质量，保障生产安全。

(3)清扫(Seiso)：扫除垃圾、美化环境

①定义：清扫就是指把生产现场打扫干净，包括机器、工具、地面、天花板、墙壁、工具架、橱柜、测量用具及其他工作场所。

生产现场在生产过程中会产生灰尘、油污、垃圾等，会使设备精度丧失，故障多发，影响产品质量，还会影响人们的工作情绪、身心健康，因而，清扫变得越来越重要。

②目的：消除赃污，保持现场干干净净、明明亮亮；稳定品质；减少作业伤害。

③实施要领：建立清扫责任区(室内、外)；执行例行扫除，清理脏污；调查污染源，予以杜绝或隔离；建立清扫标准作为规范。

清扫过程中要注意以下几个方面：

①自己使用的物品，如设备、工器具等，要自己清扫，而不要依赖他人，不增加专门的清扫工。

②在本岗位生产过程中产生的废物、垃圾、渣滓要立即随手清除，以避免现场杂乱。

③对设备的清扫，着眼于对设备的维护保养。清扫设备要同设备的点检结合起来，清扫即点检；清扫设备要同时做设备的润滑工作，清扫也是保养；

④清扫也是为了改善。当清扫地面发现有飞屑和油水泄漏时，要查明原因，并采取措施

加以改进。

（4）清洁（Seiketsu）：长抓不懈、坚持到底

①定义：清洁是一种进行保持的日常管理活动，是一种随时随地的工作。整理、整顿、清扫之后要认真维护，使现场保持完美和最佳状态。清洁，是对前三项活动的坚持与深入，从而消除发生安全事故的根源。创造一个良好的工作环境，使职工能愉快地工作。清洁程度也是一个企业形象、企业实力、企业管理水平和企业文化层次的综合体现。

清洁所追求的是对良好状态持之以恒的保持。将整理、整顿、清扫实施的做法制度化、规范化，并贯彻执行及维持结果。包括生产现场的环境整齐、美观、整洁，生产现场设备、工器具、物品干净整齐，没有垃圾、噪声和污染源，消灭职业病。生产现场各类人员着装、仪容、仪表整洁，而且要做到精神上的"清洁"，待人要讲礼貌、要尊重别人等。

②目的：维持上面3S的成果

③实施要领：落实前面3S工作；制定考评方法；制定奖惩制度，加强执行；高管经常带头巡查，以示重视。

（5）素养（Shitsuke）：自觉遵守、养成习惯

①定义：建立作业习惯和行为规范。

②目的：培养具有好习惯、遵守规则的员工；提高员工文明礼貌水准；营造团体精神，建立良好的企业文化。

③实施要领：制定服装、仪容、识别证标准；制定共同遵守的有关规则、规定；教育培训、激励，将外在的管理要求转化为员工自身的习惯、意识，使上述各项活动成为自觉行动；开展各种精神提升活动（晨会、礼貌运动等）。素养是6S活动的核心。

（6）安全（Savety）：预防为主、系统推进

①定义：指企业在产品的生产和提供服务过程中，能够在工作状态、行为、设备及管理等一系列活动中给员工带来既安全又舒适的工作和消费环境。

②目的：发现安全隐患并予以及时消除；争取有效预防措施。

③实施要领：采取系统的措施保证人员、场地、物品等安全；系统地建立防伤病、防污、防火、防水、防盗、防损等安保措施。

做到严格执行各项安全管理制度，上岗时劳保齐全；认真履行告知义务；牢记事故教训；作业前多想、多进行安全预测、加强确认，遵章守纪进行标准化操作；勤巡检，发现隐患立即上报处理；学习技术、增强经验和技能，防止误操作；经常分析、做好事故预防工作等，时时刻刻做到"安全第一，预防为主"，保障人身、设备不受到伤害和损失。

"安全第一"是在生产劳动过程中，处理安全同其他工作关系的准则，是现场管理工作的重中之重。它是在前面工作营造出良好的生产现场的基础上，建立健全各项安全管理制度并严格遵守，以预防为主，消除各种安全隐患，全员参与，确保人身、设备与财产不受侵害，以创造一个零伤害、无意外事故发生的工作场所。

安全是系统的目的之一,它是通过对生产现场诸要素进行综合控制和管理,使系统处于稳定状态而达到的一种效果,而安全如果不能得到保证,则系统内的其他要素也会处于混乱状态,系统状态将变为失控,现场管理就无法顺利进行。

任务二　进行定置管理

1. 定置管理的含义

定置管理也称为定置科学或定置工程学。定置管理是以生产现场为主要研究对象,研究分析人、物、场所的状况及其联系,并通过整理、整顿、改善生产现场条件,促进人、机器、原材料、制度、环境有机结合的一种方法。

定置管理中的"定置"不是一般意义上字面理解的"把物品固定地放置",它的特定含义是:根据生产活动的目的,考虑生产活动的效率、质量等制约条件和物品自身的特殊的要求(如时间、质量、数量、流程等),划分出适当的放置场所,确定物品在场所中的放置状态,作为生产活动主体人与物品联系的信息媒介,从而有利于人、物的结合,有效地进行生产活动。对物品进行有目的、有计划、有方法的科学放置,称为现场物品的"定置"。

定置管理起源于日本,由日本青木能率(工业工程)研究所的文明生产创导者青木龟男先生始创。他从20世纪50年代开始,根据日本企业生产现场管理实践,经过潜心钻研,提出了定置管理这一新的概念,后来,又由日本企业管理专家清水千里先生在应用的基础上,发展了定置管理,把定置管理总结和提炼成为一种科学的管理方法,并于1982年出版了《定置管理入门》一书。以后,这一科学方法在日本许多公司得到推广应用,都取得了明显的效果。

定置管理是对生产现场中的人、物、场所三者之间的关系进行科学的分析研究,使之达到最佳结合状态的一门科学管理方法。其中最基本的是人与物的结合。

(1)人与物的关系

在企业生产活动中,构成生产工序的要素有5个,即原材料、机械、工作者、操作方法、环境条件。其中最重要的是人与物的关系,只有人与物有机结合才能进行工作。

①人与物的结合方式

人与物的结合方式有两种,即直接结合与间接结合。直接结合又称有效结合,是指工作者在工作中需要某种物品时能够立即得到,高效率地利用时间;间接结合是指人与物呈分离状态,为使其达到最佳结合,需要通过一定信息媒介或某种活动来完成。

②人与物的结合状态

生产活动中主要是人与物的结合,但是人与物是否有效地结合取决于物的特定状态。人和物的结合状态有三种:第一种状态是物与人处于有效结合状态,物与人结合立即能进行生产活动;第二种状态是物与人处于间接结合状态,也称物与人处于寻找状态,或物存在一定缺陷,经过某种媒介或某种活动后才能进行有效生产活动的状态;第三种状态是物与现场生产活动无关,也可说是多余物。

（2）场所与物的关系。在企业的生产活动中，人与物的结合状态是生产有效程度的决定因素。但人与物的结合都是在一定的场所里进行的。因此，实现人与物的有效结合，必须处理好场所与物的关系，也就是说场所与物的有效结合是人与物有效结合的基础。从而产生了物在场所中的放置科学——"定置"。

①定置，定置与随意放置不同，定置即是对生产现场、人、物进行作业分析和动作研究，使物按生产需要、工艺要求而科学地固定在场所的特定位置上，以达到物与场所有效的结合，缩短人取物的时间，消除人的重复动作，促进人与物的有效结合。

②场所的三种状态。

A 状态，良好状态。即场所具有良好的工作环境、作业面积、通风设施、恒温设施、光照、噪声、粉尘等符合人的生理状况与生产需要，整个场所达到安全生产的要求。

B 状态，改善状态。即场所需要不断改善工作环境，场所的布局不尽合理或只满足人的生理要求或只满足生产要求或两者都未能完全满足。

C 状态，需要彻底改造状态。即场所需要彻底改造，场所既不能满足生产要求、安全要求又不能满足人的生理要求。

定置管理的任务是努力使物与场所保持 A 状态，而对 B 状态、C 状态采取措施与对策加以改进，使其转化为 A 状态。

实现物与场所的结合，在生产过程中，要根据物流运动的规律性，科学地确定物在场所的位置，即定置。定置方法有两种基本形式。

①固定位置：场所固定、物品存放位置固定、物品的信息媒介固定。用三固定的技法来实现人、物、场所一体化。这种方法适用于那些在物流系统中进行周期的回归原地，在下一个生产活动中重复使用的物品。如一些较大型的工具，在不使用时要放在固定位置生产需要时领取使用，使用完毕经检验无损，放回固定的地点。它突出的特点是存放地点、存放物始终是固定、不变的。

②自由位置：对地固定一个存放物品区域，并以完善信息、媒介和信息处理的方法来实现人与物的结合。至于在这个区域内的具体存放位置要由生产过程来决定，这种方法应用于物流系统中的不回归物品，可提高场所的利用率。如原材料、半成品、成品等的存的放地。

（3）人、物、场所与信息的关系。

生产现场中众多的物不可能都同人处于直接结合状态，而绝大多数的物同人处于间接结合状态。为实现人与物的有效结合，必须借助于信息媒介的指引、控制与确认。因此，信息媒介的准确可靠程度直接影响人、物、场所的有效结合。

信息媒介就是人与物、物与场所合理结合过程中起指导、控制和确认等作用的信息载体。人与物的结合，需要有四个信息媒介物：

第一个信息媒介物是位置台账，它表明"该物在何处"。通过查看位置台账，员工可以了解所需物品的存放场所。

第二信息媒介物是平面布置图，它表明"该处在哪里"在平面布置图上可以看到物品存放场所的具体位置。

第三个信息媒介物是场所标识，它表明"这儿就是该处"。他是指物品存放场所的标识，通常用名称、图示、编号等表示。

第四个信息媒介物是现货标识，它表明"此物即该物"。它是物品的自我标识，一般用各种标牌标识，标牌上有货物名称及有关事项。

在寻找物品的过程中，员工通过第一个、第二个媒介物，被引导到目的场所。因此，人们称第一个、第二个媒介物为引导媒介物。员工再通过第三个、第四个媒介物来确认需要结合的物品。人们称第三个、第四个媒介物为确认媒介物。人与物结合的这四个信息媒介缺一不可。

2. 定置管理的原则

（1）坚持安全第一的原则

定置物品摆放要首先考虑安全，不占用个人作业及安全通道，做好工器具的放置顺手和安全。

（2）符合工艺要求的原则

在不影响生产、合理的工艺流程及规定下，优化现场使用空间，逐步向立体发展。

（3）符合物流有序的原则

各种定置物品必须保证物流简捷、畅通、有序，既不能造成物流混乱，更不能影响正常生产。

（4）符合"简化、统一、协调、优化"的原则

定置管理应力争从方案设计到实施都达到标准化、标识化、格局化。

（5）符合动态管理的原则

所有定置布局要适应灵活生产的需要；定置内容、物流控制要相对稳定又有弹性。

（6）符合节约的原则

所有定置既要注意生产现场的美化、净化，又要注重实效。

（7）符合求同存异的原则

在整体定置点基本一致的前提下，根据各作业点的差异选择最佳定置点。

（8）定置管理应做到：有物必有位，有位必分类，分类必标识；按图定置，按类存放，账、图、物一致。

具体含义如下：

有物必有位：做到生产现场中物有所归，划区存放，位置明确。

有位必分类：生产现场中的物品，按所处的工艺状态和人与物的结合状态，逐一分类。

分类必标识：各类信息标识齐全，标牌颜色、大小、字体等要统一按标准制作，使生产现场各类信息目视清晰、美观、标准化。

按图定置：生产现场中所有物品均应按定置图中标明的场所定位，对号定置。

按类存放：各种物品或同一物品的不同的工艺状态，如成品、半成品、待加工、待检验等都必须按各自相应的类别指定的位置存放，不得错类、出位、占用通道。

账、图、物一致：随生产现场的定置物流同定置图的指定位置、定置台账记录的信息一致。

3. 定置管理的实施程序

(1) 准备阶段：建立定置管理工作领导小组；制订工作计划；抓紧培训工作；广泛地发动和依靠群众。

(2) 设计阶段：现场调查，分析问题；制订定置标准；绘制订置图。

(3) 实施阶段：

①领导始终要身先士卒，带头贯彻执行，这是开展定置管理的关键，群众看领导，领导有多大信心、决心，群众就会有多大的信心和决心；

②全面发动，依靠员工；

③严格按定置图进行科学定置，不走过场；

④自查，验收，要高标准严格要求。

(4) 巩固提高阶段：开展教育；加强日常检查与考核；发挥专业部门的作用；做好定置管理的深化工作。

定置考核的指标是定置率，它表明生产现场规定的定置物品已经实现定置的程度。

其计算公式是：定置率 = 实际定置的物品个数(种数)/定置图规定的定置物品个数(种数)×100%。

任务三　开展目视管理

1. 目视管理的含义

目视管理就是利用形象、直观而又色彩适宜的各种视觉感知信息(如红牌、看板、信号灯或者异常信号灯、操作流程图、提醒板、区域线、警示线、告示板等)来组织现场生产活动，及时反映生产现场动态，让每个生产工人和现场管理者做到一目了然，以便及时发现问题，采取纠正措施，保证生产顺利进行，提高劳动生产率的一种管理手段。目视管理，也叫可视化管理。

2. 目视管理的内容和形式

(1) 规章制度与工作标准的公开化

为了维护统一的组织和严格的纪律，保持社会化大生产所要求的连续性、比例性和节奏性，提高劳动生产率，实现安全生产和文明生产，凡是与现场工人密切相关的规章制度、标准、定额等，都需要公布于众；与岗位工人直接有关的，应分别展示在岗位上，如岗位责任制、操作程序图、工艺卡片等，并要始终保持完整、正确和整洁。

(2) 生产任务与完成情况的图表化

现场是协作劳动的场所，因此，凡是需要大家共同完成的任务都应公布于众。计划指标要定期层层分解，落实到车间、班组、工序和个人，并列表张贴在墙上；实际完成情况也要相应地按期公布，并用图表法，使大家看出各项计划指标完成中出现的问题和发展的趋势，以促使集体和个人都能按质、按量、按期地完成各自的任务。

(3) 与定置管理相结合，实现视觉显示资讯的标准化

在定置管理中，为了消除物品混放和误置，必须有完善而准确的资讯显示，包括标识线、标识牌和标识色。因此，目视管理在这便自然而然地与定置管理融为一体，按定置管理的要求，采用清晰的、标准化的资讯显示符号，将各种区域、通道，各种辅助工具（如料架、工具箱、工位器具、生活柜等）均应运用标准颜色，不得任意涂抹。

(4) 生产作业控制手段的形象直观与使用方便化

为了有效地进行生产作业控制，使每个生产环节、每道工序能严格按照期量标准进行生产，杜绝过量生产、过量储备，要采用与现场工作状况相适应的、简便实用的资讯传导信号，以便在后道工序发生故障或由于其他原因停止生产，不需要前道工序供应在制品时，操作人员看到信号，能及时停止投入。例如，"广告牌"就是一种能起到这种作用的资讯传导手段。

各生产环节和工种之间的联络，也要设立方便实用的资讯传导信号，以尽量减少工时损失，提高生产的连续性。例如，在机器设备上安装红灯，在流水线上配置工位故障显示幕，一旦发生停机，即可发出信号，巡回检修工看到后就会及时前来修理。

生产作业控制除了期量控制外，还要有质量和成本控制，也要实行目视管理。例如，质量控制，在各质量管理（控制）点，要有质量控制图，以便清楚地显示质量波动情况，及时发现异常，及时处理。车间要利用板报形式，将"不良品统计日报"公布于众，当天出现的废品要陈列在展示台上，由有关人员会诊分析，确定改进措施，防止再度发生。

(5) 物品的码放和运送的数量标准化

物品码放和运送实行标准化，可以充分发挥目视管理的长处。例如，各种物品实行"五五码放"，各类工位器具，包括箱、盒、盘、小车等，均应按规定的标准数量盛装，这样，操作、搬运和检验人员点数时既方便又准确。

(6) 现场人员着装的统一化与实行挂牌制度

现场人员的着装不仅起劳动保护的作用，在社会化大生产条件下，也是正规化、标准化的内容之一。它可以体现职工队伍的优良素养，显示企业内部不同单位、工种和职务之间的区别，因而还具有一定的心理作用，使人产生归属感、荣誉感、责任心等，对于组织指挥生产，也可创造一定的方便条件。

挂牌制度包括单位挂牌和个人佩戴标识。按照企业内部各种检查评比制度，将那些与实现企业战略任务和目标有重要关系的考评的结果，以形象、直观的方式给单位挂牌，能够激励先进单位更上一层楼，鞭策后进单位奋起直追。个人佩戴标识，如胸章、胸标、臂章等，其作用同着装类似。另外，还可同考评相结合，给人以压力和动力，达到催人进取、推动工作的目的。

(7) 色彩管理的标准化

色彩是现场管理中常用的一种视觉信号，目视管理要求科学、合理、巧妙地运用色彩，并实现统一的标准化管理，不允许随意涂抹。

3. 目视管理的作用

(1) 迅速快捷地传递信息

目视管理的作用，用很简单的一句话表示：就是迅速快捷地传递信息。

(2) 形象直观地将潜在的问题和浪费现象都显现出来

目视管理依据人类的生理特征，充分利用信号灯、标识牌、符号颜色等方式来发出视觉信号，鲜明准确地刺激人的神经末梢，快速地传递信息，形象直观地将潜在的问题和浪费现象都显现出来。不管是新进的员工，还是新的操作手，都可以与其他员工一样，一看就知道、就懂、就明白，问题在哪里。它是一个在管理上具有非常独特作用的好办法。

(3) 客观、公正、透明化

有利于统一的识别，可以提高士气，让全体员工上下一心去完成工作。

(4) 促进企业文化的建立和形成

目视管理，通过对员工的合理化建议的展示，包括优秀事迹和对先进的表彰、公开讨论栏、关怀温情专栏、企业宗旨方向、远景规划等各种健康向上的内容，能使所有员工形成一种非常强烈的凝聚力和向心力，这些都是建立优秀企业文化的一种良好开端。

4. 目视管理的优点

(1) 目视管理形象直观，有利于提高工作效率

现场管理人员组织指挥生产，实质是在发布各种信息。操作工人有秩序地进行生产作业，就是接收信息后采取行动的过程。在社会化大生产条件下，生产系统高速运转，要求信息传递和处理既快又准。如果与每个操作工人有关的信息都要由管理人员直接传达，那么不难想象，拥有成百上千工人的生产现场，将要配备多少管理人员，目视管理为解决这个问题找到了简捷之路。

可以发出视觉信号的手段有仪器、电视、信号灯、标识牌、图表等。其特点是形象直观，容易认读和识别，简单方便。在有条件的岗位，充分利用视觉信号显示手段，可以迅速而准确地传递信息，无须管理人员现场指挥即可有效地组织生产。

(2) 目视管理透明度高，便于现场人员互相监督，发挥激励作用

实行目视管理，对生产作业的各种要求可以做到公开化。干什么、怎样干、干多少、什么时间干、在何处干等问题一目了然，这就有利于人们默契配合、互相监督，使违反劳动纪律的现象不容易隐藏。

例如，根据不同车间和工种的特点，规定穿戴不同的工作服和工作帽，很容易使那些擅离职守、串岗聊天的人处于众目睽睽之下，促使其自我约束，逐渐养成良好习惯。又如，有些地方对企业实行了挂牌制度，单位经过考核，按优秀、良好、较差、劣四个等级挂上不同颜色

的标识牌;个人经过考核,合格者佩戴不同颜色的臂章,不合格者无标识。这样,目视管理就能起到鼓励先进、鞭策后进的激励作用。

总之,社会化大生产既要求有严格的管理,又需要培养人们自主管理、自我控制的习惯与能力。目视管理为此提供了有效的具体方式。

(3) 目视管理有利于产生良好的生理和心理效应

对于改善生产条件和环境,人们往往比较注意从物质技术方面着手,而忽视现场人员生理、心理和社会特点。例如,控制机器设备和生产流程的仪器、仪表必须配齐,这是加强现场管理不可缺少的物质条件。

不过,如果要问:哪种形状的刻度表容易认读?数字和字母的线条粗细的比例多少才最好?白底黑字是否优于黑底白字?等等,人们对此一般考虑不多。然而这些却是降低误读率、减少事故所必须认真考虑的生理和心理需要。

目视管理的长处就在于,它十分重视综合运用管理学、生理学、心理学和社会学等多学科的研究成果,能够比较科学地改善同现场人员视觉感知有关的各种环境因素,使之既符合现代技术要求,又适应人们的生理和心理特点,这样,就会产生良好的生理和心理效应,调动并保护工人的生产积极性。

5. 目视管理的常用工具

(1) 红牌

红牌,适宜于6S中的整理,是改善的基础起点,用来区分日常生产活动中非必需品,挂红牌的活动又称为红牌作战。

(2) 看板

用在6S的看板管理中,是使用的物品放置场所等基本状况的表示板。它的具体位置在哪里,做什么,数量多少,谁负责,甚至说,谁来管理等重要的项目,让人一看就明白。

(3) 信号灯或者异常信号灯

在生产现场,第一线的管理人员必须随时知道,作业人员或机器是否在正常地开动,是否在正常作业,信号灯是工序内发生异常时,用于通知管理人员的工具。

信号灯的种类:

① 发音信号灯

适用于物料请求通知,当工序内物料用完时,或者该供需的信号灯亮时,扩音器马上会通知搬送人员立刻及时地供应。

② 异常信号灯

用于产品质量不良及作业异常等异常发生场合,通常安装在大型工厂的较长的生产、装配流水线。

一般设置红或黄这两种信号灯,由员工来控制,当发生零部件用完、出现不良产品及机器的故障等异常时,往往影响到生产指标的完成,这时由员工马上按下红灯的按钮,等红灯一亮，生产管理人员要停下手中的工作，马上前往现场，予以调查处理，异常被排除以后，管理人员就可以把这个信号灯关掉，然后继续维持作业和生产。

③运转指示灯

检查显示设备状态的运转、机器开动、转换或停止的状况。停止时还显示它的停止原因。

④进度灯

它是比较常见的，安在组装生产线，在手动或半自动生产线，它的每一道工序间隔大概是1~2分钟，用于组装节拍的控制，以保证产量，促使作业人员自己把握好进度，防止作业的迟缓。

(4)操作流程图

操作流程图，它本身是描述工序重点和作业顺序的简明指示书，也称为步骤图，用于指导生产作业。在一般的车间内，特别是工序比较复杂的车间，在看板管理上一定要有个操作流程图。原材料进来后，第一个工序可能是签收，第二个工序可能是点料，第三个工序可能是转换，或者转制，这就叫操作流程图。

(5)反面教材

反面教材，一般它是结合现物和柏拉图的表示，就是让现场的作业人员明白，也知道他的不良的现象及后果。一般是放在人多的显著位置，让人一目了然。

(6)提醒板

提醒板，用于防止遗漏。健忘是人的本性，不可能杜绝，只有通过一些自主管理的方法来最大限度地尽量减少遗漏或遗忘。比如有的车间内的进出口处，有一块板子，今天有多少产品要在何时送到何处，或者什么产品一定要在何时生产完毕。

(7)区域线

区域线就是对半成品放置的场所或通道等区域，用线条把它画出，主要用于整理与整顿、异常原因、停线故障等，用于看板管理。

(8)警示线

警示线，就是在仓库或其他物品放置处用来表示最大或最小库存量的涂在地面上的彩色漆线，用于看板管理中。

(9)告示板

告示板，是一种及时管理的道具，也就是公告，或是一种让大家都知道，比方说今天下午两点钟开会，告示板就是书写这些内容的。

(10)生产管理板

生产管理板，是揭示生产线的生产状况、进度的表示板，记录生产实际、设备开动率、异常原因(停线、故障)等，用于看板管理。

6. 目视管理的具体应用

(1)设备的目视化管理

设备的管理除了建立系统的点检保养制度外,还应对存放区域进行规划、标识及目视化管理。设备的目视化管理以能够正确地、高效率地实施清扫、点检、加油、紧固等日常保养工作为目的。

①清楚明了地显示出维护保养的部位。方法是对管道、阀门等分别用不同的颜色区别管理。

②能迅速发现温度是否异常。方法是在马达、泵上使用温度感应标贴或刷涂温度感应油漆。

③供给是否正常、运转是否清楚明了。方法是在设备旁边设置连通玻璃管、小飘带、小风车等物。

④在设备盖板的极小化、透明化上下功夫,特别是驱动部分,便于人们容易"看见"。

⑤标识出计量仪器的正常和异常范围、管理界限。如绿色表示正常范围,红色表示异常范围等。

⑥设备是否按要求的性能、速度在运转。在设备上标注出应有的周期和速度。

(2)模具、工器具的目视化管理

①为了减少工具遗失的机会,可透过"工器具、模具离库广告牌"来掌握工具模具的动态;

②刷上或贴上颜色,辨别工器具、模具身份;

③用记录表来掌握工器具、模具的使用情况。

(3)物料的目视化管理

在日常工作中,需要对消耗品、物料、在制品、产成品等进行目视化管理。对这些物品的放置,通常有以下四个地方:

①伸手可及之处;

②较近的架子、抽屉内;

③储物室、货架中;

④某个特定区域。

物料管理的目标是快速地弄清"什么物料""在哪里""有多少",在必要的时候,必要的物料都能快速地取出放入。

(4)品质的目视化管理

①防止因"人的失误"出现质量问题。方法是合格品与不合格品要分开放置,用颜色加以区分。

②如何区分物品的检查状态。从区域上分别设立待检区和已检区,将检查过的物品分区摆放,对于装箱物品,可以挂上合格证或书写检验员的工号。

③重要管理项目要一目了然。可以悬挂比较图等形式,形象说明其区别和要点。

④能快速准确地进行判断。方法是采用上下限的样板判定方法,可以不用计算,快速测定,防止人为失误。

⑤张贴质量管理的宣传标语和质量谚语。

（5）作业的目视化管理

企业里的各项工作是通过各工序及人组合而成的。各工序的作业是否按计划进行，在作业管理中，是否有异常发生。如果有异常发生，应如何应对。这都是作业目视化管理的要点。

①核查实际进度与计划要求是否一致。方法是用生产动态板和外包工动态板、各类看板来标明。

②清楚地判定作业是否按要求在正确实施。方法是用"一口标准"作业指导书、误用普报灯来表示。

③设备负荷是否正常，状态如何。方法是用设备保养记录、设备负荷显示板标识。

④在异常早期发现上下工夫。方法是利用控制图、缺料预警、设备异常报警灯来反映。

（6）安全的目视化管理

①让员工知道何处是安全禁区；

②让员工知道何处是工厂的易燃易爆物品的区域、有毒有害区域、高压电区域等；

③消防器材的正确摆放和使用；

④应急响应和预案，在出现危机时知道如何正确应对；

⑤对员工进行正确辨认安全标识的教育。

项目四　认识生产管理方式的最新趋势

随着消费多元化以及企业竞争的加剧，企业界不断改进生产方式，探索出多种现代生产管理方式。

任务一　准时生产

准时生产方式

日本汽车工业从起步到今天经历了一个技术设备引进国产化——建立规模生产体制——高度成长——工业巨大化——强化国际竞争力——出口日增对全球战略这样一个过程。但是，从一开始的技术设备引进阶段，日本汽车工业就没有全部照搬美国的汽车生产方式。这其中除了当时的日本国内市场环境、劳动力以及第二次世界大战之后资金短缺等原因以外，一个很重要的原因是，以丰田汽车公司副总裁大野耐一等人为代表，他们从一开始就意识到了，美国汽车工业的生产方式虽然已很先进，但需采取一种更灵活、更能适应市场需求的能够提高产品竞争力的生产方式。

在 20 世纪后半期，整个汽车市场进入了一个市场需求多样化的新阶段，而且对质量的要求也越来越高，随之给制造业提出了新课题：如何有效地组织多品种小批量生产，否则，生产过剩所引起设备、人员、库存费用等一系列的浪费，从而影响到企业的竞争能力以至于生存。

在这种历史背景下，1953 年，日本丰田公司的副总裁大野耐一综合了单件小批生产和批量生产的特点和优点，创造了一种在多品种小批量混合生产条件下高质量、低消耗的生产方式即准时生产(Just In Time, JIT)。

JIT 生产方式在推广应用过程中，经过不断发展完善，为日本汽车工业的腾飞插上了翅膀，提高了生产效率。这一生产方式亦为世界工业界所注目，被视为当今制造业中最理想且最具有生命力的新型生产系统之一。

1. 准时生产的含义

准时生产方式是起源于日本丰田汽车公司的一种生产管理方法。它的基本思想可用现在已广为流传的一句话来概括，即"只在需要的时候，按需要的量，生产所需的产品"，这也就是 Just in Time 一词所要表达的本来含义。

这种生产方式的核心是追求一种无库存的生产系统，或使库存降到最小的生产系统。为此而开发了包括"看板"在内的一系列具体方法，并逐渐形成了一套独具特色的生产经营体系。准时生产方式在最初引起人们的注意时曾被称为"丰田生产方式"，后来随着这种生产方式被人们越来越广泛地认识研究和应用，特别是引起西方国家的广泛注意以后，人们开始把它称为 JIT 生产方式。

2. JIT 生产方式的目标

JIT 生产方式的最终目标即企业的经营目的：获取最大利润。为了实现这个最终目的，"降低成本"就成为基本目标。在福特时代，降低成本主要是依靠单一品种的规模生产来实现的。但是在多品种小批量生产的情况下，这一方法是行不通的。因此，JIT 生产方式力图通过"彻底消除浪费"来达到这一目标。所谓浪费，在 JIT 生产方式的起源地丰田汽车公司，被定义为"使成本增加的生产诸因素"，也就是说，不会带来任何附加价值的诸因素。这其中，最主要的有生产过剩(即库存)所引起的浪费。因此，为了排除这些浪费，就相应地产生了适量生产、弹性配置作业人数以及保证质量三个子目标。

3. 准时制生产基本原则

①物流准时原则

要求在需要的时间段内，一般指 15 分钟至 30 分钟内，所有的物按照需要的规格、规定的质量水平和需要的数量，按规定的方式送到生产现场，或在指定的地点能提取货物。

②管理的准时原则

要求在管理过程中，能够按照管理的需要，遵照管理规定的要求收集、分析、处理和应用所需的信息和数据，并作为指令来进行生产控制。

③财务的准时原则

要求在需要时候，及时按照需要的金额调拨并运用所需的周转资金，保证企业的财务开支适应生产运行的需求。

④销售的准时原则

要求在市场需求的供货时间内，组织货源和安排生产，按照订单或合同要求的品种和数量销售和交付产品，满足顾客的需求。

⑤准时生产原则

企业通过实施劳动组织柔性化来坚持多机床操作和多工序管理的生产方式，通过培训使操作工掌握一专多能的技艺，形成一支适应性强、技术水平高和富有创造性的工作团队，以保证各项特殊要求的生产任务能出色和按时地完成。并且在生产组织上实行工序间"一个流"的原则或成品、半成品储备量逐年下降的原则，最终实现"零库存"的管理目标。同时，在生产准备工作和生产调度中也必须适应多品种混流生产的要求，实现柔性化生产。

4. JIT 基础手段

为了达到降低成本、排除浪费这一基本目标，对应于上述基本目标的三个子目标，JIT 生产方式的基本手段也可以概括为下述三个方面：

（1）适时适量生产

即"Just in Time"一词本来所要表达的含义，"只在需要的时候，按需要的量，生产所需的产品"。对于企业来说，各种产品的产量必须能够灵活地适应市场需要量的变比。否则的话，由于生产过剩会引起人员、设备、库存费用等一系列的浪费。而避免这些浪费的手段。就是实施适时适量生产，只在市场需要的时候生产市场需要的产品。

（2）弹性配置作业人数

在劳动费用越来越高的今天，降低劳动费用是降低成本的一个重要方面。达到这一目的的方法是"少人化"。所谓"少人化"，是指根据生产量的变动，弹性地增减各生产线的作业人数，以及尽量用较少的人力完成较多的生产。这里的关键在于能否将生产量减少了的生产线上的作业人员数减下来。这种"少人化"技术一反历来的生产系统中的"定员制"，是一种全新人员配置方法。实现这种"少人化"的具体方法是实施独特的设备布置，以便需求减少时，能够将作业所减少的工时集中起来，以整顿削减人员。但这从作业人员的角度来看，意味着标准作业中的作业内容、范围、作业组合以及作业顺序等的一系列变更。因此为了适应这种变更，作业人员必须是具有多种技能的"多面手"。

（3）质量保证

历来认为，质量与成本之间是一种负相关关系，即要提高质量，就得花人力、物力来加以保证。但在 JIT 生产方式中，却一反这一常识，通过将质量管理贯穿于每一工序之中来实现提高质量与降低成本的一致性，具体方法是"自动化"。这里所讲的自动化是指融入生产组织中的这样两种机制：第一，使设备或生产线能够自动检测不良产品，一旦发现异常或不良产品可以自动停止设备运行的机制。为此在设备上开发、安装了各种自动停止装置和加工状态检测装置。第二，生产第一线的设备操作工人发现产品或设备的问题时，有权自行停止生产的管理机制。依靠这样的机制，不良产品一出现马上就会被发现，防止了不良的重复出现或累积出现，从而避免了由此可能造成的大量浪费。而且，由于一旦发生异常，生产线或设备就立即停止运行。比较容易找到发生异常的原因，从而能够有针对性地采取措施，防止类似异常情况的再发生，杜绝类似不良产品的再产生。

任务二　精益生产

1. 精益生产的起源

精益生产（Lean Production，LP）是美国麻省理工学院数位国际汽车计划组织（IMVP）的专家对日本丰田准时化生产 JIT（Just in Time）生产方式的赞誉称呼。精益生产方式源于丰田生产方式，是由美国麻省理工学院组织世界上 17 个国家的专家、学者，花费 5 年时间，耗资 500 万美元，以汽车工业这一开创大批量生产方式和精益生产方式 JIT 的典型工业为例，经理论化后总结出来的。精益生产方式的优越性不仅体现在生产制造系统，同样也体现在产品开发、协作配套、营销网络以及经营管理等各个方面，它是当前工业界最佳的一种生产组织体系和方式，也必将成为 21 世纪标准的全球生产体系。

20 世纪初，从美国福特汽车公司创立第一条汽车生产流水线以来，大规模的生产流水线一直是现代工业生产的主要特征。大规模生产方式是以标准化、大批量生产来降低生产成本，提高生产效率的。这种方式适应了美国当时的国情，汽车生产流水线的产生，一举把汽车从少数富翁的奢侈品变成了大众化的交通工具，美国汽车工业也由此迅速成长为美国的一大支柱产业，并带动和促进了包括钢铁、玻璃、橡胶、机电以至交通服务业等在内的一大批产业的发展。大规模流水生产在生产技术以及生产管理史上具有极为重要的意义。但是第二次世界大战以后，社会进入了一个市场需求向多样化发展的新阶段，相应地要求工业生产向多品种、小批量的方向发展，单品种、大批量的流水生产方式的弱点就日渐明显了。为了顺应这样的时代要求，由日本丰田汽车公司首创的精益生产，作为多品种、小批量混合生产条件下的高质量、低消耗进行生产的方式在实践中摸索、创造出来了。

2. 精益生产的核心思想

精益生产方式的基本思想可以用一句话来概括，即 Just in Time，翻译为中文是"只在需要的时候，按需要的量，生产所需的产品"。因此有些管理专家也称精益生产方式为 JIT 生产方式、准时制生产方式、适时生产方式或看板生产方式。

（1）追求零库存

精益生产是一种追求无库存生产，或使库存降到极小的生产系统，为此而开发了包括"看板"在内的一系列具体方式，并逐渐形成了一套独具特色的生产经营体系。

（2）追求快速反映，即快速应对市场的变化为了快速应对市场的变化,精益生产者开发出了细胞生产、固定变动生产等布局及生产编程方法。

(3)企业内外环境的和谐统一

精益生产方式成功的关键是把企业的内部活动和外部的市场(顾客)需求和谐地统一于企业的发展目标。

(4)人本主义

精益生产强调人力资源的重要性,把员工的智慧和创造力视为企业的宝贵财富和未来发展的原动力,充分尊重员工,重视培训,共同协作。

(5)库存是"祸根"

高库存是大量大批生产方式的特征之一。由于设备运行的不稳定、工序安排的不合理、较高的废品率和生产的不均衡等原因,常常出现供货不及时的现象,库存被看作是必不可少的"缓冲剂"。但精益生产则认为库存是企业的"祸害",其主要理由是:库存提高了经营的成本;库存掩盖了企业的问题。

3. 精益生产的效果

精益生产主要研究时间和效率,精益生产注重提升系统的稳定性,50多年来精益生产的成功案例已证实:

精益生产让生产时间减少90%;

精益生产让库存减少90%;

精益生产使生产效率提高60%;

精益生产使市场缺陷减少50%;

精益生产让废品率降低50%;

精益生产让安全指数提升50%。

4. 精益生产的终极目标

"零浪费"为精益生产终极目标,具体表现在PICQMDS七个方面,目标细述为:

(1)"零"转产工时浪费(Products,多品种混流生产)

将加工工序的品种切换与装配线的转产时间浪费降为"零"或接近为"零"。

(2)"零"库存(Inventory,消减库存)

将加工与装配相连接流水化,消除中间库存,变市场预估生产为接单同步生产,将产品库存降为零。

(3)"零"浪费(Cost,全面成本控制)

消除多余制造、搬运、等待的浪费,实现零浪费。

(4)"零"不良(Quality,高品质)

不良不是在检查时检出,而应该在产生的源头消除它,追求零不良。

(5)"零"故障(Maintenance,提高运转率)

消除机械设备的故障停机，实现零故障。

（6）"零"停滞（Delivery，快速反映、短交期）

最大限度地压缩前置时间（Lead time）。为此要消除中间停滞，实现"零"停滞。

（7）"零"灾害（Safety，安全第一）

人、工厂、产品全面安全预防检查，实行安全巡查制度。

任务三　敏捷制造

1. 敏捷制造产生的背景

20世纪90年代，信息技术突飞猛进，信息化的浪潮汹涌而来，许多国家制订了旨在提高自己国家在未来世界中的竞争地位、培养竞争优势的先进的制造计划。为重新夺回美国制造业的世界领先地位，美国政府把制造业发展战略目标瞄向21世纪。美国通用汽车公司（GM）和里海（Leigh）大学的雅柯卡（Iacocca）研究所在国防部的资助下，组织了百余家公司，由通用汽车公司、波音公司、IBM、德州仪器公司、AT&T、摩托罗拉等15家著名大公司和国防部代表共20人组成了核心研究队伍。此项研究历时三年，于1994年底提出了《21世纪制造企业战略》。在这份报告中，提出了既能体现国防部与工业界各自的特殊利益，又能获取他们共同利益的一种新的生产方式，即敏捷制造。

敏捷制造是在具有创新精神的组织和管理结构、先进制造技术（以信息技术和柔性智能技术为主导）、有技术有知识的管理人员三大类资源支柱支撑下得以实施的，也就是将柔性生产技术、有技术有知识的劳动力与能够促进企业内部和企业之间合作的灵活管理集中在一起，通过所建立的共同基础结构，对迅速改变的市场需求和市场进度作出快速响应。敏捷制造比起其他制造方式具有更灵敏、更快捷的反映能力。

敏捷制造的优点：生产更快、成本更低、劳动生产率更高、机器生产率加快、质量提高、提高生产系统可靠性、减少库存、适用于CAD/CAM操作。缺点：实施起来费用高。

2. 敏捷制造的核心思想

敏捷制造的核心思想是：要提高企业对市场变化的快速反映能力，满足顾客的要求。除了充分利用企业内部资源外，还可以充分利用其他企业乃至社会的资源来组织生产。

3. 敏捷制造的特点

（1）从产品开发开始的整个产品生命周期都是为满足用户需求的。

（2）采用多变的动态的组织结构。

（3）着眼于长期获取经济效益。

（4）建立新型的标准体系，实现技术、管理和人的集成。

（5）最大限度地调动、发挥人的作用。

4. 敏捷制造的三要素

敏捷制造主要包括生产技术、组织方式、管理手段三个要素。

敏捷制造的目的可概括为:"将柔性生产技术,有技术、有知识的劳动力与能够促进企业内部和企业之间合作的灵活管理集成在一起,通过所建立的共同基础结构,对迅速改变的市场需求和市场实际做出快速响应。"

(1) 生产技术

敏捷性是通过将技术、管理和人员三种资源集成为一个协调的、相互关联的系统来实现的。首先,具有高度柔性的生产设备是创建敏捷制造企业的必要条件(但不是充分条件)。所必需的生产技术在设备上的具体体现是:由可改变结构、可量测的模块化制造单元构成的可编程的柔性机床组;"智能"制造过程控制装置;用传感器、采样器、分析仪与智能诊断软件相配合,对制造过程进行闭环监视等。

其次,在产品开发和制造过程中,能运用计算机能力和制造过程的知识基础,用数字计算方法设计复杂产品;可靠地模拟产品的特性和状态,精确地模拟产品制造过程。各项工作是同时进行的,而不是按顺序进行的。同时开发新产品,编制生产工艺规程,进行产品销售。设计工作不仅属于工程领域,也不只是工程与制造的结合。从用材料制造成品到产品最终报废的整个周期内,每一个阶段的代表都要参加产品设计。技术在缩短新产品的开发与生产周期上可充分发挥作用。

再次,敏捷制造企业是一种高度集成的组织。信息在制造、工程、市场研究、采购、财务、仓储、销售、研究等部门之间连续地流动,而且还要在敏捷制造企业与其供应厂家之间连续流动。在敏捷制造系统中,用户和供应厂家在产品设计和开发中都应起到积极作用。每一个产品都可能要使用具有高度交互性的网络。同一家公司的、在实际上分散、在组织上分离的人员可以彼此合作,并且可以与其他公司的人员合作。

最后,把企业中分散的各个部门集中在一起,靠的是严密的通用数据交换标准、坚固的"组件"(许多人能够同时使用同一文件的软件)、宽带通信信道(传递需要交换的大量信息)。把所有这些技术综合到现有的企业集成软件和硬件中去,这标识着敏捷制造时代的开始。敏捷制造企业将普遍使用可靠的集成技术,进行可靠的、不中断系统运行的大规模软件的更换,这些都将成为正常现象。

(2) 管理技术

首先,敏捷制造在管理上所提出的最创新思想之一是"虚拟公司"。敏捷制造认为,新产品投放市场的速度是当今最重要的竞争优势。推出新产品最快的办法是利用不同公司的资源,使分布在不同公司内的人力资源和物资资源能随意互换,然后把它们综合成单一的靠电子手段联系的经营实体——虚拟公司,以完成特定的任务。也就是说,虚拟公司就像专门完成特定计划的一家公司一样,只要市场机会存在,虚拟公司就存在;该计划完成了,市场机会消失了,虚拟公司就解体。能够经常形成虚拟公司的能力将成为企业一种强有力的竞争武器。

只要能把分布在不同地方的企业资源集中起来,敏捷制造企业就能随时构成虚拟公司。

在美国，虚拟公司将运用国家工业网络——全美工厂网络，把综合性工业数据库与服务结合起来，以便能够使公司集团创建并运作虚拟公司，排除多企业合作和建立标准合法模型的法律障碍。这样，组建虚拟公司就像成立一个公司那样简单。

有些公司总觉得独立生产比合作要好，这种观念必须要破除。应当把克服与其他公司合作的组织障碍作为首要任务，而不是作为最后任务。此外，需要解决因为合作而产生的知识产权问题，需要开发管理公司、调动人员工作主动性的技术，寻找建立与管理项目组的方法，以及建立衡量项目组绩效的标准，这些都是艰巨任务。

其次，敏捷制造企业应具有组织上的柔性。因为，先进工业产品及服务的激烈竞争环境已经开始形成，越来越多的产品要投入瞬息万变的世界市场上去参与竞争。产品的设计、制造、分配、服务将用分布在世界各地的资源（公司、人才、设备、物料等）来完成。制造公司日益需要满足各个地区的客观条件。这些客观条件不仅反映社会、政治和经济价值，而且还反映人们对环境安全、能源供应能力等问题的关心。在这种环境中，采用传统的纵向集成形式，企图"关起门来"什么都自己做，是注定要失败的，必须采用具有高度柔性的动态组织结构。根据工作任务的不同，有时可以采取内部多功能团队形式，请供应者和用户参加团队；有时可以采用与其他公司合作的形式；有时可以采取虚拟公司形式。有效地运用这些手段，就能充分利用公司的资源。

（3）人力资源

敏捷制造在人力资源上的基本思想是，在动态竞争的环境中，关键的因素是人员。柔性生产技术和柔性管理要使敏捷制造企业的人员能够实现他们自己提出的发明和合理化建议。没有一个一成不变的原则来指导此类企业的运行。唯一可行的长期指导原则，是提供必要的物质资源和组织资源，支持人员的创造性和主动性。

在敏捷制造时代，产品和服务的不断创新和发展，制造过程的不断改进，是竞争优势的同义语。敏捷制造企业能够最大限度地发挥人的主动性。有知识的人员是敏捷制造企业中唯一最宝贵的财富。因此，不断对人员进行教育，不断提高人员素质，是企业管理层应该积极支持的一项长期投资。每一个雇员消化吸收信息、对信息中提出的可能性做出创造性响应的能力越强，企业可能取得的成功就越大。对于管理人员和生产线上具有技术专长的工人都是如此。科学家和工程师参加战略规划和业务活动，对敏捷制造企业来说是起决定性作用的因素。在制造过程的科技知识与产品研究开发的各个阶段，工程专家的协作是一种重要资源。

敏捷制造企业中的每一个人都应该认识到柔性可以使企业转变为一种通用工具，这种工具的应用仅仅取决于人们对于使用这种工具进行工作的想象力。大规模生产企业的生产设施是专用的，因此，这类企业是一种专用工具。与此相反，敏捷制造企业是连续发展的制造系统，该系统的能力仅受人员的想象力、创造性和技能的限制，而不受设备限制。敏捷制造企业的特性支配着它在人员管理上所持有的、完全不同于大量大批生产企业的态度。管理者与雇员之间的敌对关系是不能容忍的，这种敌对关系限制了雇员接触有关企业运行状态的信息。信息必须完全公开，管理者与雇员之间必须建立相互信赖的关系。工作场所不仅要完全，而且对在企业的每一个层次上从事脑力创造性活动的人员都要有一定的吸引力。

复习思考题

1. 简述企业生产过程？一般可划分为哪几个过程？
2. 合理组织生产过程的要求有哪些？
3. 工艺专业化和对象专业化各有什么优缺点？它们各自适合哪种情况？
4. 简述生产能力及其种类。
5. 简述生产作业计划控制的内容和程序。
6. 简述生产作业计划的期量标准包括哪些内容。
7. 简述6S活动的内容和具体要求。
8. 简述定置管理的基本理论。
9. 简述精益生产方式的含义及特征。
10. 某厂计划设计一条年产A零件5400件的流水线，该零件顺序经过5道工序，各工序的单件加工时间分别为：15min、14 min、9 min、6 min、5 min，试计算：

(1) 流水线节拍；

(2) 各道工序工作地数目；

(3) 各道工序工作地负荷；

(4) 整条流水线总的符合系数（该厂实行3班制，每班工作8小时；流水线全年有效工作天数为300天）。

模块七 食品安全质量管理

项目一 企业食品生产许可(QS)认证

◆ **基础理论和知识**

1. 了解我国食品质量安全市场准入制度的具体内容和适用范围。
2. 了解我国食品质量安全市场准入制度的法律依据。

◆ **基本技能及要求**

掌握企业 QS 认证的办理程序和认证程序。

◆ **学习重点**

QS 的认证细则。

◆ **学习难点**

企业进行 QS 认证需要准备的材料。

◆ **导入案例**

赵某是个体经营户,经营粮油制品,于 2009 年 10 月开始经营某公司生产的食用猪油。该食用猪油是某公司生产熟肉制品后的副产品,尚未取得食用猪油的工业产品生产许可证,未粘贴 QS 标识;该公司的其他产品已取得工业产品生产许可证。当事人赵某于 2009 年 10 月起共进购该猪油 220 桶(50 公斤/桶),已销售 15 桶,尚余 205 桶没有售出。2010 年 3 月 25 日上午,当事人再去某公司购买猪油,下货到仓库时,被工商部门查获。当事人随后提供了厂方的营业执照、进货发票及 2010 年 3 月 20 日批次(2010 年 3 月 25 日进的货)的猪油的检测报告,但不能提供该猪油的工业产品生产许可证。

赵某经营的食用猪油未标注食品生产许可证编号,表面上违反了《食品安全法》第四十二条的规定,但透过现象看本质,其本质是销售无生产许可证的食品,违反了《工业产品生产许可证管理条例》第五条"任何单位和个人不得销售或者在经营活动中使用未取得生产许可证的列入目录的产品"的规定,工商部门根据第四十八条"销售或者在经营活动中使用未取得生产许可证的列入目录产品的,责令其改正,处5万元以上20万元以下的罚款;有违法所得的,没收违法所得;构成犯罪的,依法追究刑事责任。"予以处罚。

任务一　企业食品生产许可(QS)认证的具体内容

所谓市场准入,一般是指货物、劳务与资本进入市场的许可。对于产品的市场准入,一般的理解是,市场的主体(产品的生产者与销售者)和客体(产品)进入市场的许可。那么,食品质量安全市场准入制度就是为保证食品的质量安全,具备规定条件的生产者才允许进行生产经营活动、具备规定条件的食品才允许生产销售的监督制度。因此,实行食品质量安全市场准入制度是一种政府行为,是一项行政许可制度。

食品质量安全市场准入制度包括三项具体内容:

1. 对食品生产企业实施生产许可制度

对于具备基本生产条件、能够保证食品质量安全的企业,发放企业食品生产许可证,准予生产获证范围内的产品;未取得企业食品生产许可证的企业不准生产食品。这就从生产条件上保证了企业能生产出符合质量安全要求的产品。

对已获得出入境检验检疫机构颁发的《出口食品厂卫生注册证》的企业,其生产加工的食品在国内销售的,以及获得 HACCP 认证的企业,在申办食品质量安全许可证时可以简化或免于工厂必备条件审查。

2. 对企业生产的食品实施强制检验制度

其具体要求有三个方面:一是那些取得食品质量安全生产许可证并并经质量技术监督部门核准,具有产品出厂检验能力的企业,可以实施自行检验其出厂的食品,实行自行检验的企业,应当定期将样品送到指定的检验机构进行定期检验;二是已经取得食品质量安全生产许可证,但不具备产品出厂检验能力的企业,按照就近方便的原则,委托指定的法定检验机构进行食品出厂检验;三是承担食品检验工作的检验机构,必须具备法定资格和条件,经省级以上(含省级)质量技术监督部门核查核准,由国家质检总局统一公布承担食品检验工作的检验机构名录。未经检验或经检验不合格的食品不准出厂销售,这项规定适合我标识国企业现有的生产条件和管理水平,能有效地把住产品出厂安全质量关。

3. 对实施食品生产许可制度的产品实行市场准入标识制度

获得食品质量安全生产许可证的企业,其生产加工的食品出厂检验合格,在出厂销售之前,必须在最小销售单元的食品包装上标注由国家质量监督检疫总局统一制订的食品质量安全生产许可证编号并加印或者加贴食品质量安全准入标识。国家质量监督检验检疫总局为贯彻落实食品安全法,做好企业食品生产许可工作,提高食品安全保障水平,新修订《中华人民共和国工业产品生产许可证管理条例》和《食品生产许可管理办法》并实施,按照有关法规,从 2010 年 6 月 1 日起,启用新的企业食品生产许可证标识,企业食品生产许可证标识以"企业食品生产许可"的拼音"Qiyeshipin Shengchanxuke"的缩写"QS"表识,取代原来"质量安全"的英文"Quality Safety"缩写的"QS"。

国家质检总局统一制订企业食品生产许可标识的式样和使用办法。对没有加贴 QS 标识的食品不准进入市场销售。这样做,便于广大消费者识别和监督,便于有关行政执法部门监督检查;同时,也有利于促进生产企业提高对食品质量安全的责任感。

任务二 食品质量安全市场准入制度的适用范围

根据《加强食品质量安全监督管理工作实施意见》规定:凡在中华人民共和国境内从事食品生产加工的公民、法人或其他组织,必须具备保证食品质量的必备条件,按规定程序获得企业食品生产许可证,生产加工的食品必须经检验合格并加贴(印)食品市场准入标识后,方可出厂销售。进出口食品的管理按照国家有关进出口商品监督管理规定执行。

同时规定国家质检总局负责制订《食品质量安全监督管理重点产品目录》,国家质检总局对纳入《食品质量安全监督管理重点产品目录》的食品实施食品质量安全市场准入制度。

按照上述规定,食品质量安全市场准入制度的适用范围如下:

适用地域:中华人民共和国境内。

适用主体:一切从事食品生产加工并且其产品在国内销售的公民、法人或者其他组织。

适用产品:列入国家质检总局公布的《食品质量安全监督管理重点产品目录》且在国内生产和销售的食品。进出口食品按照国家有关进出口商品监督管理规定办理。

实行质量安全市场准入制度的食品种类

到目前为止有 4 批共 35 类食品实行食品质量安全市场准入。

第 1 批食品共 5 类,包括米、面、食用植物油、酱油、食醋;

第 2 批食品共 10 类,包括肉制品、罐头、乳制品、饮料及冷冻饮品、方便面、饼干、速冻面食品、糖、味精、膨化食品;

第 3 批食品共 13 类,包括糖果制品、茶叶、葡萄酒、黄酒、蜜饯、蛋制品、可可制品、焙炒咖啡、水产加工品、淀粉及淀粉制品、酱腌菜、淀粉、炒货;

第 4 类食品共 7 类,包括糕点、豆制品、蜂产品、果冻、挂面、鸡精调味料和酱类食品。

目前暂不发证的食品:食用植物油中的麻油、橄榄油等;酱油中酸水解植物蛋白液;食醋中醋饮料;乳制品中配方乳粉(婴幼儿配方乳粉、学生奶粉、中老年奶粉、孕妇奶粉等);饮料中人工添加了各种矿物质、维生素的水饮料;茶叶饮料如菊花茶饮料;原果汁含量低于 5% 的果味饮料、烧煮型咖啡以及芝麻糊和麦片等;方便面中不带包装的方便面、"保鲜湿面";饼干中不带包装的饼干;冷冻饮品中现制冰激凌;速冻面米食品中速冻水产品、速冻蔬菜;膨化食品中散装膨化食品、麻花、沙琪玛等水分超过了7%的食品。

任务三　建立食品质量安全市场准入制度的意义

实行食品质量安全市场准入制度，是从中国的实际情况出发，为保证食品的质量安全所采取的一项重要措施。

1. 实行食品质量安全市场准入制度，是提高食品质量、保证消费者健康安全的需要。食品是一种特殊商品，它最直接地关系到每一个消费者的身体健康和生命安全。近年来，在人民群众生活水平不断提高的同时，食品质量安全问题也日益突出，造成的中毒及死亡事故屡有发生，已经影响到人民群众的安全和健康，也引起了党中央、国务院的高度重视。为从食品生产加工的源头上确保食品质量安全，必须制订一套符合社会主义市场经济要求、运行有效、与国际通行做法一致的食品质量安全监管制度。

2. 实行食品质量安全市场准入制度，是保证食品生产加工的基本条件，强化食品生产法制管理的需要。中国还是发展中国家，食品工业的生产技术水平总体上同国际先进水平还有较大差距，有的食品生产加工企业规模较小，加工设备简陋，环境条件较差，技术力量薄弱，质量意识淡薄，难以保证食品的质量安全，为保证食品的质量安全，必须加强食品生产加工环节的监督管理，从企业的生产条件上把住市场准入关。

3. 实行食品质量安全市场准入制度，是适应改革开放、创造良好经济运行环境的需要。目前在食品生产加工和流通领域中，还存在着降低标准、偷工减料、以次充好、以假充真等违法活动。为规范市场经济秩序，维护公平竞争，保护消费者的合法权益，必须实行食品质量安全市场准入制度，采取审查生产条件、强制检验、加贴标识等措施，对此类违法活动实施有效的监督管理。

任务四　食品质量安全市场准入制度的法律依据和基本原则

1. 食品质量安全市场准入制度的法律依据

食品质量安全市场准入制度是依据《中华人民共和国产品质量法》《中华人民共和国标准化法》《工业产品生产许可证试行条例》等法律法规以及《国务院关于进一步加强产品质量工作若干问题的决定》的有关规定制订的对食品及其生产加工企业的监管制度，具体法律依据如下。

（1）《中华人民共和国产品质量法》第十二条规定："产品质量应当检验合格，不得以不合格产品冒充合格产品。"第十三条规定："可能危及人体健康和人身财产安全的工业产品，必须符合保障人体健康和人身、财产安全的要求。禁止生产、销售不符合保障人体健康和人身、财产安全的标准和要求的工业产品。"

（2）《中华人民共和国标准化法》第十四条规定："强制性标准必须执行。不符合强制性标准的产品，禁止生产、销售和进口。"

(3)《工业产品生产许可证试行条例》第二条规定:"凡实施工业产品生产许可证的产品,企业必须取得生产许可证才具有生产该产品的资格。""没有取得生产许可证的企业不得生产该产品。"

(4)《工业产品质量责任条例》第七条规定:"所有生产、经销企业必须严格执行下列规定:不合格的产品不准出厂和销售,不合格的原材料、零部件不准投料、组装;国家已明令淘汰的产品不准生产和销售;没有产品质量标准,未经质量检验机构检验的产品不准生产和销售;不准弄虚作假、以次充好、伪造商标、假冒名牌。"

(5)《国务院关于进一步加强产品质量工作若干问题的决定》第十一条明确要求:"对涉及人体健康和人身财产安全的产品,质量技术监督部门要通过严格生产许可证、产品质量安全认证制度和试行开业审查,加强监督管理。凡不具备基本生产条件、不能保证生产出合格产品的企业,"一律不准开工生产。"

2. 实行食品质量安全市场准入制度的基本原则

(1)坚持事先保证和事后监督相结合的原则

为确保食品质量安全,必须从保证食品质量的生产必备条件抓起,因此要实行生产许可制度,对企业生产条件进行审查,不具备基本条件的不发生产许可证,不准进行生产。但只把住这一关还不能保证进入市场的都是合格产品,还需要有一系列的事后监督措施,包括实行强制检验制度、合格产品标识制度、许可证年审制度以及日常的监督检查,对违反规定的还要依法处罚。概括地说,要保证食品质量安全,事先保证和事后监督缺一不可,二者要有机结合。

(2)实行分类管理、分步实施的原则

食品的种类繁多,对人身安全的危害程度高低不同,同时对所有食品都采用一种模式管理,是不科学的、不必要的,还会降低行政效率。因此,有必要按照食品的安全要求程度、生产量的大小、与老百姓生活相关程度,以及目前存在问题的严重程度,分别轻重缓急,实行分类分级管理,由国家质检总局分批确定并公布实施食品生产许可证制度的产品目录,逐步加以推进。

(3)实行国家质检总局统一领导,省局负责组织实施,市局、县局承担具体工作的组织管理原则

鉴于中国食品生产企业量大面广、规模相差悬殊以及各地质量技术监督部门装备、能力水平参差不齐的实际状况,推行食品质量安全市场准入制度采取国家质检总局统一管理、省局统一组织的管理模式。国家质检总局负责组织、指导、监督全国食品质量安全市场准入制度的实施;省级质量技术监督部门按照国家质检总局的有关规定,负责组织实施本行政区域内的食品质量安全监督管理工作。市(地)级和县级质量技术监督部门主要承担具体的实施工作。

任务五 食品质量安全市场准入条件

根据《加强食品质量安全监督管理工作实施意见》的有关规定,食品生产加工企业应当依

法设立，符合国家产业政策，并具备食品生产加工企业保证产品质量必备10个方面的基本要求。

1. 环境卫生要求

企业周围应无有害气体、烟尘、放射性物质及其他扩散性污染源。企业厂区、生产加工车间、原辅材料与成品库房、储运工具的卫生条件和企业环保措施应当符合国家规定的要求。

2. 生产资源要求

食品生产加工企业必须具备与保证产品质量安全相适应的生产设施以及原料处理、生产加工、原料与成品储存等场所。使用特殊设备生产加工食品的，还应当符合相关的法律法规规定要求。

3. 原辅材料要求

食品生产加工所用的原辅材料必须符合相应的国家标准、行业标准及有关规定，不得使用非食品用原辅料生产食品。直接用于食品生产加工的水必须符合 GB 5749《生活饮用水卫生标准》的要求。采购已实施生产许可证管理的产品作为生产原辅材料时，企业应当索取该产品的生产许可证复印件并查验其有效性。

4. 生产加工要求

食品加工工艺流程应当科学、合理。生产加工过程应当严格控制，防止生物性、化学性、物理性污染及原料与半成品、成品的交叉污染。严禁使用国家禁止使用或明令淘汰的生产工艺和设备。

5. 产品要求

企业必须按照有效的产品标准组织生产。企业生产的产品必须符合国家标准、行业标准和审查细则的强制性规定以及企业明示的质量要求。使用食品添加剂和营养强化剂必须符合 GB 2760《食品添加剂使用卫生标准》和 GB1 4880《食品营养强化剂使用卫生标准》，严禁在食品中超量或超范围使用食品添加剂和营养强化剂。

6. 人员要求

企业负责人应当了解产品质量法律和企业的产品质量责任、义务。企业生产技术人员应当具有相关的专业知识。企业的生产操作人员和检验人员上岗前应当经过培训考核，检验人员应持证上岗。从事食品生产加工的人员应当身体健康，无传染性疾病。食品生产加工企业各类人员应当具有必要的食品质量安全知识。

7. 检验要求

企业应当进行生产过程检验和出厂检验，企业应有能力对审查细则规定的产品出厂检验项目进行检验，企业使用的检验设备必须经检定、校准后在有效期内使用。企业检验部门应能够独立行使检验职权。

8. 包装及标签标识要求

用于食品包装的材料必须符合国家法律法规及强制性标准的要求：定量包装食品的净含

量应当符合相应的产品标准及《定量包装商品计量监督规定》。食品标签标识必须符合国家法律法规及食品标签标准和相关产品标准中的要求。

9. 储运要求

企业库房的条件应当与相关食品的储存要求及生产规模相适应,成品库原则上应当专库专用。食品运输用的车辆、工具必须清洁卫生,不得将成品与污染物同车运输。有冷藏(冻)运输要求的食品,食品生产企业应具备冷藏(冻)运输车辆及工具。

10. 质量管理要求

企业应当根据有关法律法规要求,建立健全企业质量管理制度。实施从原材料到最终产品的全过程质量管理,严格岗位质量责任、加强质量考核。

任务六 《食品生产许可证》的办理程序

食品质量安全市场准入制度规定对于具备基本生产条件、能够保证食品质量安全的企业,发放《食品生产许可证》,准予生产获证范围内的产品。凡不具备保证产品质量必备条件的企业不得从事食品生产加工。

1. 企业申请《食品生产许可证》的必备条件

食品生产加工企业申请《食品生产许可证》,应当符合下列必备条件。

(1)符合法律、行政法规及国家有关政策规定的企业设立条件,持有卫生部门核发的食品卫生许可证和工商部门核发的营业执照。

(2)必须具备保证产品质量的环境条件。

(3)必须具备保证产品质量的生产设备、工艺装备和相关辅助设备,具有与保证产品质量相适应的原料处理、加工、储存等厂房或者场所。

(4)食品加工工艺流程应当科学、合理,生产加工过程应当严格、规范,防止生食品与熟食品,原料与半成品、成品,陈旧食品与新鲜食品等的交叉污染。食品生产加工所用的原料、添加剂等应当无毒、无害,符合相应的强制性国家标准、行业标准及有关规定。

(5)必须按照合法有效的产品标准组织生产。食品质量必须符合相应的强制性标准以及企业明示采用的标准和各项质量要求。

(6)食品生产加工企业法定代表人和主要管理人员必须了解与食品质量安全相关的法律法规知识;必须具有与食品生产相适应的专业技术人员、熟练技术工人和质量检验人员,并持证上岗。从事食品生产加工的人员必须身体健康,没有影响食品质量安全的传染病和其他疾病。

(7)应当具有与所生产产品相适应的质量检验和计量检测手段。企业应当具备产品出厂检验能力,检验、检测仪器必须经检定合格后方可使用。不具备出厂检验能力的,必须委托符合法定资格的检验机构进行产品出厂检验,并签订委托检验协议。

(8)食品生产加工企业应当建立健全内部产品质量管理制度,实施从原材料进厂到产品出厂的全过程质量管理,严格实施岗位质量规范、质量责任以及相应的考核办法,实行质量否决权。

(9)储存、运输和装卸食品的容器包装、工具、设备必须无毒、无害,保持清洁,防止对食品造成污染。

(10)食品包装和标识应当符合以下要求:用于食品包装的材料必须清洁、无毒、无害,符合国家法律法规的规定及强制性标准要求,食品标签的内容必须真实,必须符合国家法律法规的规定,并符合相应产品(标签)标准的要求;裸装食品在其出厂的大包装上使用的标签,必须符合本项的规定;出厂的食品必须在最小销售单元的食品包装上标注食品生产许可证编号并加印(贴)食品市场准入标识。

2. QS 认证程序

(1)资料准备阶段

根据《加强食品质量安全监管管理工作实施意见》的规定,食品生产加工企业、申请企业食品生产许可证。按照规定要求填写《食品生产许可证申请书》,到所在市(地)质量技术监督部门领取两份并填写;企业营业执照、食品卫生许可证、企业代码证(复印件)一份;不需办理代码证书的,提供企业负责人身份证复印件一份;企业生产场所布局图一份;生产企业工艺流程图(标注有关键设备和参数)一份;企业质量管理文件一份;如产品执行企业标准,还应提供经质量技术监督部门备案的企业产品标准一份;申请表中规定应当提供的其他资料。需要特别注意的是,《食品生产许可证申请书》封面应当加盖企业公章,复印的印章无效。

(2)申请阶段

从事食品生产加工的企业(含个体经营者),应按规定程序获取生产许可证。新建和新转产的食品企业,应当及时向质量技术监督部门申请食品生产许可证。省级、市(地)级质量技监部门在接到企业申请材料后,在15个工作日内组成审查组,完成对申请书和资料等文件的审查。企业材料符合要求后,发给《食品生产许可证受理通知书》。

企业申报材料不符合要求的,企业从接到质量技术监督部门的通知起,在20个工作日内补正,逾期未补正的,视为撤回申请。

(3)审查阶段

企业的书面材料合格后,按照食品生产许可证审查规则,在40个工作日内接受审查组对企业必备条件和出厂检验能力的现场审查。现场审查合格的企业,由审查组现场抽封样品。

审查组或申请取证企业应当在10个工作日内(有特殊规定的除外),将样品送达指定的检验机构进行检验。

经必备条件审查和发证检验合格而符合发证条件的,地方质量技监部门在10个工作日内对审查报告进行审核,确认无误后,将统一汇总材料在规定时间内报送国家质检总局。

国家质检总局收到省级质量技监部门上报的符合发证条件的企业材料后,在10个工作日内审核批准。

(4) 发证阶段

经国家质检总局审核批准后,省级质量技监部门在15个工作日内,向符合发证条件的生产企业发放食品生产许可证及其副本。

食品生产许可证的有效期一般不超过5年。不同食品其生产许可证的有效期限在相应的规范文件中规定。在食品生产许可证有效期满前6个月内,企业应向原受理食品生产许可证申请的质量技术监督部门提出换证申请。质量技术监督部门应当按规定的申请程序进行审查换证。其审查工作主要包括两项内容。

①年审。对食品生产许可证实行年审制度。取得食品生产许可证的企业,应当在证书有效期内,每满1年前的一个月内向所在地的市(地)级以上质量技术监督部门提出年审申请。年审工作由受理年审申请的质量技术监督部门组织实施。年审合格的,质量技术监督部门应在企业生产许可证的副本上签署年审意见。

②变更。食品生产加工企业在食品材料、生产工艺、生产设备等生产条件发生重大变化,或者开发生产新种类食品的,应当在变化发生后的3个月内,向原受理食品生产许可证申请的质量技术监督部门提出食品生产许可证变更申请。受理变更申请时,质量技术监督部门应当审查企业是否仍然符合食品生产企业必备条件的要求。企业名称发生变化时,应当在变更名称后3个月内向原受理食品生产许可证申请的质量技术监督部门提出食品生产许可证更名申请。

3. 食品生产许可证及"QS"标识管理

《食品生产许可证》编号为英文字母QS加12位阿拉伯数字,编号前4位为受理机关编号,中间4位为产品类别编号,后4位为获证企业序号,食品生产许可证编号意义见图7.1。

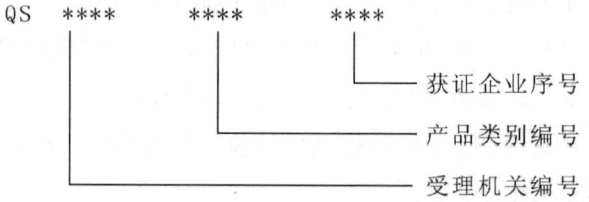

图7.1 食品生产许可证编号意义

根据国家质量监督检验检疫总局《关于使用企业食品生产许可证标识有关事项的公告》(总局2010年第34号公告),企业食品生产许可证标识以"企业食品生产许可"的拼音"Qiyeshipin Shengchanxuke"的缩写"QS"表示,并标注"生产许可"中文字样,与原有的英文缩写QS(quality safety 质量安全),表达意思有所不同。与quality standard("质量标准")的含义也不同。

根据新《食品生产许可管理办法》规定,2018年10月1日及以后生产的食品一律不得继续使用原包装和标签以及"QS"标识,取而代之的是有"SC"标识的编码。

《食品生产许可证》有效期一般为3~5年。企业应当在《食品生产许可证》有效期满前6个月提出换证申请,质量技术监督部门按照《食品生产许可证》申请审查的程序和要求进行审查换证。"QS"认证的食品市场准入标识见图7.2。

旧版样式　　新版样式
图7.2　食品市场准入标识新旧版样式

新旧版对比 QS 认证分两大类,包括食品生产许可和工业生产许可。根据国家工业产品生产许可证管理条例实施办法(2005年9月15日国家质量监督检验检疫总局令第80号公布,根据2010年4月21日《国家质量监督检验检疫总局关于修改〈中华人民共和国工业产品生产许可证管理条例实施办法〉的决定》修订)对 QS 的定义:QS 企业产品生产许可,即工业产品生产许可,国家为了保证直接关系公共安全、人体健康、生命财产安全的重要工业产品的质量安全,贯彻国家产业政策,促进社会主义市场经济健康、协调发展,制订了《中华人民共和国工业产品生产许可证管理条例》,纳入《国家实行生产许可证制度的工业产品目录》的产品生产企业必须依照规定程序取得《工业产品生产许可证》方可从事产品生产,任何企业未取得生产许可证不得生产列入目录的产品。任何单位和个人不得销售或者在经营活动中使用未取得生产许可证的列入目录的产品。而其中第三十六条更是明确规定:"工业产品生产许可证标识由'企业产品生产许可'拼音 Qiyechanpin Shengchanxuke 的缩写'QS'和'生产许可'中文字样组成。标识主色调为蓝色,字母'Q'与'生产许可'四个中文字样为蓝色,字母'S'为白色。QS 标识由企业自行印(贴)。可以按照规定放大或者缩小。"从2010年6月1日起,新获得食品生产许可的企业应使用企业食品生产许可证标识。之前取得食品生产许可的企业在2010年6月1日起18个月内可以继续使用原已印制的带有旧版生产许可证标识包装物。

2005年9月1日中华人民共和国国家质量监督检验检疫总局令(第79号)颁布《食品生产加工企业质量安全监督管理实施细则(试行)》。原国家质检总局2003年7月18日颁布的《食品生产加工企业质量安全监督管理办法》同时废止。

《食品生产加工企业质量安全监督管理实施细则(试行)》第五章第四十七条规定:"实施食品质量安全市场准入制度的食品,出厂前必须在其包装或者标识上加印(贴)QS 标识。没有 QS 标识的,不得出厂销售。"

根据《实行生产许可证制度管理的产品目录》,包括食品在内,共有66种工业产品在经

营销售时需要印贴 QS 标识:

标识管理规定如下：

(1)实行《食品生产许可证》管理的食品出厂必须加印或者加贴食品市场准入标识。没有食品市场准入标识的食品不得出厂销售。

(2)取得《食品生产许可证》的企业，其生产加工的食品，经自行出厂检验或者委托出厂检验合格后，方可加印(贴)食品市场准入标识。未经出厂检验或出厂检验不合格的，不得加印或者加贴市场准入标识。

(3)食品市场准入标识应当加印或者加贴在食品的最小销售包装上。使用食品市场准入标识时，可根据需要按比例放大或者缩小，但不得变形、变色。

4. 对认证企业的监督管理

由各级质量技术监督部门对认证企业进行监督检查。主要检查企业是否持续满足保证产品质量的必备条件、是否持续保证食品质量安全，以及《食品生产许可证》、食品市场准入标识的使用情况等。对食品生产企业的监督管理方式包括日常监督管理、定期监督检查、年度审查和换证审查。

◆讨论

1. 为什么要对食品企业进行 QS 认证？
2. 食品企业进行 QS 认证必须具备哪些条件？

项目二　ISO9000 质量管理体系认证

◆基础理论和知识

1. 了解 ISO9000 质量管理体系认证的原理。
2. 了解企进行 ISO9000 质量管理体系认证的意义。

◆基本技能及要求

掌握企业建立和实施 ISO9000 质量管理体系需要准备的文件。

◆学习重点

ISO9000 质量管理体系认证的程序。

◆学习难点

企业建立和实施 ISO9000 质量管理体系的四个阶段及需要准备的文件。

◆导入案例

某公司新产品研制均由产品设计工艺负责人负责，从研制到投产所有技术问题均由他一个人负责。审核员想了解对产品工艺的有关规定，开发部经理说："这些东西都在产品设计工艺负责人脑子里，为了保密，只在个人的笔记本里有记录，没有整理成文件。"审核员要求索看笔记本，经理拿来一个项目的笔记本，审核员看到上面密密麻麻写了很多的内容，多是平时做试验的记录，没有一定的格式。审核员问开发部经理："你看得明白吗?"经理说："都是当事人自己记的，我一般不看他们的记录，一切由产品设计工艺负责人自己负责。"审核员看到该公司多数的研制人员都是原来从研究所出来的，平均年龄大概50岁以上。审核员问："这些笔记本以后上交吗?"经理："没有明确的规定。"审核员："如果设计人员不在了怎么办?"经理："不知道，好多年来都是这么规定的，没考虑以后的事。"

案例分析：公司这样的做法显然是不对的，为了保密可以将文件根据实际情况按密级分类保管。保管在个人手里，实际上很难确保对这些资料进行控制。本案违反了ISO9000质量管理体系认证标准"4.2.3文件控制"的"质量管理体系所要求的文件应予以控制。"和"7.3设计和开发"的有关规定。

任务一 ISO9000 质量管理体系认证的原理

1. ISO9000 产生的基础

ISO是国际标准化组织的英语简称、其全称为"International Organization for Standardization"，是世界最大的国际标准化组织。

ISO9000系列标准是ISO所制订的关于质量管理和质量保证的一系列国际标准。它是在总结各个国家在质量管理与质量保证的成功经验的基础上产生的。经历了由军用到民用，由行业标准到国家标准，进而发展到国际标准的发展过程。

9000族标准不是一个标准，而是一系列标准的总称。它包括四个核心（ISO9000、ISO9001、ISO9004、ISO19011）、一个支持性标准（ISO10012）、若干个技术报告和宣传队小册子。

ISO9000：1987《质量管理和质量保证标准——选择和使用指南》；

ISO9001：1987《质量体系——设计/开发、生产、安全和服务的质量保证模式》；

ISO9002：1987《质量体系——生产和安装的质量保证模式》；

ISO9003：1987《质量体系——最终检验和试验的质量保证模式》；

ISO9004：1987《质量管理和质量体系要素——指南》。

2. ISO9000 族标准的原理

ISO9000是应用全面质量管理理论对具体组织制订的一系列质量管理标准，全面质量管理"以顾客为中心、领导的作用、全员参与、过程的方法、系统管理、持续改进、基于事实决策"的八项质量管理原则是其理论基础。ISO9000体系建立和实施的过程就是把组织的质量管理进行标准化的过程，组织通过实施标准化管理，使质量管理原则在组织运行的各个方面得到全面体现，就能使组织生产的产品及其服务质量得到保证，消费者就能够充分信赖。

ISO9000 族标准主要从以下四个方面对质量进行规范管理。

（1）机构。标准明确规定了为保证产品质量而必须建立的管理机构及其职责权限。

（2）程序。企业组织产品生产必须制订规章制度、技术标准、质量手册、质量体系操作检查程序，并使之文件化、档案化。

（3）过程。质量控制是对生产的全部过程加以控制，是面的控制，不是点的控制。从根据市场调研确定产品、设计产品、采购原料，到生产检验、包装、储运，其全过程按程序要求控制质量，并要求过程具有标识性、监督性、可追溯性。控制过程的出发点是预防不合格。

（4）总结。不断地总结、评价质量体系，不断地改进质量体系，使质量管理呈螺旋式上升。

任务二　企业推行 ISO9000 系列标准的意义

ISO9000 系列标准是在总结世界经济发达国家的质量管理实践经验的基础上制订的通用性和指导性的国际标准，企业建立和实施 ISO9000 系列标准，具有重要的作用和意义。

1. 有利于提高产品质量，保护消费者利益

消费者在购买或使用产品时，一般都很难在技术上对产品加以鉴别。当产品技术规范本身不完善或组织质量管理体系不健全时，组织就无法保证持续提供满足要求的产品。如果组织按 ISO9000 系列标准建立质量管理体系，通过体系的有效应用，促进组织持续改进产品和过程，实现产品质量的稳定和提高，就是对消费者利益的一种最有效的保护。

2. 有利于增进国际贸易，消除技术壁垒

ISO9000 系列标准为国际经济技术合作提供了国际通用的共同语言和准则，组织建立和实施 ISO9000 体系，取得质量管理体系认证，才能参与国内和国际贸易、增强竞争能力。另外，世界各国同时实施 ISO9000 系列标准，对消除技术壁垒、排除贸易障碍、促进国际经济贸易活动也起到十分积极的作用。

3. 为提高组织的运作能力提供了有效的方法

ISO9000 系列标准鼓励组织建立、实施和改进质量管理体系时采用过程方法，通过识别和管理众多相互关联的过程，以及对这些过程进行系统的管理和连续的监视与控制，以得到顾客能接受的产品。此外，质量管理体系提供了持续改进的框架，增加顾客和其他相关方满意的机会。因此，ISO9000 系列标准为有效提高组织的运作能力和增强市场竞争能力提供了有效的方法。

4. 有利于组织的持续改进和持续满足顾客的需求和期望

顾客的需求、期望是不断变化的，这就促使组织要持续地改进产品和过程。ISO9000 系列标准为组织持续改进其产品和过程提供了一条有效途径。标准将质量管理体系要求和产品要求区分开来，不是将质量管理体系要求取代产品要求，而是把质量管理体系要求作为对产品要求的补充，有利于组织的持续改进和持续满足顾客的需求和期望。

5. 有利于国际间的经济合作和技术交流

按照国际间经济合作和技术交流的惯例,合作双方必须在产品(包括服务)品质方面有共同的语言、统一的认识和共守的规范,方能进行合作与交流。ISO9000 体系认证正好提供了这样的信任,有利于双方迅速达成协议。

任务三 质量管理体系的建立和实施

贯彻 ISO9000 标准,是企业走向国际市场的需要,也是企业建立和完善质量体系的需要。在实施质量保证模式标准时,不同的企业可根据情况,采用不同的步骤和方法。从已有的经验来看,质量保证体系的建立和实施一般包括质量体系的确立、质量体系文件的编制、质量体系的实施运行和质量体系认证注册 4 个阶段。

1. 质量体系的确立

(1)领导决策、统一认识建立和实施质量体系的关键是企业领导的重视和直接参与。只有领导层统一了思想,下定决心并作出正确决策,才能使企业通过贯标建立起有效的质量体系。

(2)组织落实、成立贯标小组

作出决策后,就要制订政策,选择合适的人员组成贯标小组。

(3)培训、制订工作计划

首先要对贯标小组成员进行培训,在此基础上,有计划地对各级领导、管理人员、技术人员或具体操作人员进行必要的培训,提高每个职工的质量意识,了解建立和实施质量体系的重要意义。

ISO9000 标准是现代质量管理和质量保证的结晶,要真正领会这套标准并付诸实施,就必须制订全面而周密的实施计划。制订计划时,应明确目标,控制进程,突出重点。

(4)制订质量方针、确立质量目标

质量方针是企业进行质量管理,建立和实施质量体系,开展各项质量活动的根本准则。制订质量方针时,应根据企业的具体情况、发展趋势和市场形势研究确定,制订出具有特色、生动具体的质量方针。确定质量方针后,应制订有关产品质量、工作质量、质量保证和质量体系等方面的质量目标。

(5)调查现状、找出薄弱环节

只有充分了解企业的现状,认识到存在的问题,才能建立适合企业需要的有效的质量体系。必须明确:企业当前存在的主要问题就是今后建立质量体系时要重点解决的内容。

广泛调查本企业产品质量形成过程中各阶段、各环节的质量现状,存在的问题,各部门所承担的质量职责及完成情况,相互之间的协调关系及不协调情况。

收集有关质量体系的标准文件或有关资料以及在以往合同中需方所提的一些要求。

收集同行中通过质量体系认证企业的资料。

收集本企业应遵循的法律、规定,以及与国际贸易有关的规定、协定、准则和惯例等。

(6)与模式标准对比分析、合理剪裁

将调查结果与所选的模式标准进行逐条、逐项的对比分析,从而确定企业所需要的质量体系要素及采用程度。

(7)进行职能分配、确定资源配置

职能分配是指将所选择的质量体系要素分解成具体的质量活动,并将完成这些质量活动的相关职责和权限分配到各职能部门。职能分配的通常做法是:一个职能部门可以负责或参与多项质量活动,但绝不应让多个职能部门共同负责一项质量活动。

资源是质量体系的重要组成部分,企业应根据设计、开发、检验等活动的需要积极引进先进的技术设备,提高设计、工艺水平,确保产品质量满足顾客的需要同时,还要对涉及的软件和人员进行适当的调配和充实。

2.质量体系文件的编制

质量体系文件是企业开展质量管理和质量保证的基础,是质量体系审核和质量体系认证的主要依据。质量体系文件必须具有系统性、协调性、科学性和可操作性。质量体系文件由四部分组成:质量手册、质量体系程序、质量计划和质量记录。四部分文件的关系见表7.1。

表7.1 质量体系文件的文件种类

层次	文件类型	文件名称
1	纲领性文件	质量手册
2	支持性文件	质量责任制度、通过技术与管理标准或规范
3	可操作性文件	质量计划、专用技术、管理与工作标准或规范
4	见证性文件	质量活动原始记录、统计报表等质量记录

(1)质量手册的编制

质量手册是企业开展质量活动的纲领性文件,是企业建立、实施和保持质量体系应长期遵循的文件。企业的质量手册至少包括以下内容:质量方针;对质量有影响的相关人员的职责、权限和相互关系;质量体系程序和说明;有关质量手册本身的信息(手册的修改、评审和控制的规定)。

(2)质量体系程序的编制

质量体系程序是质量体系文件的重要组成部分,上接质量手册,下接作业文件。编制质量体系程序的最佳办法就是对企业现有文件和规章制度进行整理,然后对所选的质量保证模式标准的要求加以修订和补充。

每个质量体系程序应包括下列内容:程序目的和范围,应做什么,由谁来做,何时、何地以及如何去做,应使用什么材料,设备的文件,以及如何进行控制和记录。

(3)质量计划的编制

质量计划是针对特定的产品、项目和合同，规定专门的质量措施、资源和活动顺序的文件。当企业已建立了文件化的质量体系，在编制计划时就可根据需要，对质量手册和质量体系程序中包含的大多数通用文件进行选择、采用或补充。

当企业尚未确定明确的质量体系时，质量计划可作为一套独立的文件，对企业的质量管理和质量保证作出具体要求和规定。

（4）质量记录的编制

质量记录是为已完成的活动或达到的结果提供客观证据的文件。

产品记录可反映产品质量形成过程的真实状况，为正确、有效地控制和评价产品质量提供客观证据。质量体系记录将如实地记录企业质量体系中每一要素、过程和活动的运行状态和结果，为评价质量体系的有效性，进一步健全质量体系提供依据。质量记录应具有系统性，以完整地反映企业的产品质量情况和质量体系运行情况；质量记录应具有可溯性；质量记录应满足企业内、外部质量保证的要求；质量记录的内容要真实、准确、可靠；质量记录应便于管理。

3. 质量体系的实施运行

质量体系的实施运行实质上是指执行质量体系文件并达到预期目标的过程，其根本问题就是把质量体系中规定的职能和要求，按部门、按专业、按岗位加以落实，并严格执行。企业可以通过全员培训、组织协调、内部审核和管理评审来达到这一目的。

（1）全员培训

在质量体系的运行阶段，首先要对全体员工进行培训，使其都了解各自的工作要求和行为准则。通过培训，在思想上认识到：建立新的质量体系是为了适应国际贸易发展的需要，是提高企业竞争能力的需要；新的质量体系是对过去质量体系的变革；无论设想多么好，经过实践都可能出现变化。

（2）组织协调

组织协调主要解决质量体系在运行过程中出现的问题。新建立的质量体系在全面实施运行之前可试运行。对于发现的问题，要及时研究解决，并对程序文件和质量手册中的内容作出相应的修改。质量体系的运行是动态的，而且涉及企业各个部门的各项活动，相互交织，因此协调工作就显得尤为重要。

（3）内部审核和管理评审

内部审核和管理评审是质量保证模式的重要内容，是质量体系运行的关键环节。也是保证质量体系有效运行的重要措施和手段。内部审核是指由企业自己来确定质量活动及其有关结果是否符合计划安排，以及这些安排是否有效并适合于达到目标的有系统的独立的审查。其中心内容是：审核质量体系程序是否与质量手册相协调；审核是否执行了文件中的有关规定；审核是否按规定要求、自身要求和环境条件变化需要改进所进行的综合评价。管理评审由企业最高管理者主持定期进行。

4. 质量体系认证注册

①认证的申请:申请认证的条件:申请方持有法律地位证明文件;申请方建立、实施和保持了文件化的质量体系。

②认证申请的提出:申请方应根据自身的需要和产品特点确定:申请认证的质量体系所覆盖的产品范围;申请质量体系认证所采用的质量保证模式。向质量体系认证机构正式提出申请后,要按要求填写申请书,提交所需的附件。

③认证申请的受理和合同的签订:认证机构收到正式申请后,经审查若符合规定的申请要求,决定受理申请,并发出"受理申请通知书",签订认证合同。

④建立审核组:在签订认证合同后,认证机构应建立审核组,审核组名单和审核计划一起向受审核方提供,由受审核方确定。审核组一般由 2-4 人组成,其正式成员必须是注册审核员,其中至少有 1 名熟悉申请方生产技术特点的成员。对于审核的组成人员,若申请方认为会与本单位构成利害冲突时,可要求认证机构作出更换。

⑤质量体系文件的审查:质量体系文件审查的主要对象是申请方的质量手册及其他说明质量体系的材料,审查的内容包括:了解申请方的基本情况。企业的产品及生产特点、人员、设备、检验手段,以往质量保证能力的业绩等。

⑥现场审核:

a. 现场审核的准备:确定现场审核的日期;制定审核计划,并征求受审核方意见;根据质量体系特点,编制现场检查表,明确检杏项目与检查方法。

b. 现场审核:现场审核的目的是通过查证质量手册的实际执行情况,对质量体系运行的有效性作出评价,判定是否真正具有满足相应质量保证模式标准的能力。

任务四 ISO9000 质量体系认证的实施程序

1. 认证的申请

申请认证的条件:申请方持有法律地位证明文件;申请方建立、实施和保持了文件化的质量体系。

2. 认证申请的提出

申请方应根据自身的需要和产品特点确定:申请认证的质量体系所覆盖的产品范围;申请质量体系认证所采用的质量保证模式。向质量体系认证机构正式提出申请后,要按要求填写申请书,提交所需的附件。申请书的附件是指说明申请方质量体系状况的文件。包括以下几个方面:覆盖所申请认证质量体系的质量手册;申请认证质量体系所覆盖的产品名录;申请方的基本情况。

3. 认证申请的受理和合同的签订

认证机构收到正式申请后,经审查若符合规定的申请要求,决定受理申请,并发出"受理申请通知书",签订认证合同。

4. 建立审核组

在签订认证合同后,认证机构应建立审核组,审核组名单和审核计划一起向受审核方提供,由受审核方确定。审核组一般由 2~4 人组成,其正式成员必须是注册审核员,其中至少有 1 名熟悉申请方生产技术特点的成员。对于审核的组成人员,若申请方认为会与本单位构成利害冲突时,可要求认证机构作出更换。

5. 质量体系文件的审查

在现场审核前应评审受审核方的文件,以确定文件所述的体系与审核准则的符合性。文件包括管理体系的相关文件和记录及以前的审核报告。评审应当考虑组织的规模、性质和复杂程度,以及审核的目的和范围。在有些情况下,如果不影响审核实施的有效性,文件评审可以推迟至现场活动开始时。在其他情况下,为取得对可获得信息的适当的总体了解,可以进行现场初访。

初访是审核组与受审核方之间的第一次直接沟通。初访并不是审核的必备活动。初访的主要目的是进一步了解受审核方的一些基本情况,如受审核方的规模、组织结构、现场分布,以及生产流程、产品范围和涉及的法规、保密要求等,以便为实施下一阶段现场审核做好准备。

如果发现文件不适宜、不充分,审核组长应通知审核委托方和负责管理审核方案的人员以及受审核方,决定审核是否继续进行或暂停,直至有关文件的问题得到解决。

(1) 文件评审的目的

文件评审是下一阶段现场审核的基础和前提,通过文件评审了解受审核方质量管理体系的情况,以便为现场审核做准备。通过文件评审,全团了解受审核方质量管理体系文件是否符合质量管理体系标准及其他审核准则的要求。

(2) 文件评审的内容

质量手册的评审重点是确定其是否包括下列内容:质量管理体系的范围,包括对标准任何删减的说明;为质量管理体系编制的程序文件或对其的引用;质量管理体系过程之间相互作用的描述。文件评审一般由审核组长进行,或由审核组长指定的审核员进行。

6. 现场审核的准备

① 编制审核计划

审核组长应当编制一份审核计划,为审核委托方、审核方和受审核方之间就审核的实施达成一致提供依据。审核计划应当便于审核活动的日程安排和协调。

审核计划的详细程度应当反映审核的范围和复杂程度。例如,对于初次审核和监督审核以及内部和外部审核,内容的详细程度可以有所不同。审核计划应当有充分的灵活性,也允许更改,如随着现场审核活动的进展,审核范围的更改可能是必要的。

审核计划应当包括:a. 审核目的;b. 审核准则和引用文件;c. 审核范围,包括确定受审核的组织单元和职能的单元及过程;d. 进行现场审核活动的日期和地点;e. 现场审核活动预期的时间和期限,包括与受审核方管理层的会议及审核组会议;f.审核组成员和向导的作用和职责;g.向审核的关键区域配置适当的资源。

②审核组工作分配

审核组长应当与审核组协商,将具体的过程、职能、场所、区域或活动的审核职责分配给审核组每位成员。审核组工作的分配应当考虑审核员的独立性和能力的需要、资源的有效利用,以及审核员、实习审核员和技术专家的不同作用和职责。为确保实现审核目的,可随着审核的进展调整所分配的工作。

③准备工作文件

审核组成员应当评审与其所承担的审核工作有关的信息,并准备必要的工作文件,用于审核过程的参考和记录。这些工作文件可以包括:a.检查表和审核抽样计划;b.记录信息(如检查记录,审核发现和会议的记录)的表格。

7.现场审核

(1)现场审核的准备:确定现场审核的日期;制订审核计划,并征求受审核方意见;根据质量体系特点,编制现场检查表,明确检查项目与检查方法。

(2)现场审核:现场审核的目的是通过查证质量手册的实际执行情况,对质量体系运行的有效性作出评价,判定是否真正具有满足相应质量保证模式标准的能力。现场审核的程序如下:

首次会议:向受审核方介绍审核组成员;确认审核目的、范围和依据文件;简要介绍审核的方法和程序。

现场检查:审核组按事先编制的检查表所制订的检查项目,并根据现场情况适当调整后,对受审核方质量体系的具体建立情况和实际运行有效性进行深入细致的检查取证和评价的过程。检查取证的方法:第一,面谈。通过面谈,调查有关人员履行所承担质量职责、从事相应质量有关活动的能力。第二,查阅文件和记录。第三,观察。通过对工作现场和活动的观察,了解质量控制措施的执行情况及有效性。

不合格的报告:对于现场检查过程中发现的不合格,审核组将向受审核方提交书面的不合格报告,并需取得受审核方的签字确认。

不合格的原因:质量体系文件与选定的质量体系标准或法规、合同的要求不符;未执行质量体系文件的规定或实际执行不符合质量体系文件的规定;虽按文件规定执行,但缺乏有效性。

内部评定:由审核组全体成员研究检查情况,对检查结果进行评定,作出审核结论。审核结论有三种:第一,建议通过认证。第二,要求进行复审。要求对发现的不合格的纠正措施效果进行现场复审,证实对不合格项已采取了适当的纠正措施后,再建议通过认证。第三,要求进行重审。这实际上表示本次审核不能通过,若想通过认证,尚需重新接受一次全面的质量体系审核。

末次会议:审核组完成内部审核后,与受审核方举行末次会议,报告审核过程总体情况、发现的不合格项、审核结论、现场审核结束后的有关安排等。

提出审核报告:审核报告是现场审核结果的证明文件,由审核组编写,经组长签署后,报认证机构。

8. 注册和发证

认证机构对审核组提出的报告进行全面的审查,若批准通过认证,由认证机构颁发质量体系认证证书并予以注册。

知识拓展

ISO标准在中国的发展

1987年3月ISO9000系列标准正式发布以后,我国在原国家标准局部署下组成"全国质量保证标准化特别工作组"。1988年12月,我国正式发布了等效采用ISO9000标准的GB/T10300《质量管理体系和质量保证》系列国家标准,并于1989年8月1日全国实施。

1992年5月,我国决定等同采用ISO9000系列标准,制订并发布了GB/190000-1992idt9000:1987系列标准,1994年又发布了1994年版的GB/T19000idtISO9000族标准。我国对口ISO/TC176技术委员会的全国质量管理和质量保证标准化技术委员会(以下简称CS-BTS/TC151)是ISO的正式成员,参与了有关国际标准的国际指南的定向工作,在国际标准化组织中发挥了十分积极的作用。CSBTS/TC151承担着将ISO9000族标准转化为我国国家标准的任务,对2000年版ISO9000标准族在我国的顺利转换起到了十分关键的作用。

从ISO9000族标准的1994年版开始,国家质量技术监督局就已经将ISO9000族标准等同采用为中国的国家标准,以ISO9000:2000版和ISO9000:2008年版为为例,其标准编号与ISO标准的对应关系分别为:GB/T19000-2000《质量管理体系——基础和术语》(idtISO9000:2000);GB/T19000-2000《质量管理体系——要求》(idtISO9000:2000);GB/T19011-2000《质量和(或)环境管理体系审核计划》GB/T19011-2000。

2008年,国家标准化管理委员会发布了《中华人民共和国国家标准批准发布公告2008年第21号(总第134号)》正式公布了GB/T19011-2008标准。该标准于2008年12月30日修订完成,自2009年3月1日起实施。2009年2月12日,国家认证认可监督委员会发出了《关于做好GB/T19001标准换版工作有关问题的通知》。现在最新发布了ISO9000:2008版标准编号与ISO标准的对应关系为:GB/T19000-2005《质量管理体系基础和术语》(idtISO9000:2000);GB/T19000-2008《质量管理体系要求》(idtISO9000:2000);GB/T19011-2003《质量和(或)环境管理体系审核计划》GB/T19011-2002。

◆ **讨论**

1. 假如你是企业的内审员,建立和实施ISO9000质量管理体系需要经历哪几个阶段?
2. 假如你是ISO9000质量管理体系审核员,对某企业进行认证时,需要检查哪些方面?

项目三　食品安全管理体系认证

◆ **基础理论和知识**

1. 了解 GMP、SSOP、ISO22000 的概念和主要内容。
2. 了解 HACCP 的概念和七个基本原理。

◆ **基本技能及要求**

了解企业制订和实施 GMP、SSOP 的程序和措施。

◆ **学习重点**

如何进行危害和关键控制点分析。

◆ **学习难点**

如何在企业有效建立食品安全管理体系。

◆ **导入案例**

GMP 的产生

20 世纪 50 年代后期，德国一家制药厂生产了一种镇静药——反映停(Thalidomide，又称沙利度胺、肽咪哌啶酮)，其作用是治疗妇女的妊娠反映。据说它能在妊娠期控制精神紧张，防止孕妇恶心，并且有安眠作用。该药出售后的 6 年间，先后在德国、澳大利亚、加拿大、日本等 28 个国家发现畸形胎儿 12000 余例，其症状为：新生儿形似海豹，无肢或短肢，肢间有蹼，心脏发育不全，呈严重的先天性畸形，被称为"海豹婴儿"。这是一场空前的灾难，上万个家庭从此陷入痛苦的深渊。

这场灾难的罪魁祸首正是"反映停"，由于该药品在正式投产前未经过严格的临床药理试验，导致其不良反映被隐藏下来，种下祸根。

"反映停"事件是一次惨痛的教训。据资料记载，人类社会先后经历过 12 次较大的药物灾难，而"反映停"事件被称为"二十世纪最大的药物灾难"。此次事件的严重后果在公众中引起不安，人们终于开始认识到药品监督管理的重要性。一些国家的政府部门不得不加强对上市药品的管理，相继制订法规来强化药品监督。

1963 年，世界上第一部 GMP 在美国诞生。

1967 年，世界卫生组织(WHO)在出版的《国际药典》附录中将"GMP"收载其中。1969 年第 22 届世界卫生大会上，WHO 建议各成员国的药品生产采用 GMP 制度。1974 年，日本政府颁布 GMP；此后，英国等大多数欧洲国家陆续开始实施 GMP。

20 世纪 70 年代末，随着对外开放和出口药品的需要，我国逐步开始引入了 GMP 的理念，80 年代中期，GMP 开始引入到我国的食品行业。

任务一　HACCP 体系认证

1. HACCP 体系的定义和特点

（1）HACCP 的起源与发展

HACCP 是英文 Hazard Analysis and Critical Control Point 的缩写，意思是危害分析与关键控制点，它是控制食品安全经济而有效的管理体系。

1959 年美国皮尔斯柏利（Pillsbury）公司与美国航空和航天局（NASA）纳蒂克（Natick）实验室在联合开发航天食品时形成 HACCP 食品质量管理体系。太空实验室人员需要安全、卫生的食品，而传统的品质控制（QC）手段并不能完全确保产品的安全，而且需要对产品进行大量的破坏性检测试验，这种方法使最终仅有少量的产品符合要求。皮尔斯柏利公司检查了 NASA 的"无缺陷计划"（zero-defect program），发现这种非破坏性检测系统总的来说是合适的，但这种非破坏性检验并没有直接针对食品与食品成分，可以将其延伸到整个生产过程（从原材料和工厂环境开始至生产过程和产品消费）的控制。皮尔斯柏利公司因此提出新的概念 HACCP，专门用于控制生产过程中可能出现危害的位置或加工点，而这个生产过程应该包括原材料生产、贮运过程直至食品消费。HACCP 被纳蒂克实验室采用及修改后，用于太空食品生产。1971 年，皮尔斯柏利公司在美国食品保护会议（national conference on food protection）上首次提出 HACCP，几年后美国食品与药物管理局（FDA）采纳并用作为酸性与低酸性罐头食品法规的制订基础，标识着 HACCP 在美国正式应用于食品行业。

美国是最早应用 HACCP 原理的国家，并在食品加工制造中强制性实施 HACCP 的监督与立法工作。美国食品安全检验处 1989 年 10 月发布《食品生产的 HACCP 原理》；于 1991 年 4 月提出《HACCP 评价程序》；于 1994 年 3 月公布了《冷冻食品 HACCP 一般规则》。1994 年 8 月 4 日，FDA 公布用于食品安全保证措施《用于食品工业的 HACCP 进展》，同时组织有关企业进行一项 HACCP 推广应用的计划，以使 HACCP 的应用扩大到其他食品企业。

我国从 1990 年起，国家进出口商品检验局科学技术委员食品专业技术委员会开始进行食品加工业应用 HACCP 的研究，制订了"在出口食品生产中建立 HACCP 质量管理体系"导则及一些在食品加工方面的 HACCP 体系的具体实施方案，在全国开始引起讨论。1991 年，卫生部食品卫生监督检验所等单位开始对乳制品、熟肉及饮料三类食品的生产实施 HACCP 监督管理的课题进行研究，但对如何执行 HACCP、保证食品产品的安全问题，与国外相比，我们的研究及经验总结仍然缺乏，除个别海产品出口企业被迫不得不执行 HACCP 外，HACCP 概念、原理、应用等问题仍未引起食品生产厂甚至是管理部门的重视，这种状况不利于我国对外贸易的发展。因此，在食品工程领域中加强宣传、掌握和应用 HACCP 已是一个不可回避的现实问题。

HACCP 确保食品在消费的生产、加工、制造、准备和食用等过程中的安全，在危害识别、评价和控制方面是一种科学、合理和系统的方法。识别食品生产过程中可能发生的环节并采取适当的控制措施防止危害的发生。通过对加工过程的每一步进行监视和控制，从而降低危害发生的概率。

国际标准 CAC/RCP-1《食品卫生通则 1997 修订 3 版》对 HACCP 的定义为：鉴别、评价和控制对食品安全至关重要的危害的一种体系。

在 HACCP 管理体系原则指导下，食品安全被融入设计的过程中，而不是传统意义上的最终产品检测。

（2）HACCP 体系的特点

①针对性。针对性强，主要针对食品的安全卫生，是为了保证食品生产系统中任何可能出现的危害或使有危害的地方得到控制。

②预防性。是一种用于保护食品防止生物、化学和物理危害的管理工具，它强调企业自身在生产全过程的控制作用，而不是最终的产品检测或者是政府部门的监管作用。

③经济性。设立关键控制点控制食品的安全卫生，降低了食品安全卫生的检测成本，同以往的食品安全控制体系比较，具有较高的经济效益和社会效益。

④实用性。已被世界各国的官方所接受，并被用来强制执行；同时，也被联合国粮农组织和世界卫生组织联合食品法典委员会认同。

⑤动态性。HACCP 中的关键控制点随产品、生产条件等因素改变而改变，企业如果出现设备、检测仪器、人员等的变化，都可能导致 HACCP 计划的改变。HACCP 是一个预防体系，但绝不是一个零风险体系。

（3）HACCP 体系的优点

HACCP 体系的最大优点在于它是一种系统性强、结构完整、实用性强而效益显著的以预防为主的食品质量保证方法。可以为食品提供更多的安全性和可靠性，并且比大量抽样检查的运行费用少得多。HACCP 具有如下优点：

①在出现问题前就可以采取纠正措施，因而是积极主动的控制；

②通过易于监控的特性来实施控制，可操作性强、迅速；

③只要需要就能采取及时的纠正措施，迅速进行控制；

④与依靠化学分析微生物检验进行控制相比，费用低廉；

⑤由参与食品加工和管理的人员控制生产操作；

⑥关注关键点，使每批产品采取更多的保证措施，工厂重视工艺改进，降低产品损耗；

⑦HACCP 能用于潜在危害的预告，通过监测结果的趋向来预告；

⑧HACCP 涉及与产品安全性有关的各个层次的职工，做到全员参与。

（4）HACCP 体系的重要性

近年来，随着全世界人们对食品安全卫生的日益关注，食品工业和其消费者已经成为企业申请 HACCP 体系认证的主要推动力。世界范围内食物中毒事件的显著增加激发了经济秩序和食品卫生意识的提高，在美同、英国、澳大利亚和加拿大等国家，越来越多的法规和消费者要求将 HACCP 体系的要求变为市场的准入要求。一些组织，例如美国国家科学院、国家微生物食品标准顾问委员会以及 WHO/FAO 营养法委员会，一致认为 HACCP 是保障食品安全最有效的管理体系。在食品的生产过程中，控制潜在危害的先期觉察决定了 HACCP 的重要性。通过对主要的食品危害，如微生物、化学和物理污染的控制，食品企业可以更好地向消费者提供消费方面的安全保证，降低食品生产过程中的危害，从而提高人民的健康水平。实施 HACCP 体系有以下优越性：

①强调识别并预防食品污染的风险，克服食品安全控制方面传统方法（通过检测，而不是预防食物安全问题）的限制，有完整的科学依据；

②由于保存了公司符合食品安全法的长时间记录，而不是在某一天的符合程度，使政府部门的调查员效率更高，结果更增效，有助于法规方面的权威人士开展调查工作；

③使可能的、合理的潜在危害得到识别，即使是以前未经历过类似的失效问题，对新操作工有特殊的用处；

④有更充分地允许变化的弹性，例如，在设备设计方面的改进，在与产品相关的加工程序和技术开发方面的提高等；

⑤与质量管理体系更能协调一致；有助于提高食品企业在全球市场上的竞争力，提高食品安全的信誉度，促进贸易发展。

需要指出的是 HACCP 不是一个单独运作的系统。在美国的食品安全体系中，HACCP 是建立在 GMPs 和 SSOPs 基础之上的，并与之构成一个完备的食品安全体系。HACCP 更重视食品企业经营活动的各个环节的分析和控制，使之与食品安全相关联。例如从经营活动之初的原料采购、运输到原料产品的储藏，到生产加工与返工和再加工、包装、仓库储放，到最后成品的交货和运输，整个经营过程中的每个环节都要经过物理、化学和生物三个方面的危害分析，并制订关键控制点。危害分析与关键点控制，涉及企业生产活动的各个方面，如采购与销售、仓储运输、生产、质量检验等，为的是在经营活动可能产生的各个环节保障食品的安全。另外 HACCP 还要求企业有一套召回机制，由企业的管理层组成一个小组，必须要有相关人员担任总协调员（HACCP Coordinator）对可能的问题产品实施紧急召回，最大限度保护消费者的利益。

2. HACCP 体系基本术语

FAO/WHO 食品法典委员会（CAC）在法典指南，即《HACCP 体系及其应用准则》中规定的基本术语及其定义有：

(1)控制（control，动词）。采取一切必要措施，确保利维护与 HACCP 计划所制订的安全指标一致。

(2)控制（control，名词）。遵循正确的方法和达到安全指标的状态。

(3)控制措施（control measure）。用以防止或消除食品安全危害或将其降低到可接受的水平所采取的任何措施和活动。

(4)纠正措施（corrective action）。针对关键控制点（CP）的监测结果显示失控时所采取的措施。

（5）控制点（CP）。是指能用生物的、化学的、物理的因素实施控制的任何点、步骤或过程。

（6）关键制点（critical control point）。可运用控制措施，并有效防止或消除食品安全危害或降低到可接受水平的步骤或工序。

（7）关键控限值（critical limit）。将可接受水平与不可接受水平区分开的判定指标，是关键控制点的预防性措施必须达到的标准。

（8）偏差（deviation）。不符合关键限值标准。

（9）流程图（flow diagram）。生产或制作特定食品所用操作顺序的系统表达。

（10）CCP判断树（CCP decision tree）。用来确定一个控制点是否是CCP的问题次序。

（11）前提计划（preliminary plans）。包括GMPs，为HACCP计划提供基础的操作条件。

（12）危害分析与关键控制点计划（HACCP plan）。根据HACCP原理所制订的文件，系统的、必须遵守的工艺程序，能确保食品链各考虑环节中对食品有显著意义的危害予以控制。

（13）危害（hazard）。会产生潜在的对人体健康危害的生物、化学或物理因素或状态。

（14）危害分析（hazard analysis）。收集和评估导致危害和危害条件的过程，以便决定哪些对食品安全有显著意义，从而应被列入HACCP计划中。

（15）监控（monitor）。为了确定CCP是否处于控制之中，对所实施的一系列预定控制参数所作的观察或测量进行评估。

（16）步骤（step）。食品链中某个点、程序、操作或阶段，包括原材料及从初级生产到最终消费。

（17）证实（validation）。获得证据，证明HACCP计划的各要素是有效的过程。

（18）验证（verification）。除监控外，用以确定是否符合HACCP计划所采用的方法、程序、测试和其他评估方法。

3. HACCP体系的基本原理

HACCP是对食品加工、运输以至销售整个过程中的各种危害进行分析和控制，从而保证食品达到安全水平。它是一个系统的、连续性的食品卫生预防和控制方法。以HACCP为基础的食品安全体系，是以HACCP的七个原理为基础的。HACCP理论是在不断发展和完善的。

1999年食品法典委员会（CAC）在《食品卫生通则》附录《危害分析和关键控制点（HACCP）体系应用准则》中，将HACCP的7个原理确定为：

（1）原理1：危害分析（Hazard Anaylsis，HA）

危害分析与预防控制措施是HACCP原理的基础，也是建立HACCP计划的第一步。企业应根据所掌握的食品中存在的危害以及控制方法，结合工艺特点，进行详细的分析。

危害分析（HA）的目的：

①对不同操作方法和控制要求的每一个生产过程作出评价;

②为确定对食品安全有重要意义的操作步骤提供依据;

③促使重新进行产品配方调整或中止加工过程,确保食品卫生控制措施得以实施。

危害因素的种类:

①产品是否包括微生物的敏感成分;

②加工中是否有有效杀灭有害微生物的步骤;

③是否存在加工后微生物及其毒素污染的危险;

④批发和消费过程中是否有不良卫生习惯造成危害的可能性;

⑤是否在包装后或消费者食用前不进行最后的加热处理。

危害分析的过程:

危害分析中最基本的着眼点是微生物的消长动态及与微生物有关的客观条件。危害特性可按食品的原料、加工和流通(储、运、销)过程进行分析,如存在危害因素用(+)表示、不存在危险因素用0表示。

①在原料中有容易腐败变质成分的用(+)表示,无容易腐败变质成分的用0表示。

②在加工中有无可靠的杀灭有害微生物的过程,没有用(+)表示,有用0表示。

③在贮存、运输、销售及最终食用等流通过程中,有无微生物繁殖和污染的可能性,有此可能用(+)表示,没有用0表示。

这样每种食品经过上述3个方面的危害特性分析,就可以得到3个各自表示不同过程中是否存在危害特性的产品。如"(+)(+)(+)"表示三个环节均具有一般危害特性的产品;"0(+)(+)"表示产品没有易腐性原料存在;"(+)0(+)"表示产品在加工中有有效灭菌过程;"000"表示没有微生物危害特性的产品。

(2)原理2:确定关键控制点(Critical Control Point,CCP)

关键控制点是食品安全危害能被有效控制的每个点、步骤或工序。通过关键控制点来预防危害、消除危害及将危害降低到可接受的水平。需要注意的是,尽管每个显著危害都必须加以控制,但是不是每个引入或产生危害的点都是关键控制点,有些控制点可以通过前提计划来控制,如使用GMP和SSOP来控制。关键控制点需要借助于判断树来确定。实际操作中,应根据危害的风险性和严重性仔细地圈定关键控制点。关键控制点必须满足两层意思:一是这个点在某个食品生产过程中,能对生物、化学或物理的危害起到控制作用;二是这一个点失控将导致不可接受的健康危险,或者说是这个显著危害只有在这一个点才能控制而以后无法控制。

关键控制点的确定:HACCP体系关键控制点是通过判断树确定的,判断树由四个连续的问题组成,见图7.3。

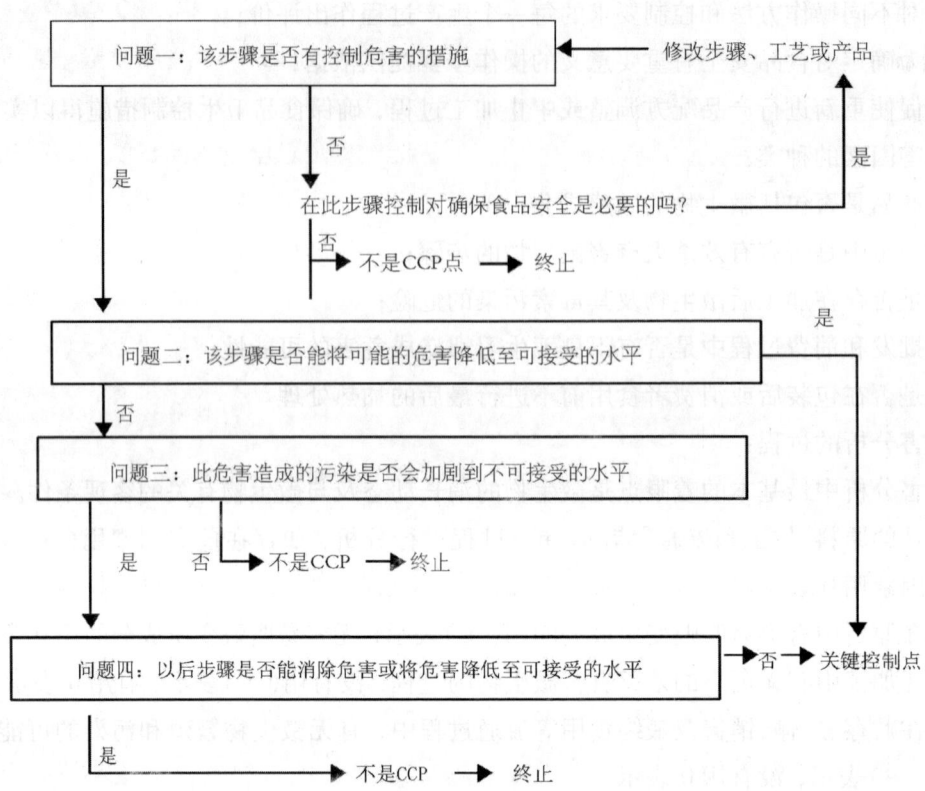

图 7.3 判断树确定关键控制点流程

问题一，针对已辨明的危害，在本步骤或随后的步骤中是否有相应的预防措施？

如果回答"是"，则继续回答问题二。如果回答"否"，则回答是否必须在此步骤控制该危害，回答"是"，则说明此步骤不足以控制此危害，企业必须重新调整加工方法改进产品设计，使之包含对显著危害的预防措施；回答"否"，则此步骤不是关键控制点。

问题二，此步骤能将发生显著危害的可能性消除或降低到可接受的水平吗？

回答"是"，还需要进一步考虑是否最佳，如果是最佳时，则是关键控制点；回答"否"，则不是关键控制点，继续回答问题三。

问题三，已确认的危害在此步骤是否超过可接受的水平或增加到不可接受水平？

回答"否"，则不是关键控制点；如果回答"是"，请继续回答问题四。

问题四，下一步或后续工序能消除危害或将危害降低到可接受的水平吗？

回答"否"，此步骤是关键控制点；如果回答"是"，则下一步或后续步骤是关键控制点。

另外，一个关键控制点可能控制多个危害，如加热可以消灭致病性细菌以及寄生虫、病毒等；冷冻冷藏可以防止或抑制致病性微生物生长繁殖和生成组胺；相反，有些危害则需要多个关键控制点来控制，如食品加工过程中的清洗、过滤、灭菌以及无菌包装等多个控制点来控制生物性危害。应当引起注意的是危害的引入点未必是危害的控制点。

应用 CCP 判断树应该注意的是：

①小组成员必须尽可能找出每个点的危害源，如时间与温度等参数的不适宜；工艺设备缺陷；生产环境、产品、人员交叉污染；设备积滞物的污染以及所有污染源累加后的污染等，这样才能准确判定"是"与"否"，如果判定错误，则整个 HACCP 方案将对食品安全不起作用，甚至起反作用。

②在确定 CCP 时，问题四的功能很重要，它允许前面的某工序存在某种程度的危害，只要经过以后的步骤该危害能被消除或被降低至可接受的水平，则前面工序或关键点的控制水平可被降低标准，或不作为关键控制点来考虑，否则某食品加工过程的每一个步骤都可能成为 CCP。CCP 须设在最佳、最有效的控制点，如 CCP 设在后步骤（工序）上，则前步骤（工序）不作为 CCP；如果都要求控制才能使食品更安全，则都要设定为 CCP，是设其一还是都设置要依产品危害情况来定。

③判断树的应用是有局限性的，如不适于肉禽类的宰前、宰后检验，不能认为宰后肉品检验合格就可以取消宰前检疫；又如不能将已污染严重的原料经过高压杀菌等手段处理后供人畜禽食用。因此在使用判断树时，要根据专业知识与有关法规来辅助判断和说明。

(3) 原理 3：确定与各 CCP 相关的关键限值(CL)

确定了关键控制点，就知道了需要控制什么危害，但是还需要明确将危害控制到什么程度才能确保产品的安全，即针对每个控制点确立关键限值(Critical Limits, CL)。关键限值指标为一个或多个必须有效的规定量，若这个关键限值中的任何一个失控，则 CCP 失控，并存在一个潜在的危害。关键限值的选择必须具备科学性和可操作性。在实际生产中常使用一些物理的指标如时间、温度、厚度、大小等和化学的指标如水活度、pH 值、食盐浓度及有效氯等，而不宜使用费时费力且难以控制的微生物学指标。此外，确立关键限值时通常应考虑包括被加工产品的内在因素和外部加工工序两方面的要求。为确定关键控制点的关键限值，应从科学刊物、法律性标准、专家以及通过科学研究等方式全面地收集各种信息，从中确定操作过程中 CCP 的关键限值。在实际工作中，还应制订比关键限值更为严格的标准操作限值(Operating Limits, OL)，在出现偏离关键限值迹象而又没有发生时，可以调整措施使关键控制点处于受控状态，而不需要采取纠偏措施。

关键限值是非常重要的，而且应该合理、适宜、可操作性强、符合实际和实用。如果关键限值过严，即使没有发生影响到食品安全危害，而就要求去采取纠偏措施；如果过松，又会造成不安全的产品到了用户手中。

(4) 原理 4：确立 CCP 的监控程序，应用监控结果来调整及保持生产处于受控。企业应制订监控程序，并执行，以确定产品的性质或加工过程是否符合关键限值。

每一个关键控制点因控制对象不同而有几个标准（加热处理的时间和程度），还应对标准产生影响的其他因素加以说明（如食品的厚度、黏度、成分、热传递等）。

控制标准项目必须有针对性，如海产品的微生物检验应着重于副溶血性弧菌，畜禽肉及鸡鸭蛋则应着重检验沙门氏菌，米饭等碳水化合物高的食品应着重检验蜡样芽胞杆菌，而奶类应重视葡萄球菌及其毒素的检验。充二氧化碳气体且不含豆、蛋、奶的饮料，以化学指标为主，微生物指标重点检测洗瓶效果与原水的污染情况。

监控程序应确定在各CCP控制标准项目基础上，应能在CCP失去控制而导致成品出现不可接受的健康危害之前发现这种失控。监测结果必须详细记录，在监控程序中如有一个关键控制点不按程序操作，就可能导致产品对消费者有不同程度的危害和不安全的后果。例如低酸罐头工艺中由于高压锅容量限制或工艺过程的问题而在该批罐头记录图上显示出热处理温度或时间不足，监控过程就应对该批罐头予以限制。

关键控制点的监控必须迅速完成，没有时间进行长时间的检验，通常借助各种理化方法，如感官评价、化学、物理、微生物、毒素等指标的快速检测。

饮料监测项目中微生物培养需要较长时间，而对加糖量、二氧化碳含量、pH等出结果较快，有条件的还可将监测项目进行联机式的采样检验，结果自动反馈，一旦发生意外结果，联机反馈结构可以控制警报器或使主机停车。

(5) 原理5：建立纠偏措施

确立经监控认为关键控制点有失控时，应采取纠正措施(Corrective actions)，当监控表明，偏离关键限值或不符合关键限值时采取的程序或行动。如有可能，纠正措施一般应是在HACCP计划中提前决定的。纠正措施一般包括两步：

第一步：纠正或消除发生偏离CL的原因，重新加工控制；

第二步：确定在偏离期间生产的产品，并决定如何处理。采取纠正措施包括产品的处理情况时应加以记录。

如果说HA的重点在于分析情况，那么CCP的重点就在于探讨有针对性的措施，一般考虑以下几个方面：

① 设施设备的卫生

分析每种产品、每个生产工段的设施设备保持卫生方面采取的措施，包括防蜗、防鼠、防蟑螂，空气净化(防止细菌和尘埃飘落)，防止铁锈油漆剥脱、落屑及其他防止异物的措施等。

② 机械器具的卫生

生产加工过程中使用的各种用具、容器、机械、管道、灶台等均不能有细菌生存繁殖的死角。实行机械化、管道化、封闭化的同时，必须重点把握住管道内的彻底洗涤消毒。否则这种管道化、封闭化就增加了细菌生长繁殖的死角和条件，增加了产品的污染程度。

③ 从业人员的个人卫生

所有从业人员必须经过卫生知识培训和身体健康检查，有良好的个人卫生习惯，如工作服清洁、合体，生产前和便后洗手消毒、销售时不用手抓直接入口的食品等。

④ 控制微生物的繁殖

微生物得以繁殖需具备水分、温度、养分三个基本要素。处理水分多的食品原材料的企业,能控制的就是温度、与此有密切关系的是时间。在规定工艺总体温度控制(包括加热烹调与灭菌工艺)的同时还需要规定各工段温度控制的基本时间。

⑤日常的微生物检测监控

食品企业必须建立日常的微生物检测监控体系并切实地实行。这一工作不仅限于对成品、原材料采样检验,还要求按工段采集样品,检验容器、工具机械等。应该制定指标高于国家标准的企业内控标准,按企业标准检查每个工段每批产品生产过程是否都能达标。

(6)原理6:验证程序(verification procedures)

用来确定HACCP体系是否按照HACCP计划运转,或者计划是否需要修改,以及再被确认生效使用的方法、程序、检测及审核手段。

验证整个HACCP系统是否正常工作可以从如下内容进行考核:①核查温度、时间和记录;②观察关键控制点的操作;③核查行业自身监测的准确性;④校正监测仪器;⑤随机采样分析;⑥询问操作人员,了解他们进行CCP监测的方式;⑦核查正在使用的电子或机械控制措施是否有效;⑧偏差情况及其改正措施;⑨各种符合HACCP计划正常运行的书面记录等。

(7)原理7:记录保持程序(record-keeping procedures)

企业在实行HACCP体系的全过程中,须有大量的技术文件和日常的监测记录,这些记录应是全面的,记录应包括:体系文件,HACCP体系的记录,HACCP小组的活动记录,HACCP前提条件的执行、监控、检查和纠正记录。

4. HACCP体系在食品企业的建立

一个完整的HACCP体系包括HACCP计划以及作为前提计划的SSOP和GMP三个方面。如果一个企业达不到GMP法规的要求和没有制订有效的、具有可操作性的SSOP或没有有效实施SSOP,则实施HACCP计划将成为一句空话。HACCP计划建立的步骤:

(1)成立HACCP小组

HACCP计划在拟订时,需要事先收集资料,了解分析国内外先进的控制办法。HACCP小组应由具有不同专业知识的人员组成,包括生产管理、工艺技术、设备维修、销售及实验室检验人员等,必须熟悉企业产品的实际情况,有对不安全因素及其危害分析的知识和能力,能够提出防止危害的方法技术,并采取可行的实施监控措施。HACCF体系小组组长应具备以下素质:对GMP和SSOP良好地理解;具备食品生产的实际工作经验;具备微生物学和食源性疾病的基本知识;了解与企业产品有关的生物危害、化学危害和物理危害及其控制措施;了解食用设备的基本知识和良好的表达和组织能力。

(2)描述产品

对产品及其特性、规格与安全性进行全面描述,内容应包括产品具体成分、物理或化学特性、包装、安全信息、加工方法、储存方法和食用方法等。

(3)确定产品用途及消费对象

实施HACCP计划的食品应确定其最终消费者,特别要关注特殊消费人群,如老人、儿童、妇女、体弱者或免疫系统有缺陷的人。食品的使用说明书要明示由哪类人群消费、食用目的和如何食用等内容。

(4) 编制工艺流程图

工艺流程图要包括从始至终整个HACCP计划的范围。流程图应包括环节、操作步骤，不可含混不清，在制作流程图和进行系统规划的时候，应有现场工作人员参加，为潜在污染控制措施的确定提供便利条件。

生产流程图由HACCP人员确定。流程图中每个步骤要简明扼要，包括从原材料的选择、生产、分销、消费者的意见处理，都需按顺序标明，防止含混不清。为便于危害分析，应在细致检验产品生产过程的基础上描绘流程图（即产品的生产流程图）。流程图常用文字表示，一般仅为产品加工步骤，需要时也可包括加工前后的食品链各环节。环境或加工过程会出现其他危害（如冰、水、清洗及消毒过程、工作人员、厂房结构与设备等）时，也要将其列出。

要确立一个完整的HACCP流程图，需获取以下信息资料：

① 所有采用的原材料、辅料及包装材料的微生物、化学、物理数据资料。

② 原、辅材料进入生产的工艺步骤及顺序。

③ 工艺控制的内容。

④ 原材料、中间及终产物的温度、时间历史（包括潜在的延续环节）。

⑤ 产品的循环或再利用路线。

⑥ 高、低危害区的分隔。

⑦ 设备设计特征。

⑧ 人员进出路线。

⑨ 可能存在的交叉污染路线。

⑩ 清洗与消毒工艺的效力。

(5) 现场验证工艺流程图

HACCP小组成员在整个生产过程中以"边走边谈"的方式，对生产工艺流程图进行确认，如果有误，应加以修改调整，如改变操作控制条件、调整配方、改进设备等，应对偏离的地方加以纠正，以确保流程图的准确性、适用性和完整性。工艺流程图是危害分析的基础，不经过现场验证，难以确定其准确性和科学性。

(6) 危害分析及确定控制措施

在HACCP方案中，HACCP小组应识别生产安全卫生食品时可以排除或减少到可以接受水平的危害。危害分析是HACCP最重要的一环。按食品生产的流程图，HACCP小组要列出各工艺步骤可能会发生的所有危害及其控制措施，包括有些可能发生的事，如突然停电而延迟加工，半成品临时储存等。危害包括生物性（微生物、昆虫及人为的）、化学性（农药、毒素、化学污染物、药物残留、合成添加剂等）和物理性（杂质、软硬度）的危害。在生产过程中，危害可能是来自原辅料的、加工工艺的、设备的、包装储运的、人为的等方面，在危害中尤其是不能允许致病菌的存在与增殖及不可接受的毒素和化学物质的产生。

通常危害分析主要从以下几方面分析危害的种类、程度及改进条件、安全措施,常以提问形式进行。

① 原材料:原材料多来自动植物原料,主要危害有来自微生物(各种致病菌等)、化学物(抗生素、杀虫剂、农药等)和物理性杂质(小石子、玻璃、金属等)。生产过程的用水及其他辅料的卫生状况也需引起重视。

② 加工过程和加工后,食品的物理特性与组成变化:加工过程有哪些有害微生物会存在、繁殖,有哪些毒素可能形成,上述有害成分是否可能在流通、贮藏时形成对人体健康不安全的因素,对食品的pH值、酸性种类、可发酵营养物以及防腐剂等成分在加工过程与加工后的变化、稳定性应清楚。

③ 生产设备及车间内设施:工艺流程布置是否将原材料与成品分开,人流、物流是否有交叉感染存在,包装区域是否具备正压条件,设备及各种仪表(如温度、时间)运行是否稳定,是否产生不安全因素(碎玻璃、碎金属,机油渗漏等),设备清洗消毒是否有效,是否存在不安全因素,是否需要安装辅助设备以保证产品安全(如金属探测器、吸铁石、过滤网、温度计、紫外杀菌灯)等。

④ 操作人员的健康、卫生及教育:操作人员的健康、个人卫生是否会影响加工产品的安全性,生产人员是否理解采取的控制手段的方法及重要性,是否理解食品安全操作的必要性和重要性,操作人员是否清楚如何处理各种问题或报告有关人员处理问题。

⑤ 包装:包装材料、包装方式能否防止微生物感染、细菌侵袭及毒素物质形成(有氧或无氧包装),包装过程是否存在安全保证措施,是否有合适的包装标签。

⑥ 食品的贮运及消费:食品贮运过程是否容易被存放在不当的温度环境条件下,不当贮运是否会导致危害发生或加重,消费者是否在加热后食用,消费对象是否有易于生病的群体(婴儿、老人、体弱者、免疫功能缺乏者),食物吃后是否剩余并再食用。

美国食品微生物标准咨询委员会(NACMCF)曾将食品的潜在危害程度分为六类:

a 类:专门用于非杀菌产品和专门用于特殊人群(如婴儿、老人、体弱和免疫缺陷者)消费的食品;

b 类:产品含有对微生敏感性的成分,如牛奶、鲜肉等含水分高的新鲜食物;

c 类:生产过程缺乏可控制的步骤,以便有效地杀灭有害的微生物,如碎肉过程、分割、破碎等无热处理过程;

d 类:产品在加工后,包装前会遭受污染的食品,如大批量杀菌后再包装的食品;

e 类:在运输、批发和稍费过程,易造成消费者操作不当而存在的潜在危害的产品,如应冷藏的食品,却在常温或高温下放置;

f 类:包装后或在家里食用时不再加热处理的食品(如即食食品等)。

根据危害分析,评价食品危害程度(risk category),习惯上将微生物造成的危害程度分为七级，最高潜在危害性食品为 a 类特殊性食品；其次为含 b～f 类所有特征的食品；含 b～f 类所有特征中四项的食品；含 b～f 类所有特征中三项的食品；两项；一项和不含 b～f 任何特征的食品。

危害分析强调要对危害的可能性、分类程度进行定性与定量评估，对食品生产过程中每一个危害都要有对应的、有效的预防措施。这些措施和办法可以排除或减少危害出现，使其达到可接受水平。对于微生物引起的危害，一般是采用：原辅料、半成品的无害化生产，并加以清洗、消毒、冷藏、快速干制、气调等；加工过程采用调 pH 值与控制水分活度；实行热力、冻结、发酵；添加抑菌剂、防腐剂、抗氧化剂处理；防止人流、物流交叉污染等；重视设备清洗及安全使用；强调操作人员的身体健康、个人卫生和安全生产意识；包装物要达到食品安全要求；储运过程中防止损坏和二次污染。对昆虫、寄生虫等可采用加热、冷冻、辐射、人工剔除、气体调节等。如是化学污染引起的危害，应严格控制产品原辅料的卫生，防止重金属污染和农药残留，不添加人工合成色素与有害添加剂，防止储藏过程有毒化学成分的产生。如是物理因素引起的危害，可采用提供质量保证证书、原料严格检测、遮光、添加抗氧化剂等办法解决。

(7) 确定关键控制点

尽量减少危害是实施 HACCP 的最终目标。可用一个关键控制点去控制多个危害，同样，一种危害也可能需要几个关键点去控制，决定关键点是否可以控制主要是看防止、排除或减少到消费者能否接受的水平。CCP 的数量取决于产品工艺的复杂性和性质范围。HACCP 执行人员常采用判断树来认定 CCP，即对工艺流程图中确定的各个控制点使用判断树按先后回答每一个问题，按次序进行审定。

(8) 确定关键控制限值

关键控制限值是一个区别能否接受的标准，即保证食品安全的允许限值。关键控制限值决定了产品的安全与不安全、质量好与坏的区别。关键限值的确定，一般可参考有关法规、标准、文献、实验结果，如果一时找不到适合的限值，实际中应选用一个保守的参数值。在生产实践中，一般不用微生物指标作为关键限值，可考虑用温度、时间、流速、pH 值、水分含量、盐度、密度等参数。所有用于限值的数据、资料应存档，以作为 HACCP 计划的支持性文件。

(9) 关键控制点的监控

建立监控程序，目的是跟踪加工操作，识别可能出现的偏差，提出加工控制的书面文件，以便应用监控结果进行加工调整和保持控制，从而确保所有 CCP 都在规定的条件下运行。监控有两种形式：现场监控和非现场监控。监控可以是连续的，也可以是非连续的，即在线监控和离线监控。最佳的方法是连续的即在线监控。非连续监控是点控制，对样品及测定点应有代表性。监控内容应明确，监控制度应可行，监控人员应掌握监控所具有的知识和技能，正确使用好温度计、湿度计、自动温度控制仪、pH 计、水分活度计及其他生化测定设备。监控过程所获数据、资料应由专门人员进行评价。

(10) 建立纠偏措施

纠偏措施是针对关键控制点控制限值所出现的偏差而采取的行动。纠偏行动要解决两类问题。一类是制订使工艺重新处于控制之中的措施；另一类是拟定好CCP失控时期生产出的食品的处理办法。对每次所施行的这两类纠偏行为都要记入HACCP记录档案，并应明确产生的原因及责任所在。

（11）建立审核程序

审核的目的是确认制订的HACCP方案的准确性，通过审核得到的信息可以用来改进HACCP体系。通过审核可以了解所规定并实施的HACCP系统是否处于准确的工作状态中，能否做到确保食品安全。内容包括两个方面：验证所应用的HACCP操作程序，是否还适合产品，对工艺危害的控制是否正常、充分和有效；验证所拟定的监控措施和纠偏措施是否仍然适用。审核时要复查整个HACCP计划及其记录档案。验证方法与具体内容包括：要求原辅料、半成品供货方提供产品合格证证明；检测仪器校准，并对仪器表校正的记录进行审查；复查HACCP计划制订及其记录和有关文件；审查HACCP内容体系及工作日记与记录；复查偏差情况和产品处理情况；CCP记录及其控制是否正常检查；对中间产品和最终产品的微生物检验；评价所制定的目标限值和容差，不合格产品淘汰记录；调查市场供应中与产品有关的意想不到的卫生和腐败问题；复查已知的、假想的消费者对产品的使用情况及反映记录。

（12）建立记录和文件管理系统

记录是采取措施的书面证据，没有记录等于什么都没有做。因此，认真及时和精确地记录及保存资料是不可缺少的。HACCP程序应文件化，文件和记录的保存应合乎操作种类和规范。保存的文件有：说明HACCP系统的各种措施（手段）；用于危害分析采用的数据；与产品安全有关的所作出的决定；监控方法及记录；由操作者签名和审核者签名的监控记录；偏差与纠偏记录；审定报告及HACCP计划表；危害分析工作表；HACCP执行小组会上报告及总结等。各项记录在归档前要经严格审核，CCP监控记录、限值偏差与纠正记录、验证记录、卫生管理记录等所有记录内容，要在规定的时间（一般在下、交班前）内及时由工厂管理代表审核，如通过审核，审核员要在记录上签字并写上时间。所有的HACCP记录归档后应妥善保管，美国对海产品的规定是生产之日起至少要保存1年，冷冻与耐保藏产品要保存两年。

在完成整个HACCP计划后，要尽快以草案形式成文，并在HACCP小组成员中传阅修改，或寄给有关专家征求意见，吸纳对草案有益的修改意见并编入草案中，经HACCP小组成员一次审核修改后成为最终版本，供上报有关部门审批或在企业质量管理中应用。

5. 如何完成一个HACCP计划

每个生产企业在实施HACCP计划中，必须按要求建立反映实际的书面文件，这些文件通常反映在有关的表格及记录上。每个企业都可以制订反映HACCP执行过程的有关表格，但最重要的应有HACCP计划表、危害分析工作表及其他相应的有关表格。

要编写一个完整的HACCP计划，需按五个预备步骤和七个基本原理来进行，先完成危害分析工作表，然后对可能由生物、化学和物理性危害产生的安全性问题的每个CCP进行确定。

(1) 准备阶段(preliminary steps)

步骤1：基本资料信息收集(general information)。

包括各种有关政策、法规、标准、组建 HACCP 实施小组的人员及有关的教育培训、制订的有关表格等信息资料。制作危害分析工作表和 HACCP 计划表。

步骤2：食品说明(describe the food)。

在危害分析工作表和 HACCP 计划表上确切记录产品的销售名称，较全面描述产品的特性(如速冻全虾、带壳原虾等)、产品包装说明(如真空包装塑料袋、铝罐等)。

步骤3：产品分销贮藏方法说明(describe the method of distri-bution and storage)。

说明产品出厂后如何分销及贮藏(如冻结、冷藏、冰藏或干藏)，确定是否采用特殊的货运方法(如邮寄等)，将这些信息记录在危害分析工作表和 HACCP 计划表上。

步骤4：确定产品使用和消费者(identify the intended use and consumer)。

说明产品最终如何使用，如加热后食用；生吃或稍加热后食用；食用前需烹调等。指明最终食用该产品是普通人群或某类特殊人群(如婴儿或老人)。产品的使用者也可能是另一生产者，将会对该产品进一步加工(如被另一食品加工厂用作原料，也可能被医院或幼儿园进一步处理)，所有这些信息需记录在危害分析工作表和 HACCP 计划表上。

步骤5：完成一张流程图(develop a flow diagram)。

流程图应反映产品生产的全过程，简明扼要描述加工的每个步骤。

(2) 危害分析工作表(the hazard analysis worksheet)

步骤6：创立危害分析工作表(set up the hazard analysis work-sheet)。

在危害分析工作表中记录下每一加工步骤，即生产流程图中的每一步骤。

步骤7：确定与产品有关的危害(identify the potential species-related hazards)。

步骤8：确定潜在的与工艺有关的危害(identify the potential process-related hazards)。

步骤9：完成危害分析工作表(complete the hazard analysis worksheet)。

按危害性质对每一生产过程、步骤进行详细分析，完成危害分析工作表。

步骤10：了解对潜在的危害(understand the potential hazard)。

分析各种潜在危害的来源、程度或类型，并进行综合、分类。

步骤11：确定潜在危害是否重要(determine if the potential hazard is significant)。

步骤12：确定关键控制点(identify the critical control point)。

按关键控制点决定树图对每一步骤进行判断，完成 HACCP 原理2的内容，并将 CCP 标明在流程图上。

(3) HACCP 计划表(HACCP plan form)

步骤13：完成 HACCP 计划表(complete the HACCP plan form)。

步骤14：确定关键限值(set the critical limits)。

完成HACCP原理3的内容。对于每个确定的CCP,都要确定是否有一规定的CL。若有,在HACCP计划表中相应栏填入该限值或一个更严格的操作限值(OL);如果对一个CCP没有规定的OL,则需建立能保持控制和预防食品安全受危害的OL(可请企业外专家帮助确定)。通常确定OL需参考现有标准法规、参考文献、企业实验结果或专家意见。制订关键限值的相关参考文件需存档以备参考检查。

步骤15:建立监控措施(establish monitoring procedures)。

完成HACCP原理4的内容,指出监控内容、监控方法、监控频率和监控者。

步骤16:建立纠编措施(establish corrective action plan)。

完成HACCP原理5的内容。监控人员需清楚,当一个CCP不符合CL时应采取什么措施。监控人员需经过培训,达到能执行该纠偏措施,记录所有纠偏措施并在有关表格上签字。

步骤17:建立有效的记录保存程序(establish documentation)。

完成HACCP原理6的内容。执行HACCP文件应保存好,包括:确定的危害性质、CCP、关键限值、纠偏处理和HACCP计划的记录,常由一些表格组成。如产品说明表、产品及成分表、工艺流程图、危害鉴别与预防措施表、CCP判定表、关键限值、监控与纠偏措施表、记录保存和审核表、HACCP计划表等。

步骤18:建立审核(验证)措施(establish verification proce-dure)。

完成HACCP原理7的内容。实施HACCP计划后,要经常进行审核。审核需使用有别于监控使用的方法、程序或测定来确定HACCP系统是否运转正常。审核的重点是:检查HACCP计划以确定建立的CCP和CL值是否正确,是否在进行有效的控制和监控;出现偏差时,采取哪些纠偏措施;检查雇员是否保持良好的HACCP记录。根据以上审核,即可对HACCP系统进行评价。

6. 实施HACCP的注意事项

实行HACCP可以促进食品质量水平不断提高,但对小型食品企业来说进行危害分析采取CCP措施是比较困难的。我国目前中小型设施的食品企业占多数,这些小型和部分中型食品企业应在提高食品工艺水平上狠下功夫,等待条件许可时逐步实施HACCP系统的管理。

卫生监督部门虽然也运用HACCP系统进行管理,但这种管理方式只有成为企业自身卫生管理的内容时才能显示出优越性。对同一个关键控制点,每个人的观点会有所不同,一味强调哪个正确是没有意义的,重要的是是否控制了危害。同一种危害的严重程度在不同条件下会有不同的判定,如单核细胞增生型李斯特菌对胎儿、婴儿、免疫抑制者会造成威胁生命的疾病,而对健康成年人则只会引起中度或轻微疾病,也就是对高敏人群比健康成年人会造成更严重的后果。因此在分析一种危害因素的严重性时要考虑到工艺和对象等不同条件。

7. HACCP体系的认证

(1)体系认证的重要性和益处

重要性：在食品的生产过程中，控制潜在危害的先期觉察决定了 HACCP 的重要性。通过对主要的食品危害，如微生物、化学和物理污染的控制，食品工业可以更好地向消费者提供消费方面的安全保证。降低食品生产过程中的危害，从而提高人民的健康水平。

HACCP 是决定产品安全性的基础，食品生产者利用 HACCP 控制产品的安全性比利用传统的更难。终产品检验法要可靠，实施时也可作为谨慎防御的一部分。HACCP 作为控制食源性疾患最为有效的措施得到了国际和国内的认可。

益处：

①对食品企业

a. 增强消费者和政府的信心

因食用不洁食品将对消费者的消费信心产生沉重的打击，而食品事故的发生将同时动摇政府对企业食品安全保障的信心，从而加强对企业的监管。

b. 减少法律和保险支出

若消费者因食用食品而致病，可能向企业投诉或向法院起诉该

企业，既影响消费者信心，也增加企业的法律和保险支出。

c. 增加市场机会

良好的产品质量将不断增强消费者信心，

特别是在政府的不断抽查中，总是保持良好的企业，将受到消费者的青睐，形成良好的市场机会。

d. 降低生产成本（减少回收食品废弃）

因产品不合格，使企业产品的保质期缩短，使企业频繁回收其产品，提高了企业生产费用。如在美国 300 家的肉和禽肉生产厂在实施 HACCP 体系后，沙门氏菌在牛肉上降低了 40%，在猪肉上降低了 25%，在鸡肉上降低了 50%，所带来的经济效益不言而明。

e. 提高产品质量的一致性

HACCP 的实施使生产过程更规范，在提高产品安全性的同时，也大大提高了产品质量的均匀性。

f. 提高员工对食品安全的参与

HACCP 的实施使生产操作更规范，并促进员工对提高公司产品安全的全面参与。

②对消费者

a. 减少食源性疾病的危害

良好的食品质量可显著提高食品安全的水平，更充分地保障公众健康。

b. 增强卫生意识

HACCP 的实施和推广，可提高公众对食品安全体系的认识，并增强自我卫生和自我保护的意识。

c. 增强对食品供应的信心

HACCP 的实施，使公众更加了解食品企业所建立的食品安全体系，对社会的食品供应和保障更有信心。

d. 提高生活质量(健康和社会经济)

良好的公众健康对提高大众生活质量，促进社会经济的良性发展具有重要意义。

③对政府

a. 改善公众健康

HACCP 的实施将使政府在提高和改善公众健康方面，能发挥更积极的影响。

b. 更有效和有目的的食品监控

HACCP 的实施将改变传统的食品监管方式，使政府从被动的市场抽检，变为主动地参与企业食品安全体系的建立，促进企业更积极地实施安全控制的手段。并将政府对食品安全的监管，从市场转向企业。

c. 减少公众健康支出　公众良好的健康，将减少政府在公众健康上的支出，使资金能流向更需要的地方。

d. 确保贸易畅通

非关税壁垒已成为国际贸易中重要的手段。为保障贸易的畅通，对国际上其他国家已强制性实施的管理规范，须学习和掌握，并灵活地加以应用，减少其成为国际贸易的障碍。

e. 提高公众对食品供应的信心

政府的参与将更能提高公众对食品供应的信心，增强国内企业竞争力。

(2) HACCP 体系的认证过程

HACCP 体系认证通常分为 4 个阶段，即企业申请阶段、认证审核阶段、证书保持阶段、复审换证阶段。

①企业申请阶段

首先，企业申请 HACCP 认证必须注意选择经国家认可的、具备资格和资深专业背景的第三方认证机构，这样才能确保认证的权威性及证书效力，确保认证结果与产品消费国官方验证体系相衔接。认证机构将对申请方提供的认证申请书、文件资料、双方约定的审核依据等内容进行评估。认证机构将根据自身专业资源及 CNAB 授权的审核业务范围决定受理企业的申请，并与申请方签署认证合同。在认证机构受理企业申请后，申请企业应提交与 HACCP 体系相关的程序文件和资料。申请企业还应声明已充分运行了 HACCP 体系。认证机构对企业提供和传授的所有资料和信息负有保密责任。

②认证审核阶段

认证机构受理申请后将确定审核小组，并按照拟订的审核计划对申请方的 HACCP 体系进行初访和审核。必要时审核小组还会聘请技术专家对审核过程提供技术指导。申请方聘请的食品安全顾问可以作为观察员参加审核过程。HACCP 体系的审核过程通常分为两个阶段，第一阶段是进行文件审核，包括 SSOP 计划、GMP 程序、员工培训计划、设备保养计划、HACCP

计划等。这一阶段的评审一般需要在申请方的现场进行，以便审核组收集更多的必要信息。审核小组将听取申请方有关信息的反馈，并与申请方就第二阶段的审核细节达成一致。第二阶段审核必须在被审核方的现场进行。审核组将主要评价 HACCP 体系、GMP 或 SSOP 的适宜性、符合性、有效性。现场审核结束，审核小组将最终审核结果提交认证机构作出认证决定，认证机构将向申请人颁发认证证书。

③证书保持阶段

鉴于 HACCP 是一个安全控制体系，因此其认证证书有效期通常最多为 1 年，获证企业应在证书有效期内保证 HACCP 体系的持续运行，同时必须接受认证机构至少半年一次的监督审核。如果认证方在证书有效期内对其以 HACCP 为基础的食品安全体系进行了重大更改，应通知认证机构，认证机构将视情况增加监督认证频次或安排复审。

④复审换证阶段

认证机构将在获证企业 HACCP 证书有效期结束前安排体系的复审，通过复审认证机构将向获证企业换发新的认证证书，此外，根据法规及顾客的要求，在证书有效期内，获证方还可能接受官方及顾客对 HACCP 体系的验证。

任务二 食品 GMP 良好操作规范认证

一、GMP 的基本理论

1. 食品良好操作规范的历史和现状

食品良好操作规范的概念源自于药品的良好操作规范。美国食品药品管理理局（FDA）认识到必须通过立法加强药品的安全生产，并在 1963 年颁布了药品的良好操作规范。1964 年在美国实施。1969 年美国以联邦法规的形式公布食品的 GMP 基本法《食品制造、加工、包装、储运的现行良好操作规范》，简称 CGMP 或 FGMP。

良好操作规范（Good Manufacturing Practice，GMP）是一种特别注重制造过程中产品质量和安全卫生的自主性管理制度。良好操作规范在食品中的应用，即食品 GMP 良好操作规范以现代科学知识和技术为基础，应用先进的技术和管理的方法，解决食品生产中的主要问题：质量问题和安全卫生问题。广而言之，良好操作规范并不是仅仅针对食品企业而言的，应该贯穿于食品原料生产、运输、加工、储存、销售、使用的全过程，也就是说从食品生产至使用的每一环节都应有它的良好操作规范。因此食品良好操作规范是实现食品工业现代化、科学化的必备条件，是食品优良品质和安全卫生的保证体系。

2. GMP 的基本理论

食品良好操作规范，也称为食品良好生产规范，是一种具有专业特性的质量保证体系和制造业管理体系。政府以法规形式，对所有食品制订了一个通用的良好操作规范，所有企业在生产食品时都应自主地采用该操作规范。同时政府还针对各种主要类别的食品（如低酸性罐头食品）制订了一系列的 GMP，各食品厂在生产该类食品时也应自主地遵守它的 GMP。食品 GMP 要求食品加工的原料、加工的环境和设施、加工贮存的工艺和技术、加工的人员等的管理都符合良好操作规范，防止食品污染，减少事故发生，确保食品安全和稳定。在编制某食品 GMP 时应包括以下格式和内容：主题内容及适用范围；术语；原料采购、运输和贮藏的卫生；工厂设计与设施的卫生要求；工厂卫生与健康；产品加工过程中的卫生；质量记录；成品贮藏、运输的卫生；卫生与质量检验管理等。GMP 的重点是制订操作规范和双重检验制度，确保食品生产过程的安全性；防止异物、有毒有害物质、微生物污染食品，防止出现人为事故；完善管理制度，加强标签、生产记录、报告档案记录的管理。

因此 GMP 中最关键最基本的内容是卫生标准操作程序。在 1996 年美国农业部 FSIS 发布的法规中特别强调肉禽类产品生产加工中应严格执行 SSOP。GMP 强调预防食品生产车间、环境、人员以及与食品接触的器具、设备中可能存在的危害及其防治措施。在编制食品 SSOP 时通常包括以下格式和内容：水的安全性、与食品接触表面的清洁卫生；防止交叉污染；洗手、手的消毒和卫生间设施；防止外来污染物造成的伪劣品；有毒化合物的处理、贮存和使用；雇员的健康状况；昆虫与鼠类的扑灭与控制等内容。

二、推广和实施 GMP 的意义

世界的实践证实，GMP 能有效地提高食品行业的整体素质，确保食品的卫生质量，保障消费者的利益。GMP 要求食品企业必需具备良好的生产设备、科学合理的生产工艺、完善先进的检测手段、高水平的人员素质、严格的管理体系和制度。因此食品企业在推动和实施 GMP 的过程中必然要对原有的落后的生产工艺、设备进行改造，对操作人员、管理人员和领导干部进行重新培训，无疑对食品企业的整体素质的提高有极大的推动作用。食品良好操作规范充分体现了保障消费者权利的观念，保证食品安全也就是保障消费者的安全权利。有明确的 GMP 标识，保障了消费者的认知权利和选择权利。同时该制度提供了消费者申述意见的途径，保障了消费者表达意见的权利。推广和实施 GMP 在国际食品贸易中是必备条件。因此实施 GMP 能提高食品产品在全球贸易的竞争力。实施 GMP 也有利于政府和行业对食品企业的监管，强制性和指导性 GMP 中确定的操作规程和要求可以作为评价、考核食品企业的科学标准。

三、良好操作规范的主要内容

GMP 是一种特别注重在生产过程中对产品质量与卫生安全实施自主性管理的制度。食品企业实施 GMP 有利于食品质量控制，有利于企业的长远发展。企业要建立 GMP，就需要了解 GMP 的内容。参照《食品企业通用卫生规范》，GMP 内容如下。

1. 食品原材料采购、运输和贮藏的良好操作规范

（1）采购

对食品原料采购的卫生要求上要包括对采购人员的要求、对采购原辅料质量的要求、对采购原料包装物或容器的要求。

①对采购人员的要求

采购人员应熟悉本企业所用各种食品原料、食品添加剂、食品包装材料的品种、卫生标准和卫生管理办法，清楚各种原材料可能存在或容易发生的卫生问题。采购食品原料时，应对其进行初步的感官检查，对卫生质量可疑的应随即抽样进行卫生质量检查，合格后方可采购，同时应向供货方索取同批产品的检验合格证或化验单，采购食品添加剂时还必须同时索取定点生产证明材料。原辅材料的采购应根据企业食品加工和贮藏能力有计划地进行，防止一次性采购过多，造成原料积压、变质。

②对采购原辅料质量的要求

采购原材料应按该种原材料质量卫生标准或卫生要求进行，盛装食品原料的包装物或容器应无毒无害，符合卫生要求。目前，我国主要的食品原辅料、食品包装材料多数有国家卫生标准、行业标准或地方标准，少数有企业标准或无标准。在订购、采购食品原料、包装材料时，应尽量按国家卫生标准执行。无国家标准的，依次执行行业标准、地方标准、企业标准。对无标准的原材料，参照类似食品的标准及卫生要求执行。执行标准时应全面，不得人为减少标准的执行项目，原料包装上应有品名、产地、生产期、保质期、验收标准代码。

③对采购原料包装物或容器的要求

采购原料包装物或容器的材质应无毒无害，符合卫生要求：食品原辅材料应根据其物理形态选择合适的包装物或容器，用于制造这些包装物的材料应符合食品相关包装物材料的要求，不得随便使用包装用品，严防食品原辅材料被污染。

(2) 食品原料的验收

验收各种原辅料时，除应向供货方索取产品的检验合格证或化验单外，还必须通过对原辅料色、香、味、形等感官性状的检查来判断其新鲜程度，必要时采用理化或细菌学方法来判定。同时，检查原辅料是否受有毒有害物质污染也是很重要的。

通常食品原辅材料的卫生标准检查由感官检查、化学检查、微生物检查、有毒物质检测4个部分组成。

(3) 原料的运输

①运输工具的选择

根据原辅料的特点和卫生要求，选择合适的运输工具。例如大米、面粉、油料等原料，可用普通常温车(车厢)和船运输；运输活畜、禽等动物的车、船应分层设置铁笼，通风透气，也便于运输途中供给足够的饲料和饮水；水果、蔬菜类食品应装入箱子或篓中运输，避免挤压撞伤而腐烂；水产品、熟肉及其冰冻食品原料采用低温冷藏车储运。

②运输工具的专用性

食品原辅料的运输工具应符合卫生要求，做到专车专用，严禁与农药、化肥、化工产品及其他有毒有害化学物质混载，也不得使用运输过上述物品的车、船及其运输工具。

③运输工具的清洁卫生

建立运输工具的卫生管理制度。做到运输工具使用一次,打扫冲洗一次,平时不用时应用清洁的布盖好,使用时再检查一次,确保运输工具的清洁卫生。

④运输作业的要求

食品原料装卸时应轻拿轻放,对液态原料还应注意放置方向,切勿倒置。运输时应避免强烈的震荡、撞击,不使原料受到损伤。运输动物时,还应注意保护动物福利。最近召开的"国际动物福利与立法"研讨会上对运输途中的动物福利作出了规定;猪的运输车须清洁,并在途中按时喂食和供水,运输中要按时休息,运输超过8h就要休息24h。

(4)食品原料的储藏

对食品原辅料储存的卫生要求主要有以下几点:

①储存设施

应设置与生产能力相适应的原料堆放场地和仓库。不同性质的原料,决定其预处理及储存应具备的设施条件,如以新鲜的蔬菜、水果为原料的企业,要设置接收场地、清洗设施及场所、保鲜仓库;以肉、水产品为原料的企业,应设置一定容量的低温冷库;油料、面粉、大米等干燥原料储藏设施应具有防潮功能。原料堆放场地和仓库容量根据生产量来确定,季节性产出的原料,要考虑非产出期对原料的需求,应增加库存容量来满足生产的需要。

②食品原辅料储藏的卫生管理

a.原料场地和仓库应设专人管理,建立管理制度,定期检查质量和卫生情况,按时清扫、消毒、通风换气。

b.原料场地和仓库,地面应平整,便于通风换气,有防鼠、防虫设施。c.各类食品应标识明显,分类存放。干燥食品与高含水量食品要分开存放;糖果、糕点应放在干燥的库房,防止吸湿融化、霉变;有异味的食品与易吸附气味的食品原料分开存放,防止串味。

c.原料应离地、离墙并与屋顶保持一定距离,垛与垛之间也应有适当间隔,不能过分密集,以利于通风和换气。

e.原料应先进先出,及时剔出不符合质量和卫生要求的原料,防止污染。

2.食品工厂设计和设施的要求

无污染的厂房环境、合理的厂房布局、规范化的生产车间、符合标准的设备和齐全的辅助设施是一个合格食品企业必备的条件。

(1)选址

厂址的选择不但与投资费用、基建进度、配套设施的完善程度有关,而且还与食品企业的生产环境、生产条件和生产卫生关系密切。在选择厂址时,既要考虑环境对生产的污染,确保食品安全卫生,又要避免生产废弃物和噪声对周围居民的影响。食品企业厂址选择的一般要求如下:

①要选择地势干燥、交通方便、有充足水源的地区。厂区不应设于受污染河流的下游。

②厂区周围不得有粉尘、有害气体、放射性物质和其他扩散性污染源;不得有昆虫大量孳

生的潜在场所,避免危及产品卫生。

③厂区要远离有害场所。生产区建筑物与外缘公路或道路应有防护地带,其距离可根据各类食品厂的特点由各类食品厂卫生规范另行规定。

(2) 厂区布局

厂区是生产车间最直接的外环境,将直接影响内环境的质量。食品企业的厂区布局应以食品工艺为基础,综合考虑建筑物、构建物、道路、场地、绿化和各种管道间的相互关系,进行合理分布,使厂区易于清洁卫生。

①各类食品厂应根据本厂特点制订整体规划。要合理布局,划分生产区、生活区和厂前区。生活区(包括宿舍、食堂、浴室、托儿所等)应位于生产区的上风向,厂前区(包括传达室、化验室、医务室、车库、文化娱乐场所等)要与生产区分开。

②建筑物(供人生产、生活和从事其他活动的房屋,如车间、仓库、食堂等)、构建物和设备布局(人不直接在内生产或生活的建筑物,如水塔、水池等)应合理衔接,保证生产过程的连续性,使作业线最短,生产最方便,并能满足生产工艺和质量卫生要求。

③建筑物和设备布置还应考虑生产工艺对温度、湿度和其他工艺参数的要求,相互有影响的车间,尽量不要放在同一建筑物内,防止毗邻车间受到干扰。

④厂房应按生产工艺流程所要求的洁净级别合理布局。同一厂房和邻近厂房进行的各项操作不得相互干扰,做到人流、物流分开,原料与成品、半成品分开,食品与熟食品分开,杜绝交叉污染。

⑤厂区道路应通畅,便于机动车通行,有条件的应修环行路,便于车辆掉头和消防车到达各车间;道路应采用便于清洗的混凝土、沥青及其他硬质材料铺设,路面应稍有斜坡,两侧有排水沟,防止积水及尘土飞扬。

⑥厂房之间,厂房与外缘公路或道路应保持一定距离,中间设绿化带;厂区内各车间的裸露地面应进行绿化。

⑦给排水系统应能适应生产需要,设施应合理有效,经常保持畅通,有防止污染水源和鼠类、昆虫通过排水管道潜入车间的有效措施。污水排放必须符合国家规定的标准,必要时应采取净化设施达标后才可排放。净化和排放设施不得位于生产车间主风向的上方。

⑧污物(加工后的废弃物)存放设施应远离生产车间,且不得位于生产车间上风向;存放设施应密闭或带盖,要便于清洗、消毒。

⑨锅炉烟筒高度和排放粉尘量应符合《锅炉大气污染物排放标准》(GBl3271-2001)的规定,烟道出口与引风机之间须设置除尘装置;其他排烟、除尘装置也应达标后再排放,防止污染环境,排烟防尘装置应设置在主导风向的下风向。季节性生产厂应设置在季节风向的下风向。

⑩实验动物、待加工禽畜饲养区应与生产车间保持一定距离,且不得位于主导风的上风向。

3. 食品生产用水的卫生要求

食品企业生产用水主要包括一般生产用水、特殊工艺用水和冷却水等。

一般生产用水主要用于原料的清洗、蒸煮、直接冷却、设备的清洗等，其水质要求应满足卫生部颁布的《生活饮用水卫生标准》(GB 5749-2006)。特殊工艺用水主要指直接构成产品组分的原料水和锅炉用水，其水质要求在生活饮用水的基础上进一步处理，以满足特殊的需要。如水产品加工使用的海水必须符合国家《海水水质标准》(GB 3079-1997)；锅炉用水需要将生产用水软化处理后才能使用，否则钙、镁盐类容易在炉壁形成水垢，影响传热而使炉壁过热，造成爆炸事故。冷却水指食品生产过程中起热交换作用的大量冷水。因不与食品接触，水质要求硬度适当即可。

4. 食品工厂的卫生管理

(1) 机构和人员

食品厂必须建立相应的卫生管理机构，在本企业负责人的领导下，对本单位的食品卫生工作进行全面管理。应配备经专业培训的专职或兼职的食品卫生管理人员，做好食品生产的经常性卫生检查、管理工作。

(2) 卫生管理制度

卫生管理控制机构必须制订有关卫生质量控制的管理制度。管理制度应明确负责人、具体任务、检查方法、奖惩制度。管理制度应包括以下方面的内容。

①在食品生产中与食品物料不直接接触的食品生产设施应有良好的卫生状态，整齐清洁、不污染食品。建筑物和各种机械设备、装置、设施、给排水系统等均应保持良好状态，确保正常运行和整齐洁净，不污染食品。应有专人定期检查、维修和保养设备设施，以保证食品生产符合卫生规范。主要生产设备每年至少应进行1次大的维修和保养。维修保养情况应进行书面记录。

②对于在食品生产过程中与食品直接接触的机械、管道、传送带、容器、用具餐具等应用洗涤剂进行清洗，并用卫生安全的消毒剂进行灭菌消毒处理。

清洗剂的种类很多，食品工厂使用较多的有酸、碱清洗剂和以十二烷基硝酸为主要成分的合成洗涤剂。清洗剂使用时应注意：彻底湿润被清洗物的表面，清除表面的污染物，使清除的污物处于悬浮状态，易于清洗。消毒剂指为杀灭食品工具、设备上微生物而使用的杀菌剂，通常制成兼有洗涤作用的洗涤消毒剂。使用清洗剂和消毒剂时，应采取适当措施，防止人身、食品受到污染。

③食品有害物的卫生管理制度。食品有害物包括有害生物和有害的化学物质两大类。老鼠、苍蝇、蟑螂等对食品生产具有极大的危害，被这些生物污染了的食品上带有大量细菌、病毒和生殖寄生虫，食品带有难闻的气味，食品质量严重降低或损失，因此对此类生物应严加控制。在食品生产场所使用的杀虫剂、洗涤剂、消毒剂包装应完全、密闭不泄漏，在贮藏此类物品的地方应明确标识"有毒有害物"字样，并专柜贮藏、专人管理，使用时应严格按照其使

用量和使用方法操作,使用人员应了解这些物质的性质和质量情况。食品生产场所使用的杀虫剂、洗涤剂、消毒剂应经省级卫生行政部门批准。

④饲养动物的管理。厂内除供实验动物和待加工畜禽外,一律不得饲养家禽、家畜。应加强对实验动物和待加工畜禽的管理,防止污染食品。

⑤食品生产废弃物的卫生管理制度。食品生产的废弃物主要是指食品生产过程中形成的废气、废水和废渣,这些东西处理不当或处理不及时会造成食品的污染或环境的污染,对食品生产过程中形成的废水和废物的排放应严格按照国家有关"三废"排放的规定进行,积极采用三废治理技术,尽量减少废物排放量,对产生的废物要经过合理的处理后方可排放。

⑥洗手池、消毒池、靴鞋消毒池,更衣室、淋浴室、厕所等卫生设施,应有专人管理,建立管理制度,责任到人,应经常保持良好状态。工作服包括淡色工作衣、裤、发帽、鞋靴等,某些工序(种)还应配备口罩、围裙、套袖等卫生防护用品。工作服应有清洗保洁制度。凡直接接触食品的工作人员必须每日更换,其他人员也应定期更换,保持清洁。

5. 食品加工过程中的卫生要求

食品加工过程包括从原料到成品的整个过程。食品原料经过各种形式的加工工艺,如冷冻、热处理、脱水、发酵、煎炸、膨化、烘烤、盐渍、罐藏等处理,经包装形成最终产品。每一加工过程操作不当都可能导致食品的污染。因此,就要求各项工艺操作应在良好的情况下进行,防止变质和受到腐败微生物及有毒有害物的污染。

(1)食品加工过程中常见的污染源

①热解产物

食品加工的温度过高或方法不当(当食品加热到190 ℃以上,即主要通过煎、烤油炸等方式)时,食物的成分会通过热反映形成一些对人体不利的物质,常见的这些物质有:谷氨酸、色氨酸发生热分解生成对黏膜具有强烈刺激作用的杂环胺;高温加剧油脂的氧化反映,产生对人体有害的过氧化物和低分子化合物,高温还可使油脂热降解或热聚合形成有害物质;食物在烧烤或煎炸过程形成的具有三致毒性(致癌、致突变、致畸形)的物质等。

②重金属污染物

食品加工过程中造成重金属污染的途径主要有:加工所用的金属机械、容器、管道等设施中所含金属毒物的迁移;不符合卫生要求的包装材料中有害物质的迁移;加工用水受重金属污染;使用工业级食品添加剂;不合理使用化学洗涤剂。

③生物污染物

生物污染是在食品加工过程中最常见的一种污染,主要是指食品在加工过程中包括细菌、病毒、霉菌及其毒素、昆虫、寄生虫和虫卵等的生物污染。主要污染途径为空气中的尘埃、不洁净的手、未消毒或消毒不彻底的设备和材料。

④苯并(a)芘和亚硝胺污染

苯并(a)芘是一种具有强烈致癌活性的多环芳烃。食品在烟熏、烧烤或过度烘烤发生的焦化过程中会形成大量的苯并(a)芘,这主要是食品中的脂肪在高温条件下发生热聚合形成的,或是各种有机物不完全燃烧产生的,苯并(a)芘直接接触食品造成对食品的污染。亚硝胺也是一类对人体具有强烈毒害作用的化合物,其急性毒性主要是造成肝损伤,慢性毒性为致癌,主要发生在腌菜和腌制肉中。

(2)食品生产过程的良好操作规范

食品生产过程良好操作规范的内容有:

①管理内容主要有对食品生产原料的验收和化验,确保符合有关的食品生产原料的卫生标准;

②对工艺流程和工艺配方的管理,生产配方中使用的各种物质的量严格控制,并对整个生产过程进行监督,防止不适当处理造成污染物质的形成或食品加工不同环节之间的交叉污染;

③对食品生产用具的卫生管理,及时进行清洗、消毒和维修;对产品的包装进行检验,防止二次污染的发生,并对成品的标签进行检验;

④对食品生产人员的卫生管理等。食品生产过程的卫生管理与质量管理一般采取定期或不定期抽检及考核方式进行。

(3)食品包装卫生的良好操作规范

①食品企业应设有专门的食品包装间,内设空调、紫外灭菌、二次更衣间和清洗消毒等设施。

②成品应有固定包装,经检验合格后方可进行包装。包装应在良好状态下进行,防止异物带入食品。

③使用食品容器和包装材料时,应完好无损,符合国家卫生标准。

④包装上的标签应按《预包装食品标签通则》(GB7718-2004)的有关规定执行。

⑤成品包装完毕,按批次入库、储存,防止差错。

(4)几种食品加工过程的良好操作规范

①食品干制:食品的干制程度以达到水分活度低于0.6为宜,若以水分含量表示则为奶粉应<8%,全蛋粉应<10%,面粉应<12%,脱水蔬菜有的应<6%(如南瓜)、有的应<7.5%(如胡萝卜和花椰菜),有的应<12%(如黄花菜和香菇);干制后的食品应密闭包装,贮藏环境的相对湿度应<70%。干制之前,食品应进行烫漂杀青,70℃维持1~3min,或用0.13%的亚硫酸盐进行处理。干制应尽可能采用真空干制或冷冻干制,最好不要使用晒干、阴干等方法。

②食品罐制:原料要精心挑选,杜绝使用已腐烂或变质的食品作为罐制的原料,并进行彻底整理和清洗,去掉不可食部分。对原料的杀青处理一定要充足,保证食品在罐藏期间不会因为杀菌不彻底而变质。罐制的排气、杀菌、封口一定要严格按照工艺条件进行,排气时罐中心温度一定要达到相关规定的标准,杀菌也要彻底。成品的贮藏环境要求一定的温度和湿

度,不宜过高。

③食品冷冻:冷冻之前食品要经过一定的处理,如杀菌、预冷等。冷冻所用的冷水和冰必须符合饮用水的标准。使用的制冷剂绝对不能有泄漏。冷冻一定要彻底,也就是食品的中心温度一定要达到冷冻所需要的温度要求;冷冻成品在加工后的贮藏和销售过程中要保持相应的温度要求。

④食品辐照:被辐照的食品一定是完好无腐烂的,不允许将腐烂的食物进行辐照保藏。严格按照工艺确定的辐照剂量进行操作。辐照的食物一般在辐照前要求有一定的包装,防止因辐照导致的食品质量的劣化。辐照加工的食物要有一定的标记,不允许重复进行辐照。

6. 食品检验的良好操作规范

(1) 检验机构和人员

食品企业应设立与生产能力相适应的卫生和质量检验机构,负责生产全过程的卫生和品质监督和检验,并负责修订企业标准以及与之相应的产品工艺和质量控制措施。

配备经专业培训、考核合格的检验人员,在卫生质量检验机构的领导下,负责对原料、半成品、成品的质量检验及工艺过程中提高对卫生和品质的研究。

(2) 检验设备与检验制度

应具备食品质量检验所需的仪器、设备。检验用的仪器、设备,应按期检定,及时维修,使其经常处于良好状态,以保证检验数据的准确。

检验过程中要详细记录样品名称、采样日期、采样地点及各项检验项目。操作人员、记录人员及审核人员必须签名。原始记录应齐全,并应妥善保存,以备查核。

(3) 食品质量检验的实施

按生产的流程可将食品卫生和质量检验分为原料检验、过程检验和成品检验。原料检验是对进入加工环节的原辅料进行检验,保证原料以绝对好的状态进入加工。过程检验是在加工的各个环节对中间的半成品或成品进行检验,及时剔除生产中出现的不合格产品,将损耗降低到最小限度。成品检验是食品卫生和质量检验的最后环节,包括对成品外观检查、理化检验、微生物检验、标签和包装检验等。

按国家规定的卫生标准和检验方法进行检验,要逐批次对投产前的原材料、半成品和出厂前的成品进行检验,并签发检验结果单。对检验结果如有争议,应由卫生监督机构仲裁:食品检验的实施主要包括以下几步:①明确检验目的,确定检验方法;②抽样并进行检验;③将检验结果与产品标准进行对比;④根据对比结果对产品作出合格与否的结论;⑤对不合格的产品进行处理,作出相应的处理办法和方案;⑥记录检验数据,出具报告并对结果作出适当的评价和处理,及时反馈信息,并进行改进。

7. 食品生产经营人员个人卫生的良好操作规范

(1) 食品生产人员个人卫生的要求

①保持双手清洁

在工作之前、大小便之后、接触不干净的生产工具之后、处理了废弃物之后必须洗手,洗手时要求使用肥皂,用流水清洗,必要时用酒精或漂白粉消毒,洗完后将手烘干或用餐巾纸或消毒毛巾擦干,指甲要经常修剪,保持清洁。

②保持衣帽整洁

进入车间必须穿戴整洁的工作服、帽、鞋等,防止头发、头屑等污染食品。工作服要求每天清洗更换,不能穿戴工作服进入废物处理车间和厕所。

③培养良好的个人卫生习惯

食品从业人员应勤剪指甲、勤洗澡、勤理发,不要用手经常接触鼻部、头发和擦嘴,不随地吐痰;不戴手表、戒指、手镯、项链、耳环进入车间,不宜化浓艳妆、涂指甲油、喷香水。上班前不应酗酒,工作时不得吸烟、饮酒、吃零食。生产车间中不得带入和存放个人日常生活用品。进入车间的非生产性人员也应完全遵守上述要求。

(2) 食品生产人员的健康要求

食品生产人员尤其是与食品直接接触的人员的健康与食品的卫生质量直接相关,我国食品卫生法规定,"食品生产经营人员每年必须进行身体健康检查,新参加工作和临时参加工作的食品生产经营人员必须进行健康检查,取得健康证明后方可参加工作"。上述规定明确提出了食品经营人员为健康检查的对象。检查的内容主要是有无有碍食品卫生的疾病的既往史、现病史。检查的重点是病毒性肝炎、伤寒、痢疾、活动性肺结核、化脓性或渗出性皮肤病。检查的项目必须包括肝脾触诊、皮肤检查、肠道带菌检查、胸部透视、肝功能、乙型肝炎表面抗原及阳性者的乙型肝炎 e 抗原检查。承担健康检查的医疗机构必须是经当地卫生行政部门认可的单位,在指定范围内进行健康检查工作。

四、良好操作规范的认证

良好操作规范是适合于药品、食品的一种自主性的质量保证制度。美国最早开展了药品的 GMP 认证工作,取得了良好的效果。为了保障食品的安全卫生质量,美国又于 20 世纪 60 年代发起了食品 GMP 的认证。为了提高消费者对食品 GMP 的认知和信赖,一些国家和地区开展了食品 GMP 的认证工作。目前除美国已立法强制实施食品 GMP 外,其他如日本、加拿大、新加坡、德国、澳大利亚、中国等国家以及我国台湾省均采取劝导方式鼓励企业自发实施。

我国于 1995 年开始实施药品 GMP 的认证工作,并于 2006 年开始对保健食品企业强制实施 GMP 审查。

1. 食品 GMP 的认证程序

食品 GMP 认证工作程序包括申请、资料审查、现场评审、产品检验、确认、签约、授证、追踪考核等步骤。

(1) 申请

食品企业申请食品 GMP 认证,应向食品 GMP 现场评审小组提交申请书。申请书包括产品类别、名称、成分规格、包装形式、质量、性能,并附公司注册登记复印件、企业厂房配置图、机械设备配置图等。同时，还应向认证执行机构提交各种专门技术人员的学历证件与相关培训结业证书复印件以及申请认证产品有关准则所规定的各类标准书，标准书主要包括以下内容。

①质量管理标准书。包括质量管理机构的组成和职责、原材料的规格和质量验收标准、过程质量管理标准书和控制图、成品规格及出厂抽样标准、验收控制点和检验方法、异常处理办法、食品添加剂管理办法、员工教育培训计划和实施记录、食品良好操作规范考核制度和记录、仪器校验管理办法等。

②制造作业标准书。包括产品加工流程图、作业标准、机械操作及维护制度、配方材料标准、仓库标准和管理办法、运输标准和管理办法等。

③卫生管理标准书。包括环境卫生管理标准、人员卫生管理标准、厂房设施卫生管理标准、机械设备卫生管理标准、清洁和消毒用品管理标准。

(2) 资料审查

认证执行机构应于接受申请日起两星期内审查完毕，并将资料审查结果通知申请企业。审查未通过者，认证执行机构应以书面形式通知申请企业补正或驳回。审查通过者，由认证执行机构报请推行委员会安排现场评审作业。

(3) 现场评审

现场评审小组由主管部门相关领导、食品 GMP 认证执行机构代表和行业专家共同组成。现场评审主要从两方面对企业进行考察：企业与 GMP 有关的书面作业程序、标准、生产报表、记录报告等书面资料和企业 GMP 的实施状况；现场评审结束后，由现场评审小组行文告知评审结果，并告知认证执行机构。

(4) 产品检验

由认证执行机构人员进行企业抽样检验。各类产品的检验项目由食品 GMP 技术委员会拟定。取样数量以申请认证产品每单位包装净质量为依据，200 kg 以下者抽 10 件，201～500kg 抽 7 件，超过 500kg 抽 5 件。

抽样检验未通过者，由认证执行机构以书面形式通知改善，申请厂商应于改善后提出改善报告书，经认证执行机构确认改善完成后，方可申请复查检验，复查检验以一次为限。复查检验未通过者，从申请驳回通知 3 个月后才可重新申请，且应由资料审查重新办理。

(5) 确认

申请认证企业通过现场评审及产品检验，并将认证产品之包装标签样稿送请认证执行机构核对后，由认证执行机构编定认证产品编号，并附相关资料报请推行委员会确认。认证执行机构应将推行委员会确认结果告知推广倡导执行机构及申请认证企业。

(6) 签约

推广倡导执行机构于接获推行委员会通知申请新增认证企业通过确认函后 3d 内，函请申请认证企业于 1 个月内办妥认证合约书签约，企业逾期视同放弃认证资格。

食品 GMP 认证企业申请新增产品认证，应向认证执行机构申办，经产品检验合格及确认产品标签后，通知推广倡导执行机构办理签约手续，推广倡导执行机构接到通知后 3d 内，函请申请认证企业于 1 个月内办妥认证合约书签约，企业逾期视同放弃认证资格。

（7）授证

申请食品 GMP 认证工厂完成签约手续后，由推广倡导执行机构代理推行委员会核发"食品 GMP 认证书"。

（8）追踪管理

认证企业应于签约日起，依据"食品 GMP 追踪管理要点"接受认证执行机构的追踪查验。依认证企业的追踪查验结果，按食品 GMP 推行方案及本规章的相关规定，对表现优秀者给予适当的鼓励，对严重违规者，给予取消认证。

2. 食品 GMP 认证标识

食品 GMP 认证标识如图 7.4 所示。认证编号由 9 位数组成，1~2 号代表产品的类别，3~5 号代表工厂编号，6~9 号代表产品编号。

图 7.4　食品 CMP 认证标识

图中"OK"手势表示"安心"，代表消费者对认证产品的安全、卫生相当"安心"。笑颜表示"满意"，代表消费者对认证产品的品质相当"满意"。

任务三　食品卫生标准操作程序（SSOP）认证

一、SSOP 的起源与发展

SSOP 是卫生标准操作程序（Sanitation Standard Operation Procedure）的简称。SSOP 是食品生产企业为了保证达到 GMP 所规定的卫生要求，保证加工过程中消除不良的人为因素，使其所加工的食品符合卫生要求而制订的指导食品生产加工过程中如何实施清洗、消毒和卫生保持的作业指导文件。

20 世纪 90 年代，美国频繁爆发食源性疾病，造成每年 700 万人次感染和 7000 人死亡。调查数据显示，其中有大半感染或死亡的原因与肉、禽产品有关。这一结果促使美国农业部（USDA）重视肉、禽产品的生产状况，并决心建立一套涵盖生产、加工、运输、销售所有环节在内的肉禽产品生产安全措施，从而保障公众的健康。1995 年 2 月颁布的《美国肉、禽产品 HACCP 法规》中第一次提出了要求建立一种书面的常规可行程序——卫生标准操作程序

(SSOP)，确保生产出安全、无掺杂的食品。同年12月，美国FDA颁布的《美国水产品的HACCP法规》中进一步明确了SSOP必须包括的八个方面及验证等相关程序，从而建立了SSOP的完整体系。从此，SSOP一直作为GMP和HACCP的基础程序加以实施，成为完成HACCP体系的重要前提条件。

SSOP是食品加工厂为了保证达到GMP所规定要求，确保加工过程中消除不良的因素，使其加工的食品符合卫生要求而制订的，用于指导食品生产加工过程中如何实施清洗、消毒和卫生保持。SSOP的正确制订和有效执行，对控制危害是非常有价值的。企业可根据法规和自身需要建立文件化的SSOP。

SSOP与GMP是不同的。SSOP所要求的操作程序不一定是和食品产品的安全有关。GMP是工厂应该遵守的一系列程序和措施，确保食品不被掺杂。在生产工厂里，制订SSOP对应该考虑GMP，使两者结合实施。

SSOP是描述在工厂中使用的卫生程序；提供这些卫生程序的时间计划；提供一个支持日常监测计划的基础；鼓励提前做好计划，以保证必要时采取纠正措施；辨别趋势，防止同样问题再次发生；确保每个人，从管理层到生产工人都理解卫生(概念)；为雇员提供一种连续培训的工具；显示对买方和检查人员的承诺，以及引导厂内的卫生操作和状况得以完善提高。

二、SSOP的主要内容

SSOP的主要内容包括以下几个方面。

1. 与食品接触或与食品接触物表面接触的水(冰)的安全

生产用水(冰)的卫生质量是影响食品卫生的关键因素。对任何食品加工企业，首先要考虑的就是确保与食品接触或与食品接触面接触用水的安全卫生，并考虑非生产用水和污水处理的交叉污染问题。

(1) 水源

使用城市公共用水，要符合国家饮用水标准。使用自备水源要考虑：

①井水：周围环境、井深度、污水等因素对水的污染；②海水：周围环境、季节变化、污水排放等因素对水的污染；③对两种供水系统并存的企业应采用不同颜色管道，防止生产用水和非生产用水混淆。

(2) 标准

国家生活饮用水卫生标准GB5749-2006对水的要求有106项，其中水质常规微生物指标及限制为：总大肠菌群(MPN/100mL或CFU/100mL)不得检出，耐热大肠菌群(MPN/100mL或CFU/100mL)不得检出，大肠埃希氏菌(MPN/100mL或CFU/100mL)不得检出，菌落总数(CFU/100mL)、游离余氧、水管末端不低于0.05mg/L。

(3) 监控

无论城市公用水还是自备水源都必须充分有效地加以监控，有官方合格的证明后方可使用。

监控项目:余氯,微生物(总大肠菌群、耐热大肠菌群、大肠埃希氏菌、菌落总数)。

监测频率:①企业对水余氯监测每天1次,每次取样必须包括总出水口,一年内做完所有的出水口;②企业对水的微生物监测至少每月1次;③当地卫生部门对城市公共用水全项目每年至少1次,并有报告正本;④对自备水源检测频率要增加,一年至少2次。

取样方法:先对出水口进行消毒,放水5min后取样。

(4)设施

供水设施要完好,一旦损坏后就能立即维修好,管道的设计要防止冷凝水集聚下滴污染裸露的加工食品。

①防虹吸设备:水管离水面距离2倍水管直径,水管龙头应有真空排气阀,水管管道不应有死水区。

②洗手消毒水龙头为非手动开关。

③加工案台等工具有将废水直接导入下水道的装置。

④备有高压水枪。

⑤使用软水管要求由浅色、不易发霉的材料制成。

⑥有蓄水池(塔)的工厂,水池要有完善的防尘、防虫鼠措施清洗消毒。

(5)操作

清洗、解冻用流动水,清洗时防止污水飞溅。软水管使用不能拖在地面上,不能直接浸入水槽中。

(6)供水网络

工厂应保持详细的供水网络图,以便日常对生产供水系统管理与维护。供水网络图是质量管理的基础资料。

(7)污水排放

污水的处理:应符合国家环保部门的规定,符合防疫的要求,处理池地点的选择应远离生产车间。

废水排放设置:地面坡度1%~1.5%;案台等及下脚料盒(直接入沟);清洗消毒槽废水直接入沟;废水流向由清洁区向非清洁区;地沟加不锈钢篦子,与外界接口有水封防虫装置。

(8)生产用冰

直接与产品接触的冰必须采用符合饮用水标准的水制造,制冰设备和盛装冰块的器具,必须保持良好的清洁卫生状况,冰的存放、粉碎、运输、盛装等都必须在卫生条件下进行。防止冰与地面接触造成污染,食品生产用冰必须进行微生物检测。

(9)纠正措施

监控时发现加工用水存在问题,应终止使用这种水源。直到问题得到解决,另外必须对在这种不利条件下生产的所有产品进行隔离、评估。

(10)记录

水的监控、维护及其他问题处理都要记录、保持。

2. 食品接触面表面的清洁度

食品接触面是指接触人类食用的那些表面,以及在正常加工过程中会将水滴溅在食品或食品接触的表面上的那些表面。根据潜在的食品污染的可能来源途径,通常把食品接触面分为直接接触面和间接接触面。

常见的真接接触面:加工设备,工器具和台案,加工者的手/手套/工作服,包装材料。

常见的间接接触面:未经清洗消毒的冷库,车间、卫生间等门的把手,车间内电灯开关、垃圾箱、操作设备的按钮。

（1）食品接触面的材料要求

食品接触面的材料应:无毒（无化学渗出物）、不吸水、抗腐蚀、不生锈、表面光滑易清洗、不与清洁剂和消毒剂产生化学反应。不锈钢是最常用的较好的食品接触面。

通常应避免作为食品接触面的材料有:木材（考虑到微生物问题）、含铁金属（考虑到腐蚀问题）、黄铜（考虑到不耐腐蚀和产品质量问题）、镀锌金属（考虑到腐蚀和化学渗出问题）。注意:可能某些国家法规禁止在加工操作中使用这些材料作为食品接触面。

（2）设计、安装要求

食品接触面应设计和制造得易于清洁和消毒,表面光滑,无粗糙焊缝、破裂、凹陷,排水通畅且不易积累污物;始终保持完好的维修状态;在加工人员犯错误情况下不至造成严重后果;设备距墙面、地面、屋顶的空间适当。

（3）清洗消毒

食品接触面的清洁和消毒是控制病原微生物污染的基础。食品接触表面在加工前和加工后都应彻底清洁,并在必要时消毒。

清洗:去掉设备、工器具表面污物（微生物生长的营养物质）。

消毒:指消除或杀灭病原微生物及其他有害微生物。

①加工设备与工器具的清洗消毒。通常包括 5~6 个步骤:

清除（扫）→预冲洗→使用清洁剂（可能包括擦洗）→再冲洗→消毒→最后冲洗（如果使用化学方法消毒）。

a. 清扫。用刷子、扫帚等清除设备、工器具表面的食品颗粒和污物。

b. 预冲洗。用洁净的水冲洗被清洗器具的表面,除去清洗后遗留的微小颗粒。

c. 使用清洁剂。清洁剂的类型主要有普通清洁剂、碱、含氯清洁剂、酸、酶等。根据清洁对象的不同,选用不同类型的清洁剂。目前多数工厂使用普通清洁剂（用于手）和含氯清洁剂（用于工、器具）。

清洁剂的清洁效果与接触的时间、温度、物理擦洗等因素有关。一般来讲,清洁剂与清洁对象接触时间越长、温度越高,清洁对象表面擦洗得越干净,水中 Ca^{2+}、Mg^{2+} 离子越低,清洁的效果越好。如果擦洗不干净,残留有机物首先与清洁剂发生反应,进而降低其效力。水中

Ca^{2+}、Mg^{2+} 也可以与清洁剂发生反应,产生矿物质复合物的残留沉淀能固化食品污物,使其变得更加难以除去,进而影响清洁效果。

d.再冲洗。用流动的洁净的水冲去食品接触面上清洁剂和污物,要求接触面要冲洗干净,不残留清洁剂和污物,为消毒提供良好的表面。

e.消毒。应用允许使用的消毒剂,杀灭和清除物品上存在的病原微生物。在食品接触面清洁以后,必须进行消毒,除去潜在的病原微生物。消毒剂的种类很多,有含氯消毒剂、过氧乙酸、醋酸、乳酸等。目前,食品加工厂常用的是含氯消毒剂,如次氯酸钠溶液(见表7.2)。

消毒的方法通常为:浸泡、喷洒等。消毒的效果与食品接触表面的清洁度、温度、pH、消毒剂的浓度和时间有关。

表7.2 食品加工产中常用的消毒剂及其浓度

单位:mg/kg

消毒剂	食品接触面	非食品接触面	工厂用水
氯	100~200	400	3~10
碘	25	25	
季铵盐化合物	200	400~800	
二氧化氯	100~200	100~200	1~3
过氧乙酸	200	200~315	

f.最后清洗:消毒结束后,应用符合卫生要求的水对被消毒对象进行清洗,尽可能减少消毒剂的残留。

②工作服、手套的清洗消毒。工作服应由专用的洗衣房清洗和消毒(设施与生产能力相适应),不同清洁区域的工作服要分开清洗,存放工作服的房间设有臭氧、紫外线等设备,且干净、干燥和清洁。工作服每天必须清洗消毒,一般每个工人至少配备两套工作服。需要注意的是:工作服是用来保护产品的,而不是用来保护加工工人自己的衣服的。工人出车间、去卫生间必须脱下工作服、工作帽和工作鞋。更衣室和卫生间的位置应设计合理。

手套一般在一个班次结束后或中间休息时更换。手套不得使用线手套,手套清洗消毒后应储存在清洁的密闭容器中送到更衣室。

③空气消毒。紫外线照射法:每 $10m^2$~$15m^2$ 安装一盏30W紫外线灯,消毒时间不少于30min。温度低于20℃,高于40℃,湿度大于60%时,要延长消毒时间。紫外线灯由于所产生的紫外线穿透能力差,车间内一般不使用紫外线灯,紫外线灯主要适用于更衣室、厕所等。

臭氧消毒法:用臭氧发生器产生的臭氧进行消毒,一般消毒1h。适用于加工车间、更衣室等。

药物熏蒸法:用过氧乙酸、甲醛,每平方米10mL。适用于冷库、保温车。

④频率。

a.大型设备:每班加工结束之后

b. 工器具：根据不同产品而定。

c. 被污染后立即进行。

(4) 食品接触表面的监控

为确保食品接触表面的设计和安装便于卫生操作，维护和保养符合卫生要求，以便能及时充分地进行清洁和消毒，必须对食品接触表面进行监控。

①监控内容

食品接触表面的状况；清洁和消毒措施；消毒剂的类型和浓度；工作服清洁状况和保养状况。

②监控方法

视觉检查——感官检查食品接触表面是否清洁卫生，有无残留物；化学检查——主要检查消毒剂的浓度，消毒后的残留浓度，如用试纸测试次氯酸钠消毒液的浓度等；表面微生物检查，推荐使用平板计数，一般检查时间较长，可用来对消毒效果进行检验和评估。

③监控频率

根据被监控的对象的不同而不同，如设备是否锈蚀、设计是否合理，应每月检查一次，消毒剂的浓度应在使用前进行检查，视觉检查应在每天班前（工作服、手套）、班后清洗消毒后进行。

(5) 纠正措施

在检查发现问题时，应采取适当的方法及时纠正，如重新清洗消毒、检查消毒剂浓度、对员工进行培训等。

(6) 记录

记录包括卫生消毒记录、个人卫生控制记录、微生物检测结果报告、臭氧消毒记录、员工消毒记录等。

3. 防止交叉污染

交叉污染是通过食品加工者或食品加工环境把污染物转移到食品的过程。

(1) 交叉污染的来源

①企业选址、设计、车间工艺布局不合理

企业由于选址、设计上的失误，建在环境有污染的地方，厂区附近有医院、制药厂、水泥等污染源，地下水可能被污染。车间设计上不合理、清洁区与非清洁区界限不明确，可能造成产品交叉污染。

②生、熟产品未分开

生的食品含有引起食品腐败的微生物，也可能含病原微生物，导致人类患病，这些微生物可能直接来自于动植物生长过程，也可能是初加工后发生的污染。加工中如果生的食品与熟的食品不能严格分开，生的食品上所带的病原微生物就有可能污染熟的食品，所以要采取措施防止熟的或即食的食品被生的食品、加工生的食品接触表面、加工生的食品的员工污染。

③加工工人个人卫生不良及卫生操作不当

加工人员的手、工作服不清洁，可能导致污染产品。员工的不良习惯，如随地吐痰，对着产品打喷嚏，吃零食，戴首饰，进车间、入厕后不按规定秩序洗手消毒，生区和熟区人员来回串岗等都可能对产品造成污染。

(2) 交叉污染的预防

①企业的选址、设计、周围环境不造成污染

在车间设计上应根据不同的产品、不同的生产加工工艺，从原料到初级加工、精加工、冷冻、包装贮藏环节，由非清洁区到准清洁区，再到清洁区来合理安排车间布局。初加工、精加工、成品包装分开。原料库与成品库分开。

②车间布局

生、熟产品分开，明确人流、物流、水流、气流的方向。

人流——从高清洁区到低清洁区，且不能来回串岗；

物流——不造成交叉污染，可用时间、空间间隔；

水流——从高清洁区到低清洁区；

气流——从高清洁区到低清洁区，正压排气。

③加工人员的卫生控制

生产加工人员应具有良好的卫生习惯，进入车间、入厕后应严格按照洗手消毒程序进行洗手消毒。所有直接与食品、食品接触表面及食品包装物料接触的人都应遵守卫生规范，工作中应尽可能地避免食品污染。

④防止加工中的交叉污染。

在加工过程中还应确保：车间内使用的工器具、设备应及时清洗；食品和盛放食品的容器不能落地，不同区域使用的工器具、容器，工作服应用显著的标识(如颜色、形状等)加以区分，并保证不随意流动；内包装材料使用前应进行必要的消毒处理；保持重复使用的水及各种食品组分的清洁；直接加入成品(特别是熟的成品)的辅料必须事先经过处理。

(3) 交叉污染的监控

预防来自不卫生的物体污染食品、食品包装材料和其他食品接触表面导致的交叉污染。其范围包括从工器具、手套、工作服和生的食品到熟制食品或即食食品。

①指定人员应在开工时或交班时及在工作期间定期进行监控，确保所有卫生控制计划中的加工活动按要求进行，包括生的产品加工区域与熟制或即食食品的分离和员工个人清洁卫生，衣着适当。

②如果员工在生的加工区域活动，那么他们在进入熟食区时，必须进行手的清洗和消毒。

③当员工由一个区域到另一个区域时，还应当清洗鞋、靴或采取其他的控制措施。

④当设备、工器具或运输工器具由生的产品加工区移向熟制或即食产品的加工区域时，也应进行清洁、消毒。

⑤产品贮藏区域(如冷库)应每日检查,以确保熟制和即食产品与生的产品完全分开。通常可在生产过程中或班后进行检查。

(4)纠正措施

对任何可能导致交叉污染的状况应及时采取纠正措施,从而避免食品和食品接触表面的潜在污染。采取的纠正措施包括:必要时停产,直到问题被纠正;采取步骤防止再发生污染;评估产品的安全性,如有必要,改用、再加工或弃用受影响的产品;记录采取的改正措施。

(5)记录

记录包括员工卫生检查记录、每日卫生监控记录、纠正措施记录、培训记录等。

4. 手清洁、消毒和卫生间设施的维护

员工在处理食品、接触食品包装材料及食品接触面时,应进行手部清洗和消毒。如果手在处理食品前没经过清洗、消毒,那么它们很有可能成为致病微生物主要来源或者对产品造成化学污染。食品企业必须建立一套行之有效的手部清洗程序。为防止企业里污物扩散和致病微生物的传播,卫生间设施的维护是手部清洗程序的必要部分。

(1)洗手消毒与卫生间设施

①洗手消毒设施

车间入口处设有与车间内人员数量相适应的洗手消毒设施。洗手水龙头配制比例为每10人1个,200人以上的每增加20人增设1个。

洗手水龙头必须为非手动开关。洗手处有皂液盒。有温水供应,水温以43℃为宜。有盛放手消毒液的容器,应与使用人数相适应并合理放置,以方便使用。

干手用品应为不导致交叉污染的物品,如一次性纸巾、干手器等。

车间内适当的位置应设置足够数量的洗手消毒设施,以便于员工在操作过程中定时洗手消毒,或在弄脏手后能及时洗手。

②卫生间设施

卫生间的位置应与车间连接,卫生间的门不能直接开向加工作业区。卫生间的墙壁、地面和门窗应该用浅色、易清洗消毒、耐腐蚀、不渗水的材料建造,并配有冲水、洗手消毒设施,防蝇设施齐全,通风良好。卫生间的数量与加工人员相适应。

(2)洗手消毒程序

进车间洗手的程序为:工人更换工作服→换鞋→清水洗手→用皂液或无菌皂洗手→清水冲净皂液→0.05mL/L 的次氯酸钠溶液浸泡30秒→清水冲洗→干手(干手器或一次性纸巾)。

入厕程序为:工人更换工作服→换鞋→入厕→冲厕→清水洗手→用皂液或无菌皂洗手→清水冲净皂液→0.05mL/L 的次氯酸钠溶液浸泡30秒→清水冲洗→干手(干手器或一次性纸巾)→换工作服→换鞋→洗手消毒进入工作区域。

应根据不同的操作和不同的加工产品规定不同的洗手消毒频率。如每次进入车间时、上完卫生间后;咳嗽、打喷嚏、吸烟后、吃完东西或喝完饮料之后;产品前处理期间,若需要去除内脏及污染物;在处理完脏的设备和工器具后等均需要进行及时的洗手消毒。

(3)手清洗消毒与卫生间设施维护的监控

员工进入车间、入厕后应设专人随时监督检查洗手消毒情况。生产区域、卫生间和洗手间的洗手设施每天至少检查一次,确保处于正常使用状态,并配备有温检测水、皂液、一次性纸巾等设施。定期检测消毒液的浓度。化验室定期做表面样品检验。

对于卫生间设施状况的检查,要求每天开工前至少检查一次,保证卫生间设施的正常使用,并经常打扫保持清洁卫生,以免造成污染。

(4)纠正措施

当卫生间和洗手设施卫生用品维护不当或缺少时,应马上修理或补充卫生用品;若手部消毒液浓度不适宜,则将其倒掉并配置新消毒液,修理不能正常使用的卫生间;当不良情况出现时,记录所进行的纠正措施。

(5)记录

记录包括每日卫生控制记录、消毒液浓度记录、纠正记录等。

5. 防止外来污染物污染

在加工过程中,应防止食品、食品包装材料和食品接触表面被各种微生物的、化学的和物理的污染物污染。

(1)外部污染产生的原因

①有毒化学物的污染

食品生产中的非食品级润滑油可能导致产品污染,因为它们有可能含有有毒物质;用于控制企业内虫鼠害的杀虫剂和灭鼠剂有可能污染产品;不恰当地使用(如直接的喷洒或间接的烟雾作用)清洁剂和消毒剂可能会导致产品污染。

②冷凝水产生的污染

冷凝水中可能含有致病菌、化学残留物和污染物,导致产品被污染;缺少适当的通风会导致冷凝水滴落到产品、食品接触表面和包装材料上。

在不可能接触到食品的区域(如已包装好产品的冷库)里的冷凝水,不需要列入卫生监控。

③无保护装置的照明设备、不卫生的包装材料、死水导致的污染。

(2)如何控制外部污染

①企业的设计应考虑外部污染问题

车间要相对封闭,正压排气,加工状况应考虑人流方向、设备的布局设计、物流方向以及通风控制,地面平整不积水,车间使用防爆灯,对外的门设置挡鼠板,车间内使用臭氧发生器消毒等。

②冷凝水

它可以导致外部污染,其控制措施如下:良好的通风,进风量要大于排风量;车间温度控制;将热源(如蒸柜、漂烫、杀菌等)单独设房间,集中排风;顶棚呈圆弧形。

③包装物料与贮藏库

包装物料要专库存放,干燥清洁、通风、防霉,内外包装要分别存放,上有盖布下有垫板,并设有防虫鼠设施。内包装进厂要进行微生物检测。贮藏库要保持卫生,不同产品、原料与成品应分别存放。化学品应正确使用和妥善保管。对工器具消毒后应用清水冲洗干净,以防消毒剂残留。

(3)外部污染的监控

任何可能污染食品或食品接触表面的外部污染物,如有毒化合物、不卫生的水(包括不流动的水)和不卫生的表面所形成的冷凝水,建议在开始生产时及工作时间每4小时检查一次。

(4)纠正措施

对于任何可能导致产品污染的行为应该及时加以纠正,从而避免对食品、食品接触表面或食品包装材料造成的污染。

纠正措施包括:除去不卫生表面的冷凝物;调节空气流通和房间温度以减少凝结;安装遮盖物以防止冷凝物落到食品、包装材料或食品接触表面上;清扫地面,清除地面上的积水;清洗因疏忽暴露于化学污染物的食品接触表面;在非产品区域操作有毒化合物时,设立遮挡物以保护产品;丢弃没有标签的化学品;评估由于不恰当使用有毒化合物所产生的影响,以评估食品是否被污染;加强对员工的培训,纠正不正确的操作。

(5)记录

记录包括每日卫生监控记录等。

6.有毒化合物的处理、贮存和使用

食品加工企业使用的化学物质包括清洁剂、消毒剂、灭鼠剂、杀虫剂、润滑剂、添加剂等。在使用这些化学物质时应按产品说明书使用,做到正确标记、使用和贮藏,否则可能导致产品污染。

(1)有毒化合物的种类

①清洁剂、消毒剂,如洗洁净、次氯酸钠、95%酒精、过氧乙酸等。

②灭鼠剂、杀虫剂,如灭害灵等。

③润滑剂,如润滑油等。

④化验室药品,如甲醇、氰化钾等。

⑤添加剂,如亚硝酸盐、磷酸盐等。

(2)有毒化合物的标记、贮藏和使用

应编写有毒、有害化学物质一览表。原包装容器的标签必须明确制造商、使用说明和批准文号、容器中的试剂或溶液名称。工作容器标签必须标明容器中试剂或溶液名称、浓度、使用说明,并注明有效期。所使用的有毒化合物应有主管部门批准生产、销售和使用说明、主要成分、毒性、使用浓度和注意事项和正确使用方法等。

建立有毒化合物的购买、领用、配制、使用制度,由经过培训的专人负责,填写领用、配制、使用记录,使全过程处在受控状态。

建立有毒化合物的贮藏要设单独的区域、封闭上锁。食品级化合物应与非食品级化合物分开存放。存放过清洁剂、消毒剂的容器不能用于存放食品。

(3)有毒化学物品的监控

监控有毒化合物是否被正确标记、贮藏和使用。经常检查以确保符合要求,建议每天至少检查1次,加工过程中随时注意有毒化合物的标记、贮藏和使用情况。

(4)纠正措施

纠正措施包括将存放错误的有毒化合物转移到规定区域;将标签不全的化合物退还给供应商;对于不能正确辨认内容物的工作容器重新标记;不使用不合适或已损坏的工作容器;评估不正确使用有毒化合物造成的影响;对保管、使用人员的培训。

(5)记录

记录包括化合物使用控制记录,消毒液浓度配制记录,清洗剂,消毒剂领用记录,实验室培养基配制记录等。

7. 雇员的健康状况

食品加工者(包括检验人员)是直接接触食品的人,其身体健康及卫生状况直接影响食品卫生质量。管理好患病或有外伤或其他身体不适的员工,他们可能成为食品的微生物污染源。对员工的健康要求一般包括:

(1)不得患有有碍食品卫生的传染病(如肝炎、结核等);不能有外伤、化妆、佩戴首饰和带入个人物品;必须具备工作服、帽、口罩、鞋等,并及时洗手消毒。

(2)应持有效的健康证,制订体检计划并设有体验档案,包括所有和加工有关的人员及管理人员,应具备良好的个人卫生习惯和卫生操作习惯。

(3)涉及到有疾病、伤口或其他可能成为污染源的人员要及时隔离。

(4)食品生产企业应制订卫生培训计划,定期对加工人员进行培训,并记录存档。

8. 害虫的灭除和控制

害虫主要包括中啮齿类动物、鸟和昆虫等携带某种人类病原菌的动物。通过害虫传播的食源性疾病的数量巨大,因此虫害的防治对食品加工厂是至关重要的。害虫的灭除和控制包括加工厂(主要是生区)全范围,甚至包括加工厂周围,重点是厕所、下脚料出口、垃圾箱周围、食堂、贮藏室等。食品和食品加工区域内保持卫生对控制害虫至关重要。

去除任何产生昆虫、害虫的滋生地,如废物、垃圾堆积场地、不用的设备、产品废物和未除尽的植物等的清除是减少吸引害虫的因素。安全有效的害虫控制必须由厂外开始。厂房的窗、门和其他开口,如开的天窗、排污洞和水泵管道周围的裂缝等能进入加工设施区。采取的主要措施包括:清除滋生地和预防进入的风幕、纱窗、门帘,适宜的挡鼠板、反水弯等;还包括产区用的杀虫剂、车间入口用的灭蝇灯和粘鼠胶、捕鼠笼等。但不能用灭鼠药。

家养的动物,如用于防鼠的猫和用于护卫的狗或宠物不允许在食品生产和贮存区域。由这些动物引起的食品污染构成了同动物害虫引起的类似风险。

9. 卫生监控与记录

在食品加工企业建立了标准卫生操作程序之后,还必须设定监控程序,实施检查、记录和纠正措施。企业设定监控程序时描述如何对SSOP的卫生操作实施监控,必须指定何人、何时及如何完成监控。对监控要实施,对监控结果要检查,对检查结果不合格者还必须采取措施予以纠正。

对以上所有的监控行动、检查结果和纠正措施都要记录,通过这些记录说明企业不仅遵守了SSOP,而且实施了适当的卫生控制。食品加工企业日常的卫生监控记录是工厂重要的质量记录和管理资料,应使用统一的表格,并归档保存。

(1) 水的监控记录

生产用水应具备以下几种记录和证明:

① 每年1~2次由当地卫生部门进行的水质检验报告。

② 自备水源的水池、水塔、贮水罐等有清洗消毒计划和监控记录。

③ 食品加工企业每天1次对生产用水进行细菌总数、大肠菌群的检验记录。

④ 每日对生产用水的余氯检验记录。

⑤ 生产用或直接接触食品的冰,如果自行生产者,应具有生产记录。记录生产用水和工器具的卫生状况;如是向冰厂购买者,应具备冰厂生产冰的卫生证明。

⑥ 申请向国外注册的食品加工企业需根据注册国家要求项目进行监控检测并加以记录。

⑦ 工厂供水网络图(不同供水系统,或不同用途供水系统用不同颜色表示)。

(2) 表面样品的检测记录

表面样品是指与食品接触表面,例如加工设备,工器具,包装物料,加工人员的工作服、手套等。这些与食品接触的表面的清洁度直接影响食品的安全与卫生,可验证食品清洁消毒的效果。

表面样品检测记录包括:

① 加工人员的手(手套)、工作服。

② 加工用案台桌面、刀、筐、砧板。

③ 加工设备如去皮机、凝冻机等。

④ 加工车间地面、墙面。

⑤ 加工车间、更衣室的空气。

⑥ 内包装物料。

检测项目为细菌总数、沙门氏菌及金黄色葡萄球菌。经过清洁消毒的设备和工器具食品接触面细菌总数低于100个$/cm^2$为宜,对卫生要求严格的工序,应低于10个$/cm^2$,沙门氏菌及金黄色葡萄球菌等致病菌不得检出。对于车间空气的洁净程度,可通过空气暴露法进行检验。

(3) 交叉污染的检查纠偏记录

预防来自不卫生的物体污染、食品包装材料和其他食品接触面,导致的交叉污染,其范围包括从生产工具、外衣、生的食品到熟的食品。检查纠偏记录应记录监督的时间及由何人实施。记录应描述卫生监督员观察到不满意状况时采取的纠正措施。

(4) 手清洗及卫生间设施的监控记录

①洗手间、洗手池和厕所设施的状况及其位置。

②手部消毒间、消毒池和洗手消毒液的状况,与浓度。

③修理不能使用的厕所。

(5) 有毒物的标记、贮藏和使用的监控记录

食品加工企业使用的化学药品有消毒剂、灭虫药物、食品添加剂、化验室使用化学药品以及润滑油等。使用化学药品必须具备以下证明及记录:

①购置化学药品具备卫生部门批准允许使用证明。

②贮存保管登记。

③领用记录。

④配制使用记录。

(6) 雇员的健康与卫生检查记录

食品加工企业的雇员,尤其是生产人员,是食品加工的直接操作者,其身体的健康与卫生状况,直接关系到食品的卫生质量。因此食品加工企业必须严格对生产人员,包括从事质量检验工作人员的卫生管理。对其检查记录包括:

①生产人员进入车间前的体检记录。检查生产人员工作服、鞋帽是否穿戴正确;检查是否化妆、头发外露、手指甲修剪等;检查个人卫生是否清洁、有无外伤,是否患病等;检查是否按程序进行洗手消毒等。

②食品加工企业必须具备生产人员健康检查合格证明及档案。

③食品加工企业必须具备卫生培训计划及培训记录。

(7) 卫生监控与检查纠偏记录

食品加工企业应为生产创造一个良好的卫生环境,才能保证食品是在适合食品生产条件下及卫生条件下生产的,才不会出现掺假食品。

①卫生监控。食品加工企业应注意做好以下几个方面的工作:

a. 保持工厂道路的清洁,经常打扫和清洗路面,可有效地减少厂区内飞扬的尘土。

b. 清除厂区内一切可能聚集、滋生蚊蝇的场所,生产废料、垃圾要用密封的容器运送,做到当日废料、垃圾当日及时清除出厂。

c. 实施有效的灭鼠措施,绘制灭鼠图,不宜采用药物灭鼠。

②食品加工企业的卫生执行与检查纠偏记录包括:

a. 工厂灭虫灭鼠及检查、纠偏记录（包括生活区）。

b. 厂区的清扫及检查、纠偏记录（包括生活区）。

c. 车间、更衣室、消毒间、厕所等清扫消毒及检查纠偏记录。

三、SSOP 的制订

食品加工企业应按照 SSOP 的八个重要方面（可视情况增加内容），结合本企业的实际情况制订具体的 SSOP。

（1）制订 SSOP 的要求

为了保证卫生要求的实施，企业需起草本企业的卫生标准操作程序，即 SSOP 计划。SSOP 计划应由食品生产企业根据卫生规范及企业实际情况编写，尤其应充分考虑到其实用性和可操作性，注意对执行人所执行的任务提供足够详细的内容。SSOP 计划一般应包含：监控对象、监控方法、监控频率、监控人员、纠偏措施及监控、纠偏结果的记录要求等内容。

书面 SSOP 计划的建立会受到官方执法部门或第三方认证机构的鼓励和督促。SSOP 计划从文件组成上讲，一般包括以下三方面。

第一个方面，明确 5 个（或更多）方面的要求和程序。

① 明确每一个方面应达到的要求或目标；

② 达到目标和要求所需的硬件设施和物资；

③ 实现目标的责任部门和人员，以及执行情况的检查、纠正、记录和分工；

④ 实施的时间；

⑤ 实施指南。

第二个方面，对每一个环节制订作业指导书。例如，CIP 系统的清洗，内包装物的杀菌和消毒，消毒剂种类的选择，消毒剂的配制。在作业指导书中应写明所针对具体过程的实现目标，需要的物资、责任人、实施的具体步骤、如何检查、如何纠正、如何记录。作业指导书编写的目的是让每一位责任人看到作业指导书后，就知道自己应该干什么，执行的时机，如何执行，所应达到的要求。

第三个方面，执行、检查和纠正记录。记录必须包括预先设计好的各种表格，包括执行记录表、监控和检查记录表、纠正记录表、员工培训记录表。记录格式的设计必须符合操作实际，即具有可操作性；记录栏目的内容必须能反映出事情的客观实际，有具体数据的地方应记录具体数据。

SSOP 文件可以由以下四个方面组成：SSOP 的要求和实施程序、SSOP 的监控程序、SSOP 的纠正措施及 SSOP 相关记录。

（2）SSOP 的要求和实施程序

SSOP 内容应包括对 SSOP 的每个方面的应达到的要求和目标，需要的硬件设施和条件，具体的实施程序和步骤。

（3）SSOP 的监控程序

在建立 SSOP 之后,企业还必须制定监控程序。企业在制定监控程序时,应描述如何对 SSOP 的卫生操作实施监控,必须制订何人、何时及如何完成监控。企业一旦建立了监控程序就要按 SSOP 中的规定实施监控并记录结果。

监控程序应该包括:

①实行了什么程序和规范,如何实行。

②由谁对实施卫生程序负责。

③实施卫生操作的频率和地点。

④建立卫生计划的监控记录。

(4)SSOP 的纠正措施

企业必须制订纠正措施。如果通过监控显示发生偏离,则必须按照预先制定好的纠正措施进行纠正并记录。简单地说,如果卫生不合格的状况发生了,就必须采取措施以纠正这种情况。

(5)SSOP 相关记录

SSOP 中必须包括预先设计好的各种记录表格,包括执行记录表、监控和检查记录表、纠正记录表等。

卫生计划中的监控和纠正措施的记录说明企业不仅遵守 SSOP,而且实施了适当的卫生控制。另外,通过记录也可以发现存在的问题,还可以显示出卫生计划中需要改进的地方。

食品加工企业日常的卫生监控记录是工厂重要的质量记录和管理资料,应使用统一的表格,并归档保存。

SSOP 各个方面的内容应该是具体的、具有可操作性的,并与企业的基础设施和加工品种相适应,与企业的 HACCP 计划相配合,以有效地控制产品的卫生安全质量。

任务四 ISO22000 的认证

一、ISO22000 的起源和发展

ISO22000 即 Food Safety Management——Requirement for any organization in food chain,中文名为"食品安全管理体系——食品链中各类组织的要求"。

随着经济全球化的快速发展,各国政府所关心的最重要的问题是:从他国进口的食品对消费者健康是否安全,是否威胁动植物的健康和安全。为了保护本国消费者的安全,各食品进口国政府纷纷制订强制性的法律、法规或标准来消除或降低这种威胁,但是,各国的法规特别是标准繁多且不统一,使食品生产加工企业难以应对,妨碍了食品国际贸易的顺利进行。不仅如此,人们还有理由担心,这种各自为政的标准很有可能成为隐藏的贸易壁垒。由于贸易的国际化和全球化,基于 HACCP 原理,开发一个国际标准也成为各国食品行业的强烈需求。

ISO22000 采用了 ISO9000 标准体系结构,将 HACCP 原理作为方法应用于整个体系,明确了危害分析作为安全食品实现策划的核心,并将国际食品法典委员会(CAC)所制订的预备步骤中的产品特性、预期用途、流程图、加工步骤、控制措施和沟通作为危害分析及其更新的输入,同时将 HACCP 计划及其前提条件——前提方案动态、均衡地结合。

ISO22000 是国际标准化组织制订的,国际上通用的食品安全管理体系标准。它克服了不同国家在应用 HACCP 原理时认识上的差异,为全球提供了一个统一的、有效的控制食品安全危害的科学标准。

ISO22000:2005 标准《食品安全管理体系——对食物链中任何组织的要求》于 2005 年 9 月 1 日已经正式发布。ISO 22000 是基于 CAC 在《食品卫生通则》附件,以危害分析及关键控制点 HACCP 体系及实施指南》为原理的食品安全管理体系标准。该标准的颁布将取代目前各国存在的大多数食品安全管理标准,中国也将 ISO 22000 转化为国家标准,并于 2006 年 3 月 1 日发布了 GB/T 22000-2006《食品安全管理体系——食品链中各类组织的要求》。ISO 22000:2005 标准也将使目前存在过多的食品安全管理体系认证统一到一个标准之下。

二、ISO 22000 食品安全管理体系的要求

(1)总要求

组织应按本标准的要求建立有效的食品安全管理体系,并形成文件,加以实施和保持,必要时进行更新。组织应确定食品安全管理体系的范围。该范围应规定食品安全管理体系中所涉及的产品或产品类别、过程和生产场地。组织应做到:①确保在体系范围内合理预期发生的与产品相关的食品安全危害得到识别和评价,并以组织的产品不直接或间接伤害消费者的方式加以控制;②在整个食品链内沟通与产品安全有关的适宜信息;③在组织内就有关食品安全管理体系建立、实施和更新进行必要的信息沟通,以确保满足本标准的要求的食品安全;④对食品安全管理体系定期评价,必要时进行更新,确保体系反映组织的话动,并纳入有关需控制的食品安全危害的最新信息。

组织应确保控制所选择的任何可能影响终产品符合性且源于外部的过程,并应在食品安全管理体系中加以识别,形成文件。

(2)文件要求

①形成文件的食品安全方针和相关目标的声明;

②本标准要求的形成文件的程序和记录;

③组织为确保食品安全管理体系有效建立、实施和更新所需的文件。

三、ISO22000 食品安全管理体系的管理职责

1. 管理承诺

最高管理者应通过以下活动,对其建立、实施食品安全管理体系并持续改进其有效性的承诺提供证据。

(1)表明组织的经营目标支持食品安全;
(2)向组织传达满足与食品安全相关的法律法规、本标准以及顾客要求的重要性;
(3)制订食品安全方针;
(4)进行管理评审;
(5)确保资源的获得。

2. 食品安全方针

最高管理者应制订食品安全方针,形成文件并对其进行沟通。最高管理者应确保食品安全方针:①与组织在食品链中的作用相适应;②符合与顾客商定的食品安全要求和法律法规的要求;③在组织的各层次进行沟通、实施并保持;④在持续适宜性方面得到评审;⑤充分阐述沟通;⑥由可测量的目标来支持。

3. 食品安全管理体系策划

最高管理者应确保:对食品安全管理体系进行策划,满足以及支持食品安全的组织目标要求;在对食品安全管理体系的变更进行策划和实施时,保持体系的完整性。

4. 职责和权限

最高管理者应确保规定各项职责和权限并在组织内进行沟通,以确保食品安全管理体系有效运行和保持。所有员工有责任向指定人员报告与食品安全管理体系有关的问题。指定人员应有明确的职责和权限,以采取措施并予以记录。

5. 食品安全小组组长

组织的最高管理者应任命食品安全小组组长,无论其在其他方面的职责如何,应具有以下方面的职责和权限:管理食品安全小组,并组织其工作;确保食品安全小组成员的相关培训和教育;确保建立、实施、保持和更新食品安全管理体系;向组织的最高管理者报告食品安全管理体系的有效性和适宜性。

6. 沟通

(1)外部沟通

为确保在整个食品链中能够获得充分的食品安全方面的信息,组织应制订、实施和保持有效的措施、以便与下列各方进行沟通:①供方和承包方;②顾客或消费者,特别是在产品信息(包括预期用途、特定贮存要求以从保质期从适宜时含保质期的说明书)、问询、合同或订单处理及其修改,以及顾客反馈信息反馈;③主管部门;④对食品安全管理体系的有效性或更新产生的影响,或将受其影响的其他组织。这种沟通应提供组织的产品在食品安全方面的信息,这些信息可能与食品链中其他组织相关;特别是来自顾客和主管部门的食品安全要求,制订人员应有规定的职责和权限,进行有关产品安全信息的对外沟通。通过外部沟通获得的信息应作为体系更新和管理评审的输入。

(2)内部沟通

组织应建立、实施和保持有效的安排,以便与有关人员就影响食品安全的事项进行沟通。

为保持食品安全管理体系的有效性,组织应确保食品安全小组及时获得变更的信息,例如,包括但不限于以下方面:①产品或新产品;②原料、辅料和服务,生产系统和设备;③生产场所,设备位置,周边环境;④清洁和卫生方案;⑤包装、贮存和分销系统;⑥人员资格水平和(或)职责及权限分配;⑦法律法规及有关标准要求,与食品安全危害和控制措施有关的知识;⑧组织遵守顾客、行业和其他要求,来自外部相关方的有关问询;⑨表明与产品有关的食用安全危害的抱怨;⑩影响食品安全的其他条件。

7. 应急准备和响应

最高管理者应建立、实施并保持程序,以管理影响食品安全的潜在紧急情况和事故,并应与组织在食品链中的作用相适宜。

8. 管理评审

最高管理者应按策划的时间间隔评审食品安全管理体系,以确保其持续的适宜性、充分性和有效性。评审应包括评价食品安全管理体系改进的机会和变更的需求,包括食品安全方针。管理评审的记录应予以保存。

四、安全产品的策划和实现

1. 总则

组织应策划和开发实现安全产品所需的过程。组织应实施、运行所策划的活动及其更改,并确保其有效;这些活动和更改包括前提方案以及操作性前提计划和(或)HACCP 计划。

2. 前提方案(PRPs)

(1)组织应建立、实施和保持前提方案(PRPs),以助于控制以下方面:食品安全危害通过工作环境引入产品的可能性;产品的生物性、化学性和物理性污染,包括产品之间的交叉污染;产品和产品加工环境的食品安全危害水平。

(2)前提方案(PRPs)应具备:①与组织在食品安全方面的需求相适应;②与组织运行的规模和类型、制造和(或)处置的产品性质相适宜;③无论是普遍适用还是适用于特定产品或生产线,前提方案都应在整个生产系统中实施;④获得食品安全小组的批准。

组织应识别与以上相关的法律法规要求。

(3)当选择和(或)制定前提方案(PRPs)时,组织应考虑和利用适当信息(如法律法规要求、顾客要求、公认的指南、国际食品法典委员会的法典原则和操作规范,国家、国际或行业标准),应对前提方案的验证进行策划,必要时应对前提方案进行更改。应保持验证和更改的记录。文件应规定如何管理前提方案中所包括的活动。

3. 实施危害分析的预备步骤

(1)总则

应收集、保持和更新实施危害分析需要的所有相关信息、形成文件,并保持记录。

(2)食品安全小组

应任命食品安全小组。食品安全小组应具备多学科的知识和建立与实施食品安全管理体系的经验。这些知识和经验包括但不限于组织的食品安全管理体系范围内的产品、过程、设备和食品安全危害。应保持记录,以证实食品安全小组具备所要求的知识和经验。

(3)产品特性

①原料、辅料和与产品接触的材料

应在文件中对所有原料、辅料和与产品接触的材料予以描述,其详略程度应足以实施危害分析所需。适用时,包括以下方面:化学、生物和物理特性;配制辅料的组成,包括添加剂和加工助剂;产地;生产方法;包装和交付方式;贮存条件和保质期;使用或生产的预处理;与采购材料和辅料预期用途相适宜的有关食品安全的接收准则或规范。组织应识别与以上方面有关的食品安全法律法规要求。上述描述应保持更新,包括需要时按照要求进行的更新。

②终产品特性

终产品特性应在文件中予以描述,其详略应反映足以进行危害分析,适用时,包括以下方面的信息:产品名称或类似标识;成分;与食品安全有关的化学、生物和物理特性;预期的保质期和贮存条件;包装;与食品安全有关的标识,和(或)处理、制备及使用的说明书;分销方式。组织应确定与以上方面有关的食品安全法规要求。

上述描述应保持更新,需要时,包括按要求进行的更新。

(4)预期用途

应考虑终产品的预期用途和合理的预期处理,以及非预期但可能发生的错误处置和误用,并将其在文件中描述,其详略程度应足以实施危害分析所需。应识别每种产品的使用群体,适宜时,应识别其消费群体;并考虑对特定食品安全危害易感的消费群体。

上述描述应保持更新,需要时,包括按要求进行的更新。

(5)流程图、过程步骤和控制措施

①流程图

应绘制食品安全管理体系所覆盖产品或过程类别的流程图。流程图应为评价可能出现、增加或引入的食品安全危害提供基础。流程图应清晰、准确和足够详尽。适宜时,流程图应包括:操作中所有步骤的顺序和相互关系;源于外部的过程和分包工作;原料、辅料和中间产品投入点;返工点和循环点;终产品、中间产品和副产品放置点及废弃物的排放点。

食品安全小组应通过现场核对来验证流程图的准确性。经过验证的流程图应作为记录予以保存。

②过程步骤和控制措施的描述

应描述现有的控制措施、过程参数和(或)其实施的严格程度,或影响食品安全的程序,其详略程度足以实施危害分析所需。还应描述可能影响控制措施的选择及其严格程度的外部要求(如来自顾客或主管部门的要求)。

4.危害分析

(1)总则

食品安全小组应实施危害分析,以确定需要控制的危害,确定为确保食品安全所要求的控制程度,并确定所要求的控制措施组合。

(2)危害识别和可接受水平的确定

①应识别并记录与产品类别、过程类别和实际生产设施相关的所有合理预期发生的食品安全危害。识别应基于以下方面:收集的预备信息和数据;经验;外部信息,尽可能包括流行病学和其他历史数据;来自食品链中,可能与终产品、中间产品和消费食品的安全相关的食品安全危害信息;应指出可能引入每一食品安全危害的步骤(如原料、加工和分销步骤)。

②在识别危害时,应考虑:特定操作的前后步骤;生产设备、设施/服务和周边环境;在食品链中的前后关联。

③针对每个识别的食品安全危害,只要可能,应确定终产品中食品安全危害的可接受水平。确定的水平应考虑已发布的法律法规要求、顾客对食品安全的要求、顾客对产品的预期用途以及其他相关数据。确定的依据和结果应予以记录。

(3)危害评价

应对每种已识别的食用安全危害进行危害评估,以确定消除危害或将危害降至可接受水平;是否为生产安全食品所必需;以及是否需要将危害控制到规定的可接受水平。

应根据食品安全危害造成不良健康后果的严重性及其发生的可能性,对每种食品安全危害进行评价。应描述所采用的方法,并记录食品安全危害评估的结果。

(4)控制措施的选择和评价

基于的危害评价,应选择适当的控制措施组合,使食品安全危害得到预防、消除或降低至规定的可接受水平。在选定的组合中,应对每个控制确定的食品安全危害的有效性进行评审,应对所选择的控制措施进行分类,以决定其是否需要通过操作性前提方案或 HACCP 计划进行管理。

选择和分类应使用包括评价以下方面的逻辑方法:相对于应用强度,控制措施对确定的食品安全危害的控制效果;对控制措施进行监视的可行性(如适时监视以便于立即纠正的能力);相对其他控制措施,该控制措施在系统中的位置;控制措施作用失效的可能性或过程发生显著变异的可能性;一旦控制措施的作用失效,结果的严重程度;控制措施是否适合针对性地建立并用于消除成品或降低危害水平;协同效应(即两个或更多措施作用的组合效果优于每个措施单独效果的总和)。

5. 操作性前提方案的建立

操作性前提方案(OPRPs)应形成文件,其中每个方案应包括如下信息:由每个方案控制的食品安全危害;控制措施;监视程序,以证实实施了操作性前提方案(OPRPs);当事件显示操作性前提方案失控时,所采取的纠正和纠正措施;职责和权限;监视的记录。

6. HACCP 计划的建立(见 HACCP 部分)

7. 预备信息的更新、规定前提方案和 HACCP 计划文件的更新制订操作性前方案和（或）HACCP 计划后，必要时，组织应更新如下信息：产品特性；预期用途；流程图；过程步骤；控制措施，必要时，应对 HACCP 计划以及描述前提方案的程序和指导书进行修改。

8. 验证的策划

验证策划应规定验证活动的目的、方法、频次和职责。验证活动应确保：操作性前提方案得以实施；危害分析的输入持续更新；HACCP 计划中的要素和操作性前提方案得以实施且有效；危害水平在确定的可接受水平之内；组织要求的其他程序得以实施，且有效。

9. 可追溯性系统

组织应建立且实施可追溯性系统，以确保能够识别产品批次及其与原料批次、生产和交付记录的关系。可追溯性系统应能够识别直接供方的进料和终产品初次分销的途径。应按规定的期限保持可追溯性记录，以进行体系评价，使潜在不安全产品得以处理；在产品撤回时，也应按规定的期限保持记录。可追溯性记录应符合法律法规要求、顾客要求，例如可以是基于终产品的批次标识。

10. 不符合控制

（1）纠正

（2）潜在不安全产品的处置

评价后，当产品不能放行时，产品应按如下方式之一进行处理：在组织内或组织外重新加工或进一步加工，以确保食品安全危害得到消除或降至可接受水平；销毁和（或）按废物处理。

五、各种食品安全管理体系之间的关系

1. GMP 与 SSOP 的关系

GMP 是 SSOP 的法律基础，制订 SSOP 计划的依据是 GMP。GMP 是政府食品卫生主管部门用法规或强制性标准的形式发布的。食品生产企业必须达到 GMP 规定的卫生要求，否则该企业不得生产加工食品或出口食品，或其加工的食品不得上市销售或出口。SSOP 则是企业为了达到 GMP 所规定的卫生要求而制定的企业内部的卫生控制文件。使企业达到 GMP 的要求，生产出安全卫生的食品是制定和执行 SSOP 的最终目的。

GMP 的规定是原则性的，SSOP 的规定是具体的。SSOP 相当于 ISO 9000 质量管理体系中的"程序文件和作业指导书"，主要目的是指导卫生操作和卫生管理的具体实施。GMP 法规中涉及卫生方面的每一项要求，企业均应该制定出相应的保证措施，如《出口食品生产企业卫生要求》第十一条（五）规定，"加工用水（冰）应当符合国家《生活饮用水标准》等必要的标准"，为了达到这一目标，企业应该从水源、供水设备、输水管道、水的处理、防虹吸以及水的卫生质量的日常监测等方面建立制度，规定具体的要求，如方法、频率、执行人、监督制度等。

2. SSOP 与 HACCP 体系的关系

完整的食品安全控制体系必须包括HACCP计划及作为前提条件的GMP和卫生标准操作程序(SSOP)。卫生标准操作程序及HACCP计划中关键控制点监控两个部分均需要实施监视测量、纠正、保持记录并验证。然而它们仍存在一定的区别。

HACCP计划是建立在危害分析的基础上的，特定的关键控制点必须被监测，以确保该步骤或工序处于受控状态，使任何潜在的食品安全危害得以预防、消除或降低到一个可接受的水平。书面的HACCP计划规定具体加工过程的各个关键控制点，同时具体描述了关键限值、监测方法、纠偏措施、验证程序和记录保持，以此确保关键控制点得到有效控制，从而保证食品的安全。

SSOP是维持卫生状况的程序，一般与整个加工设施或一个区域有关，不仅仅限于某一特定的加工步骤或关键控制点，一些危害可以通过SSOP得到最好的控制。将某一危害的控制交给SSOP，而非HACCP计划，并不是降低其重要性，而是由SSOP来控制更合适一些。有时同一个危害可能内HACCP计划和SSOP共同来控制，如由HACCP计划控制病原微生物的杀灭，由SSOP控制病原微生物的二次污染。

3. GMP、SSOP与HACCP的关系

根据CAC/RCPI-1969，Rev4(2003)《食品卫生通则》附录《HACCP体系及其应用准则》(1999年修改)和美国FDA的HACCP体系应用指南中的论述，GMP、SSOP是制订和实施HACCP计划的基础和前提条件。也就是说，如果企业达不到GMP法规的要求或没有制定并实施有效的、具有可操作性的SSOP，则实施HACCP计划将成为一句空话。各国的实践也证明了这一点。因此，从传统意义上讲，GMP、SSOP和HACCP的关系可以用一个图来表示，见图7.5。

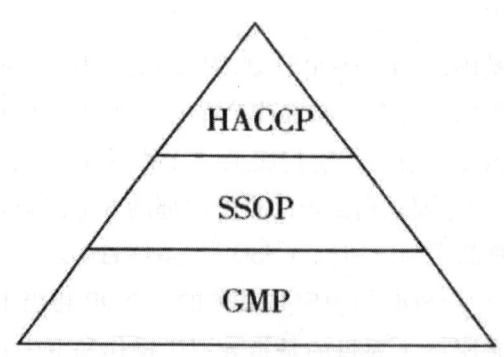

图7.5 传统意义上的GMP、SSOP和HACCP的关系

图7.5中的整个三角形代表一个食品安全控制体系的主要组成部分。从中可以看出，GMP是整个食品安全控制体系的基础；SSOP是根据GMP中有关卫生方面的要求制定的卫生控制程序，是执行HACCP计划的前提之一；HACCP计划则是控制食品安全的关键程序。

SSOP具体列出了卫生控制的各项指标，包括食品加工过程及环境卫生和为达到GMP要求所采取的行动。HACCP体系建筑在以GMP为基础的SSOP上，SSOP可以减少HACCP计

划中的关键控制点(CCP)数量。事实上危害是通过 SSOP 和 HACCP 共同予以控制的。

但是,从 CAC/RCPI-1969,Rev4(2003)《食品卫生通则》和我国的《出口食品生产企业卫生要求》等 GMP 法规看,GMP 中包括了 HACCP 计划。因此,从现代意义上讲,GMP、SSOP、HACCP 应具有以下关系,见图 7.6。

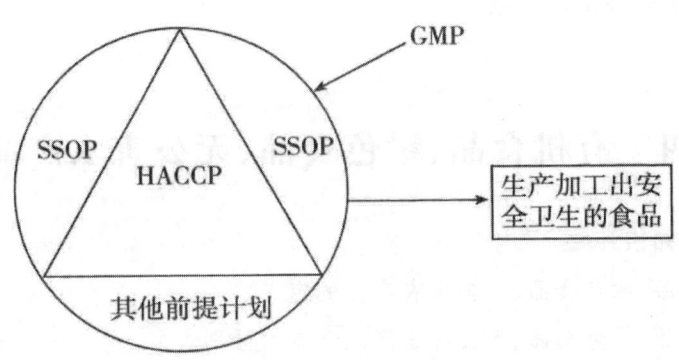

图 7.6 现代意义上的 GMP、SSOP 和 HACCP 的关系

国家颁布 GMP 法规的目的是要求所有的食品生产企业确保生产加工出的食品是安全卫生的。HACCP 体系的前提条件以及 HACCP 体系本身的制定和实施共同组成了企业的 GMP 体系。HACCP 是执行 GMP 法规的关键和核心,SSOP 和其他前提计划是建立和实施 HACCP 计划的基础。简而言之,执行 GMP 法规的核心是 HACCP,基础是 SSOP 等前提计划,实质是确保食品安全卫生。

4. ISO22000 与 HACCP 体系之间的关系

ISO22000 整合了危害分析与关键控制点(HACCP)原理和国际食品法典委员会制订的实施步骤,并明确提出与必要的前提方案动态地结合,所以,食品安全管理体系的关键是 HACCP 体系与前提方案等控制措施形成的有效组合。ISO22000 可应用于食品链内的各类组织,从饲料生产者、初级生产者,到食品制造者、运输和仓储经营者,直至零售分包商和餐饮经营者,以及与其关联的组织,如设备、包装材料、清洁剂、添加剂和辅料的生产者。其目的是企业将其终产品交付到食品链下一段时,已通过控制将其中已确定的危害消除或降低到可接受水平。ISO22000 特别关注并强调相互沟通,包括企业内部和外部的信息交流,在系统的危害分析并获取信息的基础上,确保在食品链每个环节中所有相关的食品危害均得到识别和充分控制。因此可以说 ISO22000 是从以 HACCP 为核心的控制体系发展到食品安全管理体系。

ISO22000 和 HACCP 体系都是一种风险管理工具,能使实施者合理地识别将要发生的危害,并制订一套全面有效的计划,以防止和控制危害的发生。但 HACCP 体系是源于企业内部对某一产品安全性的控制体系,以生产全过程的监控为主,适用范围较狭窄。而 ISO22000 是适用于整个食品链的食品安全管理体系,不仅包含了 HACCP 体系的全部内容,并将其融入企业的整个管理活动中,逻辑性强,体系更为完整。

◆讨论
1. HACCP 的七个基本原理是什么？
2. 食品企业制订 SSOP 应该包括哪些方面的内容？
3. ISO22000 和 HACCP 的关系？

项目四　有机食品、绿色食品、无公害农产品认证

◆ **基础理论和知识**
1. 了解有机食品、绿色食品、无公害农产品的定义。
2. 了解有机食品、绿色食品、无公害农产品三者的区别。

◆ **基本技能及要求**
掌握有机食品、绿色食品、无公害农产品的认证程序。

◆ **学习重点**
有机食品、绿色食品、无公害农产品的基本要求。

◆ **学习难点**
企业进行有机食品、绿色食品、无公害农产品认证需要准备的材料。

◆ **导入案例**

中国有机作物分布

我国发展有机农业有独特的自然资源优势，为有机食品的生产提供了广泛的选择。如中国的豆类、野生及人工培育蘑菇、茶叶、中草药、经济树种、核果类、新鲜蔬菜等都有众多的品种资源，具有独特的地方风味和保健作用，因此有着广阔的市场前景。

随着生活水平的提高，广大消费者对有机健康食品的需求越来越高，为了满足消费者日益增长的需求，目前我国的有机食品产业分布在以有机豆类为主的东北地区、以有机蔬菜为主的山东省、以有机茶叶为主的江浙皖赣等几大集中生产区域。

全球各州有机食品市场分布

全球有机食品的消费市场主要集中在北美和欧洲。根据 SOEL – FIBL2008 年度调查，这两个地区有机食品的销售额占到了全球有机食品销售额的97%，其中，德国是欧洲有机食品最大的市场，其次是法国、英国、荷兰、瑞士、丹麦和意大利。瑞士是欧洲有机食品人均消费最高的国家，平均每年每人用于有机食品的消费达 100 多欧元。

亚洲、拉丁美洲和大洋洲是有机食品重要的生产者和出口者。在亚洲，有机食品需求主要集中在日本、韩国、新加坡、中国台湾与中国香港等富裕的国家和地区。日本是亚洲最主要的有机食品消费市场，也是中国有机食品出口的主要目的地之一。

任务一 有机食品认证

1. 我国开发有机食品的优势

有机食品指原料来自有机农业生产体系或野生生态系统，根据有机认证标准生产、加工，而且获得了有资质的认证机构认证的可食用农产品、野生产品及其加工产品。有机食品与国内其他优质食品的最显著差别是，前者在其生产和加工过程中绝对禁止使用农药、化肥、激素等人工合成物质，后者则允许有限制地使用这些物质，因此，有机食品生产要比其他食品难得多，需要建立全新的生产体系，采用相应的替代技术等措施。有机食品需要满足5个基本要求：①原料必须来自已经或正在建立的有机农业生态体系，或是采用有机方式采集的野生天然产品；②在整个生产过程中必须严格遵循有机食品加工、包装、储存、运输标准；③必须有完善的全过程质量控制和跟踪审核体系并有完整的记录档案；④其生产过程不应污染环境和破坏生态，而应有利于环境与生态的持续发展；⑤必须获得独立的有资质的认证机构的认证。

有机食品的主要特点是来自于生态良好的有机农业生产体系。在有机食品的生产和加工过程中，不使用化学农药、化肥、化学防腐剂等合成物质，也不用基因工程生物及其产物，因此有机食品是一类真正来源于自然、富营养、高品质和安全环保的生态食品。

我国的有机食品具有巨大的国际市场和潜在的国内市场。首先，国际上对我国有机食品的需求逐年增加。据统计，美国、德国、日本、法国等10个发达国家1997年有机食品销售总额在100亿美元以上。在过去5年里，欧盟、美国及日本有机食品销售年均增长25%~30%。到2006年，欧盟有机食品市场销售额增至580亿美元，美国增至470亿美元。而发达国家销售的有机食品大部分来自进口，德国、荷兰、英国每年进口的有机食品分别占有机食品消费总量的60%、60%和70%。其次，我国国内有机食品的消费已呈迅速上升趋势，特别是向婴儿提供的有机食品。因此，我们要抓住机遇，转变观念，发挥自身优势，切实解决有机食品生产技术的难题，拓展国内国际市场。

我国有机食品的开发与生产符合国家方针政策。国家从总体上要求农业优化结构，突出质量、突出效益，向多样化、高品质的方向发展。今后我国农业将向效益农业发展，发展有机农业和有机食品，符合国家基本要求。我国政府已开始重视与有机食品相类似的AA级绿色食品的开发工作，国内贸易部、环保总局、农业部等七部委联合通知要建"三绿"工程，即开辟绿色通道，培育绿色市场，提倡绿色消费。

我国具备发展有机农业以及生产、出口有机食品的潜在优势。首先，我国地大物博、南北气候差异较大，在许多山区和边远贫困地区很少使用或不使用化肥和农药，这些地区很容易转换成有机食品生产基地；其次，我国生物品种繁多，且绝大多数品种未经过基因重组，可以通过选育、开发成为有机食品；最后，自20世纪80年代初以来，我国生态农业得到迅速发展，特别是绿色食品已经形成了"从土地到餐桌"的全程质量控制系统，这为有机食品的开发提供了一定的发展基础。

我国农村劳动力资源丰富,能够适应有机农业对劳动力的大量需求。在生态环境和生产过程控制良好的农村地区,有选择地发展有机食品的生产,有利于吸收农村剩余劳动力,提高农民收入,推进农业产业化。目前,国际市场上有机食品价格通常比常规食品高20%~50%,有些紧缺的产品可超出1倍或几倍。从事有机食品生产的农民虽然需要较多的劳动力投入,但可省去购买农药、化肥的支出,仍可取得较好的经济效益。

2.有机生产与加工标准

有机生产与加工标准中首先涉及的就是转换问题。从采取有机生产管理开始至作物或牲畜养殖获得认证需要一定的时间,这个时间段称为转换期。如果土地过去一直未使用过化学农药,且满足有机生产全部标准,则可以不需要转换期,相反如果土地过去施用过大量的化学合成的农用化学品,经过2~3年有机生产管理后仍不能使系统恢复活力,则认证机构可以由认证委员会决定是否延长转换期。

在作物品种选择和种子来源方面,规定所有的种子和植物材料原则上应来自于认证的有机产品,各认证机构标准中对例外情况有具体说明。应选择能适应土壤和气候条件,具病虫抗性的品种。严禁使用基因工程品种。

土壤培肥上要求以生物可降解的微生物、植物和动物来源的材料作为土壤培肥措施的基础,矿物性肥料应以自然形态应用,而不能通过化学处理使其易于溶解,且矿物肥料只能作为有机肥料的补充物,而不能作为营养循环的替代物,也就是说只有当系统内营养循环管理非常完备,土壤仍缺乏某些养分时才可使用矿物性肥料。

病虫害控制方面,重点在于应用能很好适应环境的作物和品种,平衡的培肥措施,高生物活性的肥沃土壤,适当的作物轮作,伴随种植等,禁止使用人工合成的农药、除草剂和生长调节剂。必要的时候可以使用生物防治如释放天敌益虫、应用生物农药、一些植物性农药,物理防治如灯光诱杀等进行防治。

有机产品的加工和处理应选择最适合的方法以保持产品和质量的完整性。加工与处理应在时间或地点上与非有机产品的处理和加工分开,要避免有机产品和非有机产品的混淆,它们不能一起贮存和运输,除非它们都贴上标记并明确分开。加工方法应以机械的、物理的和生物的加工为基础,只能使用各认证机构标准中规定的添加剂和加工助剂。农业来源的配料有机生产的至少占95%的比例。有机食品的包装材料不能污染食品,且对环境的影响应降至最低程度。

3.有机认证的基本要求和质量控制

认证是指用来证实一种产品或服务是否符合相应的标准的系统,它可以由产品或服务的供给者执行,也可以由客户或独立的第三方即专门的认证机构来执行。由于专门的认证机构能平衡供给方与客户之间的利益,且不受任何一方的控制,因此有机认证都是指由独立的认证机构执行的认证。认证不仅针对有机农业,各种事物都可以认证,如现在盛行的由国际标准委员会发展的ISO9000系列和ISO14000系列的认证就是对质量与环境保护的认证。

(1)有机认证的基本要求

有机认证是对有机生产、加工的过程和方法的认证，认证机构每年要对有机操作者进行至少一次的实地考察检查。按照有机生产与加工标准进行操作是认证的最基本要求，它除了操作者能够表述整个过程符合标准外，还需要提供文件化的证据证明其生产行为。

有机作物生产者，应提交以下文件材料：

①前三年的农田种植历史记录（种植的作物品种、面积、投入的物质、作物产量等）；

②本年度包括农事记录在内的文档记录；

③当前有机农田的种植情况（包括种植面积、农田地块种植分布图、种子来源、投入农用物资的来源、种植工具等）；

④有机农业生产计划（土地培肥计划、病虫草害防治计划、较长时间的土地轮作和管理计划、农场生态保护计划等）；

⑤有机生产内部质量控制方案；

⑥农场常规农业生产向有机农业生产的转换计划；

⑦当年申请认证的有机地块面积、作物种类和预计产量。

有机加工者应提交的文件材料包括：

①加工厂的基本情况（工厂历史、过去从事有机生产的情况、企业法人执照、污染物排放达标证明等各种证照，产品执行标准，加工工艺流程等）；

②有机生产和加工的管理计划与内部质量控制计划；

③需要认证产地的原料来源，各种原料所占的比例，通过有机认证的证明；

④有机产品生产加工和贮存过程的害虫控制、清洁卫生计划及各过程的文档记录；

⑤有机品包装、贮存和运输情况。

(2)有机认证产品的质量控制

有机产品从外表上很难与常规产品相区分，因此如何来验证某种产品是真正的有机生产产品就要求建立起对有机生产全过程进行质量控制的体系，也即"从土地到餐桌"的全程追踪控制，质量控制由内部和外部两方面组成。

①外部质量控制

外部质量控制即通过独立的第三方——有机认证机构来执行，认证机构通过派遣检查员对生产、加工基地进行通知和未通知的实地检查，审核整个生产过程是否符合有机认证标准。检查员判断的依据，一是通过现场考察和同生产者的交流，了解生产者是否了解有机生产、加工的基础知识，寻找是否有使用禁用物资的证据；二是看操作者是否有健全有效的内部质量控制体系。对符合标准和认证要求者，颁发有机生产、加工证书和发放标识允许使用证明，在销售过程中通过销售证的发放控制产品销售量。保证销售与生产的量相吻合。消费者购买的产品一旦出现质量问题，即可以从产品的有机认证标识追踪到认证机构。认证机构通过产品的批号和相应的文档记录一直追查到生产的地块与生产者。

②内部质量控制

内部质量控制就是指生产、加工的操作者内部本身采取的保证有机产品质量的措施。首先，需要建立从上层领导至管理人员，再至生产人员代表的质量管理小组，制订生产管理政策和内部质量管理章程，监督生产、加工过程严格遵守有机生产标准；其次，要求生产、加工过程必须建立完整的文档记录体系，记录生产、加工过程中的各项物质的投入、产出，在产品的包装、运输、贮藏、销售各个环节都要有详细的文档记录，相互之间要能够互相衔接，保证能从终端产品追踪到作物的生产地块，从而保证产品有机质量的完整性。跟踪审查文档记录同时还有助于生产者制订良好的生产管理计划。

4. 有机认证的实施过程

有机产品认证机构(以下简称认证机构)应当经国家认监委批准，并依法取得法人资格后，方可从事有机产品认证活动。认证机构实施认证活动的能力应当符合有关产品认证机构国家标准的要求。从事有机产品认证检查活动的检查员，应当经国家认证人员注册机构注册后，方可从事有机产品认证检查活动。

(1) 提交申请

有机产品生产者、加工者(以下统称认证委托人)，可以自愿委托认证机构进行有机产品认证，并提交有机产品认证实施规则中规定的申请材料。

认证机构不得受理不符合国家规定的有机产品生产产地环境要求，以及有机产品认证目录外产品的认证委托人的认证委托。

认证机构应当自收到认证委托人申请材料之日起10日内，完成材料审核，并作出是否受理的决定。对于不予受理的，应当书面通知认证委托人，并说明理由。

认证机构应当在对认证委托人实施现场检查前5日内，将认证委托人、认证检查方案等基本信息报送至国家认监委确定的信息系统。

在申请认证阶段，认证机构受理认证申请应至少公开以下信息：

① 认证资质范围及有效期。

② 认证程序和认证要求。

③ 认证依据。

④ 认证收费标准。

⑤ 认证机构和认证委托人的权利与义务。

⑥ 认证机构处理申诉、投诉和争议的程序。

⑦ 批准、注销、变更、暂停、恢复和撤销认证证书的规定与程序。

⑧ 对获证组织正确使用中国有机产品认证标识、认证证书和认证机构标识(或名称)的要求。

⑨ 对获证组织正确宣传有机生产、加工过程及认证产品的要求，以及管理和控制有机认

证产品销售证的要求。

（2）现场检查

认证机构受理认证委托后，认证机构应当按照有机产品认证实施规则的规定，由认证检查员对有机产品生产、加工场所进行现场检查，并应当委托具有法定资质的检验检测机构对申请认证的产品进行检验检测。

按照有机产品认证实施规则的规定，需要进行产地（基地）环境监（检）测的，由具有法定资质的监（检）测机构出具监（检）测报告，或者采信认证委托人提供的其他合法有效的环境监（检）测结论。

现场检查包括例行检查和非例行检查。例行检查包括首次认证检查（初评）和例行年度检查（复评）；非例行检查是在获证者中按一定比例、在风险评估的基础上抽取检查对象，或对被举报对象进行的不通知检查。

现场检查的主要检查内容是对受检查方的有机生产和加工、包装、仓储、运输、销售等过程及其场所进行检查和核实，评价这些过程是否符合认证依据的要求，技术措施和管理体系能否保证有机产品的质量，评估是否存在破坏有机完整性的风险，审核记录保持系统是否具有可追溯性，收集与支持认证决定有关的证据和材料等。

现场检查的另一项重要工作是对受检查方的有机生产或加工的能力和规模进行核实，核算认证年度中有机作物、畜禽等生产或加工产品的种类及其数量，以便在有机产品证书上予以明确界定。

（3）证书发放

符合有机产品认证要求的，认证机构应当及时向认证委托人出具有机产品认证证书，允许其使用中国有机产品认证标识；对不符合认证要求的，应当书面通知认证委托人，并说明理由。

认证证书应当包括以下内容：

①认证委托人的名称、地址；

②获证产品的生产者、加工者以及产地（基地）的名称、地址；

③获证产品的数量、产地（基地）面积和产品种类；

④认证类别；

⑤依据的国家标准或者技术规范；

⑥认证机构名称及其负责人签字、发证日期、有效期。

认证机构及认证人员应当对其作出的认证结论负责。认证机构应当保证认证过程的完整、客观、真实，并对认证过程作出完整记录，归档留存，保证认证过程和结果具有可追溯性。

产品检验检测和环境监（检）测机构应当确保检验检测、监测结论的真实、准确，并对检验检测、监测过程做出完整记录，归档留存。产品检验检测、环境监测机构及其相关人员应当对其作出的检验检测、监测报告的内容和结论负责。

记录保存期为5年。

(4) 跟踪检查

认证机构应当按照认证实施规则的规定,对获证产品及其生产、加工过程实施有效跟踪检查,以保证认证结论能够持续符合认证要求。

认证机构应当及时向认证委托人出具有机产品销售证,以保证获证产品的认证委托人所销售的有机产品类别、范围和数量与认证证书中的记载一致。

(5) 标识管理

有机配料含量(指重量或者液体体积,不包括水和盐,下同)等于或者高于95%的加工产品,应当在获得有机产品认证后,方可在产品或者产品包装及标签上标注"有机"字样,加施有机产品认证标识。

认证机构不得对有机配料含量低于95%的加工产品进行有机认证。

任务二　绿色食品认证

1. 绿色食品概述

绿色食品(green food)是指遵循可持续发展原则,产品出自良好的生态环境,按照特定生产方式生产,经专门机构认定,许可使用绿色食品标识商标的无污染的安全、优质、营养类食品。

绿色食品并非单纯是绿色植物生产出来的食品,而是对"无污染"食品的一种形象地表述。绿色象征生命和活力,而食品是维系人类生命的物质基础。自然资源和生态环境是食品生产的基本条件,为了突出这类食品出自良好的生态环境,并能给人们带来旺盛的生命力,因此将其定名为"绿色食品"。

为了保证绿色食品产品无污染、安全、优质、营养的特性,开发绿色食品有一套较为完整的质量标准体系。绿色食品特定的生产方式就是指按照质量标准体系生产、加工、销售,对产品实施全程质量控制,产地和产品必须经中国绿色食品发展中心认定,同意授予绿色食品标识的产品才能称为绿色食品。

绿色食品按标准又分为 AA 级绿色食品和 A 级绿色食品。

AA 级绿色食品(AA grade green food)系指生产地的环境质量符合《绿色食品产地环境质量标准 NY/T391》的要求,生产过程中不使用化学合成的肥料、农药、兽药、饲料添加剂、食品添加剂和其他有害于环境和身体健康的物质,按有机生产方式生产、加工,产品质量符合绿色食品标准,并经专门机构认定,许可使用 AA 级绿色食品标识的产品。

A 级绿色食品(A grade green food)系指生产地的环境质量符合《绿色食品产地环境质量标准 NY/T391》的要求,生产过程中严格按照绿色食品生产资料使用准则和生产操作规程要求,限量使用限定的化学合成生产资料,产品质量符合绿色食品标准,经专门机构认定,许可使用 A 级绿色食品标识的产品。

绿色食品与普通食品相比有三个显著特征：

(1)强调产品出自最佳生态环境

绿色食品生产从原料产地的生态环境入手，通过对原料产地及其周围的生态环境因子严格监控，判定其是否具备生产绿色食品的基础条件。这样既可以保证绿色食品生产原料和初级产品的质量，又有利于强化企业和农民的资源和环境保护意识。最终将农业和食品工业的发展建立在资源和环境可持续利用的基础上。

(2)对产品实行全程质量控制

绿色食品生产实施"从土地到餐桌"全程质量控制，从而在农业和食品生产领域树立了全新的质量观。通过产前环节的环境监测和原料检测，产中环节的具体生产、加工操作规程的落实，以及产后环节的产品质量、卫生指标、包装、保鲜、运输、储藏、销售控制，确保绿色食品的整体产品质量，并提高整个生产过程的技术含量。

(3)对产品依法实行标识管理

绿色食品标识是一个质量证明商标，属知识产权范畴，受《中华人民共和国商标法》保护。政府授权专门机构管理绿色食品标识，这是一种将技术手段和法律手段有机结合起来的生产组织和管理行为，而不是一种自发的民间自我保护行为。对绿色食品产品实行统一、规范的标识管理，不仅使生产行为纳入了技术和法律监控的轨道，而且使生产者明确了自身和对他人的权益责任，同时也有利于企业争创名牌，树立名牌商标保护意识，提高企业和产品的社会知名度和影响力。

2.绿色食品标识

为了区别于一般的普通食品，绿色食品实行标识管理。绿色食品标识由特定的图形来表示(图7.7)。绿色食品标识图形由三部分构成：上方的太阳、下方的叶片和蓓蕾标识图形为圆形，意为保护、安全。AA级绿色食品标识字体为绿色，底色为白色。A级绿色食品标识字体为白色，底色为绿色。整个图形描绘了一幅明媚阳光照耀下的和谐生机画面，告诉人们绿色食品是出自纯净、良好生态环境的安全、无污染食品，能给人们带来蓬勃的生命力。绿色食品标识还提醒人们要保护环境和防止污染，通过改善人与环境的关系，创造自然界欣欣向荣的生态和谐。

绿色食品标识管理的手段包括技术手段和法律手段。技术手段是指按照绿色食品标准体系对绿色食品产地环境、生产过程及产品质量进行认证，只有符合绿色食品标准的企业和产品才能使用绿色食品标识商标。法律手段是指对使用绿色食品标识的企业和产品实行商标管理。绿色食品标识是经中国绿色食品发展中心在国家工商行政管理局商标局注册的质量证明商标，用以证明食品商品具有无污染的安全、优质、营养的品质特性。它包括：绿色食品标识图形、中文"绿色食品"和英文"Green Food"。

图7.7 绿色食品标识

绿色食品标识认证一次有效许可使用期限为三年，三年期满后可申请续用，通过认证审核后方可继续使用绿色食品标识。绿色食品标识的使用管理由中国绿色食品发展中心认证许可使用，以国家《商标法》和《合同法》为法律依据，按照《绿色食品标识管理办法》的规定对企业进行监督管理。以年检和抽检为手段，监督检查企业执行有关技术标准和质量控制措施，查处产品质量问题，对在年检和抽检中发现的不合格产品，随时取消其标识使用权并予以公告。

3. 开发绿色食品的重要意义

（1）开发绿色食品有利于我国农业和农村的改革与发展

2001年，我国正式加入了WTO，WTO的原则是要求全面降低直至取消关税，拆除非关税壁垒，实行贸易自由化。然而WTO的《农业协定》中规定，各方有权为保护人、动物或动植物的生命或健康采取必要的卫生或植物卫生措施，各国可以实施高于国际标准、指南和建议的措施。这项强调以人为主的食物安全性指标，我们称为绿色壁垒。WTO在要求全面降低关税壁垒的同时，正在筑高食物安全性的绿色壁垒，我国农产品贸易机遇和挑战并存，一方面农产品出口面临着前所未有的机遇，同时也对我国农产品特别是农产品质量问题提出了新挑战。世界大多数国家尤其是发达国家都很重视进口食品的安全性，食品安全检测指标限制非常严格，检验手段已从单纯检测产品到验收生产基地。那种单纯追求数量型增长，不顾产品质量的老路子已走不通。

2001年11月27日至29日，中共中央、国务院在北京召开的中央经济工作会议明确提出：大力调整农业结构，千方百计增加农民收入，是新阶段农村经济工作的中心任务。继续推进农业和农村经济结构调整，是提高农业效益、增加农民收入的重要途径。要把食品质量、卫生和安全工作放到十分突出的位置，加快建设农产品质量标准和检验检测体系，加强农产品市场建设和管理，大力发展绿色食品、有机食品和无公害食品。

（2）开发绿色食品有利于资源与环境的保护

现代农业产量的获得是依靠大量使用农药、化肥和农膜等不可再生资源的投入，这些物质对环境造成了严重危害，带来了水体富营养化、土壤污染、农作物病虫害再猖獗等生态问题。而绿色食品是从保护、改善生态环境入手，以开发无污染食品为突破口，改革传统食物生产方式和管理手段从而减少不可再生资源的消耗，控制保护及恢复农业生态环境，促进农业的可持续发展。

生态环境是人类生存和发展的基本条件，是经济、社会发展的基础。在环境、资源和人类的关系日益趋紧的现实情况下，走可持续发展的道路已经成为世界各国的共识，而农业与资源、环境的关系最为直接、最为密切。开发绿色食品的基本目的有两个：一是通过绿色食品的开发，合理地保护和利用自然资源和生态环境；二是通过绿色食品的消费，引导消费观念的转变，增进人们身体健康。它以生态农业建设为基础，以产品为载体，将可持续发展的思想和原则贯穿到农业生产和食品加工的全过程，引导生产行为和消费观念朝着可持续发展方向转变，不仅产生了较好的经济效益，并取得了良好的生态效益和社会效益。

(3) 发展绿色食品生产是农产品质量安全的主要渠道

改革开放四十多年以来，我国综合国力明显增强，人民生活水平显著提高，食品安全问题已经摆在我们面前，保障安全已经是对农产品和食品最起码的要求。在我国现有生产力水平下，解决食品安全问题最重要的有两条：一是要有技术标准，二是要规范管理。在这两方面，绿色食品最具代表性、典型性。通过严格执行产前、产中、产后各个环节的标准，最终保证食品的安全；通过质量证明商标管理，有效地规范了生产和流通行为，树立了产品在市场中的良好形象。绿色食品工作的实践证明，只要将技术标准、技术服务和生产资料供应等方面的环节抓好了，在生产过程中就可以有效地保证农产品的质量和安全。

4. 中国绿色食品认证

所谓产品认证是指依据产品标准和相应技术要求，经认证机构确认并颁发认证证书和认证标识来证明某一产品符合相应技术标准和相应技术要求的活动。绿色食品认证是一种对农产品及其加工品进行全面质量管理的活动，其核心是在生产过程中执行绿色食品标准。

绿色食品采取质量认证制度与商标使用许可制度相结合的运作方式，是一种以质量标准为基础的，技术手段和法律手段有机结合的管理行为。绿色食品申报材料的审查以绿色食品生产的通用准则为核心，对申报企业的现场调查是以检查绿色食品生产标准落实与否为核心，而产品检测则是对全部标准实施结果的一个查验活动，因此，每认证一种产品都是在实践中审查绿色食品标准贯彻实施的过程。

绿色食品的认证应按照以下程序办理：

凡具有绿色食品生产条件的单位与个人均可作为绿色食品标识使用权的申请人。

(1) 填写申请书

申请人填写《绿色食品标识使用申请书》，一式两份(含申报材料)。报所在省(自治区、直辖市、计划单列市)绿色食品管理部门。

下列情况之一者，不能作为申请人：

①与中国绿色食品发展中心及各级绿色食品委托管理机构有经济和其他利益关系的；

②能够引起消费者对产品(原料)信任的企业，如批发市场、粮库等；

③纯属商业经营的企业；

④政府和行政机构。

(2) 进行环境评价

省绿色食品管理部门委托通过省级以上计量认证的环境保护监测机构，对该项产品或产品原料的产地进行环境评价。

(3) 初审

省绿色食品管理部门对申请材料进行初审，并将初审合格的材料报中国绿色食品发展中心。

(4) 审核

中国绿色食品发展中心会同权威的环境保护机构，对上述材料进行审核。合格的，由中国绿色食品发展中心指定的食品监测机构对其申报产品进行抽样，并依据绿色食品质量和卫生标推进行检测；对不合格的，当年不再受理其申请。

(5) 综合审查

中国绿色食品发展中心对质量和卫生检验合格的产品进行综合审查（含实地核查），并与符合条件的申请人签订"绿色食品标识使用协议"，由农业部颁发绿色食品标识使用证书及编号，报国家工商行政管理局商标局备案，同时公布于众。

中国绿色食品发展中心对每一个批准使用绿色食品标识的产品都给其一个特定的编号，以确定其"身份"。标识的使用采用"一品一号"的原则，也就是说每一个产品都有其独有的编号，每一个编号都是唯一的。绿色食品标识编号的形式及其所代表的含义如下：

```
LB — XX — XX — XX — XX — XXXX   A
 ↓     ↓    ↓    ↓    ↓     ↓    ↓
绿标  产品类别 年份  月份  省份  当年序号  分级
```

例如：山东某水产公司盐渍海带产品于 2007 年 4 月被中国绿色食品发展中心批准使用 A 级绿色食品标识，标识编号为 LB - 37 - 0704151002A，其中 LB 分别代表"绿标"的第一个字母，37 代表水产加工品，0704 代表 2007 年 4 月获得绿色食品标识使用权，15 是山东省的代码，1002 代表 2007 年第 1002 个获得绿色食品标识的产品，A 表示是 A 级绿色食品。

(6) 有效期

绿色食品使用证书有效期为三年。在此期间，绿色食品生产企业须接受中国绿色食品发展中心委托的监测机构对其产品进行抽检，并履行"绿色食品标识使用协议"；期满后若欲继续使用绿色食品标识，须于期满前半年办理重新申请手续。

任务三　无公害食品

1. 无公害食品的起源和发展

2001 年 4 月，为了从根本上解决农产品质量安全和餐桌污染问题，经国务院同意，农业部启动了"无公害食品行动计划"，对食用农产品实施从"农田到餐桌"全过程监管，以逐步实行农产品的无公害生产、加工和消费。"无公害食品行动计划"的工作思路就是以提高农产品的质量安全水平为核心,以农产品及其直接加工为重点,以"菜篮子"产品为突破口,从产地和市场两个环节入手抓好产地环境、农业投入品、生产过程、包装标识和市场准入五个方面的管理,健全农产品质量安全标推、检测检验、认证认可、执行监督、技术推广和市场信息六个体系,在八个基础管理和六个保障体系当中,最基础的工作是尽快建立健全农产品标准体系,使生产经营者能够按照标准组织生产、加工和流通,使农产品质量安全管理工作的各个环节都有标准可遵循。

农业部已出台73项首批无公害农产品行业标准,于2001年10月1日起在全国范围实施。农业部组织制订首批无公害农产品行业标准,有利于促使全国无公害农产品的生产和加工按照统一的技术标准进行,有利于实现全国无公害农产品的互认和质量安全水平的统一,它标识着我国无公害农产品生产、经营步入标准化管理轨道。

首批无公害产品行业标准重点突出了蔬菜、水果、茶叶、蛋、奶、鱼等15种关系城乡居民日常生活的"菜篮子"产品,包括产品产地环境条件、生产技术规范、产品质量安全标准以及相应检测检验方法标准。在首批73项无公害农产品行业标准中,按照标准类型划分,有产品质量安全25项标准,配套的生产技术规程38项,产地环境超标准10项;按照行业划分,有种植业产品26项、畜产品24项、水产品23项;按照标准实施的属性划分,有强制性标准48项、推荐性标准25项;按照国家法律法规规定和食品对人畜健康、环境影响程度,涉及产品质量安全和产地环境的标准为强制性标准,生产技术规范为推荐性标准。

为了突出无公害农产品行业标准的重要性,农业部决定在原有行业标准管理框架的基础上,单独设立无公害食品行业标准系列,颁发NY5000系列标准。这次发布的73项无公害食品行业标准为NY5000至NY5073,今后无公害农产品行业标准将顺延编号。这样做的目的,一是体现农业部对无公害农产品工作的高度重视;二是便于无公害农产品的生产者、经营者和消费者识别标准、引用标准和使用标准;三是便于行政执法部门、行业主管部门和社会各个方面监督无公害农产品的质量和标准的实施。

2. 无公害农产品生产的基本要求

(1)产地环境条件要求无公害

①种植业产品

种植业产品的种类比较多,有水稻、油菜、蔬菜、水果、茶叶等品种。蔬菜和水果有无公害产地环境要求的国家标准,其中无公害蔬菜产地环境应符合《农产品安全质量无公害蔬菜产地环境要求》(GB/T 18407.1 - 2001),无公害水果产地环境应符合《农产品安全质量无公害水果产地环境要求》(GB/T 18407.1 - 2001),上述国家标准对影响无公害蔬菜和水果生产的水、空气、土壤等环境条件按照现行国家标准的有关要求,结合无公害蔬菜和水果生产的实际做出了规定,为无公害蔬菜和水果产地的选择提供了环境质量依据。具体到不同的品种对产地环境要求还有所不同,农业部制订了一系列无公害标准进行规范。生产企业和个人必须遵守这些标准。总的来说，无公害农产品生产产地应选择在生态条件良好，远离污染源，并具有可持续生产能力的农业生产区域。空气中总悬浮颗粒物、二氧化硫、二氧化氮、氟化物等，土壤的pH值、镉、汞、砷、铅、铬、铜等，灌溉水的pH值、总镉、总汞、总砷、总铅、铬、氰化物、氯化物、氟化物、石油类等指标要符合有关国家标准和无公害食品标准。

②畜禽水产品

无公害畜禽饲养环境应符合《无公害畜禽产地环境要求》(GB/T 18407.3)标准，主要包括了养殖场(区)和初级加工厂的选址布局、卫生条件、用水质量、环境控制等方面。畜禽养殖场址应选择在地势高、给排水良好、生态环境好、易于疫病防疫和控制、无有害气体、灰尘、无工业"三废"及农业、城镇生活、医疗垃圾污染的地方。最好选择空气清新、水质纯净、土壤未被污染，适宜畜禽饲养、污粪处理方便的农业生态环境地区。城镇、工矿区、旅游区、地方病高发区，公路、铁路1000米以内，畜禽饲养场或交易市场、大型化工厂、医院、屠宰场或畜产品加工厂3000米以内，不宜建无公害畜禽养殖场。养殖场周围要有封闭式围墙或防疫沟，并建立绿化隔离带。养殖场空气中一氧化碳、尘埃粒子、病原微生物等不能超标，满足《大气环境质量标准》(GB3090)的要求。养殖场要规划布局合理、设施齐全。厂区应布局合理，要分设行政区、生活区、生产区和粪污处理区。生产区应布置在行政区的上风向或侧风向处；粪污处理区应在生产区的下风向或侧风向处；生产区设计应符合兽医防疫要求，净污道路要分开，互不交叉，人员、畜禽、饲料等运转要采取单一流向；栏舍坐北朝南，采光通风良好，既能保温隔热，又要便于粪便、污水排放；地面和墙壁应易于清洗，并能耐酸碱等，保持宿舍干燥清洁；厂区、生产区门口要设消毒池、消毒室、更衣室等；厂区应设兽医室、隔离室、病死动物无害化处理设施；场内合理植树绿化，无裸露泥土，环境条件符合《畜禽场环境质量标准》(NY/T 388)的要求。畜禽饮用水、加工用水要符合无公害标准，生产用水应清澈、无色无味，重金属、农药、病原微生物、寄生虫等有毒有害物质不能超标，畜禽饮用水符合《无公害食品畜禽饮用水水质》(NY 5027)标准，畜禽产品加工用水要符合《无公害食品畜禽产品加工用水水质》(NY 5028)，严禁使用不清洁、污染的水作为畜禽饮用水和加工用水。

无公害水产品养殖环境应符合《农产品安全质量无公害水产品产地环境要求》(GB/T 18407.4-2001)，该标准对影响水产品生产的养殖场、水质的指标及相应的试验方法按照现行国家标准的有关要求，结合无公害水产品生产的实际做出了规定。水产养殖场的选择也一样要求产地环境好，水源清洁，远离污染源。淡水养殖用水要符合《无公害食品淡水养殖用水水质》(NY5051)、海水养殖用水要符合《无公害食品海水养殖用水水质》(NY5052)的要求，养殖场周围要求绿树成荫、植被丰富、无有害气体和灰尘污染，这样才能造就一个空气清新的环境。

(2)投入品使用执行无公害标准

①使用的肥料、饲料及饲料添加剂无害和不造成药物残留。肥料、饲料及饲料添加剂是无公害生产的关键因素之一，要获得无公害农产品，就必须使用无公害肥料、饲料及饲料添加

剂。这些投入品应具备以下特征：能明显提高动植物生产性能，在产品中无残留，对产品的自然风味和品质不产生不良影响，施用肥料与动物代谢的排泄物中不含有对环境有害的物质，对环境无污染。施用的肥料品种应符合国家有关标准规定，达到无害化卫生要求。无公害饲料及饲料添加剂要严格执行《饲料和饲料添加剂管理条例》等法规、规章和标准。

②饲料原料应来自无污染、无有害物质残留的良好环保生态区，无发霉、变质、结块，无异味、异臭，液体饲料应色泽均匀。有毒有害物质及微生物允许量应符合《饲料卫生标准》的要求。禁止使用工业合成的油脂、制药工业副产品、畜禽粪便、泔水等做饲料。

③配合饲料、浓缩饲料和添加剂预混料应色泽一致、无发霉、变质、结块，无异味、无臭。饲料产品标签应符合《饲料标签》(GB10648)标准。

④饲料添加剂是农业部《允许使用的饲料添加剂品种目录》中规定的农业部新批准的品种，其产品必须是获得"饲料添加剂生产许可证"的企业生产，并具有产品批准文号的合格产品。应遵照产品标签所规定的用法、用量正确使用。鼓励推广使用糖萜素、益生素、酶制剂、低聚糖、酸化剂、大蒜素和中草药饲料添加剂等。

⑤药物饲料添加剂应严格按照农业部发布的《饲料药物添加剂使用规范》执行，严格遵守品种、使用对象、用法、用量和休药期的规定。禁止在饲料或饮用水中添加《禁止在饲料和动物饮用水中使用的药物品种目录》中收载的药物。遵守无公害食品饲养饲料使用准则的规定，不得使用盐酸克伦特罗、氯霉素、乙烯雌酚等违禁药物，不得添加高铜、高锌、砷制剂和镇静剂等；不直接在饲料或饮用水中添加兽用原料药。

(3) 规范使用国家允许使用的药物防治病虫害或疾病

①农药使用

按照《农药安全使用规定》(GB4825)和中华人民共和国农业部公告第199号的规定使用农药。要从源头上解决农产品尤其是蔬菜、水果、茶叶的农药残留超标问题。农药使用后，施药器械不准在天然水域中清洗、防止污染水源。清洗器械的污水不能随便泼洒，应选择安全地点妥善处理，已盛装过农药的器具，严禁用于盛放农产品和其他食品。施过农药的水田，要加强管理，防止农田水流散污染水源。国家明令禁止使用的农药有18种：六六六，滴滴涕，毒杀芬，二溴氯丙烷，杀虫脒，二溴乙烷，除草醚，艾氏剂，狄氏剂，汞制剂，砷类农药，铅类农药，敌枯双，氟乙酰胺，甘氟，毒鼠强，氟乙酸钠，毒鼠硅。

②兽药使用

为保障动物产品的质量安全，兽药(含鱼药)的使用应遵守以下规定：无公害生产应强化防疫意识，加强饲养管理，保持良好的饲养环境，提高饲养动物的抵抗力，尽量减少疾病发生，确需用药，应在兽医指导下合理使用兽药。预防、诊断、治疗用的兽药，必须符合相关规定。兽药要规范使用，应符合相关规定的或国家新批准的低毒、低残留的药物，并严格执行规定的作用与用途、使用剂量、疗程和注意事项等，有休药期的严格执行休药期的规定，尚未规定休药期的兽药用于畜禽时休药期不少于28天，禁止使用致畸、致癌、致突变作用的兽药。

3. 无公害农产品认证程序

无公害农产品认证包括产地认定和产品认证两个方面,产地认定是产品认证的前提和必要条件,是由省级农业行政主管部门组织实施,认定结果报农业部农产品质量安全中心,(以下简称"中心")备案、编号;产品认证是在产地认定的基础上对产品生产全过程的一种综合考核评价,由中心统一组织实施,认证结果报农业部、国家认监委公告。

(1) 无公害农产品产地认定工作程序

① 产地认定申请

申请人向所在地县级以上人民政府农业行政主管部门申领"无公害农产品产地认定申请书"和相关资料,或者从中国农业信息网站下载。

申请人向产地所在地县级人民政府农业行政主管部门(包括县级农业畜牧水产行政主管部门)提出申请,并提交以下材料:

a. 无公害农产品产地认定申请书。

b. 产地的区域范围、生产规模。

c. 产地环境状况说明。

d. 无公害农产品生产计划。

e. 无公害农产品质量控制措施。

f. 专业技术人员的资质证明。

g. 保证执行无公害农产品标准和规范的声明。

h. 要求提交的其他有关材料。

② 产地认定材料审查和现场检查

县级农业行政主管部门自受理之日起 30 日内,对申请人的申请材料进行形式审查。符合要求的,出具推荐意见,连同产地认定申请材料逐级上报省级农业行政主管部门,不符合要求的,应当书面通知申请人。

省级农业行政主管部门应当自收到推荐意见和产地认定申请材料之日起 30 日内组织有资质的检查员对产地认定申请材料进行审查。

材料审查不符合要求的,应当书面通知申请人。

材料审查符合要求的,省级农业行政主管部门组织有资质的检查员参加的检查组对产地进行现场检查。

③ 环境检测

申请材料和现场检查符合要求的,省级农业行政主管部门通告申请人委托具有资质的检测机构对其产地环境进行抽样检验。

检测机构应当按标准进行检验,出具环境检验报告和环境评价报告,分送省级农业行政主管部门和申请人。

产地环境未受任何污染,现场检查合格,可以减少或者免检部分环境指标,由省级承办机构出具产地环境调查报告。

④产地认定评审及颁证

省级农业行政主管部门对材料审查、现场检查、环境检验和环境现状评价或产地环境调查报告符合要求的，进行全面评审，并作出认定终审结论。符合颁证条件的，颁发"无公害农产品产地认定证书"。

不符合条件的，应当书面通知申请人。"无公害农产品产地认定证书"有效期为3年。期满后需要继续使用的，证书持有人应当在有效期满前90日内按照本程序重新办理。

(2) 无公害农产品认证工作程序

①产品认证申请

获得产地认定证书的申请人向中心及其所在省(自治区、直辖市)无公害农产品认证承办机构(以下简称省级承办机构)领取"无公害农产品认证申请书"和相关资料，或者从中心网站下载。申请人填写并向所在省级承办机构递交以下材料：

a. 无公害农产品认证申请书。

b. "无公害农产品产地认定证书"(复印件)。

c. 无公害农产品生产质量控制措施。

d. 无公害农产品生产操作规程。

e. 无公害农产品有关培训情况和计划。

f. 申请认证产品的生产过程记录档案。

g. "公司加农户"形式的申请人应当提供公司和农户签订的购销合同范本、农户名单以及管理措施。

h. 营业执照、注册商标(复印件)，申请人为个人的需提供身份证复印件。

i. 外购原料需附购销合同复印件。

j. 初级产品加工厂卫生许可证复印件。

k. 要求提交的其他材料。

②省级承办机构初审及产品抽检

省级承办机构收到上述申请材料后，进行登记编号并录入有关认证信息。按照程序文件规定，审查申请书填写是否规范、提交的附报材料是否完整和"无公害农产品产地认定证书"是否有效。根据现场检查情况核实申请材料填写内容是否真实、准确，生产过程是否有禁用农业投入品使用和投入品使用不规范的行为。申请材料不规范的，承办机构应当书面通知申请人补充相关材料。申请材料初审合格的，通知申请人委托有资质的检测机构进行抽样、检测。完成认证初审并按规定要求填写"无公害农产品认证报告"。初审合格的申请材料连同"无公害农产品认证报告"以"报审单"形式按规定报中心所属三个专业认证分中心，同时将"认证信息登记表"报中心审核处。

③专业认证分中心复审

各专业认证分中心接收省级承办机构报送的认证申请材料及"无公害农产品认证报告"后复查省级承办机构初审情况和相关申请材料。

a. 审查生产过程质量控制的可行性。

b. 审查申报材料和"产品检验报告"的符合性。

c. 根据审查过程中发现的问题，通知省级承办机构或申请人补充相关材料，必要时组织现场核查。

d. 按照审查分工完成认证材料的复审工作，并按规定要求填写"无公害农产品认证报告"。

e. 及时将认证申请审查情况和"无公害农产品认证报告"以"报审单"形式报中心审核处。

④中心终审及颁证

中心接受三个专业认证分中心报送的"报审单"和"无公害农产品认证报告"等材料后，根据三个专业认证分中心审查推荐情况，组织召开无公害农产品认证评审专家会对材料进行终审。

符合颁证条件的，由中心主任签发"无公害农产品认证证书"，并核发认证标识。不符合颁证条件的，中心书面通知相应的分中心、省级承办机构和申请人。"无公害农产品认证证书"有效期为3年，期满后需要继续使用的，证书持有人应当在有效期满前90日内按照本程序重新办理。

4. 有机食品、绿色食品和无公害食品的区别

有机农业是一种完全不用化肥、农药、生长调节剂、畜禽饲料添加剂等人工合成物质，也不使用基因工程生物及其产物的生产体系，其核心是建立和恢复农业生态系统的生物多样性和良性循环，以维持农业的可持续发展。有机食品是一种纯天然、无污染、高品位的食品，是一种受到国际承认且正流行的环保食品。绿色食品是从中国的国情出发，结合世界先进的农业发展潮流形成的富有中国特色的可持续农业产品，它包含着有机食品和可持续农业产品的特征，不论是AA级还是A级绿色食品，在生产过程中均禁止使用基因工程技术。无公害食品也包容着有机食品、绿色食品和可持续农业产品的特征，它是绿色食品的过渡产品。因此，有机食品、绿色食品和无公害食品最显著的共同特点，是以环保、安全、健康为目标的可持续食品，它们代表着中国未来食品发展的方向。

(1) 出发点不同

我国的有机食品最初是应国外贸易商的要求而生产的，在开发过程中严格与国外有机食品接轨；绿色食品最初的发展动机是立足于国内；无公害食品的发展动机是立足于"菜篮子"工程，建立放心基地，扶持放心企业，为消费者提供放心产品，满足大部分市场需求。绿色食品和无公害食品两者都没有考虑与国际接轨的问题，因此经过多年的发展与努力，虽然中国的绿色食品获得了国际社会的认可，但不能以有机食品而是以低于有机食品价格出口。无公害食品的贸易主要立足于国内市场。

(2) 标准规范不同

有机食品在其生产和加工过程中绝对禁止使用农药、化肥、生长调节剂、家畜禽饲料添加剂等人工合成物质,而绿色食品、无公害食品则允许限量使用限定的化学合成物质。从这个意义上讲,有机食品比绿色食品、无公害食品的标准要求高,生产难度大,因此有机食品被人们称为"纯而又纯"的食品。可持续农业产品按标准规范要求不同,由高到低梯级分布为:有机食品、绿色食品和无公害食品。目前可持续农业产品的生产种类、生产面积、生产总量、农业和农户接受程度以及市场占有率,以无公害食品最大,绿色食品其次,有机食品最小。

(3) 土壤肥力来源不同

有机农业生产体系中,有机食品生产的土壤肥料主要来源包括没有污染的绿肥和作物残体、泥炭、蒿秆、海草和其他类似物质,以及经过堆积处理的食物和林业副产品等。经过高温堆肥等方法处理后,没有虫害、寄生虫和传染病的人粪尿和畜禽粪便可作为有机肥料使用。AA 级绿色食品生产的土壤肥料主要来源包括堆肥、沤肥、厩肥、沼气肥、绿肥、作物秸秆肥、泥肥、饼肥等农家肥料,AA 级绿色食品生产资料肥料类产品,以及在上述肥料不能满足 AA 级绿色食用生产需要的情况下,允许使用商品有机肥料、腐殖酸类肥料、微生物肥料、有机复合肥、无机矿物质)肥料、叶面肥料、有机无机肥(半有机肥)等商品肥料。A 级绿色食品生产土壤肥料主要来源包括 AA 级绿色食品生产允许使用的肥料种类,A 级绿色食品生产资料肥料类产品,以及在上述肥料不能满足 A 级绿色食品生产需要的情况下,允许使用掺合肥(有机氮与无机氮之比不超过 1∶1),这里的掺合肥是指有机肥、微生物肥、无机(矿质)肥、腐殖酸肥中以一定比例掺入化肥(硝态氮肥除外),并通过机械混合而成的肥料。无公害食品生产土壤肥料的主要来源包括上述有机食品、绿色食品(包括 AA 级、A 级)生产允许使用的肥料种类,以及允许使用的其他肥料,禁止使用未经国家或省级农业部门登记的化学或生物肥料,必须按照平衡施肥技术,以优质有机肥为主,肥料施用结构中,有机肥所占比例不得低于 1∶1(纯养分比较)。

(4) 病虫草害防治手段不同

有机食品生产过程中病虫草害的主要防治手段包括作物轮作以及各种物理、生物和生态措施,如自然天敌平衡、生物防治、促进生物多样性等。绿色食品生产过程中病虫草害的主要防治手段是在生产中不使用或限量使用限定的化学合成农药,积极采用物理方法、生物防治技术及产品(如 Bt 及植物类农药)与栽培技术措施等。无公害食品生产过程中病虫害的主要防治手段是除有机食品和绿包食品生产中防治措施外,提倡生物防治和使用生物生化农药防治,使用高效、低毒、低残留农药,每种有机合成农药在一种作物的生长期内避免重复使用。

◆ 讨论

1. 食品企业做有机产品、绿色食品和无公害食品认证分别需要做哪些准备?
2. 有机食品、绿色食品和无公害食品有什么区别?

参考文献

[1] 谢和书等.现代企业管理[M].北京:北京理工大学出版社,2015.

[2] 赵有生等.现代企业管理[M].北京:清华大学出版社,2016.

[3] 魏永军.企业管理基础[M].长沙:湖南大学出版社,2009.

[4] 吴爱华等.生产管理[M].济南:山东人民出版社,1997.

[5] 彭加平.新编现代企业管理[M].北京:北京理工大学出版社,2010.

[6] 许艳芬.等.现代企业管理[M].2版上海:上海交通大学出版社,2013.

[7] 崔斌.生产运作管理[M].2版.北京:中国人民大学出版社,2009.

[8] 黄娟.生产运作管理[M].成都:西南财经大学出版社,2009.

[9] 陈荣秋.马士华.生产与运作管理[M].3版.北京:高等教育出版社,2011.

[10] 彭珊珊,李平凡.食品企业管理[M].北京:中国质检出版社,2014.

[11] 曹源,苏会侠,李益民.食品企业管理[M].北京:中国科学技术出版社,2014.

[12] 李新建.食品企业管理[M].北京:对外经济贸易出版社,2014.

[13] 唐国平.会计学基础[M].北京:高等教育出版社,2014.

[14] 朱小平,徐泓,周华.初级会计学[M].北京:中国人民大学出版社,2015.

[15] 郝福锦,金慧娟.财务管理[M].北京:人民邮电出版社,2012.

[16] 日本流通学会编.现代流通事典[M].东京:白桃書房,2006.

[17] 岩坪友义,野呂一郎等.《食品经营学》[M].东京:学文社,2001.

[18] 嶋口充輝.顾客满足型市场营销的构图[M].东京:有斐阁,1994.

[19] 于晓霖.质量管理[M].北京:中央广播电视大学出版社,2003.

[20] 陈全明、张广科.人力资源管理概论[M].北京:清华大学出版社,2015年.

[21] 韦恩.蒙迪.人力资源管理(第10版)[M].北京:人民邮电出版社,2011年.

[22] 董克用.人力资源管理概论[M].北京:中国人民大学出版社,2015年.

[23] 加里.德斯勒.人力资源管理[M].北京:中国人民大学出版社,2016年.

[24] 赵光远.食品质量管理[M].北京:中国纺织出版社,2013.

[25] 马长,孙剑锋,柳青.食品安全与质量管理[M].重庆:重庆大学出版社,2015.

[26] 陈宗道.食品质量管理[M].北京:中国农业大学出版社,2003.

[27] 宫智超,刘建学,黄河.食品质量与安全管理[M].北京:中国轻工业出版社,2011.

[28] 张晓燕.食品卫生与质量管理[M].北京:化学工业出版社,2006.

读者反馈意见

亲爱的读者：

　　感谢您对《食品企业管理》的支持和热爱，为了今后为您提供更好的服务，请您抽出宝贵的时间来填写下面的意见反馈表，以便我们更好地对本教材做进一步改进，同时如果您在使用本教材的过程中遇到了什么问题，或者有什么好的建议，也请您来信、来电告诉我们。

　　地址：北京市丰台区科学城南极星大厦108室
　　电话：010 – 61229894/83794403
　　电子邮箱：caikai6223@263.net　QQ：649319527　　QQ：1694299827

教材名称:《食品企业管理》

个人资料：

姓名：_____　年龄：_____　所在院校/专业_____

文化程度：_____　通讯地址：_____

联系电话：_____　电子信箱：_____

您使用本书是作为：□指定教材 □选用教材 □辅导教材

您对封面设计的满意度：

□很满意 □满意 □一般 □不满意 □改进建议_____

您对本书印刷质量的满意度：

□很满意 □满意 □一般 □不满意 □改进建议_____

您对本书的总体满意度：

从语言质量角度看 □很满意 □满意 □一般 □不满意□

从科技含量角度看 □很满意 □满意 □一般 □不满意□

本书最令您满意的是：

□指导明确 □内容充实 □讲解详尽 □实例丰富

您认为本书在哪些地方应进行修改？（可附页）

_____
_____

您希望本书在哪些方面可进行改进？（可附页）

_____
_____